INFÂNCIA e VIOLÊNCIA DOMÉSTICA

fronteiras do conhecimento

Dados Internacionais de Catalogação na Publicação (CIP)
(Câmara Brasileira do Livro, SP, Brasil)

Infância e violência doméstica : fronteiras do conhecimento / Maria Amélia Azevedo, Viviane N. de A. Guerra, (orgs.). – 7. ed. – São Paulo : Cortez, 2015.

Vários autores.

ISBN 978-85-249-2419-4

1. Crianças – Maus-tratos 2. Crime contra as crianças 3. Violência familiar 4. Vítimas da violência familiar I. Azevedo, Maria Amélia. II. Guerra, Viviane N. de A.

15-08794 CDD-362.76

Índices para catálogo sistemático:

1. Infância e violência doméstica : Patologia social 362.76

Maria Amélia Azevedo ▪ Viviane N. de A. Guerra
(Orgs.)

Antoní Martínez I Roig • Carlos Roberto Figueiredo Nogueira • Cláudio Cohen • Cristina Bruschini • Dalka Chaves de Almeida Ferrari • José Leon Crochik • José Paulo Netto • Luiz Mott • Maria Amélia Azevedo • Maria do Rosário de Souza Tavares de Lima • Nancy Vaiciunas • Oswaldo Frota-Pessoa • Paulo Afonso Garrido de Paula • Richard Hoffman • Rosirene Rocha • Viviane Nogueira de Azevedo Guerra

INFÂNCIA e VIOLÊNCIA DOMÉSTICA

fronteiras do conhecimento

7ª edição
2ª reimpressão

CORTEZ EDITORA

INFÂNCIA E VIOLÊNCIA DOMÉSTICA: fronteiras do conhecimento
Maria Amélia Azevedo • Viviane Nogueira de Azevedo Guerra (Orgs.)

Capa: de Sign Arte Visual
Preparação de originais: Solange Martins
Revisão: Maria de Lourdes de Almeida
Composição: Linea Editora Ltda.
Coordenação editorial: Danilo A. Q. Morales

Obra em conformidade ao NOVO ACORDO da Língua Portuguesa

Grafia atualizada segundo o Acordo Ortográfico da Língua Portuguesa de 1990 que entrou em vigor no Brasil em 2009.

Direitos para esta edição
CORTEZ EDITORA
Rua Monte Alegre, 1074 – Perdizes
05014-001 – São Paulo – SP
Tels.: (55 11) 3864-0111 / 3611-9616
cortez@cortezeditora.com.br
www.cortezeditora.com.br

Impresso no Brasil – junho de 2018

Agradecimentos

As Organizadoras agradecem

Aos alunos da disciplina de pós-graduação: *A criança na família, na escola e na sociedade* — PSA-IPUSP — 2º semestre 1992: Ana Lúcia de Lourenzi Bonilha, Lucilia do C. Boccato, Maria Angelina Nardi de Souza Martinez, Wanderli da Costa Fonseca, Beatriz Vargas Dorneles, Diva Maria Santos Matos e Haller E. S. Schünemann, pela colaboração emprestada ao capítulo sobre as "Políticas Sociais e a Violência Doméstica contra crianças e adolescentes: um desafio recusado em São Paulo?".

Sumário

PARTE II

Modalidades → Fronteiras

PARTE III

Um pouco de história → Políticas sociais e violência doméstica contra crianças e adolescentes

PARTE IV

Prevenção da violência doméstica contra crianças e adolescentes (VDCA) → Uma nova cultura

ANEXOS

Apresentação à 7ª edição

A presente obra é o resultado do encontro de vários especialistas em assuntos que de uma forma ou de outra são *limítrofes* à problemática da violência doméstica contra crianças e adolescentes.

Convidados pelas organizadoras, todos eles concordaram em revisitar as áreas de sua competência, estabelecendo algumas fronteiras do conhecimento entre aquelas e a violência doméstica infantojuvenil.

O resultado são os textos que organizamos em alguns *blocos temáticos*.

O *primeiro deles* trata dos FUNDAMENTOS, no tocante às relações entre Teoria Crítica, Família e Violência Doméstica contra Crianças e Adolescentes.

O *segundo* foi estruturado em dois conjuntos de Modalidades:

1 — o *abuso sexual ritualístico*, que enfoca a questão dos crimes brutais praticados contra crianças e adolescentes (crimes ritualísticos/crimes bárbaros), os quais podem interagir com a violência doméstica em mais de um aspecto. Trata também de algumas hipóteses explicativas para esses crimes: satanismo, a teoria do cromossomo assassino...;

2 — o *abuso sexual incestuoso*, que analisa a questão do incesto e mais especificamente o incesto pai-filha, enquanto modalidade "ordinária" de abuso sexual de meninas.

Inclui um texto construído por Richard Hoffman, poeta, escritor e professor universitário, mas também uma vítima de violência sexual. Neste texto ele mostra sua indignação com o fenômeno em pauta e com a forma benévola com a qual ele é tratado por muitas pessoas, especialmente na sociedade da qual ele advém.

O *terceiro* trata das *políticas sociais* históricas na área, em nível brasileiro e internacional: modelos dominantes, suas grandezas e misérias...

Inclui *depoimentos atuais* de especialistas brasileiros que estão ajudando a escrever a história do enfrentamento à VDCA, especialmente na cidade de São Paulo.

O *quarto* focaliza a difícil problemática da *PREVENÇÃO à VDCA*. A *perspectiva internacional* foi tratada por especialista espanhol. A *perspectiva nacional* está representada por textos das organizadoras, derivados de mais de dez anos de estudo e pesquisa.

A obra traz ainda Anexos significativos para situar o enfrentamento à problemática da VDCA (e domínios conexos) tanto no Brasil como no mundo.

Produzidos enquanto textos de debate ou textos de pesquisa, todos esses trabalhos têm em comum o seguinte perfil:

a. são *abordagens multidisciplinares* sobre a problemática da *infância e violência doméstica*. Preservando a especificidade do problema, contrapõem-se a abordagens reducionistas, unidimensionais, que não permitem compreender o fenômeno em toda sua profundidade;

b. constituem uma forma absolutamente original e inédita de enfocar a questão da infância e violência doméstica, já que procuram analisar a trama das inter-relações possíveis e necessárias entre a área de conhecimento específica (*violência doméstica contra crianças e adolescentes*) e outras áreas conexas (*família, satanismo, incesto* etc.);

c. caracterizam-se por assentarem numa abordagem histórico-crítica da questão da infância e violência doméstica, diferindo nesse sentido da abordagem hegemônica em nível internacional e que continua a ser analítico-experimental, ou seja, positivista;

d. enquanto contribuições originais representam primeiras aproximações, primeiras *leituras* do fenômeno, dentro de uma perspectiva que se pretende *crítica* — no nível epistemológico — e emancipatória — em nível político, o que permite caracterizar a coletânea de textos como uma obra aberta, inquietante e intrigante, portanto;

e. focalizam uma questão social relevante no nível nacional: o *abuso de crianças e adolescentes no lar.* Essa questão — endêmica em nossa sociedade — continua a desafiar políticas públicas *ditas de promoção e proteção da infância...*

Reconhece-se que neste novo milênio há em andamento contribuições muito significativas para a área da Violência Doméstica contra crianças e adolescentes, tais quais os estudos sobre o cérebro humano que vem analisando mais profundamente as consequências deste fenômeno sobre suas vítimas, bem como vem fornecendo subsídios importantes para o comportamento de muitos agressores. Entretanto, muitas outras contribuições ainda não foram incorporadas à área da VDCA e permanecem como possibilidades de avanço na luta pela prevenção deste fenômeno.

A explicação para o fato da VDCA continuar sua perspectiva de desafio em termos de políticas públicas ditas de promoção e proteção da infância só pode estar na "síndrome de Orwell", ou seja, na cegueira ideológica que impede de se enxergar o óbvio: a violação dos direitos da infância serve a um projeto implícito de preservação dos padrões adultocêntricos e falocêntricos, característicos da cultura brasileira e sustentáculo de instituições tais como *família, escola, igreja, trabalho* etc. Para combater essa síndrome perversa, nós, profissionais, só temos uma arma: a da palavra com que se pode construir *escritos indignados* tais como estes que são oferecidos agora ao *leitor brasileiro.* Só resta esperar que a mensagem neles implícita frutifique e que não tenham sido um triste exercício de escrever na água...

Maria Amélia Azevedo

PARTE I

FUNDAMENTOS

Teoria Crítica — Família e violência contra crianças e adolescentes

"A defesa conjunta da família e da propriedade privada tornou possível, por um lado, o grande empreendimento da humanidade que foi a emancipação burguesa da sociedade feudal e, por outro, o nascimento — na era burguesa — da cisão histórica entre esfera privada e esfera pública".

Massimo Canevacci

A

Teoria crítica e ideologia

José Leon Crochik

Psicólogo formado pelo Instituto de Psicologia da Universidade de São Paulo em 1979. Doutor em Psicologia na área de concentração de "Psicologia Escolar" do Instituto de Psicologia da Universidade de São Paulo em 1990, com uma tese que trata da relação entre a Teoria Crítica e a Educação. Professor de Psicologia da Personalidade do Departamento de Psicologia da Aprendizagem, do Desenvolvimento e da Personalidade do Instituto de Psicologia da Universidade de São Paulo. Professor do Programa de Psicologia Escolar da Pós-Graduação do Instituto de Psicologia da Universidade de São Paulo.

Conceber os pensadores considerados representantes da Teoria Crítica ou da Escola de Frankfurt como homogêneos quanto ao seu pensar, ou mesmo aos seus princípios, seria já ideológico, por reduzir tensões não solucionáveis pela razão apriorista a um determinador comum.

Assim é que Marcuse, identificando-se a uma leitura hegeliano-marxista da história, pode propor uma utopia adicionando àquela leitura elementos da psicanálise e também do existencialismo europeu, enquanto Adorno proíbe a visão de uma utopia para resguardá-la de um todo totalitário ao qual pertence; Marcuse desdobra conceitos psicanalíticos, tais como os de "mais-repressão" e "princípio do desempenho", para permitir uma leitura histórica da organização dos instintos, enquanto Adorno se utiliza dos conceitos freudianos para mostrar a sua gênese e validez na história; Marcuse separa as dimensões biológica e cultural, Adorno considera-as inseparáveis.

O próprio conceito de ideologia para Adorno já seria ideológico, ao procurar, através do pensamento identificante, elementos comuns ao objeto a ser conceituado, eliminando a diferença entre sujeito e objeto. Ideologia é identificar — está presente na busca da identidade do "eu que acompanha todas as minhas representações" de Kant, do Ego freudiano, da correspondência entre ideia e coisa.

Assim, as mudanças que a ideologia assume na história não se referem a sua realização enquanto conceito, ou seja, a sua negação ao final da história (ideia comum, por diferentes motivos aos marxistas e aos liberais) e nem a situa, ora em dependência, ora em independência com as condições concretas de produção, como defende Habermas. Ela é elemento da totalidade, produzida tanto por condições objetivas, quanto subjetivas.

A sua relação com a verdade se modifica segundo os movimentos da totalidade. Os ideais liberais expressados na Revolução Francesa apontavam para uma sociedade livre e justa, nisto estando o seu elemento de verdade, mas justificava a realidade existente, e aqui residia a sua falsidade. No capitalismo dos monopólios só a justificativa sobreviveu. A diferença entre razão e entendimento, a qual se fundava na noção de liberdade — e era tão cara a Kant e a Hegel — se perdeu. A ideologia nos dias de hoje, segundo Adorno e Horkheimer em *Temas básicos de sociologia,* é tão irracional que dispensa a crítica, por ser tão manifestamente falsa. Ela não traz mais a mediação do pensamento que a tornava racional, mas é incorporada diretamente por subjetividades heterônomas, que possuem um precipitado de Ego, o qual só as permite se conformar ao todo.

O Ego e a Razão são dois elementos básicos da constituição da sociedade burguesa, e Adorno e Horkheimer vão buscar a sua gênese na *Odisseia* de Homero. A busca de sobrevivência na luta de Ulisses com as forças da natureza mostra as armas usadas por ele na sua autoconservação: o endurecimento do "eu" frente aos seus desejos de indiferenciação e a astúcia da razão.

No episódio em que Ulisses enfrenta o ciclope, a descoberta da palavra frente à coisa lhe salva a vida. Ao se denominar "ninguém", impede a vingança do oponente, ser primitivo que opera segundo as leis da natureza; mas, receoso de perder a sua identidade, ao fugir Ulisses revela o seu nome, quase causando a sua destruição e provocando a ira de Netuno, pai do ciclope.

A percepção de que as palavras podem se referir a diversas coisas e a nenhuma ao mesmo tempo permite a liberdade do homem frente à natureza, mas levam-no a se afastar de sua natureza; por não poder se perder nem da natureza nem da cultura, Ulisses se arrisca ao revelar o seu nome próprio.

Com a concepção de homem como conflito, Adorno e Horkheimer se aproximam de Freud: a cultura é natureza humana que, para se realizar, nega a natureza que o originou, sobrevivendo, no entanto, no seu desenvolvimento.

A astúcia de Ulisses também é revelada no episódio das sereias, em que consegue vencer o desafio de passar por elas sem ser encantado por seu canto, amarrado ao mastro da embarcação. Assim, numa exemplificação do contrato burguês, ele rompe o contrato ao mesmo tempo que o guarda, pois não estava escrito que ele não deveria estar amarrado ao passar pelas sereias.

A negação dos desejos e inclinações é necessária para a autoconservação de Ulisses, permitindo-o manter a sua identidade e razão. No entanto, ao fim da viagem, o resgate da pátria e da propriedade converte a negação em esquecimento: Ulisses perde-se de si mesmo.

Esta mesma negação é perpetuada na filosofia de Platão e no idealismo de Kant, para os quais o conhecimento só é possível com o domínio das paixões. Na contraposição entre a psicanálise de Freud e o idealismo de Kant surge em Adorno a questão da verdade e da sua determinação histórica.

A dissociação das esferas da vida humana entre empírica e transcendente, proposta por Kant, se por um lado desvaloriza o contingente, o particular, de outro lado desenvolve a possibilidade da justificação e manutenção de ideais condizentes com uma sociedade humana digna do nome: liberdade, autonomia e razão. Os imperativos categóricos que movem a ação humana não são devidos à causalidade empírica e tampouco derivam-se da sensibilidade: são aprioris calcados na liberdade humana. A liberdade é o a priori do dever moral e reside no transcendente e não no empírico, embora seja neste que ele se manifesta. Já a Psicanálise funda o superego no empírico, enfatizando a sua necessidade para a vida coletiva, mesmo sendo irracional, alegando ser necessário; com isso trai a tarefa inicial da Psicanálise, de tornar o inconsciente consciente.

Ao ontologizar a psiquê em constantes antropológicas, a Psicanálise converte-se em ideologia, um enrijecimento do conceito que ao fixar o objeto capta somente o que ele tem de sujeito. Mas a tópica kantiana também é ideológica, por não perceber o sujeito como objeto. É neste sentido, como veremos adiante, que Adorno irá demonstrar que os imperativos categóricos são históricos. Assim, a Psicanálise perde o seu objeto por ir além de suas fronteiras, enquanto Kant perde o seu sujeito por não perceber as suas determinações empíricas.

Para se conhecer o objeto é necessário entendê-lo como particular, aquele que expressa o universal e algo a mais, que o diferencia daquele;

por outro lado, é necessário pressupor a totalidade que media a relação entre o particular e o universal. Esta última percepção coloca o sujeito como objeto determinado. Desta forma, o particular é mais do que particular por ser mediado pelo todo, e o universal só é necessário enquanto aparência, posto que também é determinado.

A ideologia é aparência socialmente necessária — aparência porque sustenta uma falsa identidade entre o conceito e o objeto; necessária porque é determinada socialmente. Mas o conceito de razão que perde o seu caráter crítico emancipatório, ao se transformar em razão instrumental, mostra que esta irracionalidade é inerente a ele, tal como mostra a ilustração da *Odisseia*: Ulisses não consegue manter a tensão entre os seus desejos e a proibição: ao perder-se de seus desejos perde-se de si mesmo, que é o que busca na sua identidade formal.

Tomando como base a tese freudiana de que a barbárie acompanha a cultura, Adorno revela que a base da razão é irracional, tanto no sentido psicanalítico, quanto no sentido histórico. Mas se a barbárie tem uma conotação destrutiva, a irracionalidade nem sempre a tem. Um mundo ordenado segundo as categorias da razão seria o próprio "admirável mundo novo" de Huxley. A liberdade, não sendo só categoria da transcendência, mas também da empiria, é determinada por uma irracionalidade que combate a irracionalidade de uma razão desprovida de crítica. Assim é que os extremos se tocam: um impulso contra a tortura vai na mesma direção que uma teoria que elucida os mecanismos daquela. Não que Adorno defenda o irracionalismo teórico, muito ao contrário, ele não se cansa de apontar para a perseguição aos intelectuais e para o engano de supor que a práxis é mais importante que a teoria, mas mostra que é ideológico tentar reduzir os objetos às categorias da razão. Nisto Adorno admira Kant, quando este aponta a impossibilidade de se conhecer a coisa em si, não por inadequação do objeto, mas por insuficiência do sujeito. Da mesma forma, a crítica que faz a Hegel, por tornar a dialética uma analítica, reside na tentativa deste de construir um sistema teleológico, no qual o homem é mero objeto das ações do Espírito.

Claro que, neste sentido, uma visão da história com leis imanentes, de estágios se superando por contradições, também é criticada, por pretender a totalidade. A ideia de que a totalidade pode ser compreendida é um fetiche da filosofia, o que não implica dizer que ela não exista. Se a liberdade não se extingue na causalidade, ela também não se esgota na transcendência: sua meta é o desconhecido, o impensado.

A angústia do pensamento onipotente, para o qual nada existe que não possa ser entendido por ele, é a mesma de uma sociedade que não deixa limites individuais nos quais possa surgir aquilo que é diferente. Esta paranóia frente ao diferente origina-se do enrijecimento dos mecanismos de autoconservação social, que aniquila o ego individual. Este não tem mais como fazer frente a uma realidade irracional que não compensa os sacrifícios a ele impostos. De uma forma semelhante àquela utilizada por Freud para mostrar o processo de identificação, a sociedade que não pode ser o objeto de desejo do Id faz com que o Ego se converta neste objeto de amor: é o máximo de conformismo obtido pelo sacrifício do Ego que não faz mais a mediação entre os desejos e as proibições.

No mundo das mercadorias, o objeto de produção por excelência da propaganda é o consumidor. E ela continua a fabricá-lo através de sua constante infantilização, ou da sua fixação à fase oral, na qual o preenchimento de um vazio interior por objetos supérfluos, indiferenciados e descartáveis é a marca. Por sua vez, a própria realidade se transforma em produto a ser consumido. Dois produtos se encontram no mercado, ainda aparentemente donos de seu valor, mas livres da liberdade, outrora, suposta.

A necessidade está fixada, mas a possibilidade de consumo é desigual. Surgem as imitações, obviamente banalizadas, tanto para os bens culturais, como para os materiais. É a democratização do consumo que, ao inferiorizar o produto, pode destiná-lo à maioria.

Mas, obviamente, não é só a consciência que se encontra infantilizada, a elaboração da frustração de desejos infantis também é obstada; a canalização da agressão é voltada para aqueles que aparentemente são desiguais e que representam a realização de desejos não permitidos, ou lembranças da natureza que se quer esquecer. É assim, por exemplo, que Adorno e Horkheimer, em *Elementos do antissemitismo*, apontam para as perseguições do judeu durante o nazismo. Mas afirmam os autores que as representações perseguidas independem do objeto, embora seja este o vitimizado. O antissemita não precisa de contatos com judeus para odiá-los, basta a sua parte no saque e a externalização daquilo que ele não pode conter. O antissemita segue as leis da paranoia, ou da falsa projeção.

Adorno e Horkheimer expõem duas formas de falsa projeção: a paranoia e o positivismo; a primeira anula o objeto, a segunda anula o sujeito. Ambas anulam a capacidade de experienciar e, portanto, de refletir, uma vez que a reflexão é inerente à experiência. A verdadeira projeção é aquela que permite ao sujeito devolver o objeto de forma distinta da que o incorporou, ou seja, com elaboração sua. A projeção é tão importante para o conhecimento quanto o seu controle; é no mecanismo de incorporar e discriminar o que é do sujeito e o que é do objeto que se dá a possibilidade do autoconhecimento e do conhecimento do mundo. Negá-la, como o positivismo faz, é submeter o sujeito a um mundo que o criou e no qual não mais se reconhece. Afirmá-la é fazer com que o sujeito e o objeto se distingam, permitindo localizar a fonte das necessidades no indivíduo e a possibilidade de sua satisfação no mundo. O Princípio da Realidade não deve ser a negação do Princípio de Prazer, mas o instrumental da realização possível deste último.

Da mesma forma que Freud explica as religiões como ilusões necessárias para aplacar o sentimento de desamparo infantil, as explicações do mundo de caráter totalitário e a fé na ciência e na razão são tentativas de iludir o sofrimento real. E a angústia frente à morte é menos fruto do medo ao desconhecido do que o medo da perda da identidade, que é o medo de se envolver com o dessemelhante. O preconceito que se assenta na subjetividade é fruto da esfera objetiva. A lógica da identidade que permeia o capital e o pensamento formal, quer o domínio a priori. Claro que a experiência precisa de conhecimentos prévios, afirma Adorno, mas estes são modificáveis por ela. A resistência a esta modificação é o impedimento da experiência.

Num mundo categorial pré-fabricado, o objeto só pode existir pela sua submissão às categorias, as quais não pertencem a ele, mas à lógica subjetiva. O mundo da administração total recai na repetição cega da natureza e o sacrifício de Ulisses torna-se inútil. Assim, é o Ego agora que se sacrifica para uma realização falsificada de desejos. Se, no capitalismo liberal, necessitava-se de um Ego forte para criar a propriedade privada através da concorrência e de normas interiorizadas, no capitalismo dos monopólios a propriedade não se afirma mais por indivíduos fortes, mas por conglomerados com regras exteriores ao indivíduo. Com isso, os tabus da sexualidade podem ser relaxados, desde que a sexualidade se submeta às regras do consumo. Adorno fala da "dessexualização do sexo", na qual a sexualidade é realizada com o controle da pulsão.

No amor, a identidade se perde momentaneamente no parceiro, mas só pode se submeter a esta perda quem a tem desenvolvida; quando ela é frágil, o seu enrijecimento é uma defesa que impede a relação, defesa esta que se alia ao controle do objeto, tentando assim evitar o diferente. Se a existência do indivíduo, de sua liberdade (sexual) e felicidade são tão enfatizadas atualmente, é porque elas são quase inexistentes em nosso tempo. A crença na sua existência é fortalecida por uma voz externa, que pela repetição constante usurpa o lugar da verdade. É como uma pessoa que tem dúvidas de seu amor por uma outra e para aplacar-se sente-se coagida compulsivamente a declarar-lhe o seu amor. A palavra toma o lugar da verdade, o seu exagero a revela. A palavra, que pela liberdade dos objetos, salvou Ulisses, agora o aprisiona, uma vez que a designação tem que ser unívoca, operacionalizável, devendo buscar o seu sentido na realidade existente.

A contradição entre o que é e o seu vir-a-ser, base do pensamento hegeliano, é suspensa: só o que é pode ser verdadeiro. A realidade petrificada que susta o seu movimento petrifica também o indivíduo. Com a realidade paralisada, a naturalização do homem e da sociedade são inevitáveis. "Vivemos no melhor dos mundos". Aquele que não segue a ordem natural deve ser vigiado e perseguido como um "não-ser". Aquele que não se sacrifica pelo todo é desleal.

Neste mundo, onde a identidade individual é ameaçada, o narcisismo coletivo, ou o nacionalismo se coloca como o seu sucedâneo e, entre outras catástrofes, surge Hitler e o nazismo. Pela barbárie travestida em ascetismo, o assassinato em massas se dava pelos canônes da administração. Não se matava: eliminava-se as peças defeituosas, os obstáculos ao progresso natural de quem de direito.

Adorno nos ensina: "Hitler criou um imperativo categórico:Auschwitz nunca mais". O homem é violento, mas o dever moral obriga-o a deixar de sê-lo. Só que este dever é ideologicamente sustado pela separação entre indivíduo e sociedade. Tal separação implica que as condições objetivas atuais dificilmente podem ser alteradas pelos homens, mas neste isolamento a verdade do todo não pode ser apreendida e, portanto, o todo não pode ser alterado. Mas, enquanto as condições objetivas não forem alteradas, os holocaustos não cessarão de existir.

Ante este paradoxo da impotência frente à destruição, Adorno nos propõe voltarmo-nos para o sujeito, para os motivos que o levam a adotar e a exercer a ideologia fascista contra si mesmo. A ideologia só é adotada se houver necessidades psíquicas fortalecidas por ela. A necessidade psíquica mais forte refere-se ainda à castração, cuja defesa é a identificação, base da identidade. Mas Édipo se inverteu, visto que, se a identificação sempre foi com o agressor, hoje o que se mantém é o "desejo de castração" (tanto própria, como alheia), e não a negação do desejo do objeto proibido. Hoje, quando todos os objetos são oferecidos como equivalentes e, portanto, indiferenciados, são os representantes da pulsão da morte que se fortalecem. O desejo de castração se alia ao não abandono do objeto de desejo. Desde que se é impotente, o objeto não é ameaçado e pode continuar a existir. A endogamia prevalece.

O desejo da castração é o da indiferenciação, de não ser o que se é, mimesis reprimida. Assim, a conformação a uma ordem que se caracteriza pela reprodução do imediato e susta qualquer diferença vai de encontro a desejos psíquicos. Os indivíduos não seriam suscetíveis à propaganda se esta não se referisse a algo que eles desejam. A ideologia, fruto de condições objetivas, se assenta em motivos subjetivos.

A possibilidade de resistência a ela se dá, segundo Adorno, pelo princípio kantiano da autonomia da razão, ou seja, de não entrar no jogo do outro. Mas ele supõe a formação de um ego que permita a distinção entre fantasia e realidade, e, portanto, a distinção de si e do outro; um ego que aguente a contradição entre o desejo e a realidade, que possa conter uma razão que, através da experiência, transcenda a imediatez dos fatos e volte a lhes dar movimento.

Ideologia, portanto, é lógica do sujeito, enquanto Espírito Subjetivo que despossui a verdade do objeto.

Bibliografia básica consultada

ADORNO, T. W. *Intervenciones*. Caracas: Monte Avila, 1969.

______. *Consignas*. Buenos Aires: Amorrortu, 1973.

______. *Dialectica negativa*. Madrid: Taurus, 1975.

______; HORKHEIMER, M. *Temas básicos da sociologia*. São Paulo: Cultrix, 1978.

______. *Dialética do esclarecimento*. Rio de Janeiro: Zahar, 1985.

FREUD, S. *O ego e o id*. Rio de Janeiro: Imago, 1975.

______. O mal-estar na civilização. In: *Freud*. São Paulo: Abril, 1978. (Col. Os Pensadores)

HABERMAS, J. Técnica e ciência enquanto ideologia. In: *Benjamin, Habermas, Horkheimer, Adorno*. São Paulo: Abril, 1983. (Col. Os Pensadores)

MARCUSE, H. *Eros e civilização*. Rio de Janeiro: Zahar, 1981.

ROUANET, S. P. *Teoria crítica e psicanálise*. Rio de Janeiro: Tempo Brasileiro, 1989.

B

Notas para uma teoria crítica da violência familiar contra crianças e adolescentes

MARIA AMÉLIA AZEVEDO

Pedagoga/FEUSP (Faculdade de Educação da USP). Advogada/FDUSP (Faculdade de Direito da USP). Doutora em Educação/FEUSP (Faculdade de Educação da USP). Livre-Docente e Titular/IPUSP (Instituto de Psicologia da USP) — aposentada. Ex-coordenadora do Laboratório de Estudos da Criança LACRI/IPUSP (Instituto de Psicologia da USP). Coordenadora Científica do RECRIA Projetos.

E agora que vocês viram
no que a coisa deu, jamais
esqueçam como foi que
tudo começou

BERTOLT BRECHT

1. Teoria Crítica

A construção de uma Teoria Crítica da Violência Familiar contra Crianças e Adolescentes exige que se faça uma discussão preliminar sobre os principais "construtos" e os marcos históricos mais significativos do que se entende hoje por Teoria Crítica.

1.1 Questões conceituais

A expressão Teoria Crítica está ligada à chamada Escola de Frankfurt. Os teóricos dessa Escola opõem Teoria Crítica a Teoria Científica em três importantes dimensões:

- fim ou propósito
- estrutura lógica ou cognitiva
- critério de aceitabilidade

Vejamos cada dimensão em particular.

a) A dimensão do fim ou propósito

As teorias críticas e científicas diferem "na maneira pela qual os agentes possam utilizá-las ou a elas recorrer. As teorias científicas têm como propósito ou fim a manipulação satisfatória do mundo exterior: elas têm 'uso instrumental'. Se forem corretas, elas capacitam os agentes que as controlam a competir eficazmente com o ambiente e assim perseguir com êxito os fins por eles escolhidos. As teorias críticas visam à emancipação e ao esclarecimento, ao tornar os agentes cientes de coerções ocultas, libertando-os assim dessas coerções e deixando-os em condições de determinar onde se encontram seus verdadeiros interesses". (Geuss, 1988, p. 91)

Algumas implicações decorrem dessa formulação:

- Toda Teoria Crítica é uma teoria de relações sociais, isto é, é uma teoria social e humana, na medida em que o social é uma criação humana.
- Toda Teoria Crítica é uma teoria ancorada no compromisso social com aqueles que em determinadas *relações sociais* se incluem no polo *oprimido*, a partir do pressuposto de que toda relação social é uma *relação de poder* que pode exercer-se sob a forma de dominação x subordinação.

Nesse sentido "uma Teoria Crítica é então um objeto conceitual muito complicado endereçado a um grupo particular de agentes frustrados [...]. Ela visará a ser a 'autoconsciência' de um processo em que eles se libertam de um estado *inicial específico* de dependência e ilusão e atingem um *estado final de esclarecimento e emancipação*". (Ibid., p. 125)

- Toda Teoria Crítica deve ser *cognitiva*, isto é, deve implicar a "organização do processo de esclarecimento" de que fala Habermas, organização essa que não pode ser dissociada do *efeito* perseguido por uma Teoria Crítica bem-sucedida: a emancipação. "Para ser mais preciso, uma Teoria Crítica tem como propósito inerente ser *autoconsciência* de um *processo satisfatório de esclarecimento e emancipação*". (Ibid., p. 96)

Que se entende por processo satisfatório de esclarecimento e emancipação? Trata-se de uma transição social de um estado inicial a um estado final, a qual tem as seguintes propriedades:

> "a. O estado inicial apresenta *tanto falsa consciência e erro quanto existência sem liberdade.*
> b. No estado inicial, falsa consciência e existência sem liberdade estão intimamente ligadas de modo que os agentes só podem ser libertos de uma situação se eles forem também ao mesmo tempo libertos da outra.
> c. A inexistência sem liberdade de que padecem os agentes no estado inicial é uma forma de coerção *autoimposta;* a falsa consciência deles é um tipo de *autoilusão;*
> d. A coerção de que padecem os agentes no estado inicial é uma coerção cujo *poder* ou objetividade deriva-se *apenas* do fato de que os agentes não percebem que é autoimposta.
> e. O estado final é aquele em que os agentes estão livres de falsa consciência — eles foram esclarecidos — e livres da coerção autoimposta — eles foram emancipados". (Ibid., p. 97)

Portanto, a Teoria Crítica, enquanto processo organizado de esclarecimento e emancipação, exige necessariamente a crítica das representações que os agentes de uma dada sociedade mantêm acerca da realidade social. Essa crítica deve ser *desmistificadora,* isto é, deve desvendar as raízes sociais da consciência que os agentes têm da realidade social, consciência essa que pode ser dita *ingênua* (porque aceita não reflexivamente) e *ideológica* (porque falsa na medida em que mascara os verdadeiros interesses a que responde).

Nesse sentido, a Teoria Crítica pode ser vista como implicando necessariamente uma crítica ideológica (*Ideologiekritik*) enquanto processo de autorreflexão destinado a revelar aos agentes (oprimidos) uma propriedade *genética* de sua falsa consciência: *que ela só poderia ter sido adquirida sob condições de coerção.*

> Uma forma ideológica de consciência *requer* ignorância ou falsa convicção sobre sua origem ou gênese no sentido de que, dados seus princípios epistêmicos, os agentes não continuariam a se agarrar àquela forma de

> consciência se eles soubessem algo sobre sua gênese — a saber, se eles soubessem que ela não poderia ter surgido em condições de livre discussão. (Ibid., p. 113-4)

Daí a importância central que adquire na Teoria Crítica o conceito de ideologia em duas de suas acepções: pejorativa e positiva.

Certamente uma forma de consciência não pode ser ideológica a menos que frustre alguns desejos, anseios e preferências humanos.

O que torna a forma de consciência uma ideologia é que ela promove *falsa* legitimação, isto é, faz com que os agentes aceitem como legítimo o que, se eles estivessem perfeitamente livres e completamente informados, não aceitariam como legítimo.

A *análise da forma ideológica de consciência* é o primeiro passo de todo programa de uma Teoria Crítica.

> Uma *ideologia no sentido pejorativo* não é *apenas* falsa consciência; é "razão" não obstante o seja de uma forma "distorcida" ou "irracional" [...]. O que constitui a peculiar perfídia da ideologia é o fato de colocar desejos e aspirações humanas contra si mesmas e de as utilizar para incentivar a repressão. Essas aspirações e desejos acham realmente um tipo de expressão na ideologia e, na medida em que isto se dá, a ideologia tem supostamente um cerne utópico que deve, como tarefa da teoria crítica, ser liberado [...]. A tarefa positiva da Teoria Crítica é *salvar o conteúdo utópico* da tradição cultural, isto é, separar os genuínos anseios, valores, necessidades e aspirações subjacentes, de seu modo ideológico de expressão. (Ibid., p. 144)

Que se entende por *autoconsciência* de um processo bem-sucedido de emancipação e esclarecimento? "Isto significa que ela se torna, para o grupo ao qual se destina, a *ideologia num sentido positivo*". (Ibid., p. 143)

Ideologia no sentido positivo é o conjunto de atitudes e convicções que melhor capacitaria o oprimido a reestruturar a sociedade, seguindo seus próprios e legítimos interesses.

Nesse sentido, "a ideologia *é* algo a ser construído, criado ou inventado; *é* uma *verité à faire*" (Ibid., p. 143).

Portanto,

> todos os membros da Escola de Frankfurt estão de acordo que a *Teoria Crítica deve ser conhecimento* e deve mostrar que as convicções e atitudes ideológicas são falsas. Do contrário a Teoria Crítica não poderia ter seu efeito emancipador correto, que depende da habilidade em tornar aqueles que a adotam capazes de se oporem à pressão do aparelho legitimador da sociedade. (Ibid., p. 40)

b) A dimensão da estrutura lógica ou cognitiva

Se uma Teoria Crítica deve ser cognitiva e nos proporcionar conhecimento esclarecedor/emancipatório, isto *é,* que liberte os oprimidos de sua *ilusão ideológica,* ela deve ter uma dada *natureza epistêmica* que a diferencie de uma Teoria Científica.

> As teorias científicas são objetificantes. Isto significa que, pelo menos em casos típicos, pode se distinguir entre a teoria e os objetos a que a teoria se refere; a teoria não *é* em si parte do objeto-domínio que ela descreve. *A* teoria de Newton não *é* ela própria uma partícula em movimento. Por outro lado, as Teorias Críticas alegam ser reflexivas ou autorreferentes: uma Teoria Crítica é sempre ela própria uma parte do objeto-domínio que ela descreve; as teorias críticas são sempre, em parte, a respeito de si mesmas. (Ibid., p. 153)

Mas, embora existam diferenças entre Teorias Científicas e Teorias Críticas, essas diferenças:

a. parecem ser diferenças de grau antes que diferenças categóricas entre *conhecimento* e outra forma que não seja conhecimento;
b. não impedem reconhecer que Teorias Críticas e Teorias Científicas são semelhantes em um sentido trivial e pouco interessante: é que ambas são formas de conhecimento empírico — "ambas se baseiam na experiência e unicamente por ela podem ser confirmadas" (ibid., p. 149). Com uma diferença, porém: as teorias científicas, sendo *objetivantes,* valorizam a observação.

"Os membros da Escola de Frankfurt admitem que podemos falar de *observação* somente quando o objeto ou estado de coisas observado é independente do ato de observar, isto é, quando o objeto ou estado de coisas observado não é essencialmente transformado e não é com certeza criado e trazido à existência mediante o ato de observação." (Ibid., p. 150)

Já as Teorias Críticas se fundam não apenas na observação mas também na *Erfahrung der Reflexion*, porquanto trabalham não apenas com *juízos de realidade* mas também com *juízos de valor.*

"Quaisquer diferenças de *status* epistêmico ou de estrutura cognitiva que existam entre Teorias Científicas e Teorias Críticas devem ser atribuídas ao papel que a reflexão desempenha na confirmação das Teorias Críticas". (Ibid., p. 150)

c) A dimensão do critério de confirmação

"As Teorias Científicas são cognitivamente aceitáveis se forem empiricamente exatas e se forem confirmadas pela observação e pelo experimento; as Teorias Críticas são aceitáveis se forem empiricamente precisas e se seus objetos, os agentes a que se destinam, concordarem livremente com elas." (Ibid., p. 131)

Portanto, as Teorias Científicas e as Críticas admitem e requerem tipos diferentes de confirmação: observação/experimento num caso; um processo complicado de avaliação cuja parte central é a demonstração de que são reflexivamente aceitáveis, no outro.

"Uma Teoria Crítica não é, portanto, aceitável a menos que seja empiricamente adequada e a não ser que goze do livre assentimento dos agentes a quem ela é endereçada, isto é, a não ser que os agentes a quem ela se endereça concordem (após meticulosa consideração em condições de perfeita informação e liberdade total) com as opiniões sobre liberdade e coerção nela expressas [...]
Os próprios agentes (oprimidos) devem ser os juízes últimos sobre estarem ou não coagidos e de serem ou não livres." (Ibid., p. 130)

À guisa de síntese poderíamos enfatizar o que se segue:

1. Teorias Críticas têm posição especial como guias para a ação humana, visto que:

a. visam produzir esclarecimento entre os agentes que as defendem capacitando esses agentes a estipular quais são seus verdadeiros interesses;

b. são inerentemente emancipatórias, isto é, libertam os agentes de um tipo de coerção que é, pelo menos parcialmente, autoimposta, a autofrustração da ação humana consciente.

2. Teorias Críticas têm conteúdo cognitivo, isto é, são formas de conhecimento.

3. Teorias Críticas diferem epistemologicamente de teorias em ciências naturais, "As teorias em ciência natural são *objetivantes*, as teorias críticas são *reflexivas*". (Ibid., p. 8)

A expressão "teoria crítica" foi cunhada por teóricos da Escola de Frankfurt, para quem a Teoria Crítica — valorizando a *reflexão* — opõe-se à visão epistemológica subjacente ao positivismo, o qual sustenta:

a. que uma abordagem empirista da ciência natural é adequada e suficiente;

b. que toda cognição deve ter essencialmente a mesma estrutura cognitiva que a ciência natural, isto é, a mesma estrutura *objetivante*, pretensamente *neutra*.

E é porque o positivismo pode ser visto como a *recusa da reflexão*, ou seja, de que as teorias pudessem ser *tanto reflexivas* como *cognitivas*, que uma das metas básicas da Escola de Frankfurt foi "a crítica ao positivismo e a reabilitação da *reflexão* como uma categoria de conhecimento válido". (Ibid., p. 9)

Finalmente, os teóricos da Escola de Frankfurt reconhecem marxismo e Psicanálise como duas principais instâncias de Teoria Crítica: respectivamente "Teoria Crítica da sociedade" e "Teoria Crítica da personalidade".

1.2 Questões históricas

O nome Teoria Crítica está associado à Escola de Frankfurt. Hoje, Escola de Frankfurt

> "refere-se simultaneamente a um *grupo de intelectuais* e a uma *teoria social* [...]. Esse termo surgiu posteriormente aos trabalhos mais significativos de Horkheimer, Adorno, Marcuse, Benjamin e Habermas, sugerindo uma unidade geográfica que, já então, no período do pós-guerra, não existia mais, referindo-se inclusive a uma produção desenvolvida em sua maior parte *fora* de Frankfurt". (Freitag, 1986, p. 9)

A trajetória da Teoria Crítica está ligada à história da Escola de Frankfurt.

Segundo Freitag (id., p. 1-15), é possível identificar os períodos indicados a seguir.

a) Criação do Instituto de Pesquisa Social

> "[...] Foi oficialmente criado em 3 de fevereiro de 1923, a partir de uma semana de estudos marxistas realizada na Turíngia e de que participaram entre outros Felix Weil (seu organizador) Lukács, Pollock, Wittfogel etc. A ideia era institucionalizar um grupo de trabalho voltado para documentação e teorização dos movimentos operários na Europa.
>
> [...] Pensou-se em garantir um vínculo com a Universidade, tendo sido escolhida a Universidade de Frankfurt. Com sede própria, a partir de 1924, o Instituto ficou vinculado à Universidade de Frankfurt, mas preservando sua autonomia acadêmica e financeira.
>
> [...] O primeiro diretor foi Carl Gruenberg, historiador e marxólogo de Viena, substituído em 1930 por Max Horkheimer, jovem filósofo formado em Frankfurt, que assumiu a cátedra de filosofia social.
>
> [...] Graças a sua estatura intelectual, Horkheimer (com teses de doutorado e livre-docência sob a orientação de Hans Cornelius em Frankfurt) conseguiu aglutinar a seu redor intelectuais como Pollock, Wittfogel, Gumperz, Adorno, Marcuse etc. que passaram a contribuir regularmente para a Revista do Instituto (primeiro número em 1932 e último em 1941).
>
> [...] Preocupado com o crescente antissemitismo na Alemanha, a partir de 1931, Horkheimer criou filiais do Instituto em Genebra, Londres e Paris. Em 1933 o governo nazista decreta o fechamento do Instituto em Frankfurt, considerando que suas atividades eram hostis ao Estado. Concomitantemente, confiscam-se os 60.000 volumes que compunham a biblioteca.

[...] A preocupação teórica básica dos pensadores do Instituto nessa etapa fica patente no discurso inaugural do Instituto, feito por Horkheimer: *Elaborar o esboço de uma teoria materialista social-psicológica dos processos históricos societários*. Essa preocupação traz a marca do freudo-marxismo de Horkheimer inspirado em Reich e Fromm."

b) O período da emigração para os EUA (1933-1950)

"[...] Em 1933, Horkheimer transfere o Instituto para Genebra onde passa a funcionar sob o nome de Societé Internacionale de Recherches Sociales e ao qual estão filiados Pollock, Tillich, Beard, Lynd, Saussure, Fromm, Neumann etc.

[...] Em 1934, Horkheimer consegue transferir o Instituto para New York graças ao apoio de Nikolas Murray, diretor da Universidade de Columbia, além de Niebuhr e Mclver. O Instituto passa a funcionar como sendo o International Institute of Social Research, vinculado à Universidade de Columbia, nos mesmos termos em que se vinculara à Universidade de Frankfurt.

[...] Nesse período — em que o Instituto oferece mais de 50 bolsas de estudo e pesquisa a intelectuais e judeus perseguidos pelo nazismo na Europa — Walter Benjamin é um deles. Não consegue emigrar a tempo para os EUA: após a prisão e tendo sido liberado, graças a intervenção de Horkheimer, acaba suicidando-se ao ver frustrada sua tentativa de fuga pela França e Espanha (1943).

[...] Em 1940, Horkheimer e Adorno se transferem para a Califórnia, onde se encontram com Thomas Mann, Bertolt Brecht e outros intelectuais alemães e judeus refugiados. Houve várias cisões no grupo: Fromm se havia incompatibilizado em Nova York; Marcuse foi trabalhar no Office Strategic Service; Pollock torna-se conselheiro do Ministério da Justiça Americana. Em 1941 sai o último número da Revista.

[...] Em 1950, Horkheimer decide efetuar sua volta à Alemanha — derrotada e destruída porém liberada do nazismo — após uma calorosa recepção em 1948.

[...] Nesse período a produção do Instituto reflete bem o impacto sobre os intelectuais europeus da cultura americana, dominada pelo capitalismo moderno e democracia de massa. Além da produção de artigos fundamentais, publicados na Revista e que estruturaram a Teoria Crítica — duas obras merecem registro:

i) The Authoritarian Personality (1950), obra coletiva integrada por cientistas americanos e alemães (Adorno, Frenkel-Brunswik, Levinson, Sanford, Morrow) e destinada a discutir qual a relação entre estruturas sociais e estruturas (profundas) de personalidade [...] Apesar de sua maior sofisticação metodológica e empírica, o estudo americano traz claramente a marca da reflexão teórica de Horkheimer e Fromm desenvolvida originalmente nos *Estudos sobre Autoridade e Família* (1936). A riqueza do estudo está em interpretar à luz do referencial freudo-marxista dados empíricos colhidos no contexto americano e em hipotetizar, para isso, que a personalidade — organização de forças mais ou menos duráveis no indivíduo — pode ser vista como 'instância entre a base econômica e a ideologia das sociedades capitalistas modernas'.

ii) A dialética do esclarecimento (1947), escrita por Adorno e Horkheimer na Califórnia. Essa obra representa uma ruptura de ambos os autores com a crença no poder da razão e uma atitude crítica de ambos face à evolução da cultura de massas de que a sociedade americana da época seria o protótipo mais avançado. A onipotência do sistema capitalista, reificado no mito da modernidade estaria, segundo essa nova análise, deturpando as consciências individuais, narcotizando a sua racionalidade e assimilando os indivíduos ao sistema estabelecido. Esses se incorporam hoje na totalidade do sistema, sem condições de uma autodeterminação, sem participação na elaboração do futuro da humanidade, sem possibilidade de uma resistência crítica. Desta forma, a *Dialética do esclarecimento* tematiza em última instância, a morte da razão kantiana, asfixiada pelas relações de produção capitalista.

[...] A partir dessas reflexões, Adorno e Horkheimer abandonam, em definitivo, o paradigma do materialismo histórico, indo refugiar-se Adorno na chamada dialética negativa e na teoria estética, e Horkheimer, na teologia." (Ibid., p. 15-21)

c) A reconstrução do Instituto de Pesquisa Social em Frankfurt (1950-1970)

A partir de 1950, o Instituto volta a funcionar em sua antiga sede ao lado dos prédios da Universidade de Frankfurt.

Horkheimer e Adorno são nomeados professores catedráticos do Departamento de Filosofia da Universidade Johann W. Goethe, ministrando regularmente aulas até 1969 e trabalhando em pesquisa.

Horkheimer dirige o Instituto até aposentar-se em 1967, contando com Adorno como codiretor. Após sua aposentadoria, Adorno assume o Instituto que em boa parte estava reduzido a esses dois intelectuais "de origem", aos quais na década de 60 se associaram jovens filósofos tais como: Schmidt que viria a editar a obra de Horkheimer; Habermas, o grande herdeiro da tradição intelectual da Escola de Frankfurt, procurando salvar a Teoria Crítica do pessimismo em que ameaçava naufragar; Ludwig von Friedeburg, atual diretor do Instituto de Pesquisa Social de Frankfurt; Rolf Tiedemann, o grande editor das obras de Benjamin e Adorno etc.

O grande trabalho desse período é o estudo que Habermas e Friedeburg desenvolvem respectivamente em Frankfurt (final da década de 50) e Berlim (início da década de 60) sobre autoritarismo e antissemitismo entre estudantes universitários. Utilizando as escalas A e F (autoritarismo e fascismo), na linha dos estudos subjacentes ao *Personalidade autoritária*, concluem pela existência de uma síndrome (latente) autoritária, na maioria dos entrevistados.

Os intelectuais do Instituto enfrentaram o movimento estudantil da segunda metade dos anos 60 como um movimento fascistoide: Adorno mandou chamar a polícia quando os estudantes tentaram invadir o Instituto e depredar o prédio e a biblioteca protestando contra as estruturas autoritárias da Universidade e da sociedade alemãs. Habermas cunhou a expressão *fascismo de esquerda* para designar o movimento dos estudantes.

A desilusão e a incompreensão dos intelectuais de Frankfurt e dos estudantes para com a Teoria Crítica terminou com a saída de Horkheimer para a Suíça em 1967, a morte prematura de Adorno (1969) e a crítica de Marcuse a certas ortodoxias da *New Left*. (Ibid., p. 21-6)

d) O renascimento e a superação da Teoria Crítica (de 1970 em diante)

Serenados os ânimos, Tiedemann, Habermas, Schmidt e outros (segunda geração da Escola de Frankfurt) passaram a publicar obras inéditas dos teóricos da primeira geração (Adorno, Horkheimer, Benjamin etc.). Inaugura-se assim a quarta etapa da Escola de Frankfurt, desta vez com trabalhos sobre os autores da própria Escola.

Ao lado desse meticuloso trabalho editorial (encabeçado por Tiedemann e Schmidt), Habermas retoma a Teoria Crítica e se propõe a revisitá-la e criticá-la.

> Habermas pode ser considerado o pensador mais produtivo de uma nova versão da Teoria Crítica do momento: a Teoria da Ação Comunicativa, através da qual pretende resgatar essa teoria do impasse a que fora conduzida, sobretudo por Adorno.
>
> O renascimento da Teoria Crítica deve-se também ao empenho de uma geração de jovens filósofos, pedagogos, sociólogos e críticos literários tais como Wellmer, Bonss, Honneth etc.
>
> Numa breve retrospectiva do caminho até agora percorrido, poder-se-ia dizer que a Teoria Crítica foi concebida e desenvolvida em três grandes momentos. No primeiro, Horkheimer exerce a principal influência sobre o andamento dos trabalhos. É o período de antes e durante a segunda Guerra Mundial, até a volta de Horkheimer e Adorno para Frankfurt em 1950. Num segundo momento, que se segue ao período de reconstrução do Instituto, é Adorno quem assume a direção intelectual, introduzindo o tema da cultura e desenvolvendo em sua teoria estética uma versão especial da Teoria Crítica. Finalmente, no terceiro momento, a liderança passa a Habermas que, discutindo a Teoria Crítica, buscará com sua Teoria da Ação Comunicativa uma saída para os impasses criados por Horkheimer e Adorno, propondo para isso um novo paradigma: o da razão comunicativa. Esse terceiro momento tem início na década de 70 e continua em pleno desenvolvimento. Nele os dois movimentos anteriores são absorvidos, preservados e superados, deixando no ar a questão da relação entre a Teoria Crítica e a Teoria da Ação Comunicativa. (Ibid., p. 26-30)

Restaria comentar brevemente o espaço da Teoria Crítica no pensamento brasileiro.

e) *A recepção da Teoria Crítica no Brasil*

Segundo Coutinho (*Presença*, n. 7, p. 100-12, 1986) o pensamento da Escola de Frankfurt foi assimilado no Brasil em duas etapas:

- no final da década de 60, via Marcuse (e portanto via EUA), assumindo entre nós uma feição contracultural e irracionalista;
- no final da década de 70, através de Paulo Sérgio Rouanet (via Alemanha), que procura recuperar o veio iluminista e, portanto, racionalista original da teoria.

> A Teoria Crítica que esteve em refluxo desde o fim dos movimentos de contestação dos anos 60 e 70 está vivendo uma segunda vida. Nunca se escreveu tanto dentro da tradição frankfurtiana e sobre ela, seja para louvá-la, seja para criticá-la [...]. Isso se deve à sua extraordinária vocação de síntese e integração [...]. O Brasil pode participar de forma original dessa síntese, contribuindo com sua perspectiva de país capitalista periférico, até agora praticamente ausente do debate. (Id., p. 154-5)

2. O desafio da construção de uma Teoria Crítica da Violência Familiar contra Crianças e Adolescentes

Esta parte do trabalho será desenvolvida em três etapas. Na primeira procuraremos levantar os fundamentos de uma Teoria Crítica da violência doméstica contra crianças e adolescentes. Esses fundamentos devem ser buscados — no mínimo — numa Teoria Crítica da infância, numa Teoria Crítica da família, numa Teoria Crítica da sexualidade humana e numa Teoria Crítica da criminalidade e, por que não, numa Teoria Crítica da violência.

Na segunda parte examinaremos a teorização hegemônica, na área da violência doméstica infantojuvenil, e qual seu paradigma básico.

Na terceira e última parte procuraremos verificar quais as exigências epistemológicas básicas para a construção de uma Teoria Crítica da violência familiar contra crianças e adolescentes.

2.1 Os fundamentos de uma Teoria Crítica da violência familiar contra crianças e adolescentes

Os fundamentos de uma Teoria Crítica da violência doméstica infantojuvenil devem ser buscados em vários domínios que mantêm interface com a compreensão desse fenômeno.

Não sendo nossa intenção aprofundar os pontos de vista apresentados neste trabalho, limitar-nos-emos a pontuar alguns contornos de teorizações críticas sobre:

a. *violência*, considerando que se trata de uma das muitas modalidades de violência: *a doméstica;*

b. *criminalidade*, considerando que se trata de uma transgressão reconhecida como crime, pela maioria das legislações penais dos Estados modernos;

c. *família*, já que se trata de um fenômeno que tem na família sua ecologia privilegiada;

d. *infância*, já que esta é a população alvo da violência;

e. *sexualidade*, já que muito da violência doméstica contra crianças e adolescentes reveste-se de caráter sexual.

É preciso reconhecer que — no estado atual de conhecimentos — essas teorias nem sempre existem formuladas de modo integral e consistente. Por essa razão os pontos que vamos sinalizar representam, em muitos casos, primeiras aproximações às respectivas problemáticas as quais deverão ser futuramente desenvolvidas.

Uma Teoria Crítica da violência deve partir da consideração inicial de que é necessário distinguir entre violência e agressão: a primeira existe no domínio da *cultura* e a segunda no domínio da *natureza*. Isso significa reconhecer que *toda violência é social, histórica e, portanto, capaz de ser controlada* e erradicada caso haja vontade política para tal.

Além disso, uma Teoria Crítica da violência teria que ser *contextualizada*, isto é, teria que ter seu *significado* compreendido no contexto de uma sociedade específica e de uma cultura determinada. No caso brasileiro, isso significaria:

a. desvendar a fenomenologia da violência em nosso país, reconhecendo tratar-se a sociedade brasileira: de uma sociedade extremamente desigual em termos socioeconômicos, onde os 20% mais ricos têm um rendimento 26 vezes maior que os 20% mais pobres, segundo dados de 1992; de uma sociedade que pratica a violência tanto entre classes sociais quanto intraclasses sociais, conforme comprovam-no as elevadas estatísticas dos conflitos (urbanos e rurais) e das ocorrências de maus-tratos a mulheres, velhos, crianças e adolescentes tanto dentro quanto fora da família;

b. significaria também desvendar as origens dessa "legitimação branca" da violência no cotidiano de nossa sociedade, denunciando, seja o autoritarismo estruturante das relações macro e microssociais, seja o caráter ideológico da representação do brasileiro como um "povo cordial e pacífico".

Uma Teoria Crítica da criminalidade deveria estar embasada na *abordagem construtivista do crime*, segundo a qual este não existe na natureza, sendo, ao contrário, uma *construção* do homem. Tal teoria permitiria entender a produção e (re)produção dos criminosos em geral e dos agressores domésticos em particular — não como uma fatalidade da herança biológica (nas várias versões do pré-determinismo lombrosiano e neolombrosiano — nem como decorrência de disfunções sociais, na linha das teses ambientalistas de "cultura da pobreza", marginalização, carência cultural etc.), mas como o resultado de uma *interação* entre fatores individuais (biológicos e psicológicos) e sociais (econômicos, políticos e culturais).

Por outro lado, uma Teoria Crítica da criminalidade — e em especial da criminalidade doméstica — também deveria pesquisar o perfil, o significado e as raízes históricas do fenômeno, dentro de uma sociedade e de uma cultura determinadas. No caso específico do Brasil, isso significaria fazer algumas incursões na antropologia dos "crimes da paixão", como significaria também entender a criminalidade dentro de uma cultura que os antropólogos têm caracterizado como "cultura da transgressão". Ou seja, na qual impera, sem pudor, "o jeitinho brasileiro" de burlar as leis explicando, em parte, porque é tão comum, entre nós, a existência de "leis que não pegam".

Uma Teoria Crítica da família, por sua vez, implicaria vários níveis de "compreensão" dessa instituição.

Será necessário compreender que a família é uma instituição historicamente construída:

a. *em suas estruturas.* Não se pode falar da *família* mas de *modelos de família* estruturalmente distintos. Reconhece-se, por exemplo, a família burguesa do século XIX (Europa); a família aristocrática dos séculos XVI e XVII (idem); a família camponesa dos séculos XVI e XVII (idem); a família colonial brasileira; e a família urbana brasileira (burguesa).

b. *em seus determinantes.* As estruturas familiares diversificadas não podem ser mecânica e reducionistamente correlacionadas a uma só determinação mais ampla, seja esta a *modernização, o patriarcado, o capitalismo* etc.

Será também preciso compreender que, em decorrência do exposto, a história da família é sempre *descontínua* no tempo e no espaço (níveis diacrônico e sincrônico).

Haverá necessidade, ainda, de compreender que a construção de uma Teoria Crítica requer, pelo menos, três níveis de análise:

a. *Cotidianidade* (atividades de vida diária, costumes relativos a namoro etc., enfim, o *ideário* e as *práticas*);

b. *Padrões de relacionamento emocional* — a família é o lugar onde se forma a personalidade, em sua estrutura psíquica, através do processo de *socialização;*

c. *Relação entre sociedade e família* para aprofundar a compreensão dos níveis anteriores (por exemplo, o aparecimento da *privacidade).*

Dever-se-á compreender também que as famílias (enquanto modelos) têm em comum uma estrutura de desigualdades básicas: idade/sexo.

Finalmente, haverá que compreender a Teoria Crítica da família como um esforço para — unindo os três marcos da referência — histórico/social/psicológico — torná-la um objeto de pesquisa inteligível "mediante a definição de categorias, através das quais ela possa ser estudada empiricamente". (Poster, 1979, p. 274)

Uma tal teoria seria um instrumento adequado para entender por que a família burguesa seria uma instituição preeminente em todo tipo de violências, como têm assinalado alguns de seus eminentes estudiosos.

Essa teoria, com seus construtos e categorias descritivas e explicativas, deverá ser concebida como *guia para uma ação transformadora emancipatória,* que tenha num modelo utópico com hierarquias de sexo e idade minimizadas uma alternativa ao modelo burguês hoje vigente.

Uma Teoria Crítica da infância deveria não apenas (re)construir a história da infância — numa dada sociedade e no mundo — mas também historicizar a representação que a humanidade tem feito desse segmento social. A partir daí seria possível reconhecer:

a. que, se as crianças existiram sempre, a *ideia* de infância é moderna;

b. que, se a história da infância fosse escrita pelas crianças, ela seria um trágico pesadelo.

Isso porque agora e sempre e em toda parte as crianças têm sido vistas e tratadas como menores subalternos, merecedores de um amor desvalorizado, porque contaminado pela ideia de fraqueza, inferioridade, subalternidade do ser-criança.

Uma tal teoria teria como desafio básico desmistificar a representação ideológica da *criança* — *Criança* (enquanto ser em condição peculiar de desenvolvimento e, por isso, de certa forma inferior, menor) — representação essa presente tanto no nível do senso comum, quanto no nível de teorias científicas sobre a infância, bem como em legislações e políticas a ela destinadas.

Uma tal teoria deveria ajudar na construção de uma concepção contraideológica de *criança* que reconhecesse sua especificidade enquanto ser em condição peculiar de desenvolvimento, titular portanto do direito à proteção e não à dominação e, enquanto tal, a reclamar prioridade de tratamento.

Finalmente, uma Teoria Crítica da sexualidade humana deveria repousar numa distinção clara entre *sexo* (biologicamente determinado) e *sexualidade* (culturalmente construída). Deveria, dentro desta última, recuperar *a perspectiva de gênero* (masculino/feminino) enquanto realidades produzidas e (re)produzidas no nível das sociedades e das culturas e, portanto, enquanto "carreiras que se desenvolvem historicamente".

A Teoria Crítica da sexualidade humana deveria ser também necessariamente contextualizada porque, sem isto, seria impossível compreender o "significado" de violações sexuais, significado esse que, longe de ser fixo e atemporal, é historicamente datado, além de imbricado no cotidiano de uma determinada trama de relações sociais. No caso brasileiro, isso significaria reconhecer que o "caldo de cultura" de que estariam sendo nutridas as violações sexuais — especialmente domésticas contra crianças e adolescentes — seria a ótica do *Trópico dos pecados*, ou do "não existe pecado abaixo do Equador", ótica essa com que fomos descobertos há cerca de 500 anos e da qual, ainda hoje, somos tributários e cúmplices.

A construção dessas várias teorias críticas só poderá tornar-se realidade, porém, se fizer parte de um vigoroso processo intelectual de natureza multidisciplinar e se trouxer a marca do compromisso que Brecht sempre reclamou da ciência: aliviar a miséria humana.

2.2 A teoria dominante na área da violência doméstica contra crianças e adolescentes

O modelo explicativo dominante em nível internacional, na área da violência familiar contra crianças e adolescentes, pode ser esquematicamente representado como se indica na Figura 1 a seguir.

Figura 1

Abuso — Vitimização doméstica de crianças e adolescentes: ***modelo interativo ou multicausal***

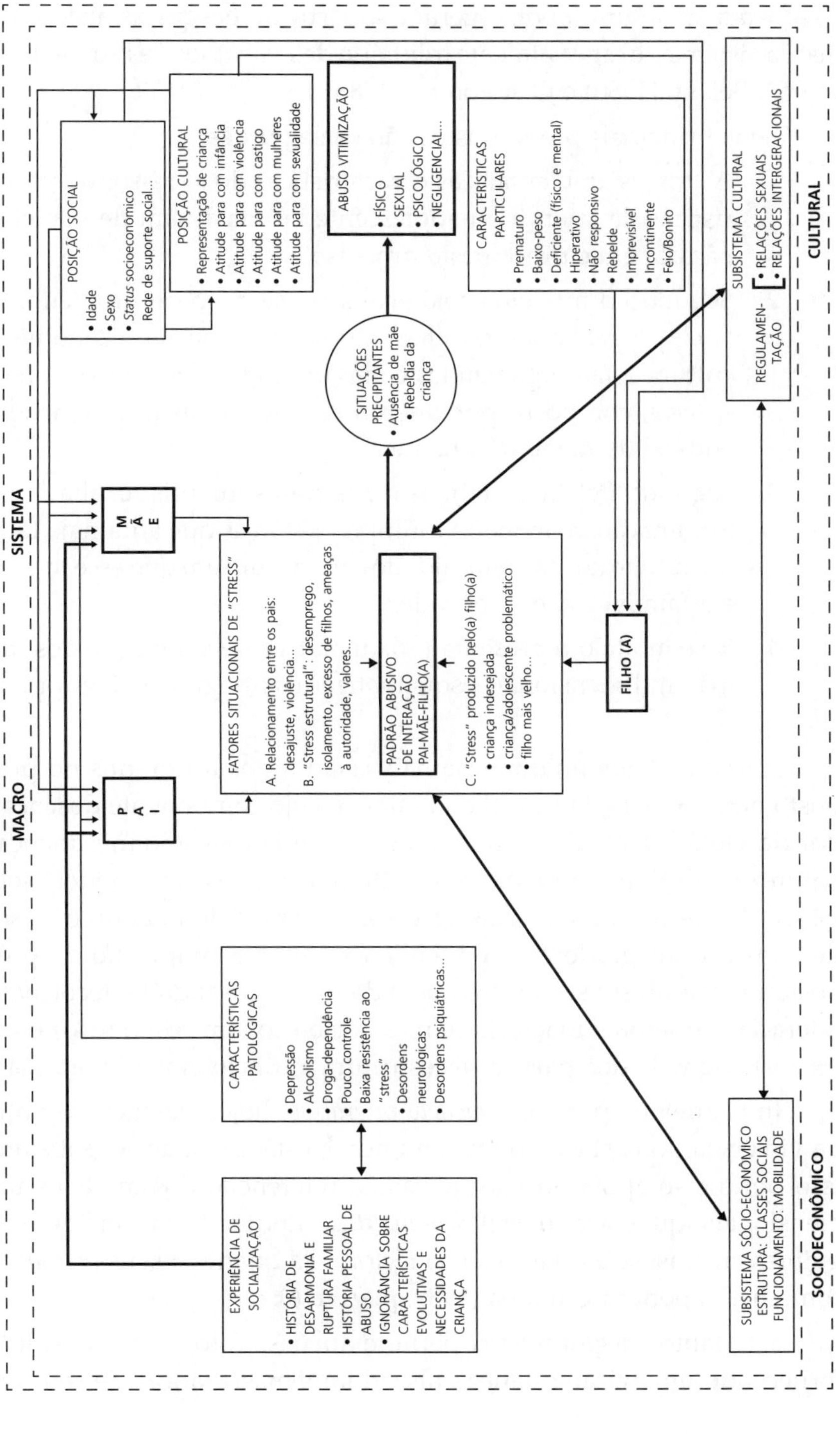

Trata-se de um modelo gerado a partir de pesquisas ancoradas na Teoria Sistêmica e especialmente tributário dos trabalhos de Bronfenbrenner (1979), Belsky (1980) e Ochotorena (1988).

Seus principais pressupostos são os seguintes:

1. As forças ambientais, as características do agressor e as características da criança ou adolescente vítima atuam de maneira dinâmica e recíproca neste processo.
2. Segundo o modelo ecológico-ecossistêmico de Bronfenbrenner (1979), a realidade familiar, a realidade social e econômica e a cultura estão organizadas como um todo articulado e como um *sistema*, composto por diferentes *subsistemas* que se articulam entre si de maneira dinâmica.
3. Segundo Belsky (1980), os maus-tratos infantis resultam da determinação de maneira múltipla de forças que atuam na família, no indivíduo, na comunidade e na cultura em que esse indivíduo e a família estão implicados.
4. Esse modelo representa uma tentativa de superação dos modelos unidimensionais esquematizados a seguir na Figura 2.

Esses modelos unidimensionais estão todos ancorados no pressuposto determinista da causalidade linear, cujo componente desencadeador da violência ou abuso infantojuvenil seria o desvio (ou doença) de natureza individual (modelo psicopatológico) ou social (modelo social), incidente nos ou sobre os pais agressores. O modelo interativo — sendo de natureza integradora — pretendeu superar o simplismo do pressuposto unicausal, substituindo-o pelo da multicausalidade decorrente da interação de fatores macro (sistemas sócio-econômico-político) e micro (história de vida dos pais *versus* estrutura e funcionamento familiar).

Infelizmente, porém, o *modelo interativo*, hoje hegemônico no trato da violência doméstica, no nível mundial, está longe de ser satisfatório. Isso porque se apoia no mesmo marco referencial dos modelos unidimensionais, qual seja, o *empírico-analítico*. Enquanto tal, incide nas seguintes críticas, seja quanto à sua *lógica*, seja quanto a seus *pressupostos*, como bem apontou Gamboa (1989, p. 91-116).

a. Quanto *à lógica interna* permite apenas "fotografar" a realidade, fornecendo uma visão estática, falseadora e mascaradora de seu caráter

Figura 2
VIOLÊNCIA DOMÉSTICA contra CRIANÇAS E ADOLESCENTES
Modelos Unidimensionais

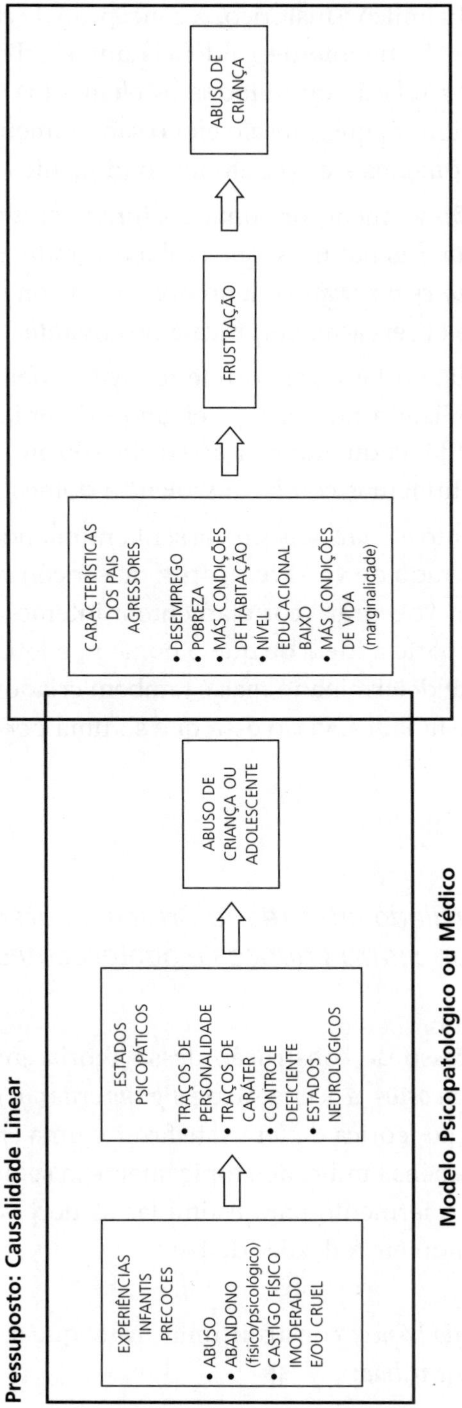

conflitivo, dinâmico e histórico. A concepção de causalidade privilegiada escora-se na "lei da interdependência universal", a qual, além de postular uma inter-relação entre todos os elementos, destruidora do sentido de direção, ignora que causa e efeito são momentos da conexão recíproca entre fenômenos e enquanto tal contingentes e históricos.

Além disso, incorpora uma postura positivista de abordagem, herdada das ciências naturais, que acaba exigindo a fragmentação da realidade em *fatores* e *variáveis* definidos operacionalmente e quantificáveis para fins de observação empírica e objetivante.

Valoriza, portanto, em primeiro lugar, a objetividade enquanto processo centralizado no objeto, deixando de enfatizar a importância da concreticidade (enquanto relação sujeito/objeto) para a compreensão de fenômenos humanos como é a violência doméstica infantojuvenil.

b. Quanto *aos pressupostos*, assenta numa noção de homem enquanto conglomerado de variáveis capaz de ser controlado heteronomamente por quem "decifrar" corretamente a interação de fatores. Com isso, deixa-se de parte a ideia de que o homem, enquanto histórico e social, é parcialmente determinado mas é também criador de mundos e transformador de realidades, visão essa que só uma perspectiva crítica permitirá resgatar.

2.3 Construindo uma Teoria Crítica na área da violência familiar contra crianças e adolescentes

O processo de construção dessa Teoria envolve *um desafio básico*, alguns *pressupostos*, a aceitação de *alguns critérios epistemológicos* que uma tal formulação teórica deverá satisfazer e uma *opção metodológica*. Todos esses serão apenas indicados topicamente, a seguir, na esperança de que possam ser o fermento para estimular as necessárias — e diria mesmo — imprescindíveis reflexões de base.

a. *Desafio básico*: construir uma *Teoria* que seja *politicamente correta e cientificamente válida*:

- Politicamente correta = emancipatória e contraideológica
- Cientificamente válida = operativa, permitindo combater o fenômeno de forma eficaz (atendimento/prevenção)

b. Pressupostos

Os pressupostos deverão ser buscados, de um lado na Teoria Crítica da sociedade, de que o materialismo histórico constitui exemplo paradigmático. De outro lado, deverão ser buscados na Teoria Crítica da personalidade, de que a *psicologia política* — tal como entendida por Sève (1975) — pode ser uma primeira alternativa de abordagem.

c. *Critérios epistemológicos a satisfazer*:

Os critérios mínimos podem ser formulados como se segue:

- Reconhecer que o sujeito do *conhecer* e do *agir* humano é coletivo;
- Reconhecer o caráter evolutivo da razão humana;
- Reconhecer o caráter inseparável da teoria e da prática;
- Reconhecer a inseparabilidade dos juízos de realidade e de valor, o que supõe a identidade (relativa) sujeito-objeto;
- Reconhecer a centralidade da história (e, por via de consequência, do significado e da cultura);
- Reconhecer o conceito de totalidade (estrutura) como geneticamente organizado;
- Reconhecer as leis como tendências dentro de uma conjuntura dada e, consequentemente, a necessidade de sempre contextualizar;
- Reconhecer a teoria como um modelo operativo útil para guiar a investigação.

d. *A opção metodológica*

O método para enfrentar tal desafio só pode ser o histórico-crítico, que tem como etapa necessária a crítica ideológica (desmistificadora) das representações sobre o fenômeno que fazem parte da cultura comum de uma dada sociedade (consciência ingênua) e da cultura científica na área (consciência instrumentalizada).

PALAVRAS FINAIS DE ADVERTÊNCIA AO LEITOR

Como se deve ter percebido, este é um texto em processo de elaboração. Por isso mesmo deve ser entendido como material de estudo e reflexão. Leia-o e revisite-o criticamente aportando suas contribuições ao programa — que só pode ser coletivamente assumido — de construir uma *Teoria Crítica da violência familiar contra crianças e adolescentes.*

Referências bibliográficas

BELSKY, J. Child Maltreatment/An ecological integration. *American Psychologist*, v. 35, n. 4, p. 320-335, abr. 1980.

BRONFENBRENNER, U. *The ecology of human development experiments.* Cambridge: Harvard University Press, 1979.

FREITAG, Barbara. *A teoria crítica ontem e hoje.* São Paulo: Brasiliense, 1986.

GAMBOA, S. A. S. A dialética na pesquisa em educação: elementos de contexto. In: FAZENDA, Ivani (Org.). *Metodologia da pesquisa educacional.* São Paulo: Cortez, 1989. p. 91-116.

GEUSS, R. *Teoria crítica:* Habermas e a Escola de Frankfurt. Trad. Bento Itamar Borges. Campinas: Papirus, 1988.

OCHOTORENA, J. de P. et al. *Maltrato y abandono infantil:* identificación de factores de riesgo. Vitória Gasteiz: Serv. Central de Publicaciones del Gobierno Vasco, 1988.

POSTER, Mark. *Teoria crítica da família.* Rio de Janeiro: Zahar, 1979.

SÈVE, L. *Marxisme et theorie de la personalité.* Paris: Éditions Sociales, 1975.

C

Teoria crítica da família

Cristina Bruschini

Doutora em Sociologia pela Universidade de São Paulo e pesquisadora da Fundação Carlos Chagas, onde desenvolve estudos sobre trabalho feminino e família e coordena o Concurso de Dotações para Pesquisa sobre Mulher e Gênero. Foi coordenadora do Grupo de Trabalho Família e Sociedade da Associação Nacional de Pós-Graduação e Pesquisa em Ciências Sociais, no período 1988-92. É autora do livro *Mulher, casa e família* (Vértice/Fundação Carlos Chagas, 1990), organizadora de várias coletâneas — entre as quais: *Uma questão de gênero* e *Entre a virtude e o pecado* (Rosa dos Tempos/Fundação Carlos Chagas, 1992) — e de diversos artigos sobre família e trabalho feminino.

O primeiro ponto a considerar em qualquer análise sobre o tema da família é a necessidade de deixar muito claro o que se entende por este conceito. É por essa razão que, sempre que se fala sobre família, deve-se começar por uma ampla e contraditória questão:

O que é família?

A tendência à naturalização da família, tanto no nível do senso comum quanto da própria reflexão científica, que leva à identificação do grupo conjugal como forma básica e elementar de toda família e à percepção do parentesco e da divisão de papéis como fenômenos naturais, criou, durante muito tempo, obstáculos de difícil transposição para sua análise. Por esse motivo, o primeiro passo para estudar a família deveria ser o de "dissolver sua aparência de naturalidade, percebendo-a como criação humana mutável" e observando que as relações muitas vezes coincidentes que conhecemos atualmente entre grupo conjugal, rede de parentesco, unidade doméstica/residencial podem se apresentar como instituições bastante diferenciadas em outras sociedades ou em diferentes momentos históricos.

A literatura antropológica é rica em dados que atestam a variabilidade das estruturas familiares e que sugerem que se existisse algum grupo "natural" este seria, quando muito, a mulher e sua prole.

Dados etnográficos mostram que, se entre os trobriandeses descritos por Malinovski, o grupo doméstico coincide com a unidade de reprodução, mas não com a unidade de parentesco, entre os índios Mundurucu analisados por Murphy o grupo formado pelo marido, a mulher e os filhos é uma unidade de reprodução, herança e descendência, mas não de produção, residencial ou de comensalidade, pois imperam na aldeia habitações coletivas, com dispensa e fogo comum, onde se reúnem todos os moradores segregados segundo o sexo. Os exemplos são muitos, mas foge aos objetivos desta palestra examiná-los por extenso. Eles confirmam, porém, que a família, tal como a conhecemos atualmente em nossa sociedade, não é uma instituição natural e assume configurações diversificadas em torno de uma atividade de base biológica, a reprodução.

Assim como a família não é uma instituição natural, podendo assumir configurações diversificadas em sociedades ou grupos sociais heterogêneos, o modelo nuclear de família, que nos parece tão natural, só se consolidou por volta do século XVIII, segundo nos informam os estudos históricos. A mutabilidade seria, portanto, outra característica do grupo familiar.

Young e Willmot, autores ingleses, acreditam que a história da família pode ser relatada em estágios, e descrevem a família inglesa a partir do período pré-industrial. Nesse primeiro estágio, homens, mulheres e crianças trabalhavam juntos tanto na casa quanto no campo e a unidade familiar era antes de tudo uma unidade de produção. O segundo estágio é definido pela ruptura advinda com a Revolução Industrial do século XIX e a industrialização da venda da força de trabalho. A partir do começo do século XX, já em seu terceiro estágio, a unidade da família é restaurada em torno de sua função como unidade de consumo. A vida se torna mais privatizada, a família extensa cede importância à nuclear e, dentro do casamento, os papéis sexuais se tornam menos segregados.

O francês Ariès, ao elaborar uma análise iconográfica do Antigo Regime, apresenta um rica descrição do surgimento da família nuclear burguesa, composta basicamente pelo triângulo pai, mãe e filhos e por uma complexa combinação de autoridade e amor parental.

Na aristocracia dos séculos XVI e XVII não havia separação rigorosa entre o público e o privado, as famílias viviam nas ruas, nas festas, não se isolavam. A família não tinha as funções afetiva e socializadora, mas era constituída visando apenas a transmissão da vida, a conservação dos bens, a prática de um ofício, a ajuda mútua e a proteção da honra e da vida em caso de crise.

Com a ascensão da burguesia, por volta do século XVIII, a privatização da instituição familiar e a passagem das funções socializadoras para o âmbito mais restrito do lar burguês constituem alguns dos mecanismos fundamentais para a constituição da família moderna.

Preocupado inicialmente com o surgimento da infância como categoria social, Ariès mostrou como a família "moderna" trouxe consigo um novo conjunto de atitudes em relação às crianças. Ao descrever as formas de intimidade entre pais e filhos — e principalmente a supervalorização do amor materno — na família emergente, ele indica que a análise da família deve se preocupar não apenas com as dimensões dessa instituição, mas também com as qualidades emocionais das relações familiares, remetendo nesse sentido para uma teoria psicológica da família.

Em texto mais recente, que introduz o terceiro volume da *História da vida privada*, Ariès retorna a algumas de suas ideias referentes ao surgimento da noção de privado. Tomando como referência duas épocas distintas — a Idade Média e o século XIX — e optando por uma análise calcada na História das Mentalidades, Ariès aponta alguns acontecimentos marcantes que teriam mudado a História. Entre eles menciona o novo papel do Estado que, a partir do século XV, vai interferir cada vez com mais frequência no espaço social antes entregue às comunidades; o desenvolvimento da alfabetização e a difusão da leitura, sobretudo graças à imprensa; e o desenvolvimento de novas formas de religião. Essas e inúmeras outras mudanças, como novas atitudes em relação ao corpo, gosto pelo isolamento etc. contribuem para uma nova maneira de conceber e levar a vida cotidiana. A família muda de sentido. Deixa de ser uma unidade econômica e tende a tornar-se um lugar de refúgio, de afetividade, onde se estabelecem relações de sentimento entre o casal e os filhos e lugar (bom ou mau) de atenção à infância. A família desenvolve novas funções: absorve o indivíduo, recolhendo-o e defendendo-o. Por outro lado, enquanto grupo, a família separa-se mais nitidamente do que antes do espaço público. O pai de família torna-se uma figura moral que inspira respeito a toda sociedade.

Por sua vez, Poster também nos alerta que a história da família é descontínua, não linear e não homogênea, consistindo em padrões familiares distintos, cada um com sua própria história. A família nuclear burguesa, com seu modelo de assimetria sexual, não é um modelo único ou norma universal, mas sim um fenômeno historicamente construído, o que o autor confirma analisando as estruturas de quatro diferentes tipos de família.

Como Ariès, Poster mostra que nas famílias aristocráticas do Antigo Regime (séculos XVI e XVII) atribuía-se pouco valor à privacidade, domesticidade, cuidados maternos, amor romântico e relações íntimas com as crianças. A vida emocional das crianças não gravitava em torno dos pais, mas estava difundida através de vasta gama de figuras adultas.

A família camponesa tinha mais traços em comum com a aristocracia do que com a moderna burguesia. A unidade básica da vida camponesa não era a família conjugal, mas a aldeia. Casamento, relações entre marido e mulher e entre pais e filhos, tudo era compartilhado por todos os aldeões, pois a privacidade era desconhecida e sem valor. A autoridade e o amor estavam repartidos por ampla rede de parentes e aldeões, as relações entre pais e filhos não se caracterizavam por intimidade ou intensidade emocional. As sanções eram impostas com castigos físicos, em vez de ameaças de retirada de amor.

Na família burguesa o padrão emocional é definido pela autoridade restringida aos pais, profundo amor parental pelos filhos, uso de ameaças de retirada de amor, a título de punição, em vez de castigos físicos.

Analisando o modelo de classe trabalhadora no princípio da industrialização, Poster comenta que, em sua fase inicial, o lar proletário não era propriamente "um ninho de domesticidade". As condições de vida eram extremamente precárias e a sobrevivência só era garantida mediante o trabalho de todos os membros da família. Crianças e jovens de ambos os sexos afirmavam sua independência dos pais através do trabalho na fábrica, onde eram praticamente socializados. As relações entre homens e mulheres diferiam daquelas do padrão burguês, posto que as mulheres, além de realizar os afazeres domésticos, trabalhavam também nas fábricas. Ao longo de um século, porém, a família trabalhadora iria se parecendo cada vez mais com a família burguesa.

À medida que emerge a aristocracia da classe trabalhadora, coincidindo com as primeiras conquistas trabalhistas (salário-família, limite de horas de trabalho etc.), amplia-se o esforço da burguesia filantrópica para reformar a moralidade da camada subalterna, integrando-a ao modelo de família burguesa. Donzelot documenta a consolidação da família burguesa a partir do final do século XVIII. Aliada ao Estado, a Medicina intervém nas famílias, alia-se às mães, cujo papel se vê fortalecido, e contribui para valorizar a criança, o núcleo conjugal e o espaço privado do lar. Preocupada especificamente com o surgimento do amor materno, que acredita não ser um sentimento instintivo, Badinter ilustra com inúmeros dados esse mesmo processo.

Habermas, discípulo da Escola de Frankfurt, também descreve a privatização da vida familiar através da transformação do estilo arquitetônico da residência a partir do século XVII. No lugar do antigo "grande salão", surge a sala de jantar separada da sala de visitas, enquanto os quartos individuais tornam-se maiores e os membros das famílias isolam-se cada vez mais no interior das casas. A família assim "privatizada" ou "interiorizada" desenvolve uma cultura própria, uma aparente autonomia e uma atmosfera de intimidade.

Diversidade conceitual

Se a não naturalidade e a mutabilidade são características da família que têm sido desvendadas pelos estudos que se dedicam a esse tema, pode-se afirmar que a diversidade de conceitos de família tem sido a marca registrada desses estudos.

Por sua vez, o exame de como as diferentes disciplinas definem a família indica a multiplicidade de dimensões contidas nesse grupo social e mostra como o que se entende por família pode variar conforme a dimensão enfatizada.

Na literatura sociológica, a reflexão sobre a família predominou na *teoria funcionalista*, que dominou o pensamento norte-americano a partir da década de 50, com reflexos marcantes sobre a sociologia brasileira.

Segundo essa corrente, cujo expoente foi Talcott Parsons, a família é sobretudo uma agência socializadora, cujas funções concentram-se na formação da personalidade dos indivíduos. Tendo perdido, ao longo da História, as funções de unidade de produção econômica e de participação política, a família teria a função básica de socialização primária das crianças e de estabilização das personalidades adultas da população.

O funcionalismo acentua enfaticamente a importância de a criança ter, nos primeiros estágios de desenvolvimento, uma relação especial, íntima e intensa com a mãe. O isolamento da família nuclear, uma de suas características básicas, manifesta-se no fato de que seus membros, pais e filhos ainda dependentes, ocupam em geral uma habitação separada, não partilhada com membros da família de origem de nenhum dos esposos; no caso típico, essa unidade doméstica é economicamente independente, subsistindo principalmente do rendimento advindo da ocupação do pai-marido.

O isolamento da família nuclear moderna acentua o peso do papel da mãe, na medida em que esta não conta com parentes para ajudar e o marido trabalha fora. Apesar de não ser de todo incomum encontrar um dos cônjuges sozinho ou um parente de um deles, pai ou mãe, irmão ou primo, vivendo com a família, este arranjo seria estatisticamente secundário, fugindo aos padrões familiares considerados típicos da sociedade moderna.

Parsons propõe o estudo da família nuclear como um pequeno grupo-tarefa, no qual os membros adultos desempenham papéis altamente diferenciados, assimétricos e complementares, o que possibilita a presença de modelos masculinos e femininos claramente definidos. Este fato seria extremamente importante no processo de formação da personalidade infantil: o adulto masculino ou marido-pai é o líder "instrumental" do grupo, enquanto o adulto feminino desempenha papéis sociais de natureza "expressiva", voltados principalmente para os assuntos internos da família. Nesse modelo cabe à mulher ser esposa, dona de casa e sobretudo mãe, papel esse cuja importância se acentua e especializa, na medida em que seu desempenho passa a se basear em conhecimentos científicos, como os que foram sendo acumulados pela Psicologia. Zelar pelo bem-estar físico e emocional dos dependentes e pela estabilidade das personalidades dos membros adultos do grupo faz parte dos papéis expressivos atribuídos ao elemento feminino adulto da família.

Dois fenômenos são apontados pelos autores como intimamente relacionados com a moderna família americana: a profissionalização do papel de mãe, racionalizando-o com base em conhecimentos científicos, e o crescimento da psiquiatria, psicologia e outras áreas do ramo da saúde mental que procuram lidar com as tensões das personalidades, frequentemente relacionadas com as relações na família e no casamento.

Em outro texto, Parsons aprofunda a análise da família americana no que diz respeito à sua adequação ao sistema urbano-industrial predominante naquela sociedade. A família conjugal americana é uma unidade de residência e base de sustentação econômica, que decorre da ocupação ou profissão do marido. Mas ela está numa posição muito delicada de equilíbrio e integração com o resto da estrutura social, especialmente a profissional: esta se caracteriza por critérios universalistas de competência e eficiência. Para que o indivíduo seja julgado e escolhido com base em sua competência pessoal, precisa ser livre para negociar sua condição de indivíduo na base desses critérios. As características da família — grupo solidário e rede de relações carregada de emocionalidade — estão em franco contraste com o sistema profissional, no qual predominam o individualismo e a concorrência. A integração da função profissional com o sistema de parentesco é impossível. A delicada adaptação entre os dois sistemas é então resolvida fazendo com que só um membro da família conjugal tenha um papel no sistema profissional, o marido-pai. Ele vive num lugar e trabalha no outro, no qual é tratado como indivíduo. O isolamento da família conjugal, portanto, deixa o indivíduo livre de embaraços e de vínculos que inibiriam suas possibilidades profissionais. A separação entre as funções dos cônjuges é um dos mecanismos principais para evitar a competição e, com isso, a cisão. O encargo principal da mulher adulta é o de dona de casa e mãe. Este fato protege os cônjuges da competição na esfera profissional.

Na mesma linha de Parsons, Goode afirma que, onde quer que o sistema econômico se expanda devido à industrialização, os padrões da família modificam-se: os laços de família multiplicada se enfraquecem, os padrões de linhagem dissolvem-se e uma tendência para certa forma de sistema conjugal começa a aparecer, isto é, a família nuclear torna-se a unidade de parentesco mais independente. Procurando matizar o enfoque funcionalista, Goode lembra, porém, que a família conjugal deve ser vista como um tipo ideal, no sentido weberiano do termo. É, portanto, uma construção teórica, que nem sempre é encontrada exatamente como tal na realidade empírica; ao contrário, colide muitas vezes com ela, como na manutenção de laços estreitos entre netos e avós ou outros parentes.

Na *literatura marxista*, a família não foi um tema privilegiado. Engels procurou suprir essa lacuna tentando integrar a questão da reprodução na teoria mais geral da sociedade, na qual os seres humanos são definidos por suas relações com o sistema de produção. Para ele, o fator determinante da História é a produção e a reprodução da vida imediata, onde se incluem tanto a produção dos meios de existência (alimentos, vestimentas, abrigo, instrumentos de trabalho etc.), quanto a produção dos próprios seres humanos, ou propagação da espécie. Engels afirmava que a sociedade teria passado de um estágio de promiscuidade para o de casamento grupal e depois para o matriarcado, atingindo o patriarcado apenas com o advento da propriedade privada dos meios de produção. O surgimento da família monogâmica se daria quando os homens, acasalados com as mulheres após a extinção do casamento em grupo, decidem proteger suas propriedades, garantindo sua transmissão através da herança. Para isso, era preciso garantir a paternidade sobre a prole e, consequentemente, limitar e reprimir o exercício da sexualidade feminina junto ao grupo.

A evolução da família nos tempos pré-históricos, segundo Engels, consistiria, portanto, numa redução constante do círculo em cujo seio prevalecia a comunidade conjugal entre os sexos e que originalmente abarcava a tribo inteira. Progressivamente iriam sendo excluídos os parentes próximos, os distantes e até as pessoas vinculadas por aliança, o que na prática tornaria impossível o casamento por grupos. Acabaria ficando só o casal, unido por vínculos ainda frágeis. A origem da monogamia, portanto, pouco teria a ver com o amor sexual individual.

Com a evolução da sociedade, continua Engels, o excedente de riqueza acumulado foi convertido em propriedade particular das famílias. De acordo com a divisão de trabalho predominante, ao homem cabia procurar alimentos e instrumentos de trabalho, portanto, por direito, ele era proprietário desses instrumentos. À medida que as riquezas iam aumentando, o homem desfrutava de uma posição mais importante do que a da mulher na família e ele passou a modificar, em proveito dos filhos, a ordem da herança estabelecida. O direito materno foi então abolido, o que, segundo Engels, foi uma das mais profundas revoluções que a humanidade já conheceu. O desmoronamento do direito materno e a passagem para o patriarcado foi, segundo ele, a grande derrota histórica do sexo feminino em todo o mundo. A família monogâmica foi uma forma de família que se baseou em condições econômicas e que surgiu sob a forma de escravização de um sexo sobre o outro, como proclamação de um conflito entre os sexos que até então não era conhecido na História. O único modo de estabelecer uma igualdade efetiva entre os sexos, prossegue Engels, seria o homem e a mulher terem, por lei, direitos absolutamente iguais. A libertação da mulher exigiria, como primeira condição, "a reincorporação de todo o sexo feminino à indústria social, o que, por sua vez, requer a supressão da família individual enquanto unidade econômica da sociedade" (1981, p. 81). Engels acreditava, portanto, que, quando os meios de produção passassem a ser propriedade comum, a família individual deixaria de ser a unidade econômica da sociedade. A economia doméstica iria se converter em indústria social, a educação das crianças tornar-se-ia assunto público e a sociedade cuidaria de todos os filhos, legítimos ou não. Nessa sociedade idealizada por Engels, que surgiria após a grande revolução social do seu tempo, pouco a pouco imperariam relações sexuais mais livres e o amor sexual individual.

Só muitos anos mais tarde é que o marxismo voltaria ao tema da família, pelas mãos do *feminismo*. Num dos clássicos dessa corrente, Mitchell faz a crítica do pensamento marxista. Segundo ela, Engels reduz o problema das mulheres à sua capacidade de trabalho, sem levar em conta o elemento biológico, a função materna. A literatura socialista clássica sobre a condição da mulher, para essa autora, tem uma ênfase excessivamente econômica, acentuando a simples subordinação das mulheres à propriedade privada. A discussão é evolucionista e fracassa ao projetar para o futuro uma imagem idealizada e ao afirmar que o socialismo envolverá a libertação das mulheres como um de seus momentos constitutivos.

Mitchell afirma que a condição da mulher não pode ser deduzida da economia. Ela deve ser vista como uma estrutura específica, que é a unidade de diferentes elementos. As estruturas-chave seriam a produção, a reprodução, a sexualidade e a socialização das crianças. É a combinação concreta das quatro estruturas que produz a unidade complexa da posição da mulher na sociedade. É o papel da mulher na família que faz com que ela participe de três estruturas diferentes, a reprodução, a sexualidade e a socialização das crianças. Por isso a família precisa ser analisada como uma combinação dessas estruturas que a compõem hoje, mas que podem no futuro formar um padrão diferente. A libertação das mulheres só poderá ser conseguida se todas as quatro estruturas nas quais elas estão integradas forem transformadas, pois uma modificação em qualquer uma delas pode ser anulada pelo reforço de outra. A atitude revolucionária correta, portanto, seria, segundo essa autora, a de concentrar qualquer demanda emancipadora no elemento econômico — entrada plena das mulheres no trabalho — juntamente com políticas coerentes com os outros três elementos. A reivindicação por trabalho igual deve ser acompanhada pela exigência de um sistema educacional igualitário. Reprodução, sexualidade e socialização também precisam ser libertadas de formas coercitivas. Porém, a abolição da família burguesa, bandeira do movimento socialista, deve ser rejeitada. A família, como existe atualmente, é incompatível com a igualdade dos sexos. Mas esta igualdade não virá de sua abolição, mas sim da diferenciação histórica de suas funções.

Nos primeiros anos de 70 e a partir de vários estudos sobre a mulher produzidos no contexto do movimento feminista europeu e norte-americano, a questão do trabalho doméstico foi levantada como problema teórico no pensamento marxista. Alguns dos mais representativos trabalhos dessa corrente preocupam-se com a questão da produção doméstica ou, mais especificamente, com o papel do trabalho doméstico para a reprodução da força de trabalho. Segundo essa vertente do marxismo, a família seria um grupo social voltado para a reprodução da força de trabalho, no qual os membros do sexo feminino se encarregariam da produção de valores de uso na esfera privada, cabendo aos homens a produção de valores de troca, através da venda de sua força de trabalho no mercado. Dentro dessa ótica a família seria uma instituição mediadora entre o mercado de consumo e o de trabalho, consumindo os meios de subsistência adquiridos no mercado e reproduzindo a força de trabalho que, por sua vez, seria vendida ao Capital, no mercado de trabalho. Dentro do grupo familiar dar-se-ia tanto a transformação das mercadorias adquiridas no mercado em produtos consumíveis individualmente pelos elementos do grupo, quanto a formação ou "produção" de novos e futuros trabalhadores.

Outra importante vertente da sociologia, a *Escola de Frankfurt*, entre cujos representantes Adorno e Horkheimer são figuras de destaque, considera a família como agência socializadora e formadora da personalidade dos indivíduos, mas desenvolve linha de reflexão oposta ao do funcionalismo. Critica o papel conservador desse grupo social e o elemento de dominação nele presente, cujo mecanismo central esmagador da liberdade é a autoridade do pai sobre o filho. Na família, lugar de adestramento para a adequação social, a criança aprende a relação burguesa com a autoridade; o filho aprende a desenvolver o respeito pela autoridade, através da idealização da figura paterna. A família é a matriz dos mecanismos da internalização da submissão, mas pode se converter também no local de oposição à tirania, pois está submetida a uma dupla dinâmica social: por um lado, o desequilíbrio entre o indivíduo e as potências totalitárias leva-o frequentemente a buscar uma espécie de repouso, retraindo-se no seio da família. Mas, por outro, ao mesmo tempo a família é atingida no seu próprio interior: "a progressiva socialização significa registro e controle cada vez mais integrais dos instintos; mas as renúncias que disso derivam não se dão sem atritos, motivo pelo qual os impulsos reprimidos podem reagir por sua vez, de modo destrutivo, contra a família".

Mais recentemente, Agnes Heller traz à tona novas questões para se pensar a família como agência de reprodução ideológica. Segundo ela, a *vida cotidiana* é o ponto de partida para o estudo do âmbito ideológico. É no "fazer" de todos os dias que surgem e se modificam ou desaparecem ideias, atos e relações. A origem dos pressupostos ideológicos se encontra na casa, nos hábitos das pessoas ou de um grupo. Para reproduzir a sociedade é preciso que os homens particulares se reproduzam primeiro como tal. A vida cotidiana é o conjunto de atividades que caracteriza a reprodução dos homens particulares criando, por sua vez, a possibilidade de reprodução social.

O homem já nasce inserido em sua cotidianidade. O amadurecimento é o processo de aquisição das habilidades para a vida cotidiana. Amadurecer é internalizar as normas, assimilar a manipulação das coisas e, portanto, das relações sociais. O indivíduo adulto é aquele que é capaz de viver por si só sua cotidianidade. A aprendizagem da manipulação dos objetos e das formas de comunicação social começa sempre em grupos primários, como a família e a escola, que fazem a mediação entre o indivíduo e os costumes, as normas e a ética. A aprendizagem dos atos cotidianos, a maneira de adquiri-los ou ensiná-los, é executando-os e se dá por imitação e observação.

A *antropologia* contribui para pensar a desnaturalização e desuniversalização da família tal como a conhecemos em nossa sociedade, tarefa relativamente fácil para essa disciplina, que se constituiu a partir do estudo de sociedades diferentes da nossa. Sua contribuição principal está na discussão sobre o parentesco, que regulava a organização das sociedades tribais, nas quais não havia o Estado. O parentesco não é a mesma coisa que a família. Ambos tratam dos fatos básicos da vida, nascimento, acasalamento e morte. Mas a família é um grupo social concreto e o parentesco uma abstração, uma estrutura formal, que resulta da combinação de três tipos de relações básicas: a relação de descendência (entre pais e filhos), a de consanguinidade (entre irmãos) e a de afinidade, que se dá pela aliança, através do casamento. Qualquer sociedade se forma pela combinação das três relações; a variabilidade está em como se faz essa combinação. Em algumas sociedades a descendência é matrilinear, ao contrário da nossa, que é bilateral. A paternidade é uma figura social, construída através do casamento e nem sempre coincide com a paternidade biológica. O casamento é dissociado da satisfação das necessidades sexuais. Ele existe para legitimar a relação com os filhos e não para legitimar a relação do homem com a mulher e as relações sexuais. O instrumental da antropologia contribui, portanto, como nos lembra Sarti, para destruir dois mitos, o da família conjugal como universal e o do casamento associado à satisfação sexual. Ao mesmo tempo, sua grande contribuição é a de afirmar que as relações de parentesco, o casamento e a divisão sexual do trabalho são estruturas universais, que existem em todas as sociedades, variando apenas as formas em que se combinam. A antropologia permite então pensar a variabilidade, a desuniversalização e a desnaturalização da família, mas também a decomposição das relações nela envolvidas. A partir daí a mudança da família pode ser vista como um processo não totalizante, que ocorre em um ou outro de seus elementos.

Para a antropologia a família é um grupo de procriação e de consumo, lugar privilegiado onde incide a divisão sexual do trabalho, em função da qual determina-se o grau de autonomia ou subordinação das mulheres. Essa ciência nos fornece provas de que todas as sociedades se organizam em torno de uma divisão sexual do trabalho. A tendência de separar a vida social, ou esfera pública, atribuindo-a aos elementos masculinos do grupo, de uma esfera privada ou doméstica, mundo feminino por excelência, parece ser universal, segundo dados fornecidos pela antropologia.

Como uma construção cultural, que se elabora sobre diferenças biológicas e sobre a tendência que a espécie humana partilha com outros mamíferos, de dependência prolongada das crias em relação às mães, esta divisão sexual define como feminina a esfera privada, ligada à reprodução e à criação dos filhos. Em contrapartida, a esfera pública, masculina por excelência, estaria associada à política, à guerra e à caça.

Com Lévi-Strauss, o estudo da família ganhou novo impulso na antropologia. Segundo este autor, não dá para pensar o átomo do parentesco a partir da unidade biológica, o que o leva a introduzir na análise a dimensão cultural: para se formar, a família precisa de dois grupos, que se casam fora do seu próprio grupo. O casamento nas sociedades primitivas, contudo, não se originava dos indivíduos, mas dos grupos interessados. A união entre os sexos não era um assunto privado, mas decorria de alianças estabelecidas entre as famílias, que se uniam em vez de competirem entre si. A proibição do incesto estabelecia uma mútua dependência entre as famílias, obrigando-as, para se perpetuar, à criação de novas famílias. Nesse sentido, o conjunto de regras relativas ao relacionamento sexual, "o tabu do incesto", era na verdade uma maneira de garantir que as famílias não se fechassem em unidades autossuficientes ou "famílias biológicas".

Nas definições de família dos antropólogos encontramos alguns elementos comuns: regras proibitivas de relações sexuais entre parentes próximos, divisão do trabalho baseada no sexo e casamento como instituição socialmente reconhecida, estabelecendo as bases da paternidade social.

No campo da *psicologia*, a família desempenha papel fundamental na teoria de Freud. O princípio básico da psicologia freudiana é o de que a estrutura da mente humana forma-se na infância, o que desempenhou papel revolucionário no campo científico. Freud mostrou que a mente não é algo previamente dado, mas sim uma estrutura construída na infância, através de um longo processo de formação da personalidade e de estabelecimento de vínculos afetivos e emocionais, que ocorre dentro da estrutura familiar.

Os princípios freudianos tiveram grande impacto sobre a ciência subsequente; no que diz respeito à questão da família, que aqui nos interessa, Freud exerceu grande influência sobre a corrente funcionalista, que dele extraiu alguns dos fundamentos do modelo de família nuclear burguesa e das relações de dominação que ela contém. Em Freud encontramos o ponto de partida para a apreensão da família como uma complexa teia de vínculos e de emoções, que se expressa simultaneamente através do ódio e do amor. Depois de Freud, os estudos de família não podem mais analisar as relações familiares sem levar em conta o nível psicológico das relações sociais que se passam em seu interior.

Reich concentra-se na questão da repressão sexual e da educação autoritária, que encontram na família monogâmica seu viveiro mais adequado. Postula que a repressão sexual é um fator reacionário de grande importância, que atinge todas as categorias da sociedade de classes, produzindo em todos os indivíduos o receio da autoridade. Define a família como fábrica de ideologias autoritárias e de estruturas conservadoras. Critica a instituição do casamento monogâmico, que se baseia em interesses econômicos, e propõe em seu lugar o predomínio de relações sexuais permanentes, fundadas no real interesse sexual, na atração e no afeto entre os parceiros. Mas esta nova forma de relação, que não teria duração definida, nem seria necessariamente monogâmica, seria possível apenas numa sociedade na qual houvesse independência material para a mulher e educação para os filhos assegurada pelo Estado.

Uma adequada teoria crítica sobre a família deve, portanto, voltar-se também para o nível psicológico e formular categorias que permitam a compreensão de estruturas familiares divergentes em termos de seu padrão emocional. Além de ser o lugar onde se forma a estrutura psíquica, a família constitui um espaço social distinto, na medida em que gera e consubstancia hierarquias de idade e de sexo. Ela é um espaço social onde as gerações se defrontam mútua e diretamente, é onde os sexos definem suas diferenças e relações de poder.

Outro aspecto fundamental a considerar — além da não naturalidade, da mutabilidade e da diversidade de conceitos — é que o conceito de família refere-se, de um lado, a um *grupo social concreto e empiricamente delimitável*, e de outro, remete também a um *modelo cultural e à sua representação*. A análise da família deve por isso mover-se tanto no plano das construções ideológicas quanto no de seu papel na organização da vida social.

Como grupos sociais concretos as famílias são unidades sintéticas ou resumidas, na medida em que a realidade não cabe por inteiro no modelo. Na sociedade ocidental moderna o modelo predominante de família é um grupo composto de marido, mulher e filhos. A relação conjugal é o elo mais forte, mais importante do que outros laços consanguíneos como os fraternos; predomina o parentesco bilateral; o papel do pai, via de regra, identifica-se com o de pai biológico. O controle da sexualidade feminina apoia-se na necessidade de determinar e garantir a paternidade biológica. Nesse sistema os indivíduos adultos pertencem a duas famílias distintas, de origem e de procriação.

A realidade, porém, distancia-se bastante deste modelo nuclear ou conjugal predominante em nossa sociedade. O grupo tanto pode extrapolar o modelo, pela inclusão de parentes ou agregados, quanto nem mesmo realizá-lo, como no caso de casais sem filhos, irmãos sem pais ou famílias nas quais um só dos cônjuges está presente. Portanto, exceções ao modelo não apenas reforçam sua elasticidade, como também a riqueza da realidade empírica, que de longe o extrapola.

Para que serve a família?

A diversidade de definições anteriormente descritas expressa-se com maior clareza quando se analisam as várias funções consideradas próprias ao grupo familiar. Cada uma delas recebe ênfase variada de acordo com a corrente de pensamento focalizada.

1. Função econômica

Antes do advento do capitalismo, a função econômica consistia na produção propriamente dita.

As historiadoras Scott e Tilly, analisando dados de alguns países europeus do século XIX antes do advento do capitalismo, mostram como a unidade doméstica era a unidade básica de produção. Os membros das famílias tinham deveres claramente definidos, determinados em função de sua idade e posição na família e de seu sexo. A diferenciação de papéis sexuais existia: homens e mulheres não só executavam tarefas diferentes, mas também ocupavam espaços diferentes. O progresso material da família dependia tanto da esposa quanto do marido. A mulher trabalhava em todos os tipos de atividade, muitas delas extensões de suas funções domésticas, como o cuidado de animais domésticos ou a confecção de roupas; enquanto o homem assumia a primazia nos papéis públicos, a mulher prevalecia na esfera doméstica. Sua influência era confinada à esfera doméstica, mas esta tinha o maior peso na vida econômica e social da família. Apesar de limitada à esfera da família, a mulher exercia um poder que decorria da gerência da unidade doméstica.

A desvalorização e o ocultamento do trabalho doméstico que hoje conhecemos não faziam parte do cotidiano das famílias. As tarefas domésticas, embora restritas à unidade familiar, eram executadas ao lado de outras atividades ligadas diretamente à produção social.

Com as transformações ocorridas com o advento da industrialização, houve uma ruptura que provocou o surgimento de duas esferas distintas: de um lado a unidade doméstica, de outro a unidade de produção. A essa fragmentação correspondeu uma divisão sexual do trabalho mais rígida do que a que predominava anteriormente. À mulher coube principalmente a realização de tarefas relativas à reprodução da força de trabalho na esfera privada do lar e sem remuneração, enquanto ao homem coube o trabalho produtivo extralar, pelo qual passou a receber uma remuneração.

A ideologia se encarregou do resto, transformando essa rígida divisão sexual do trabalho em uma divisão "natural", própria à biologia de cada sexo. A mitificação do papel de esposa e de mãe concretizou-se mais facilmente na medida em que casa e família passaram a significar a mesma coisa, apesar de na verdade não o serem: enquanto a casa é uma unidade material de produção e de consumo, a família é um grupo de pessoas ligadas por laços afetivos e psicológicos.

Com a ruptura entre local de produção e local de reprodução trazida pelo capitalismo, a função econômica da família reduz-se à produção de valores de uso ou prestação de serviços domésticos, através do trabalho doméstico, já que a produção de bens propriamente dita passa a ser feita no mercado, nas fábricas, nas empresas.

O trabalho doméstico — considerado atribuição exclusivamente feminina — realiza-se em dois planos:

- no primeiro inclui todas as tarefas domésticas necessárias para a reprodução das pessoas, através da transformação das mercadorias compradas no mercado em produtos consumíveis individualmente pelos membros do grupo (lavar, passar, cozinhar etc.);
- no segundo inclui a produção de novos trabalhadores ou formação das novas gerações.

Dentro da função econômica, é importante considerar que a família é também uma unidade de consumo. Ela não produz agora o que o grupo precisa para sobreviver, mas compra no mercado o necessário para cada um dos seus membros. A família passa então a ser um grupo que compartilha um orçamento, com entradas em dinheiro e saídas em gastos. Nesse sentido, a família é também uma soma de rendimentos.

Para fazer face às necessidades econômicas do grupo, sejam elas de estrita sobrevivência ou de padrões de vida diversificada, os membros da família se distribuem em atividades geradoras de renda — trabalho assalariado, trabalho informal, bicos etc. — em atividades domésticas — que não geram mas poupam renda — e em atividades escolares. Essa distribuição, obviamente, leva em conta características como o sexo, a idade, a posição na família e a escolaridade de cada indivíduo.

A ênfase na função econômica da família predomina sobretudo nos trabalhos de inspiração marxista.

2. *Função socializadora*

Outras disciplinas e outros estudos enfatizam a função socializadora (educativa) do grupo familiar. A família é focalizada como núcleo de procriação, cuja função primordial é a formação da personalidade dos indivíduos e a socialização primária das crianças.

Dentre as correntes de pensamento que examinamos, enfatizam o papel da família como agência socializadora:

— os trabalhos que analisam a formação de vínculos afetivos e a relação mãe-filho, como os do funcionalismo, na sociologia, ou os de Freud, na vertente da Psicologia;

— os trabalhos que indicam o elemento repressivo e autoritário contido na função socializadora da família, criticam-no e propõem a transformação da estrutura familiar. Na vertente da sociologia, o melhor exemplo desta maneira de analisar a família encontra-se na Escola de Frankfurt, enquanto na Psicologia seu representante maior é Reich.

Ao exercer ação socializadora, a família atua também como agência de transmissão da ideologia.

3. Reprodução ideológica

Alguns trabalhos enfatizam o papel ou a função da família como espaço de transmissão de hábitos, costumes, ideias, valores, padrões de comportamento. Entre eles incluem-se os estudos sobre a vida cotidiana, que apontam para a internalização das normas, a interiorização da ideologia como processos que fazem parte do "amadurecimento" dos membros das famílias, na vida cotidiana.

Essa vertente traz à tona dois pontos fundamentais a considerar no estudo da família:

— a possibilidade de mudança dentro da vida familiar cotidiana. A lenta e gradativa transformação das coisas miúdas do cotidiano pode levar às grandes transformações históricas e sociais;

— o papel da mulher na vida cotidiana — é ela quem dirige, organiza e manipula o cotidiano no âmbito familiar. A mulher é quem fiscaliza a interiorização dos elementos ideológicos no âmbito da vida familiar.

É fundamental considerar que a maior importância atribuída a uma ou a outra das funções da família não significa que as demais estejam sendo descartadas. O estudo da família deve, necessariamente, levar em conta que todas essas funções — econômica, socializadora e reprodutora de ideologia — fazem parte do cotidiano familiar. Por isso, uma definição abrangente e criteriosa de família deve ser capaz de articular o plano econômico ao cultural e ao psicológico.

Como foi pensada a família no Brasil?

Na sociedade agrária e escravocrata do Brasil colonial, a família era a organização fundamental, desempenhando as funções econômicas e políticas.

Base desse sistema, o modelo de família patriarcal decorreu da transposição, para os trópicos brasileiros, de padrões culturais portugueses. Impondo seu domínio na Colônia, subjugando os indígenas e, mais tarde, importando escravos negros, os portugueses foram destruindo formas familiares próprias desses grupos.

Nos engenhos de cana dos séculos XVI e XVII a estrutura doméstica patriarcal, cujo retrato clássico foi traçado por Gilberto Freyre, caracterizou-se pela importância central do núcleo conjugal e da autoridade masculina, consubstanciada na figura do patriarca, chefe ou "coronel", dono de poder econômico e mando político.

Com uma distribuição extremamente rígida e hierárquica de papéis, a família patriarcal caracterizava-se também pelo controle da sexualidade feminina e regulamentação da procriação, para fins de herança e sucessão. A sexualidade masculina se exercia, no entanto, livremente. Os casamentos eram realizados por conveniência, entre parentes ou entre membros de grupos econômicos que desejavam estabelecer alianças. Como a atração sexual ou outras razões de ordem afetiva estivessem alheias a esse contrato, considerava-se legítimo que os homens buscassem satisfação sexual e emocional fora da órbita legal do matrimônio, mantendo concubinas, com as quais tinham filhos ilegítimos.

Como descrita por Gilberto Freyre, a família patriarcal era um extenso grupo composto pelo núcleo conjugal e sua prole legítima, ao qual se incorporavam parentes, afilhados, agregados, escravos e até mesmo concubinas e bastardos, todos abrigados sob o mesmo teto, na casa grande ou na senzala.

Subjugada dentro de uma estrutura opressiva e sexualmente assimétrica, a mulher foi descrita por Freyre como esposa dócil, submissa, ociosa e indolente, mas teria tido, segundo outros estudiosos mais recentes, importante papel na gerência do domicílio, comandando os escravos, zelando pela educação dos filhos e assumindo o papel de chefe na ausência do esposo.

Nas camadas dominantes dos senhores de engenho do Nordeste ou dos barões de café do Sul, o modelo predominante parece ter sido o patriarcal, mas nas outras camadas sociais generalizaram-se, em virtude dos elevados custos do casamento, o concubinato e as uniões consensuais, isentando os homens da responsabilidade pela prole e provocando elevada incidência de mulheres chefes de família (note-se que na época só havia o casamento religioso). Simultaneamente, os escravos eram impedidos de constituir formas regulares de família.

Estudos mais recentes contestam esta visão dualista da sociedade colonial e nomeiam formas alternativas de família que teriam sido ocultadas pela historiografia, calcada em poucos autores que descrevem apenas o modelo dominante de organização familiar. Mariza Corrêa lembra que entre as famílias patriarcais chefiadas pelos coronéis e a massa dos desclassificados sociais circulavam inúmeros outros grupos, entre os quais os agentes fiscais da Coroa Portuguesa sediados no Brasil, os responsáveis pelo pequeno comércio, os artesãos, os pequenos proprietários e outros, responsáveis por outras formas de organização familiar, coexistentes no mesmo espaço social que o das extensas famílias patriarcais.

Eni Samara contesta, com base em dados de recenseamentos e de testamentos, que a família patriarcal tenha sido o modelo predominante na sociedade paulista do século XIX onde, em apenas 26% dos domicílios, as famílias eram do tipo extenso. A família predominante em São Paulo, ao contrário, era de estrutura simplificada, do tipo nuclear e com reduzido número de filhos. Apenas 5% das famílias contavam com parentes morando no domicílio como dependentes. Os novos casais em geral não moravam com os pais, mas constituíam domicílios independentes. Apesar da pequena convivência no cotidiano, mantinham-se, com todo o vigor, as relações familiares e o compadrio. O casamento, que representava a união de interesses, circunscrevia-se aos grupos sociais mais favorecidos e, em virtude de seu elevado custo, o celibato, as uniões consensuais e os filhos ilegítimos eram muito frequentes nas demais camadas sociais.

As transformações ocorridas no século XIX com o advento da urbanização, o início da industrialização, a abolição da escravatura e a imigração provocam, segundo Antonio Candido, outro autor clássico da literatura, a passagem da família extensa para o modelo conjugal, com privilégio das funções afetivas. Perdendo as funções econômicas e políticas que detinha nos primeiros tempos coloniais, a família passa a se concentrar em suas atribuições específicas de procriação e disciplina do impulso sexual. A ampliação e diversificação das oportunidades de trabalho, já no final do século, a valorização da capacidade intelectual e da instrução libertam os filhos da rígida tutela do patriarca. O ingresso da mulher na força de trabalho rompe a tradicional divisão do trabalho. Os casamentos começam a ser realizados por interesses individuais. As atitudes em relação ao namoro se alteram e este se desloca dos limites da casa para os espaços abertos. Entre pais e filhos começa a haver maior intimidade, ao mesmo tempo que diminui a prática de infringir aos filhos castigos corporais. Na "nova" família há maior igualdade entre os sexos, maior controle da natalidade, maior número de separações e de novos casamentos. As mulheres exercem atividades remuneradas em maior número, o que contribui para diminuir a autoridade paterna. Há um enfraquecimento dos laços de parentesco.

Mas, apesar de transformada, esta nova família conjugal preserva um traço típico da família anterior: o predomínio da dupla moral sexual, que reprime a sexualidade feminina, mantendo o tabu da virgindade e a intolerância para com o adultério feminino, e reforça no homem a prática da sexualidade, trazendo em seu bojo a tolerância da sociedade para com o adultério masculino e para com a prostituição, seu complemento natural e necessário.

A urbanização e a expansão da indústria se acentuam nas primeiras décadas deste século, produzindo mudanças significativas nas feições da família e de toda a sociedade. (Em 1890 o casamento havia passado a ser regulado pela lei civil e não só pelas religiosas, como anteriormente.) Segundo Susan Besse, historiadora americana que se dedicou a esse período da nossa História, a expansão da economia retira a produção da casa para o mercado e conduz a mulher das camadas médias a um novo papel, o de consumidora. A pressão pelo consumo de bens e serviços anteriormente produzidos no espaço doméstico aperta os orçamentos familiares. Alteram-se os valores em relação ao trabalho assalariado, que começa a ser aceito para as mulheres. Simultaneamente ampliam-se as oportunidades educacionais.

No entanto, apesar da valorização da independência da mulher, em nenhum momento os novos tempos caminham no sentido de uma alteração profunda nos papéis de gênero e na estrutura tradicional da família: a educação da mulher volta-se para o casamento, para a vida doméstica e familiar e para melhor poder instruir os filhos. O trabalho remunerado só é aceito como forma de ganhar a vida, quando muito necessário, para as solteiras, entre a escola e o casamento, ou para as desprovidas de marido, viúvas ou separadas. Mesmo assim, o leque de opções é estreito, reduzido ao magistério ou a algumas ocupações técnicas como a datilografia. Para as casadas da camada média, que precisam colaborar no orçamento, há poucas saídas: dar aulas particulares em casa é uma delas, de preferência de piano.

Expostas aos novos valores, devido a seu acesso à educação e ao trabalho, as mulheres pela primeira vez começam a questionar o casamento e o lar que as sufoca. Mas, diante desta crise da família e do casamento, uma nova propaganda se encarrega de persuadir a mulher de que a verdadeira felicidade e sua realização estão no cultivo da vida doméstica. À medida que os entraves sociais e econômicos para a participação da mulher caem, reforçam-se os constrangimentos ideológicos.

Uma nova esposa, mais moderna, mais consciente, menos subjugada à tirania do marido, mas nem por isso menos dedicada ao lar e a família passa a ser valorizada. A maternidade ganha ares de profissão, baseada em habilidades altamente qualificadas e especializadas e se torna o valor central das mulheres das famílias de classe média e alta.

Como educadora, cabe à mãe transmitir aos filhos os valores da sociedade, preparando-os para nela desempenhar futuramente seu papel. Ela se torna assim a reprodutora por excelência da ideologia dominante e dos estereótipos sexuais, dos quais é a própria vítima.

No final dos anos 30 as controvérsias públicas acaloradas a respeito do *status* das mulheres diminuíram. A família havia se tornado talvez menos rígida hierarquicamente, mas não menos importante como uma instituição para controlar a sexualidade das mulheres e preservar as relações de classe.

Muitas décadas mais tarde, quando as mulheres começam a entrar na força de trabalho em grandes números e quando meios eficazes de contracepção se tornam disponíveis em larga escala, a controvérsia sobre a posição das mulheres se reacende. Pleiteando oportunidades iguais de trabalho e emancipação sexual, o feminismo e os estudos sobre a condição feminina, da década de 70 em diante, questionam a estrutura opressiva da família e propõem sua transformação.

No Brasil, até a década de 70, exceto pelos "clássicos" descritos, a análise da instituição familiar não fazia parte das preocupações das correntes de reflexão que predominavam na sociologia. Nos anos 50, 60 e mesmo início dos 70, o interesse pelo tema das relações familiares e da família como instituição social é encontrado nos *estudos de comunidade e de mudança social*, preocupados fundamentalmente em avaliar as divergências ou semelhanças entre os dados empíricos colhidos e o modelo de família conjugal considerado característico das sociedades industriais.

Na segunda metade da década de 70, quando as correntes marxistas começam a se preocupar com a inexistência de uma teoria da população, o interesse pelo tema da família surge nos estudos sobre as estratégias de sobrevivência das camadas populares e a reprodução do trabalhador.

A partir da constatação do apego da classe operária à família, à tradicional divisão do trabalho e às virtudes tradicionais de respeito e obediência dos filhos para com os pais, ao contrário da postura revolucionária e contestadora que o marxismo esperava dessa classe, surge o interesse pela análise do tema da "família", que até então era visto como "política e cientificamente retrógrado". A família passa agora a ser definida como a unidade social na qual se realiza a reprodução do trabalhador.

Para o trabalhador, a reprodução é a realização de um determinado "modo de vida" que se define pela condição de classe do grupo familiar. Na representação do operário, o consumo aparece como área de liberdade, em oposição à constrição do trabalho. É na família que se tomam, coletivamente, decisões sobre o consumo. A família é percebida pelos trabalhadores como um centro de vida coletiva e de liberdade, ainda que dentro de parcos recursos. No mundo privado da instituição familiar o trabalhador encontra um pequeno espaço de manobra ante as pressões do sistema econômico. As tensões e os conflitos são enormes dentro do grupo, mesmo porque as necessidades e aspirações devem ser consideradas com rendimentos precários. Mas a família é também o núcleo dentro do qual as pessoas obtêm seu prazer, via alimentação, sexualidade e lazer.

Nos *estudos demográficos*, o interesse pelo tema da família concretiza-se a partir da revisão crítica das pesquisas de fecundidade em fins da década de 60 e início da de 70, quando a unidade familiar passa a ser percebida como o cenário onde são tomadas as decisões sobre o comportamento reprodutivo. Nesse momento da reflexão científica, a reprodução da população, pensada em termos da reprodução da força de trabalho, começa a ser estudada em seus aspectos cotidianos, no nível do grupo doméstico. Surge a demografia da família, definida como o estudo dos determinantes de tamanho e composição da unidade familiar, abrangendo tanto os aspectos demográficos (fecundidade, mortalidade, nupcialidade e migrações) quanto os aspectos socioeconômicos, que atuam sobre a estrutura familiar através dos primeiros.

Outra vertente de estudos que convergiu para o tema das relações familiares, e ganhou força considerável a partir da segunda metade da década de 70, foi aquela que reuniu as *pesquisas sobre a condição feminina.*

Os primeiros estudos sobre a mulher, ao final da década de 60, tiveram como foco central a incorporação ou expulsão do trabalho feminino, no contexto da expansão do capitalismo brasileiro. Deixando de lado, naquele momento, obstáculos culturais decorrentes da função reprodutiva da mulher na sociedade, as pesquisas afirmavam que o trabalho feminino se dava em resposta ao movimento de atração ou rejeição do mercado.

Esta visão passou a ser enriquecida quando os estudiosos, procurando se desvencilhar de esquemas teóricos mais fechados, perceberam que o trabalhador não é apenas uma categoria profissional ou de análise, mas um ser humano com características biológicas, individuais, familiares e sociais que orientam e definem sua forma de participação na atividade produtiva. Mais do que a do homem, a participação da mulher na produção social não se define apenas pelas condições de mercado, pela estrutura de emprego ou, mais genericamente, pelo nível de desenvolvimento da sociedade, mas também por sua posição na família e pela classe social a que o grupo doméstico pertence. Filha, esposa ou mãe, a cada uma dessas etapas do ciclo vital corresponderão determinadas necessidades e possibilidades de trabalho que, dadas as oportunidades oferecidas pelo mercado, definirão a situação da mulher em relação às atividades produtivas. É somente na ótica deste duplo movimento que se pode entender como se dá a participação feminina no mercado de trabalho.

As pesquisas sobre este tema tomaram então um novo rumo, quando o problema central tornou-se a articulação do espaço produtivo com a família enquanto esfera de reprodução, implicando procriação e trabalho doméstico. Pois, por mais separadas que as duas esferas estejam pelas relações de trabalho capitalista, para a mulher a vivência do trabalho implica sempre a combinação de ambas, seja pela superposição, seja pelo entrosamento. Assim, é importante considerar todo o contexto doméstico como espaço de trabalho, no qual se realiza não só o próprio trabalho doméstico, mas outras categorias de atividade, como o trabalho a domicílio, o emprego doméstico ou a indústria caseira.

É importante lembrar que, ao priorizar o trabalho remunerado como o caminho da libertação, o feminismo atingiu um impasse, apontando para um percurso a ser seguido pelas mulheres que era incompatível com sua vivência familiar. Preocupados com a denúncia da opressão da mulher e vendo, em sua exclusão do mundo produtivo, os fundamentos dessa subordinação, os estudos sobre mulher conduziram a um único e possível caminho de libertação: o do trabalho fora de casa, da independência econômica e da negação das referências domésticas, maternais e familiares que foram sempre a marca da condição feminina.

Nesse caminho, o feminismo não enfrentou a questão da família. Deixou-a de lado, contrapondo-a à afirmação da individualidade feminina. Acabou sendo a expressão de um conflito entre indivíduo e família. Para as radicais, conquistar a independência, transformar-se em cidadã, significava abrir mão de viver em família. Na "vida real", no entanto, não era isso que ocorria. Para muitas mulheres, mesmo tendo clara a percepção de sua subordinação, a melhor estratégia sempre foi a da vivência em família. Para outras, a família pode ser mais do que um espaço de opressão ou de conflito; pode ser também o lugar por excelência do relacionamento afetivo. Tratar-se-ia, neste caso, muito mais de reivindicar a transformação de um modelo patriarcal e opressivo de família do que propriamente de decretar o seu fim.

Como transpor essas questões para pesquisas ou trabalhos que lidam com famílias? Como pensar teoricamente a família? Como definir operacionalmente esse grupo?

A riqueza e a diversidade da literatura esboçada revelam-nos que os contornos do conceito de família ainda estão longe de ser bem definidos.

Na realidade, não há, e nem deve mesmo haver uma única definição. Tudo vai depender do enfoque que será dado em cada pesquisa ou trabalho, e de que grupo se pretende atingir. Se, na Antropologia, predomina a noção de família como grupo de pessoas ligadas por relações afetivas construídas sobre uma base de consanguinidade e aliança, durante muito tempo o pensamento sociológico foi dominado por uma representação de família como grupo conjugal coincidente com a unidade residencial. Esse modelo foi reforçado pelos estudos históricos, que descreviam a transformação de famílias anteriormente mais extensas em direção a ele, com a nuclearização ocorrida com a industrialização. Na Demografia, que se interessou pela família em seu papel mediador na reprodução, predominou o modelo da sociologia funcionalista, para a qual a família é definida como núcleo conjugal composto do casal e seus filhos, nos limites de um domicílio comum.

A adoção do modelo de família coincidente com a unidade doméstica acaba sendo reforçada pela possibilidade de explorar as formas de organização e vivência familiar através de pesquisas domiciliares. Nos levantamentos censitários, por exemplo, que têm se constituído fonte importante de dados tanto para a sociologia quanto para a demografia, o conceito definidor de família é a convivência sob o mesmo teto, que implica compartilhar despesas com o consumo de alimentos e de bens duráveis. A unidade de enumeração é o próprio domicílio e a família é entendida como uma unidade de consumo, cujos elementos partilham uma "caixa" comum, um orçamento e um sistema de compras em conjunto. Definições semelhantes são adotadas em investigações que "procuram" as famílias através de amostras representativas de domicílios.

Se o modelo domiciliar de família tem o mérito de viabilizar a realização de pesquisas empíricas abrangentes, como os recenseamentos, sua adoção de maneira acrítica pode resultar em lastimáveis enganos. Sabe-se, por exemplo, que a rede de parentesco é fundamental para as estratégias familiares, tanto em termos de ajuda econômica, quanto no que diz respeito aos arranjos cotidianos. No entanto, os parentes que não moram no mesmo domicílio não aparecem como parte da família, mesmo quando têm papel fundamental. Assim, o predomínio de famílias nucleares acaba não coincidindo com nossa experiência diária, se pensarmos que arranjos diversificados que extrapolam as fronteiras do domicílio — como parentes morando no mesmo prédio, nos fundos de um terreno comum ou em bairros vizinhos — podem ser considerados como famílias ampliadas.

A coincidência teórica entre família e unidade doméstica, por sua vez, acaba por resultar também na consideração de indivíduos que residem sós e grupos de pessoas que coabitam e partilham um orçamento comum, como se constituíssem um grupo familiar, quando na verdade nada mais são do que domicílios unipessoais ou grupos domiciliares que, da perspectiva do antropólogo, estariam longe de significar "família".

Na pesquisa antropológica, que se concentra em metodologias como a observação participante, entrevistas pouco estruturadas e envolvimento do pesquisador junto a pequenos grupos, as possibilidades de traçar linhas demarcatórias de redes familiares são maiores, tanto a partir da perspectiva do observador, quanto através das representações dos sujeitos entrevistados, quando se trabalha sobretudo no plano simbólico.

Em pesquisas junto a sociedades primitivas ou pequenas comunidades, o envolvimento prolongado do pesquisador, a observação constante, os registros minuciosos nos diários de campo permitem traçar os contornos dos grupos de parentesco e de família tanto no plano do observador quanto a partir da representação que o grupo social faz dessas noções. Nas sociedades complexas, todavia, dificuldades para adotar metodologias como a observação participante junto a famílias dos grandes centros urbanos levam o antropólogo a adotar, preferencialmente, a investigação que se concentra no discurso de alguns informantes, selecionados a partir de sua pertença a segmentos sociais previamente definidos, de acordo com os interesses teóricos da pesquisa.

Assim, na tentativa de apreender o conceito de família, o que se tem, de um lado, é o recorte simbólico mais fluido dos estudos da antropologia, capazes de se aprofundar na direção da dinâmica do relacionamento familiar, porém limitados a segmentos pontuais da sociedade. De outro lado, encontram-se as pesquisas domiciliares da demografia ou da sociologia que, por sua amplitude e abrangência, podem levantar informações sobre muitas unidades domiciliares, traçando retratos familiares generalizáveis e, em alguns casos, sujeitos a comparações ao longo do tempo ou entre regiões, como nos levantamentos censitários; a natureza desses levantamentos, porém, permite que se tenha apenas uma visão estática do fenômeno observado, pois os dados são captados a partir de cortes transversais. No caso da análise da família essa limitação é mais grave, pois uma de suas características é o dinamismo que determina a história de cada grupo familiar, desde a formação até a dissolução dos núcleos conjugais. Nos recenseamentos, o conceito de ciclo de vida, através do qual seria possível captar, em certa medida, a história temporal de cada grupo, só pode ser apreendido através de indicadores indiretos, como é o caso da idade do chefe. A não apreensão da dinâmica interna do grupo, bem como da rede de parentesco que extrapola o domicílio, são outras de suas limitações.

Apesar dessas limitações, no entanto, ambas as formas de investigação têm inúmeras vantagens e oferecem contribuições positivas para a apreensão de família: por um lado, os levantamentos censitários ou outras pesquisas domiciliares constituem farta fonte de dados e permitem traçar perfis familiares mais abrangentes. Por outro, a abordagem qualitativa, com número mais reduzido de casos e sem a preocupação com sua representatividade no conjunto da população, é capaz de aprofundar a análise da dimensão interativa, buscando apreender a dinâmica da interação entre os indivíduos no grupo familiar e de parentesco.

Portanto, combinar os dois procedimentos, sempre que possível, parece ser a estratégia do bom senso em pesquisas sociológicas ou trabalhos com famílias. É este o caminho que temos procurado seguir nos trabalhos sobre o tema. Na pesquisa "Estrutura familiar e vida cotidiana em São Paulo", que deu origem ao livro *Mulher, casa e família,* do qual foram extraídas estas reflexões, a família foi definida tal como é descrita a seguir.

Procurando fundir alguns marcos teóricos mais significativos, as famílias foram conceituadas como unidades de reprodução social — incluindo a reprodução biológica, a produção de valores de uso e consumo —, inseridas em determinado ponto da estrutura social, definido a partir da inserção de seus provedores na produção. Foram definidas também como unidades de relações sociais, no interior das quais os hábitos, valores e padrões de comportamento são transmitidos a seus novos membros, configurando assim unidades de socialização e de reprodução ideológica. São espaços de convivência nos quais se dá a troca de informações entre os membros e onde decisões coletivas a respeito do consumo, do lazer e de outros itens são tomadas. Nesse sentido, são também unidades nas quais os indivíduos maduros se ressocializam a cada momento, revendo e rediscutindo seus valores e comportamentos na dinâmica do cotidiano, em função das necessidades do grupo, que se renovam a cada etapa da vida familiar e também de acordo com as possibilidades oferecidas pela sociedade na qual o grupo se insere.

Mas a família é também um grupo social composto de indivíduos diferenciados por sexo e por idade, que se relacionam cotidianamente, gerando uma complexa e dinâmica trama de emoções; ela não é uma soma de indivíduos, mas um conjunto vivo, contraditório e cambiante de pessoas com sua própria individualidade e personalidade. A sexualidade, a reprodução, a socialização são esferas potencialmente geradoras tanto de relações prazerosas quanto conflitivas. A divisão interna de papéis pode ser a expressão de importantes relações de dominação e submissão, na medida em que configura uma distribuição de privilégios, direitos e deveres dentro do grupo.

Não há completa harmonia e unidade interna na família. Esta é o seio de lutas pela individualização de seus membros, que entram em conflito com os esforços do grupo para manter a unidade coletiva.

No entanto, é também no cotidiano da vida familiar que surgem novas ideias, novos hábitos, novos elementos, através dos quais os membros do grupo questionam a ideologia dominante e criam condições para a lenta e gradativa transformação da sociedade. É, portanto, como espaço possível de mudanças que se deve observar a dinâmica familiar.

Referências bibliográficas

ADORNO, T. W.; HORKHEIMER, M. Sociologia da família. In: J. CANEVACCI (Org.). *Dialética da família:* gênese, estrutura e dinâmica de uma instituição repressiva. São Paulo: Brasiliense, 1981.

ARIÈS, Philippe. *História social da criança e da família.* Rio de Janeiro: Zahar, 1979.

______. Por uma história da vida privada. In: ARIÈS, Philippe; DUBY, Georges. *História da vida privada*: da renascença ao século das luzes. São Paulo: Companhia das Letras, 1991. v. 3.

BADINTER, Elisabeth. *Um amor conquistado*: o mito do amor materno. 2. ed. Rio de Janeiro: Nova Fronteira, 1985.

BESSE, Susan. *Freedom and bondage:* the impact of capitalism on women in São Paulo, Brasil, 1917-1937. Dissertation Doctor. Faculty of the Graduate School of Yale University, 1983.

BRUSCHINI, Cristina. *Mulher, casa e família.* São Paulo: Vértice/Fundação Carlos Chagas, 1990.

CANDIDO, Antonio. The Brazilian Family. In: SMITH, Thomas; MARCHANT, Alexandre. *Brazil*: portrait of half a continent. Nova York: Drydan Press, 1951.

CORRÊA, Mariza. Repensando a família patriarcal brasileira. *Cadernos de Pesquisa,* São Paulo, Fundação Carlos Chagas, n. 37, p. 5-16, maio 1981.

DONZELOT, Jacques. *A polícia das famílias.* Rio de Janeiro: Zahar, 1979.

ENGELS, F. *A origem da família, da propriedade e do Estado.* 6. ed. Rio de Janeiro: Civilização Brasileira, 1981.

FREUD, S. *Obras completas.* 3. ed. Madrid: Biblioteca Nueva, s/d.

FREYRE, Gilberto. *Casa grande e senzala.* Rio de Janeiro: J. Olympio, 1963.

GOODE, William J. *Revolução mundial e padrões de família.* São Paulo: Editora Nacional/Universidade de São Paulo, 1969.

HABERMAS, J. A família burguesa e a institucionalização de uma esfera pública. In: CANEVACCI, Massino (Org.). *Dialética da família*: gênese, estrutura e dinâmica de uma instituição repressiva. São Paulo: Brasiliense, 1981.

HELLER, Agnes. *O cotidiano e a história.* Rio de Janeiro: Paz e Terra, 1973.

LÉVI-STRAUSS, C. A família. In: LÉVI-STRAUSS et al. *A família, origem e evolução.* Porto Alegre: Editorial Villa Martha, 1980.

MITCHELL, Juliet. Mulheres, a revolução mais longa. *Revista Civilização Brasileira,* v 3, n. 14, jul. 1967.

PARSONS, Talcott. A estrutura social da família. In: AUSHEN, Ruth. *A família:* sua função e destino. Lisboa: Meridiano, 1970.

PARSONS, T.; BALES, R. F. *Family, socialization and interaction process.* Glencoe: Free Press, 1955.

POSTER, Mark. *Teoria crítica da família.* Rio de Janeiro: Zahar, 1979.

REICH, W. A *revolução sexual.* 4. ed. Rio de Janeiro: Zahar, 1977.

SAMARA, Eni. Casamento e papéis familiares em São Paulo no século XIX. *Cadernos de Pesquisa*, São Paulo, Fundação Carlos Chagas, n. 37, p. 17-25, maio 1981.

SARTI, Cynthia. *Contribuições da antropologia para o estudo da família*, s/d. (Mimeo.)

SCOTT, J.; TILLY, L. A. Women's work and the family in nineteenth century Europe. *Comparative Studies in Society and History*, v. 17, n. 1, jan. 1975.

YOUNG, M.; WILLMOTT, Peter. *The symmetrical family*. Nova York: Pantheon Books, 1973.

D

Marxismo e família — Notas para uma discussão*

José Paulo Netto

Professor titular da Escola de Serviço Social da Universidade Federal do Rio de Janeiro e professor assistente doutor do Programa de Estudos Pós-Graduados em Serviço Social da Pontifícia Universidade Católica de São Paulo. Autor, entre outros títulos, de *Capitalismo e reificação* (1981), *Democracia e transição socialista* (1990), *Ditadura e Serviço Social* (1991) e *Capitalismo monopolista e Serviço Social* (1992).

* Este texto é uma síntese da comunicação apresentada pelo autor em 3/11/1992 no Ciclo de Debates "Infância e Violência Doméstica: Fronteiras do Conhecimento", promovido pelo Laboratório de Estudos da Criança, do Departamento de Psicologia da Aprendizagem, do Desenvolvimento e da Personalidade do Instituto de Psicologia da Universidade de São Paulo.

As reflexões que pretendo submeter ao debate desta tarde devem ser tomadas rigorosamente como pistas ou indicações de trabalho — daí, especialmente, o relevo que espero seja dado ao caráter desta comunicação, um simples *conjunto de notas para discussão.*

Este cuidado não é acidental ou diplomático: de uma parte, a abrangência e a complexidade da nossa temática são tais que escapam ao conhecimento individual de um pesquisador; de outra, quero esclarecer, à partida, que não sou um especialista na abordagem da família como instituição. Suponho que devo o convite para participar deste ciclo de debates apenas à minha condição de estudioso da teoria social marxiana e, portanto, é deste ângulo que tentarei oferecer algum contributo às polêmicas que, certamente, terão lugar no âmbito deste ciclo.

Teoria marxiana e tematização de família

Gostaria de começar assinalando uma distinção que, elementar, parece-me importante para a minha argumentação. Trata-se da distinção entre *teoria marxiana e marxismo.*

Como venho sustentando há vários anos (Netto, 1981 e 1985), a obra de Marx — uma *teoria social*, radicalmente histórica, crítica e de natureza ontológica — constitui a base para uma tradição (teórica e política) convencionalmente conhecida como *marxismo*. Mais exatamente: a obra de Marx (*a teoria marxiana*), fundando um modo original de pensar a sociedade burguesa, sua dinâmica e sua ultrapassagem revolucionária, instaurou o patamar a partir do qual, desde meados dos anos 80 do século passado, desenvolveu-se a tradição marxista, no interior da qual entrecruzam-se vertentes diferenciadas, por vezes complementares, por vezes colidentes.

Insisto nesta distinção por algumas razões, que posso sumariar aqui. Em primeiro lugar, ela permite compreender, inclusive pelos acidentes que marcaram a fortuna da divulgação dos textos marxianos, que nem sempre a constituição e/ou o desenvolvimento da tradição marxista partiram da inspiração original de Marx.[1] Em segundo lugar, possibilita dessacralizar a mitologia do *marxismo* como bloco teórico-político homogêneo, revelando a sua composição heteróclita e diferenciada. Enfim, é extremamente fecunda para, quando a falência do *socialismo* real conduz à terminalidade as vertentes marxistas que se comprometeram com a sua apologia, demonstrar a inépcia e a falácia dos que, em operações nitidamente ideológicas, apoiadas no destino desta experiência histórica, pretendem infirmar a própria teoria marxiana.[2]

Mas a distinção é especialmente importante no caso da discussão que nos reúne aqui, pois ela implica também uma determinada concepção do projeto teórico marxiano. De fato, a obra *marxiana* é tanto *inacabada* quanto *inacabável*:[3] de um lado, Marx não terminou seu projeto de pesquisa, antes sendo obrigado a limitar-se a tão somente estabelecer as bases da sua teoria social; de outro, este projeto, em si mesmo — a reprodução teórica do movimento real da ordem burguesa — supõe, para concluir-se, mesmo provisoriamente, a conclusão desta ordem, vale dizer: a sua supressão histórica. Ora, se esta supressão ainda se revela como um largo processo sócio-histórico, é precisamente a limitação referida que responde pelo fato de não encontrarmos em Marx uma elaboração teórica especificamente centrada em instituições como a família: fundando

1. Apenas um exemplo: os escritos de 1857/1858, os célebres *Grundrisse*, tão fundamentais, entre outros títulos, para se pensar a problemática dos indivíduos sociais (e, pois, da família) só foram publicados pela primeira vez entre 1939 e 1941. Para uma informação do destino editorial dos textos marxianos, cf. Hobsbawm, "A fortuna das edições de Marx e Engels", in Hobsbawm (Org.), n. 1, p. 423 e ss., 1980.

2. Discuto esta questão em meu ensaio "'Crise do socialismo', teoria marxiana e alternativa comunista" (Netto, 1991).

3. Talvez o primeiro a explorar este duplo traço da obra marxiana, extraindo dele inferências muito diversas das minhas, tenha sido Maximilien Rubel (1970 e 1968).

uma teoria social, Marx não explorou com igual intensidade os vários níveis e instâncias da socialidade na ordem burguesa, compelido que foi a lançar os suportes elementares da crítica da economia política.[4] A elaboração teórica marxiana é basicamente de caráter inclusivo e abrangente, privilegiando as abordagens macroscópicas e os estudos de tendências estruturais de curso mais largo.

Isto não significa que não encontremos na obra marxiana determinações e excursos que tematizem a família ou que forneçam elementos histórico-analíticos para o seu estudo e compreensão. Da primeira crítica a Hegel — expressa no "Manuscrito de Kreuznach", de 1843 — a *O capital*, e nos escritos menores posteriores a 1867 (ou seja, no conjunto da sua produção), localiza-se na reflexão de Marx um riquíssimo repertório de indicações que me parecem indispensáveis para o trato histórico-sistemático da família. Tais indicações vão desde passagens substanciais a *insights* geniais e creio que não seria difícil demonstrar, num ensaio detalhado sobre a questão, que se articulam em torno de três eixos nucleares:

a. *a relação entre indivíduo e gênero humano*: as condições do desenvolvimento multilateral do indivíduo, a possibilidade da superação da alienação etc. Este eixo foi especialmente (mas não exclusivamente) explorado, como se sabe, pelo "jovem" Marx, como o atestam as páginas brilhantes que compõem os *Manuscritos econômico-filosóficos de Paris*;

b. *a relação entre divisão social do trabalho e formas de propriedade*: os processos de diferenciação na divisão do trabalho, os papéis distintos de homens e mulheres na (re)produção da espécie e dos seus meios de subsistência, seus rebatimentos nas modalidades de posse e propriedade etc. São paradigmáticas deste eixo várias das formulações vazadas, por exemplo, no primeiro capítulo d'*A ideologia alemã*, mas, igualmente, em vários passos dos *Grundrisse*;

c. *a relação entre formas de socialização elementares e tipos determinados de organização de controle e poder*: as adequações e compatibilidades entre constelações da sociedade civil e do Estado. Particularmente na produção de Marx posterior a 1847 estas elaborações são recorrentes.

---

4. A consciência do caráter limitado do seu labor teórico sempre foi uma constante em Marx e Engels. Este último, aliás, reiterou várias vezes esta limitação (cf., por exemplo, a carta a C. Schmidt, de 05/08/1890, cujos trechos principais estão reproduzidos em Fernandes (Org.), 1983, p. 455 e ss.).

É desnecessário aduzir que estes eixos temáticos estão intimamente vinculados e que tiveram desenvolvimentos diferenciais e diferenciados ao longo da reflexão marxiana. O que importa ressaltar, com a máxima ênfase, é que, *não configurando a existência de uma "teoria da família"* (ou da organização familiar) em Marx — entre outras razões, porque uma tal "teoria" nunca foi objeto do interesse marxiana[5] —, as determinações marxianas constituem um valioso acervo para a investigação da instituição família. E o constituem em dois níveis particulares:

1. *Do ponto de vista teórico-metodológico*. Salvo grave erro de interpretação, o conjunto da obra marxiana em que se inserem aquelas determinações impõe analisar instituições específicas, como a família, a partir da *perspectiva da totalidade*[6] das formações econômico-sociais concretas. Donde a infirmação de qualquer impostação analítica que, a pretexto da defesa da real autonomia relativa das instituições, converta-as em espaços de tensão movidos exclusivamente por vetores imanentes;

2. *Do ponto de vista histórico-sistemático*. Também salvo erro de interpretação, as determinações marxianas mais básicas apontam para estudos rigorosamente situados, infirmando as operações analíticas tendentes à construção de tipos ideais ou de constantes sociais invariáveis (estas últimas, frequentemente, associadas à equívoca noção de *natureza humana a-histórica*).

Se a minha argumentação é procedente, a inexistência de uma abordagem marxiana particular da instituição família *não* torna impossível ou ilegítima uma tal abordagem rigorosamente inspirada na teoria social de Marx. Ao contrário, torna-a *possível e necessária*: se esta teoria pretende universalidade, sua natureza macroscópica deve dar conta dos processos, fenômenos e instituições significativos que se inscrevem no interior da macroscopia. Vale dizer: uma teoria social como a marxiana, que procura reproduzir idealmente o movimento histórico-social real da

5. O interesse de Marx pela obra de Morgan não significa, a meu juízo, qualquer interesse por uma "teoria" acerca da família. Sinaliza, antes, o entusiasmo por encontrar elementos probatórios de componentes da sua teoria social em pensadores desvinculados dos seus objetos e objetivos.

6. Quanto à *perspectiva da totalidade* como princípio teórico-metodológico (ademais de princípio ontológico) que articula a reflexão marxiana, cf. Lukács (1974 e 1976-1981). Para uma análise dos tratamentos oferecidos a esta categoria central em correntes marxistas deste século, cf. Jay (1984).

ordem burguesa, *tem* de apreender a dinâmica efetiva das instituições constituintes desta ordem social.

Numa palavra, o desenvolvimento da teoria social fundada por Marx implica, entre outros desdobramentos e aprofundamentos criativos, a análise particular de instituições como a família.

A tradição marxista e a família

Um balanço minimamente sério da tematização da família na tradição marxista revela, a meu juízo, uma situação paradoxal: de um lado, uma *significativa massa crítica* sobre esta instituição, mas, de outro, a *insuficiência* deste acervo para dar conta da família na ordem burguesa.

Como efeito, desde o pioneiro trabalho de Engels, redigido entre março e maio de 1884 e publicado em outubro do mesmo ano (Engels, 1960), multiplicaram-se os estudos marxistas que, direta ou indiretamente, incidiam sobre a família. O ensaio engelsiano, muito característico daquele estilo intelectual do "velho" Engels — fascinado pelas grandes sínteses —, arranca das pesquisas de Morgan que, se hoje não passam sem problematizações, marcam, sem dúvidas, avanços significativos na investigação de cariz antropológico.[7] Não há dúvidas, porém, de que o esforço engelsiano enferma de um visível evolucionismo e, sobretudo, de que se podem localizar claras tensões entre seu andamento e formulações marxianas até então inéditas.[8] Mas, a partir do texto de 1884, a produção marxista, tematizando ou tangenciando a questão da família, cresceu de forma expressiva — não necessariamente sob a sua influência direta, antes sinalizando as exigências dos confrontos ideoteóricos, ora refletindo as premências da luta política, ora, frequentemente, conjugando ambas estas dimensões.

---

7. Para uma discussão acerca desta obra engelsiana, bem como indicações bibliográficas polêmicas, cf. Prestipino (1977, p. 77 e ss.). Vale recorrer também à introdução que Canevacci preparou para a antologia de textos sobre família, organizada nos anos 70 (Canevacci, 1981, p. 17-22).

8. Penso, especialmente, no "Manuscrito de Kreuznach" (só publicado em 1927), no referente à questão do Estado; e nos *Grundrisse*, no que toca aos modos de produção.

Realmente, a compreensão do destino da temática da família (e, é óbvio, não só dela) no interior da tradição marxista depende quer da análise de determinações teóricas *stricto sensu*, quer de injunções políticas. Na escala em que o desenvolvimento desta tradição está estreitamente vinculado aos processos sociopolíticos que ela protagonizou, enquanto corrente socialista revolucionária que tendeu à hegemonia no movimento operário, parece pacífico que ela não pode ser corretamente apreendida numa ótica que substancialize a *história das ideias*. Sua adequada apreensão implica apanhar a tensão própria que se estabelece entre uma determinada racionalidade teórica e as práticas político-sociais que ela pretende orientar. Neste sentido, uma conveniente apreciação do tratamento que a família recebeu na tradição marxista supõe tanto a consideração das suas linhas de força teórico-culturais quanto a análise dos processos sociopolíticos em que esta tradição se envolveu e floresceu. Evidentemente, não me é possível, neste espaço, operar estas duplas e necessárias consideração e análise. Limitar-me-ei somente a umas poucas sugestões que, embora esquemáticas, poderão ser eventualmente úteis.

A primeira diz respeito à natureza da tematização da família no marco do que veio a ser o *marxismo institucional*, isto é, aquela vertente da tradição marxista que, a partir da instauração do stalinismo na antiga União Soviética (bem como nos ex-países socialistas e nos partidos comunistas "bolchevizados"), foi sacralizada como *marxismo-leninismo*. Soterrando o vivo debate registrado na crise da Segunda Internacional (recorde-se, nesta, a linha de preocupações que vinha de Bebel[9] e foi amplamente infletida quando da vaga revolucionária do imediato pós-guerra, de que é emblemática a ação de uma Kollontai),[10] a "elaboração" própria do *marxismo-leninismo*, apesar de diferenciações que se podem e devem estabelecer no bloco por ele configurado, é praticamente inservível. Discurso que realiza a apologia do poder, tal "elaboração"

9. O livro de Bebel — *A mulher e o socialismo* —, aliás anterior ao trabalho de Engels sobre a origem da família, foi, durante décadas, como se sabe, um êxito editorial, considerado mesmo como "a obra" marxista acerca dos papéis da mulher (e, obliquamente, da organização familiar) no processo socialista. Já nele se consagra uma "tese" que faria fortuna: a de que o socialismo, por si só, equacionaria a relação entre os gêneros.

10. O radicalismo de Kollontai (expresso, por exemplo, em *Marxismo e revolução sexual*) haveria de ser meramente episódico em função da constituição do que Marcuse chamou de *marxismo soviético*.

prestou-se apenas ao disciplinamento conveniente ao *socialismo de caserna,* não acidentalmente envernizado por vigoroso moralismo.[11] De modo geral, no interior do ex-bloco socialista, contribuições relevantes ao estudo da família foram obra de investigadores e/ou grupos marginais, tendentes à dissidência (alguns, no limite, acabaram mesmo por abandonar qualquer reivindicação de filiação a Marx) e que inseriam suas elaborações no marco de um resgate de temáticas tipicamente marxianas — é o caso, por exemplo, de alguns discípulos de Lukács, componentes da chamada *Escola de Budapeste.*[12]

A segunda sugestão faz referência ao compósito veio do *marxismo ocidental* — para adotar a designação que acabou por ser consagrada com o ensaio de Anderson (1989), cuja argumentação axial me parece correta. É precisamente nas vertentes deste grande leito que a família recebeu o tratamento mais amplo na tradição marxista — basta recordar alguns estudos fundamentais dos representantes da *Escola de Frankfurt*[13] para que esta afirmação revele a sua extensão. Os trabalhos verdadeiramente clássicos dirigidos e elaborados por Horkheimer e Adorno — dos quais os mais célebres são, respectivamente e justamente, *Estudos sobre a autoridade e a família* (1973) e *A personalidade autoritária* (1950) — distinguem-se, porém, teórica e ideologicamente de contribuições outras operadas no mesmo terreno da *Escola de Frankfurt,* como, por exemplo, os ensaios do "jovem" Fromm (1969)[14] e da reflexão de Marcuse (1972), estes também diferenciados — distinção e diferenciação cujas raízes, para além dos traços individuais e idiossincráticos de cada um desses autores, estão diretamente conectadas à sua relação com a psicanálise e com os dilemas

11. Canevacci fornece um curioso — e recente: de 1970 — exemplo desse discurso (1981, p. 21).

12. A figura mais conhecida desse grupo, Agnes Heller (uma de suas contribuições à temática está disponível em português: Heller, 1987), especialmente na sua obra até 1975, é uma referência obrigatória ao que Lukács denominou de "renascimento do marxismo". A ulterior evolução da Escola de Budapeste (Heller, F. Feher, G. Markus) assinala seu afastamento da tradição marxista. Sobre este grupo, cf. *Les Temps Modernes* (1974) e as observações de Arnason (in Hobsbawm, 1989, XI, p. 227 e ss).

13. Sobre a Escola de Frankfurt, uma obra elementar é a de Martin Jay (1973); para considerações críticas, cf. Slater (1978).

14. Parece-me justo mencionar o "jovem" Fromm porque sua evolução posterior não permite identificá-lo com os teóricos de Frankfurt.

próprios do fracasso da revolução no Ocidente (patenteados, de um lado, pelo fenômeno fascista e, de outro, pela consolidação do *Welfare State*). Efetivamente, a elaboração dos pensadores de Frankfurt só é compreensível à luz desse vínculo teórico e político (mais exatamente: teórico-político), paralelo à recusa radical das modalidades do *socialismo realmente existente*. Cabe sinalizar, *en passant*, que a sua reflexão, absolutamente seminal para o trato da problemática da família, contém dilemas irresolutos, tanto no quadro especificamente teórico (ainda permanece em aberto a compatibilidade entre Marx e Freud), quanto no terreno propriamente político (é evidente o beco sem saída da *Grande Recusa frankfurtiana*). Dilemas dramaticamente radicalizados na trajetória de um W. Reich, que, mesmo fora das fronteiras da *Escola de Frankfurt*, compartilhou muito do seu caldo cultural e cuja obra, extremamente irregular, ainda merece algum cuidado no que toca à questão da família.

O *marxismo ocidental*, contudo, não se reduz à Escola de Frankfurt — ela mesma diversa, como acabamos de indicar — e em outros de seus representantes é possível detectar contributos pertinentes à nossa temática.[15] Em seu diálogo com outras correntes teóricas e ideoculturais, estas vertentes da tradição marxista fecundaram pesquisas e reflexões que, ainda que dificilmente inseríveis num campo teórico demarcado por influxos marxianos, oferecem ponderável interesse para a problemática da família. Penso notadamente, por exemplo, em alguns momentos da evolução de Sartre (principalmente no Sartre de *Questão de método* e da *Crítica da razão dialética*), e em autores por ele influenciados de algum modo (como é o caso de um Laing).

Qualquer que seja a avaliação do conjunto da produção do (e derivada dele) *marxismo ocidental*, no entanto, uma coisa é clara: se, no seu bojo, o enfoque da família como instituição foi realizado, essa produção está longe de configurar uma elaboração capaz de dar conta do *fenômeno família*. Trata-se de uma ampla tematização que não se coroou com um referencial histórico-sistemático e crítico apto para desvelar o que se colocou como um de seus objetos mais salientes.

---

15. Na economia obrigatória desta comunicação, sou compelido a passar por alto esses representantes. Mas não devo deixar de mencionar que na obra de um Lefebvre, por exemplo — especialmente nas suas discussões sobre vida cotidiana (1958, 1961 e 1968) —, encontram-se ricas sugestões para a tematização da família.

Problemas elementares e dinamização pelo confronto

A partir dos anos 60, no interior da tradição marxista, uma nova dinâmica se explicita, alterando significativamente (também) o trato da família. A partir daquela década, é possível identificar não só um ritmo mais veloz no crescimento da massa crítica como, principalmente, uma *nova qualidade* na elaboração teórico-analítica acumulada.

Evidentemente, a crise do *marxismo-leninismo,* indiscutível desde 1956, provocando um repensamento generalizado no marco da tradição marxista, e especialmente uma espécie de "retorno à fonte" marxiana, está no coração mesmo deste processo. Este "retorno" colocou (ou, mais exatamente, recolocou) na ordem do dia questões e eixos temáticos que o marxismo institucional exilara — os problemas da alienação, do humanismo, da liberdade, entre tantos. Se, na tradição marxista, até então, o tratamento da família comparecera fecundamente, não por azar, entre pensadores que de alguma forma preservavam inspirações originais marxianas, a partir de um tal "retorno" criavam-se condições favoráveis para o avanço do conhecimento neste âmbito.

Simultaneamente a este "regresso a Marx", amplos segmentos da tradição marxista viam-se obrigados a travar um diálogo com outras correntes teóricas e ideoculturais que, expressando necessidades sociais novas, mobilizavam amplos contingentes humanos em movimentos sociais que passavam ao largo de tradicionais organizações políticas e sociais convencionalmente ligadas à herança de Marx (sobretudo os partidos comunistas). Entre tais correntes, muitas vezes marcadas por um tônus libertário ponderável e de alguma forma reatualizadoras de projetos cujos embriões podem ser localizados nas matrizes do socialismo chamado utópico e/ou nos movimentos mais radicais pelos direitos civis, um destaque especial coube ao complexo e heteróclito *movimento feminista.* Conjugam-se, portanto, vetores ideais e prático-políticos: o confronto de ideias e valores entrecruza-se com a luta política (no Ocidente, o esforço para responder aos desafios do que estava plasmando a Nova Esquerda e não perder bases de sustentação sociopolítica; em alguns espaços do então campo socialista, a tentativa de desbloquear gravíssimos impasses político-sociais).

Este é o pano de fundo sobre o qual problemas elementares não resolvidos na tradição marxista virão à tona com uma força inquestionável. Dois deles nos interessam de perto, e vale mencioná-los:

a. a compreensão da *dinâmica atual* da ordem burguesa. Os anos 60, marcando a emersão de um novo padrão de crise no capitalismo desenvolvido, expõem a insuficiência dos esquemas analíticos que se limitavam a reiterar as análises marxianas sobre o capitalismo do século XIX. Mais: as alterações nos processos produtivos, rebatendo na estrutura e no comportamento das classes sociais, obrigavam à análise dos sujeitos sociais tendentes a negar a ordem burguesa, para além dos convencionais hosanas à classe operária;

b. a elaboração de uma crítica marxista ao desenvolvimento dos processos de ruptura com a ordem burguesa que, partindo de propostas revolucionárias, engendravam formações sociopolíticas que eram a negação mesma da promessa socialista — tratava-se de compreender o processo que acabou por dar forma e conteúdo ao socialismo real; aqui, a análise de *instituições* impunha-se necessariamente.

A conjuntura posta a partir dos anos 60 — e infletida dramaticamente na entrada dos anos 90 (mas esta é uma história que aqui nos escapa) —, atravessando as décadas de 70 e 80, ao encontrar soluções, ou tentativas de soluções, no marco da tradição marxista, propiciou uma nova tematização da família. Sob a pressão da realidade factual (prático-política) e dos desafios ideais (teórico-culturais), originaram-se condições para um enfrentamento renovado daquela problemática.

O resgate de impostações próprias a Marx permitiu avanços significativos que, em termos de pesquisa, desobstruíram a via para enfrentar a questão da família. Rompendo com o economicismo (inteiramente estranho à perspectiva marxiana), tal resgate conduziu a uma nova colocação dos problemas do *indivíduo* e da *subjetividade*[16], mais bem situados quando a *vida cotidiana* foi objeto de exame histórico-ontológico — aqui, não é preciso mais que recordar os empenhos iniciais, por exemplo, de

16. Desnecessário dizer que um desenvolvimento deste tipo supõe a superação de uma perspectiva comportamentalista na abordagem das dimensões psicológicas. Talvez seja fecunda, neste sentido, a tentativa de resgatar a noção de uma psicologia concreta, tal como a verificamos em Sève (1974).

um Schaff (1967) ou de uma Heller (1975), quando ainda discípula de Lukács. Quanto a este, sua dedicação ao "renascimento do marxismo", exemplificada nos derradeiros esforços da *Ontologia* (1976-1981), franqueou desenvolvimentos potenciais até hoje inexplorados — mas, certamente, qualquer tentativa futura de pensar uma instituição como a família, se se pretender metodologicamente ortodoxa do ponto de vista marxiano, haverá que recorrer à monumentalidade dos seus últimos trabalhos. Doutra parte — e para ficarmos ainda com pensadores vinculados ao filósofo de Budapeste —, a recuperação do estudo do problema da alienação favoreceu a discussão criativa das questões referentes ao papel socializador das instituições de controle social (donde uma nova abertura potencial à temática da família), tal como se verifica em Mészáros (1981). Creio que não é supérfluo observar que todos os autores citados neste parágrafo, em medidas desiguais, contribuíram para a crítica do socialismo real e, ainda, para desvelar mecanismos próprios da ordem burguesa contemporânea.[17]

Este desvelamento — recordemos o primeiro dos problemas elementares não resolvidos que citamos acima — tem contribuído largamente para elucidar as bases mais amplas sobre as quais se pode tematizar atualmente a família. Evoquemos apenas dois esforços para compreender a dinâmica atual da ordem burguesa — empreendidos diferencialmente: o de Baran e Sweezy (1970) e o de Mandel (1976). Nestes autores, que, aliás, também contribuíram para a crítica do socialismo real — lembremos o segundo dos problemas elementares antes mencionados — (Sweezy, 1980; Mandel, 1989), encontramos importantes subsídios para tratar contemporaneamente a instituição família, vinculando-a às condições globais da reprodução social.[18]

Contudo, talvez o exemplo mais significativo da resultante da conjuntura aberta na década de 60 seja aquele constituído pela reflexão que se desenvolveu na cultura norte-americana, na intersecção entre uma tradição marxista pouco densa e uma Nova Esquerda ativíssima, com uma enorme polarização do movimento feminista (que, também

17. Apenas como indicações sumárias, cf. Heller (e Feher 1981), Lukács (1987), e Mészáros (1987 e 1989).

18. Penso especialmente nos capítulos finais de *Capitalismo monopolista* e *Le troisième âge du capitalisme*.

ele, jamais se apresentou como um bloco único) e do radicalismo em defesa dos direitos civis. Ali, sob o impacto das teses de Firestone (1970) e de Millett (1971), surgiram reflexões cuja relevância para o desenvolvimento do debate em torno da família aparece claramente no entrelaçamento da sua problemática específica com as questões atinentes à redefinição dos espaços público e privado, tomados na cotidianidade dos indivíduos. Ilustra esta linha de elaboração a obra, aliás despretensiosa, de Zaretsky (1976).

Processos semelhantes ocorrem em toda a Europa ocidental, com destaque para as polêmicas na Itália (favorecidas, como se sabe, pela existência de uma cultura teórica e política onde o peso de uma tradição marxista arejada é ponderável), já intensas nos anos 60, como o atesta o debate divulgado por *Crítica marxista* (1964) e que, desde então, só cresceu. Na França, onde a gravitação da antropologia tem sido um dado da vida intelectual (recorde-se o lastro de Durkheim e Mauss), também o debate foi dinamizado, mesmo que sob forte hipoteca estruturalista, que expressa a saliência de Lévi-Strauss (é indiscutível, por exemplo, a contribuição de Godelier, 1966 e 1973). Na Inglaterra, coube especialmente aos historiadores o aporte mais relevante, haja visto o acervo de indicações contido em Thompson (1987) e Hobsbawm (1987).

Ao cabo desses trinta anos — tomando-se como referência o divisor de águas que foi a década de 60 —, avançando no enfrentamento dos problemas elementares mencionados e confrontando-se com interlocutores diferenciados, vertentes da tradição marxista mostraram-se capazes de realizar um acúmulo significativo para pensar a família de forma não redutora. Entretanto, o paradoxo que já apontamos atrás permanece: apesar de uma massa crítica ampliada e diversificada, *nenhuma* das correntes que se inscrevem no campo da tradição marxista articulou uma abordagem da instituição família apta para apreender a sua *particularidade* e a sua *dinâmica interna* na rede macroscópica das relações sociais. Mais concretamente: nenhuma delas passou pela prova de apreender o movimento da família enquanto movimento, historicamente situado, de uma totalidade determinada por totalidades de maior complexidade (a classe, a nação) e determinante de totalidades de menor complexidade (o indivíduo), num processo em que, estrutural e temporalmente, os termos das determinações se intercambiam.

Passar por esta prova — com todas as implicações que ela tem: teóricas, culturais, prático-políticas — é uma exigência ainda incumprida pela tradição marxista. Mas submeter-se exitosamente a tal prova se torna mais urgente e imperativo quando, em face do irremediável fracasso de experiências históricas efetivadas em seu nome, o que para muitos está em jogo é o próprio referencial teórico a que a tradição marxista deve sua existência e razão de ser.

Bibliografia consultada

ADORNO, T. W. et al. *The authoritarian personality.* Nova York: Harper and Row, 1950.

ANDERSON, P. *Considerações sobre o marxismo ocidental.* São Paulo: Brasiliense, 1989.

BARAN, P. A.; SWEEZY, P. M. *Capitalismo monopolista.* Rio de Janeiro: Zahar, 1970.

CANEVACCI, M. (Org.). *Dialética da família.* São Paulo: Brasiliense, 1981.

CRÍTICA MARXISTA. Famiglia e società nell'analisi marxista. Roma, n. 6, 1964.

ENGELS, F. *A origem da família, do Estado e da propriedade privada.* Rio de Janeiro: Vitória, 1960.

FERNANDES, F. (Org.). *Marx/Engels*: história. São Paulo: Ática, 1983.

FIRESTONE, S. *The dialectic of sex.* Nova York: Morrow, 1970.

FROMM, E. *L'autorità e la famiglia.* Firenze: Guaraldi, 1969.

GODELIER, M. *Rationalité et irrationalité en économie.* Paris: Maspero, 1966.

______. *Horizon, trajets marxistes en anthropologie.* Paris: Maspero, 1973.

HELLER, A. *Sociologia della vita cotidiana.* Roma: Riuniti, 1975.

______; FEHER, F. *Marxisme et démocratie.* Paris: Maspero, 1981.

______. A concepção de família no estado de bem-estar social. *Serviço Social & Sociedade,* São Paulo, v. 8 n. 24, ago. 1987.

HOBSBAWM, E. J. (Org.). *História do marxismo.* Rio de Janeiro: Paz e Terra, I, 1980, e XI, 1989.

HOBSBAWM, E. J. *Mundos do trabalho*. Rio de Janeiro: Paz e Terra, 1987.

HORKHEIMER, M. et al. *Studi sull'autorità e la famiglia*. Torino: UTET, 1973.

JAY, M. *The dialectical imagination*. Boston/Toronto: Little Brown, 1973.

______. *Marxism & totality*. Berkeley/Los Angeles: University of California Press, 1984.

LEFEBVRE, H. *Critique de la vie quotidienne. 1. Introduction*. Paris: L'Arche, 1958.

______. *Critique de la vie quotidienne. II. Fondement d'une sociologie de la quotidienneté*. Paris: L'Arche, 1961.

______. *La vie quotidienne dans le monde moderne*. Paris: Gallimard, 1968.

LES TEMPS MODERNES. n. 337/338, août-sept. Paris, 1974.

LUKÁCS, G. *História e consciência de classe*. Porto: Escorpião, 1974.

______. *Ontologia dell'essere sociale*. Roma: Riuniti, I-II, 1976-1981.

______. *L'uomo e la democrazia*. Roma: Lucarini, 1987.

MANDEL, E. *Le troisième âge du capitalisme*. Paris: UGE, 1976.

______. *Além da perestroika*. São Paulo: Busca Vida, 1989.

MARCUSE, H. *Ideias sobre uma teoria crítica da sociedade*. Rio de Janeiro: Zahar, 1972.

MÉSZÁROS, I. *Marx. a teoria da alienação*. Rio de Janeiro: Zahar, 1981.

______. *A necessidade do controle social*. São Paulo: Ensaio, 1987.

______. A crise atual. *Ensaio*, São Paulo, ns. 17/18, 1989.

MILLETT, K. *Sexual politics*. Nova York: Garden City, 1971.

NETTO, J. Paulo. *Capitalismo e reificação*. São Paulo: Ciências Humanas, 1981.

______. *O que é marxismo*. São Paulo: Brasiliense, 1985.

______. "Crise do socialismo", teoria marxiana e alternativa comunista. *Serviço Social & Sociedade*, São Paulo, v. 12, n. 37, dez. 1991.

PRESTIPINO, G. *El pensamiento filosófico de Engels*. México: Siglo XXI, 1977.

RUBEL, M. *Karl Marx. Ensayo de biografía intelectual*. Buenos Aires: Paidós, 1970.

______. Introduction. In: MARX, K. *Oeuvres. Économie*. Paris: Gallimard, II, 1968.

SCHAFF, A. *O marxismo e o indivíduo*. Rio de Janeiro: Civilização Brasileira, 1967.

SÈVE, L. *Marxisme et théorie de la personnalité.* Paris: Sociales, 1974.

SLATER, P. *Origem e significado da escola de Frankfurt.* Rio de Janeiro: Zahar, 1978.

SWEEZY, P. M. *Post-revolutionary society.* Nova York: Monthly Review Press, 1980.

THOMPSON, E. T. *A formação da classe operária inglesa.* Rio de Janeiro: Paz e Terra, I-II-III, 1987.

ZARETSKY, E. O *capitalismo, a família e a vida privada.* Lisboa: Iniciativas Editoriais, 1976.

Parte II

Modalidades ↓ Fronteiras

Abuso Sexual Ritualístico

"O sangue jovem, tanto humano como de animais, enquanto elemento tradicionalmente mágico e oferenda agradável a divindades (em decorrência, propiciador de favores), é manipulado em rituais que se situam no contexto do Folclore."

MARIA DO ROSARIO T. DE LIMA

"A cada etapa, novos bodes expiatórios são entregues à vendeta pública: Lombroso denuncia o miserável de rosto assimétrico, de maxilar proeminente. Os biotipologistas apontam o endomorfo gordo, o ectomorfo delgado ou o horrível displástico. Com a descoberta do cromossomo Y supranumerário, os muito míopes escapam por pouco da contrariedade de precisarem se esconder no fundo das grotas... Desse ponto de vista é bem natural que o criminoso, personagem perverso por excelência, tenha se transformado numa espécie de bode expiatório, através do qual é uma parte inteira da humanidade que alguns procuram atingir."

PIERRE DARMON

A

Abuso ritualístico infantojuvenil: primeiras indagações

Maria Amélia Azevedo

Pedagoga/FEUSP (Faculdade de Educação da USP). Advogada/FDUSP (Faculdade de Direito da USP). Doutora em Educação/FEUSP (Faculdade de Educação da USP). Livre-Docente e Titular/IPUSP (Instituto de Psicologia da USP) — aposentada. Ex-Coordenadora do Laboratório de Estudos da Criança LACRI/IPUSP (Instituto de Psicologia da USP). Coordenadora Científica do RECRIA Projetos.

1. Introdução

Ritual satânico choca o País

Investigações sobre o assassinato de Evandro levam à descoberta de seita diabólica.

A morte do menino E. R. C., de 7 anos, num ritual de *magia negra,* revoltou a pequena cidade de Guaratuba, a 130 km de Curitiba (PR). O garoto desapareceu e foi assassinado em abril por um grupo do qual participaram a mulher e a filha do prefeito A. A.

Em depoimento à polícia, C. e B. confessaram que o corpo do garoto foi encomendado para um trabalho que traria sucesso e fortuna à família e pelo qual pagaram Cr$ 7 milhões ao pai de santo O. M., conhecido como "o bruxo". Teriam participado do ritual os auxiliares de M., V. de P. D. S., o assessor do prefeito, A. B., e o comerciante S. C. O grupo foi denunciado por sequestro, homicídio triplamente qualificado e ocultação de cadáver e está envolvido também no desaparecimento do garoto L. B., de 6 anos, ocorrido em fevereiro.

A polícia está investigando a participação de um casal de argentinos, J. T. e V. A., que estiveram três vezes em Guaratuba no início do ano, hospedados no hotel onde trabalha a mãe de L. Foram encontrados na casa de T., em Londrina (PR), material numeroso de *uma seita diabólica* denominada L. U. S. e várias fitas-cassetes. Em uma delas, T., abraçado a V., dizia para "matarem a criancinha" que pediu. Os dois estão foragidos.

(*Fonte*: Clipping do *Estado de S. Paulo* 1/7/1992)

Notícias como essa, veiculadas nos principais jornais do país, trouxeram à luz uma forma ainda pouco compreendida — no nível nacional e internacional — de abuso/vitimização de crianças e adolescentes: o assim chamado *abuso ritualístico*.

Ritualístico porque o abuso — que geralmente assume uma feição múltipla (físico, sexual e psicológico) é praticado segundo rituais, isto é, "segundo práticas consagradas pelo uso ou por normas especiais e que devem ser observadas de forma invariável" (Ferreira, 1975).

Abuso porque as práticas desse tipo, envolvendo crianças e adolescentes, são práticas que os vitimizam, isto é, que implicam a imposição de dano, quando não chegam pura e simplesmente ao sacrifício pessoal, imolando-os em holocausto aos deuses.

Tratando-se de um fenômeno ainda pouco compreendido e até bastante polêmico, torna-se necessário abordá-lo através de algumas indagações que nos permitam captar alguns traços — ainda que provisórios — de seu perfil.

2. Algumas indagações básicas

Desde sua definição, até sua própria existência, o tema do abuso ritualístico de crianças e adolescentes é bastante polêmico. Tal como ocorre com os filmes *cult*, ele tem de um lado os que acreditam piamente em sua ocorrência, sinal, segundo eles, da existência de uma conspiração maligna no nível internacional; e, de outro, os que — mais céticos — argumentam que, embora as denúncias sejam abundantes, as evidências costumam ser tênues. Daí a necessidade de abordarmos o tema numa perspectiva crítica antes que apologética e míope.

1. *O abuso ritualístico infantojuvenil deve ser compreendido dentro de que ótica?*

Tratando-se de um *crime*, a perspectiva mais adequada é certamente a que se opõe a um naturalismo, banalizador em última instância, da violência implícita nessa prática. Tal perspectiva pode ser denominada *construcionismo*.

"Construcionismo contrasta com orientações mais tradicionais no estudo de problemas sociais. Tradicionalmente os pesquisadores partem do princípio de que seu objeto — o crime — possui uma realidade objetiva. Isto é, partem do pressuposto de que o mundo real contém crimes e criminosos, fenômenos esses que podem ser estudados [...].

Construcionistas criticam tal objetivismo, a partir da premissa de que nosso mundo é socialmente construído. Não há fenômeno natural chamado "crime"; todos os crimes são identificados através de processos sociais [...]. Todos os "crimes" e "criminosos" são identificados através desses processos sociais [...]. Tais processos de construção social são o foco da atenção dos construcionistas, enquanto eles tentam compreender a construção social da realidade." (Richardson, 1991, p. 3)

O abuso ritualístico infantojuvenil — concebido hoje como um "problema social" — pode ser entendido como uma *construção social* a respeito da qual é necessário entender *quais* são as denúncias levantadas, *quem* as levanta e *que interesse* haveria em fazê-lo. Só assim poderemos ter alguma esperança de entender em que medida se trata de um problema real, concreto ou de um pseudoproblema, de um problema retórico.

2. *O abuso ritualístico infantojuvenil está necessariamente vinculado a cultos esotéricos e, mais em particular, ao satanismo?*

Não. Existem hoje, reconhecidos, três tipos principais dessa modalidade de abuso infantojuvenil. Embora as evidências não sejam muito conclusivas, Finkelhor, Williams e Burns (1988) sugerem a seguinte tipologia:

Tipo I — *Verdadeiramente baseado em culto*, que envolve o abuso infantojuvenil como expressão de um elaborado sistema simbólico e espiritual de natureza esotérica. O culto mais comumente mencionado, pelo menos nos EUA, tem sido o satanismo.

Tipo II — *Aparentemente baseado em culto (pseudo)*, no qual o abuso sexual de crianças é o principal fator motivacional.

Tipo III — *Aparentemente baseado em culto (psicopatológico)*, no qual o abuso é parte de um processo de fantasias e obsessões de um indivíduo ou grupo de indivíduos.

Essa tipologia, embora não seja satisfatória, permite-nos compreender o "abuso ritualístico como um abuso repetitivo, bizarro, sexual, físico e psicológico de crianças [e/ou adolescentes], abuso esse que inclui atividades religiosas e/ou sobrenaturais" (Finkelhor et al., 1988). Alguns aspectos são importantes de se notar. Trata-se de um tipo de abuso:

a. que envolve múltiplas vítimas e agressores, seja sincrônica seja diacronicamente;

b. que tem um caráter cerimonial ritualizado, real ou aparentemente ligado ao plano divinatório, sobrenatural;

c. cujas práticas são bizarras, excêntricas e, por isso mesmo, secretas, ocultas;

d. que não se restringe à violação sexual, sendo, ao contrário, cumulativo em termos de agressão à vítima;

e. que embora seja aparentemente mais comum com crianças de 2 a 8 anos pode envolver também adolescentes.

3. *Quais as práticas características desse tipo de abuso?*

A listagem a seguir, permite identificá-las:

ABUSO SEXUAL RITUALÍSTICO — ELEMENTOS PRESENTES

(por ordem decrescente de ocorrência)

1. Atividade sexual forçada (agressor/vítima e vítima/vítima)
2. Ameaças violentas
3. Agressores/vítimas múltiplos
4. Lugares múltiplos de agressão
5. Vídeo/fotos (vítimas nuas/atos sexuais)
6. Fezes/urina (uso/ingestão)
7. Referência satânica (ideologia/parafernália)
8. Animais mortos/mutilados (uso de sangue/partes do corpo)
9. Drogas/magias/feitiçarias
10. Agressão física
11. Isolamento/confinamento/cativeiro
12. Repreensões severas às crianças
13. Mascaramento/disfarces
14. Morte de adultos/crianças
15. Ingestão de carne

Esses dados foram extraídos de um estudo publicado em 1990 (Snow e Sorensen, 1990, p. 474-5), no qual as autoras entrevistaram clinicamente uma amostra de 39 crianças de 4 a 17 anos, vítimas, por hipótese, de cinco casos de abuso ritualístico ocorridos em cinco locais diferentes dos EUA. As crianças foram selecionadas porque, em suas entrevistas, evidenciaram a ocorrência de, no mínimo, seis elementos definidores do abuso ritualístico.

Dispostos por ordem decrescente de incidência, tais elementos ritualísticos vão desde a atividade sexual forçada (entre agressor/vítima e vítima/vítima) até a morte de adultos ou crianças e a ingestão de carne humana.

As autoras concluem que "a morte de crianças e bebês foi identificada por seis crianças em quatro comunidades (15%). Treze por cento das crianças disseram ter participado da ingestão de carne. *Se tais fatos foram verdadeiros ou representaram respostas persuasivas não se sabe*". (Ibid., p. 482. Grifo meu)

4. *O abuso ritualístico infantojuvenil é um fenômeno relacionado à violência doméstica e/ou à violência extradoméstica contra crianças e adolescentes?*

Toda tentativa de categorizar rigidamente os tipos de violência contra a criança e/ou adolescente acaba sempre se mostrando falha. É o caso do abuso ritualístico que guarda relação tanto com a violência doméstica (incesto) quanto com a extradoméstica (abuso juvenil e sexo grupal organizado por adultos).

A Figura 1 a seguir (Snow e Sorensen, 1990, p. 483) mostra que, longe de ser um fenômeno simples, o abuso ritualístico infantojuvenil (especialmente de natureza sexual) é um fenômeno extremamente complexo.

No estudo, as autoras sugerem que a descrição do fenômeno se faça através de um "modelo interacional com componentes que ocorrem simultaneamente e interagem entre si". (Ibid., p. 483)

Há que se acentuar que — ao contrário das crianças submetidas a abuso ritual em creches ou pré-escolas — muitos dos sujeitos estudados não tinham qualquer lugar seguro onde se esconder: eram diuturnamente submetidos a práticas abusivas dentro e fora de suas próprias casas.

Figura 1

Modelo interacional de abuso sexual ritualístico

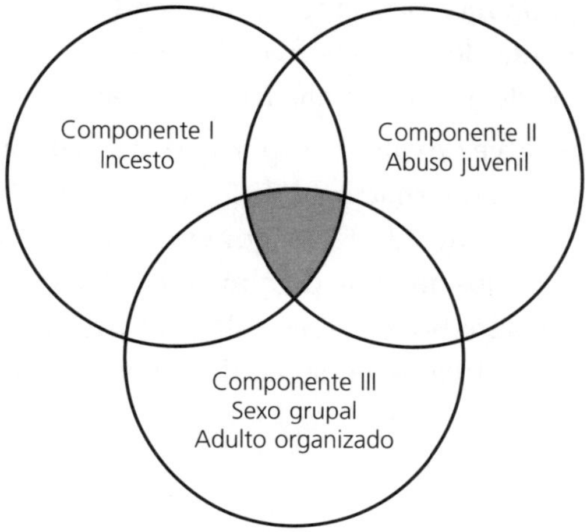

Abuso sexual ritualístico (hipotetizado)

Abuso identificado

Fonte: Snow e Sorensen (1990).

Finalmente, vale a pena mencionar que, no referido estudo, os "agressores envolveram líderes religiosos, mulheres e jovens considerados membros responsáveis de sua comunidade". (Ibid., p. 474)

5. *O abuso ritualístico infantojuvenil é um fenômeno pouco frequente ou pouco compreendido no mundo?*

A conclusão a que se deve chegar é a de que se trata de um fenômeno *pouco compreendido* no mundo. Embora as primeiras queixas desse tipo de abuso tenham surgido em 1983, nos EUA, o número de relatos — usualmente associados a satanismo — explodiu em meados de 1984, tendo atingido o ápice em 1985. No fim de 1987, as agências protetoras da infância e a polícia já tinham validado cerca de 100 casos espalhados por todo o território americano. Também por essa época, a maioria dos estados americanos já reformulara sua legislação penal de modo a criminalizar mais facilmente esse tipo de abuso. As primeiras estatísticas divulgadas foram aterradoras: 50.000 crianças por ano; cerca de 95% das crianças desaparecidas seriam vítimas de práticas esotéricas etc.

Aos poucos, porém, esses dados foram sendo criticados e as últimas estimativas dão conta de que nos EUA apenas "200 a 300 crianças por ano seriam vítimas de abuso ritualístico". (Richardson, 1991, p. 97)

Essas críticas talvez expliquem por que, de 770 trabalhos apresentados no IX Congresso Internacional de Prevenção ao Abuso e Negligência na Infância, realizado em Chicago, em setembro de 1992, houve apenas dois consagrados ao tema do abuso ritual satânico: um trazendo o relato de crianças agredidas nesses cultos, outro, abordando a síndrome da Desordem Múltipla de Personalidade como uma das consequências possíveis para as vítimas.

3. Perguntas que ficam no ar: abuso ritualístico infantojuvenil é uma violência contra crianças ou uma violência contra "diferentes"?

Aqui é preciso ter claro que nem todo abuso ritualístico infantojuvenil está ligado a práticas esotéricas, especialmente satânicas. É preciso considerar que as evidências de abusos ritualísticos satânicos provêm, sobretudo, de crianças e de "sobreviventes" adultos que teriam recuperado a memória em processos terapêuticos e que sofreram de distúrbios psiquiátricos tipo Desordem Múltipla de Personalidade. Tratar-se-ia, em ambos os casos, de pessoas altamente sugestionáveis e impressionáveis, a partir da vigorosa campanha antissatânica que os mídia desencadeavam nos EUA na década de 80. Vale a pena mencionar que, originalmente, o abuso ritualístico era denominado abuso satânico com base em episódios como o da McMartin Preschool de Los Angeles (1983-84), em que alguns pais denunciaram à mídia que o escândalo do abuso sexual de seus filhos seria um caso de abuso satânico. A partir daí — até meados da década de 80, quando o termo foi dessacralizado e substituído por ritualístico — esse tipo de abuso foi apropriado por uma retórica antissatânica desencadeadora de um verdadeiro pânico moral na sociedade americana. Seria uma versão moderna da antiga caça às bruxas e uma versão modificada da caça a judeus, comunistas etc., e enquanto *diferentes*, incômodos e *bodes expiatórios*.

Nesse sentido, o "pânico do satanismo" seria uma artimanha ideológica destinada a distrair o povo dos problemas sérios existentes. Ele seria o pano de fundo contra o qual teria sido construído o "abuso satânico" como problema social. Sua "fabricação" na sociedade americana dos anos 80 teria sido possível no caudal de problemas e preocupações sociais do período: terrorismo, drogas, promiscuidade, homossexualidade, AIDS, deterioração econômica, pobreza, desemprego, corrupção política, racismo etc.

Essas considerações são importantes para que a luta em defesa da vida e segurança das crianças e jovens de uma sociedade não venha a reproduzir "julgamentos stalinistas" como o que condenou Gilles de Laval, senhor de Rais e marechal de França à forca e à fogueira em 26/10/1440. Inspirador do personagem Barba Azul de Perrault, passou à história como feiticeiro, praticante de pactos com o demônio, acusado de ter sacrificado a ele cerca de duzentas a oitocentas crianças, após ter tido relações sexuais com elas. Gilbert Prouteau, por meio do livro *Gilles de Rais ou as Fauces do Lobo*, lançado em Paris, no mês de outubro de 1992, pretende exatamente reabilitar Gilles de Rais, argumentando que as acusações de "heresia, sodomia e infanticídio" que lhe imputaram ocultavam em realidade um complô do duque da Bretanha e do bispo de Nantes, que queriam apoderar-se de suas terras e castelos, como de fato aconteceu.

Nunca será demais lembrar que evocações demoníacas são figuras delituosas no Código Canônico, mas certamente não constituem crime segundo os códigos penais contemporâneos. A menos, é claro, que violem a vida, a segurança e a dignidade de seres humanos. Mas isso, evidentemente, precisa ser *comprovado*!!!

Referências bibliográficas

BEST, J. Endangered children in antisatanist rhetoric. In: RICHARDSON, J. T. (Org.) et al. *The satanism scare*. Nova York: Aldine de Gruyter, 1991.

FERREIRA, Aurélio Buarque de Holanda. *Novo dicionário Aurélio*. Rio de Janeiro: Nova Fronteira, 1975.

FINKELHOR, D.; WILLIAMS, L.; BURNS, N. *Nursery crimes: sexual abuse in day care*. Newbury Park, C. A.: Sage, 1988.

RICHARDSON, J. T. et al. Satanism as a social problem. In: RICHARDSON, J. T. et al. (Orgs.). *The satanism scare*. Nova York: Aldine de Gruyter, 1991.

SNOW, Barbara; SORENSEN, Teena. Ritualistic child abuse in a neighborhood setting. *Journal of Interpersonal Violence*, v. 5, n. 4, dez. 1990.

B

As seitas na memória cultural: a evolução do satanismo no mundo contemporâneo

CARLOS ROBERTO FIGUEIREDO NOGUEIRA

Doutor em História pela FFLCH da Universidade de São Paulo em 1981. Professor de História Medieval do Departamento de História da FFLCH-USP. Autor das seguintes obras: *O diabo no imaginário cristão* (São Paulo, Ática, 1986); *Universo mágico e realidade. Aspectos de um contexto cultural (Castela na Modernidade)* (Universidad de Córdoba, Servicio de Publicaciones, 1989) e *Bruxaria e história. As práticas mágicas na Europa cristã* (São Paulo, Ática, 1991).

O século XVII é o século que prepara o triunfo da Razão — época em que a cultura dirigente passa a descrer das bruxas e das práticas mágicas sob o influxo do racionalismo emergente. Singularmente, constitui também a época em que surgem, na elite palaciana, os cultos satânicos — as missas negras. A transformação da aristocracia em elites urbanas implicará no nível do imaginário uma dolorosa metamorfose, com a consequente perda de referenciais pela perda da identidade tradicional fundamentada no universo da vida no campo. Situação desestabilizadora e conflituosa que — nas tentativas de sua superação — acarretará um reordenamento de crenças onde serão fundidas crenças tradicionais junto com retalhos de uma cultura erudita, seja clerical ou laica.

Esta *bricolage* cultural em sua dimensão sobrenatural invade os salões e as cortes palacianas, como no célebre caso de Mme. de Montespan, a amante de Luís XIV, que emprestava a sua nudez como um altar para garantir a fidelidade do coroado amante. Temerosa de perder os favores do rei, solicita por intermediação de Catherine Deshays — ou *la Voisin* —, uma vidente (e consumada envenenadora) de Paris, a ajuda do abade Guibourg, em troca de uma nomeação eclesiástica. Utilizando dois corações de pombo, por três vezes, realizou esta missa de amor em 1666 (Finné, 1972). Contudo, uma vez que Luís desprezava cada vez mais os seus favores, preferindo Mme. de Fontanges, uma nova favorita, novas "missas" serão rezadas em 1676. Agora o objetivo é a vingança: matar o amante volúvel e sua nova paixão. Para isso um recém-nascido é sacrificado e seu sangue consagrado junto com uma hóstia, os quais misturados com vísceras da criança sacrificada serviriam para confeccionar certos pós que depois seriam servidos a Luís. (Lyons, 1970, p. 75-6)

Assim, o final do Antigo Regime é marcado pela descrença e a ridicularização das "crendices populares" e um suposto *risorggimento* de tradições ocultas. Momento em que se rompe o equilíbrio "harmônico" entre Deus e o Diabo, levando os homens ao agnosticismo e a uma rebelião contra a Igreja, que traz consigo a reabilitação de Satã como um princípio de rebeldia contra a tirania e o obscurantismo representado pelo cristianismo ortodoxo a um nível tradicional. O Lúcifer no *Caim* de Byron é sumamente grandioso, filho magnificamente poético do agnosticismo, da rebeldia contra a moral tradicional. Filho da própria experiência, amigo do homem e inimigo de Deus — o supremo tirano, que condenou os homens à humilhação, ao sofrimento e à morte — Lúcifer está com o homem, identifica-se com ele, uma vez que ambos foram condenados ao suplício eterno pelo desejo de conhecer. (Nogueira, 1986, p. 80-1)

Na Inglaterra, aparecem os *Hellfire Clubs*, originariamente como organizações que visavam a ajudar estudantes de Cambridge e Oxford a aliviarem suas noites de tédio, e que acabam em reuniões essencialmente ligadas às orgias sexuais e com evidentes conotações políticas, que podem ser comprovadas pelas filiações de Benjamin Franklin, Lorde Sandwich, 1º lorde do Almirantado, Lorde Melcombe, e o paladino da democracia John Wilkes, além de William Beckford, o autor de *Vathek*, entre outros. Michelet proclama na França, em 1862, sua homenagem a Satã, a encarnação do espírito livre e a sua sacerdotisa da Natureza: a feiticeira. Para poetas e estetas românticos, William Shakespeare torna-se o grande demiurgo, com a eloquência de sua fantasia e das poderosas e misteriosas forças que regiam as paixões e o destino dos homens, sem quaisquer leis ou limites.

Deste modo, a partir de 1850, o ocultismo experimenta um grande florescimento, derivado diretamente da exaustão do otimismo liberal. Ao movimento romântico, em seu mergulho na tradição e no folclore medievais, e seu cortejamento da morte, soma-se o exótico e o misterioso que aportam à Europa o conhecimento e a estranheza do misticismo e das religiões orientais.

Funda-se na França a O. T. O. — Ordem do Templo do Oriente —, onde participa Alphonse Louis Constant (1810-1875), ou, como era conhecido por seu nome esotérico, Eliphas Levi, que editou o seu célebre *Dogma e Ritual de Alta Magia*, clássico que até hoje pontifica nos meios esotéricos. Egresso do clero, pintor, poeta e jornalista medíocre, após uma militância nos meios anárquicos, E. Levi descobriu o ocultismo. Em Londres evoca o espírito de Apolônio de Tiana, filiando-se à Rosa-Cruz inglesa e entregando-se por fim, à *cabala*, como forma superior de conhecimento esotérico. Voltando a Paris, apresenta-se como uma reencarnação de Rabelais (Tondriau, 1964: 172) e passa a ensinar por correspondência a discípulos ricos. No entanto, o destino foi cruel com tão grande mago, que teve que trabalhar como fruteiro para sobreviver em sua velhice e, ao final da vida, acaba se reconciliando com a igreja católica e renegando todos os seus escritos. Sua atividade porém será retomada pelo marquês Stanilas de Guaita, de uma grande família lombarda, que, erigindo-se em seu sucessor, reconstituiu em 1888 o *Supremo Conselho da Ordem Cabalística da Rosa-Cruz* (Gérin-Ricard, 1939, p. 246). Homem de grande cultura, tornou-se a principal figura do movimento ocultista, participando de todas as seitas e insistindo em uma orientação *estritamente* espiritual nas várias modalidades do esotérico.

Rosa-cruzes, teósofos e cabalistas representam, *grosso modo,* uma dimensão erudita dos movimentos ocultistas, na busca das maneiras de se chegar à purificação do homem. Paralelamente, desenvolver-se-á (às vezes de modo bastante imbricado) o seu lado "perverso", da rebeldia contra o estabelecido e da busca solitária do *poder: os* cultos satânicos. A desilusão com a utopia burguesa, a visão pessimista do *fin de siècle,* provoca um apelo ao diabolismo, a uma visão luciferina da vida, que se entre poetas e romancistas tornou-se uma maneira de ser e de *parecer,* em outros círculos menos *blazés* implicou em uma estreita união entre o folclore e o espiritualismo de sabor oriental. Situação que, no limite, implica numa paixão pelo macabro, pelo perverso e pelo cruel, em uma espécie de *vampirismo moral,* que ama pelo calculado e refinado prazer de destruir o objeto do próprio amor: "o vício representa o elemento positivo, a virtude o elemento negativo, passivo, condição do prazer sádico é a existência da virtude como um freio a romper" (Seppilli, 1942, p. 93), cujo limite profano estaria representado pela obra de Sade, em especial em sua novela *Justine.*

Satanismo e ocultismo — se é que estas duas correntes podiam ser diferenciadas — implicam em um extremo desdém pela história, repudiando a nascente noção de processo histórico pela vital necessidade de se acomodar a uma longa e imaginária tradição de antiquíssima sabedoria oculta. Assim, frente a uma história que se revelava madrasta, ao mostrar um presente "decadente" e um futuro incerto, os ocultistas a rejeitavam, recuperando uma tradição hermética de várias origens e de vários momentos históricos, frequentemente unida e harmonizada com textos apócrifos e analogias no mínimo bastante duvidosas.

É o caso explícito da obra de um folclorista Charles Leland que, em 1899, publica *Aradia, o* Evangelho das bruxas, o qual traz consigo numa nova versão "corrigida e aumentada" pelo discurso científico as crenças abolidas pelo Racionalismo Moderno, e aponta para novas investigações — ainda que esotéricas — da "verdade" sobre o demônio e as bruxas, agora vistos em papéis benfazejos, que só a intolerância e o pânico de uma Igreja ameaçada de perder o seu poder terreno haviam convertido em seres malignos e, como tal, perseguidos. As doutrinas de Leland constituem uma *mélange* de feitiçaria, heresias medievais, crenças de bruxas e radicalismo político, reveladas a ele por uma *strega* italiana chamada Madalena em 1866 (Russell, 1985, p. 148). Político radical apaixonado por Michelet e por sua visão da bruxa — como uma força de conhecimento e rebeldia contra a tirania eclesiástica e dos senhores feudais — Leland descobre em Aradia a confirmação de suas convicções políticas e um *leit-motiv* para todas as assim chamadas religiões *neopagãs*.

Desta maneira, se o ocultismo se desenvolve em solo francês, é na Inglaterra que vai amadurecer e se separar do corpo esotérico a sua vertente satânica. Aí, em 1887 é fundada a *Hermetic Order of the Golden Dawn*, sob a direção de Samuel L. Mathers, e tendo vários poetas e romancistas como seus filiados, como Yeats, Sax Rohmer, Bram Stoker e Bulwer Lytton. A estes se juntará em 1898 a sinistra e inquietante figura de Aleister Crowley que, após ser iniciado nos vários graus da ordem, reclama por fim o lugar de Mathers, denunciando-o como impostor. Segue-se uma estranha batalha de "feitiços e espada", onde Mathers envia um vampiro contra Crowley e este responde de modo monumental, mandando nada menos que Belzebu e 49 demônios em contra-ataque. Contudo, o resultado é incerto e, sem dúvida, deve ser procurado em outras dimensões.

O que sabemos é que Mathers e a *Aurora* parecem perder a importância, enquanto Crowley permanece em evidência, fundando a *Astrum Argentinum* em 1905, misturando as invocações egípcias da *Golden Dawn* com a doutrina iogue do tantrismo (Tondriau, 1964, p. 167-8). Seu culto terá um viés marcadamente erótico e, ligado ao consumo de drogas e à orgia sagrada, intitulando-se "a Grande Besta", termina por ser expulso da Inglaterra em 1920, após haver apoiado os alemães na 1ª Grande Guerra, fixando residência na Sicília, na abadia de Thelme, em Cefalu. No entanto sua seita já havia transbordado os limites ingleses, penetrando na França, com Lojas em Lyon e Paris, e mesmo atravessado o Atlântico, tendo o próprio Crowley viajado para Nova York, para ali fundar uma sucursal americana.

Crowley irá separar de modo quase radical o satanismo do restante das seitas esotéricas. Abandonando a vertente que tentava resgatar o satanismo por seu lado benfazejo e natural, amordaçado e deturpado por uma perversão eclesiástica, erige-se em arquidiácono do Diabo, onde a selvageria e a violência espiritual e física são louvadas como as forças dominantes e verdadeiras da Natureza. Violência que tem um matiz altamente erótico e sexual, levando-o a colocar a sua marca com ferro em brasa entre os seios de suas concubinas e que o conduzia à execução de rituais orgiásticos, os quais frequentemente provocavam danos físicos a seus participantes. Estes mesmos rituais, de extrema crueza e com matizes intensamente lúbricos, terminaram com sua carreira, pela morte misteriosa de um de seus participantes, o ator Raul Loveday, o que levou Mussollini a expulsá-lo da Itália, face à repercussão do caso na imprensa britânica, em 1924.

A partir de então, sua vida transforma-se em uma incessante fuga, motivada por diferentes ordens de expulsão, até a sua morte em Londres, em 1947, em função de um ataque cardíaco. Seus seguidores ainda prosseguirão em Nova York, ao compasso da Grande Crise de 1929, que uma vez mais remete as pessoas à busca de soluções imaginárias e individuais, para a ultrapassagem de uma realidade indesejada e que aparentemente não oferece possibilidades de solução no nível racional. William Seabrook alega haver assistido várias missas negras durante as décadas de 20 e 30 em Lyon, Paris, Londres e Nova York (Seabrook, 1941).[1] Uma vez mais, estamos frente a uma estranha combinação de uma elite entediada e desesperançada e, singularmente, com pretensões políticas — talvez pela própria inexistência de um projeto coletivo — à procura de soluções individuais de tomada do poder. É bastante singular que este período, no

1. Ver também Hughes, Pennethorne. Witchcráft (1952). Hasmondsworth, 1971, p. 208.

qual assistimos ao ressurgimento e à disseminação do ocultismo em suas mais variadas vertentes, seja também o momento em que nos Estados Unidos, o novo "paraíso esotérico", ressurge também a *Ku-Klux-Klan* — fenômenos bastante distintos, e mesmo antagônicos, mas admiravelmente reveladores de uma crise moral e de consciência, que levava os homens a uma busca frenética de poder, numa tentativa de superar e fundamentar o seu próprio desespero. Anos mais tarde um sumo sacerdote satanista, que chefiava mais de treze grupos (num total de 156 pessoas), fornecerá um esclarecedor testemunho das motivações deste gênero de seitas. Ao ser perguntado por que havia seguido o satanismo, respondeu: "Porque nunca senti-me tão poderoso como agora". (Lyons, 1970, p. 114)

Seguem-se três décadas, onde talvez as atenções estejam voltadas para a 2ª Grande Guerra e os conflitos políticos e armados gerados pela polarização Leste-Oeste e a consequente Guerra Fria. Entretanto, a geração do *sex, drugs and rock n'roll* trará em seu amadurecimento uma extraordinária revivescência do ocultismo. Desde a tão famosa *Era de Aquário* (a partir da conjunção planetária de 5 de fevereiro de 1962), o ocultismo desenvolveu-se de uma maneira assombrosa, atingindo o seu clímax no período 1968-73. A falência do movimento hippie e das utopias estudantis desembocarão no surgimento ou revitalização de inúmeras seitas. Entre estas, o *The Process*, oriunda do bairro de Mayfair, em Londres. Seu fundador, o ex-hippie Robert de Grimston, pregava o excesso sexual e considerava o casamento uma abominação. Suas Lojas se multiplicaram rapidamente pela França, Estados Unidos e México. As ilhas britânicas assistem a uma multiplicação de grupos satanistas. Igrejas foram atacadas, túmulos violados, rituais eram realizados em ruínas de igrejas e abadias. E, de uma maneira bastante explícita, um grupo de satanistas entrou na igreja de Westhan, em Essex, para cuspir nos crucifixos, fugindo ao serem surpreendidos pelos guardas.

Como desenvolvimento lógico deste processo, surge uma igreja diabólica: a Primeira Igreja de Satã, que pode ser encontrada no catálogo telefônico de San Francisco, no título *Churchs — Satanists*. Fundada por seu pastor, o ex-fotógrafo policial, ex-domador de leões e ex-quiromante (entre outras atividades) Anton Szandor La Vey, a mesma tornou-se rapidamente conhecida e frequentada pela intelectualidade da costa oeste dos EUA, com suas orgias "bem-comportadas" e seus rituais movidos por uma parafernália de luzes, odores e sons. Argumentando que Satã não é um adversário de Deus, mas uma força oculta na natureza, defende a aquisição e o controle de nossas forças psicológicas interiores pela livre admissão e aceitação de "nossas paixões". Os sete pecados capitais do cristianismo, nesse sentido, devem ser encorajados, pois são virtudes que levam à consumação de nossos desejos. Os rituais consistem em uma grosseira terapia psicológica, misturada com altares, gongos, velas, *lasers* e nudez, acessórios necessários, "pois os homens precisam de cerimônias e rituais, fantasias e encantamentos que as religiões forneciam no passado" (La Vey, 1969, p. 53). Muito popular nos meios intelectuais e artísticos, La Vey era íntimo do casal Polansky-Tate, tendo servido de consultor e ator no filme *O bebê de Rosemary*, onde desempenhou o papel do próprio Diabo (o que, de resto, era bastante conveniente).

Segundo La Vey, a Idade Satânica começou em 1966, quando Deus foi declarado morto. Contando em 1970 com 7.000 adeptos (Lyons, 1970, p. 104), sua importância é proclamada de um modo um tanto cínico e que não carece de um oportuno sentido pragmático: "os povos, as organizações estão ganhando milhões de dólares conosco. O que fariam sem nós? Sem a Igreja de Satã, eles não teriam ninguém para odiar e pôr a culpa de todas coisas podres que acontecem no mundo". (La Vey, 1969, p. 17)

Contudo, o trágico fim da atriz Sharon Tate, amiga pessoal do "reverendo diabólico" Anton La Vey e simpatizante do ocultismo — assassinada com seus convidados durante uma festa por membros de uma seita satânica estranha —, aponta para uma nova possibilidade de configuração do satanismo: esta marcada pela ignorância esotérica e pela barbaridade de seus atos. Tratava-se de *A Família*, fundada em 1969 por Charles Manson, que dizia reunir em seu corpo a Cristo e a Satã, sendo sua missão levar a cabo o final dos tempos. Manson, um semianalfabeto, não tinha qualquer relação com uma tradição esotérica, aprendendo o que sabia através de gibis e filmes de terror classe B, fazendo parte pois do que poderíamos chamar de um satanismo inculto, que pregava e infelizmente praticava sacrifícios humanos rituais. Na Europa, um pequeno grupo, os *Seekers of Mercy*, da pequena cidade de Helikon, na Suíça, foi dissolvido pela polícia após a morte misteriosa de uma jovem adepta. Na investigação posterior encontrou-se na "igreja" até uma câmara de tortura, extremamente bem aparelhada. (Lyons, 1970, p. 83)

No entanto, tais desvios constituem-se uma raríssima exceção nas seitas ocultistas, seja pelos seus filiados, que constituem em geral as elites intelectuais e econômicas da sociedade, seja por sua vinculação a uma determinada tradição, que fornece o controle para os rituais por meios de uma aprendizagem e de um código ético aceito pelos praticantes, referendando, salvo "pequenos desvios", as normas vigentes na sociedade ocidental.

Seitas estas que se multiplicam a partir do final da década de 60, com a crescente importância do transcendental (e o consequente desinteresse e a negação do real), face à crescente sensação de estranheza, de alteração que sente o indivíduo em relação aos sistemas de valores presentes em uma sociedade de massa. Sobram aos homens pouquíssimas oportunidades de tomar decisões acerca de assuntos fundamentais para a sua própria vida. As decisões políticas e econômicas são geradas no interior de uma máquina política por demais gigantesca para que possam ser *realmente* compreendidas. O homem moderno, em especial o homem americano, se enxerga como um instrumento da sociedade, à qual se vê submetido por um processo social hereditário, pagando o preço inevitável da submissão.

Nesta perspectiva, não causa espanto o fato de os Estados Unidos ser o país que abrange o maior número de seitas ocultistas e os grupos mais organizados de satanistas, existindo "seminários diabólicos" para treinar pastores, nas paróquias satânicas de Nova York, Filadélfia, Chicago e Los Angeles. Em 1967, o Diabo chega às colunas sociais com um casamento, pela Igreja de Satã, de San Francisco, de Judith Case, filha do eminente advogado e líder do partido Republicano Edward H. Case, ao qual compareceram inúmeras personalidades do mundo teatral e do *jet set*. Em Los Angeles e San Francisco surgem as *Universidades Livres de Ocultismo*, como a *Universidade Livre de Midpenínsula*, com vários cursos de ocultismo e a *Universidade Livre de Heliótropis*, em San Francisco, com seu bacharelado em Feitiçaria.

Em 1968 o satanismo chega à política sindical — invadindo de um modo assustador o último reduto do materialismo — pois é enviada uma petição à NLRB, pedindo a anulação das eleições para a Associação de Maquinistas e Operários Aeroespaciais, sob a alegação que o sindicato na fábrica de Porto Rico havia utilizado de feitiçaria para vencer (!). Ao sabor do momento (e notavelmente esclarecedor dos rumos tomados pelo ocultismo), uma das facções do movimento feminista, surgida no mesmo ano, e sem qualquer caráter esotérico, se autodenominará W. I. T. C. H. (bruxa) — ou seja, Women's Terrorist Conspiracy from Hell — e cujo objetivo é bastante prosaico e sem qualquer filiação ocultista: uma política de protesto contra a dominação masculina.

Assim, acomodando-se ao *status quo*, o ocultismo finalmente abandonou o seu estatuto de rebeldia, "marginalidade" e inconformismo para adaptar-se aos padrões de uma sociedade de consumo. Reportagens de casamentos e *sabats* de bruxas aparecem nos jornais e na televisão de maneira crescente. A cada dia vende-se mais o esotérico (esotérico?), que troca os lugares ocultos pelos para-brisas de automóveis. É bastante frequente nos Estados Unidos encontrar-se anúncios em jornais e revistas oferecendo a divulgação de segredos esotéricos e o treinamento de novas bruxas (por uma pequena taxa) (Russell, 1985, p. 140). As seitas de bruxas possuem estatutos registrados em cartório, convites de casamento (com a recomendação de *traga os seus instrumentos!*) e questionários a serem remetidos a possíveis postulantes, onde se inserem as mesmas perguntas existentes em um questionário de garantia que recebemos na compra de um produto eletrônico. (Ibid., p. 163)

Da década de 60 em diante, parece que nos encontramos frente a um desenvolvimento constante das seitas esotéricas e do ocultismo, que a crise de sobrevivência e de valores — em especial a assustadora *crise de identidade* — que aflige os homens, senão em escala mundial, ao menos em escala ocidental, que proclama a necessidade da saída esotérica e mesmo a grande inovação dos últimos tempos: o consumo de mercadorias esotéricas. Mercadorias que penetram em um circuito imaginário de recompensa e punição (para os que não as possuem), premiando uma participação esotérica, que não percorre os difíceis caminhos da iniciação e do conhecimento, mas obedece de uma maneira cada vez mais flagrante as leis do mercado e do poder de compra.

No entanto, no nível dos indivíduos, não importa a origem, mas o seu potencial grau de eficácia. Práticas mágicas e esotéricas representam uma saída possível, seja para os arquetípicos problemas amorosos, para a obtenção de riqueza, da tão almejada saúde e felicidade, para fins políticos ou então como uma forma de lazer que possa iluminar a monotonia de um cotidiano insípido e rejeitado. Solução ideal porquanto de foro íntimo, que apresenta fórmulas de superação ou escape de uma realidade caracterizada pela ausência de projetos coletivos, de teorias políticas, ou de um otimismo social que nos possibilite enxergar na turbulência do vivido uma esperança de melhoria e, na escuridão do futuro, a sobrevivência de um mundo racional e progressista que parece estar a todo momento na iminência de desmoronar.

Referências bibliográficas

ELIPHAS, Levi. *Dogme et rituel de hâute magie* (1860). Paris: Miclaus, 1938.

FINNÉ, Jacques. *Erotisme et sorcellerie*. Verviers (Belgique): Gérard & Cie, 1972.

GÉRIN-RICARD, L. de. *Histoire de l'Occultisme*. Paris: Payot, 1939.

HUGHES, Pennethorne. *Witchcraft*. Londres: Penguin Books, 1952.

LA VEY, Anton S. *The Satanic Bible*. Nova York: S. C. P., 1969.

LYONS, Arthur. *The second coming*: the cult of devil worship. Nova York: Mentor Books, 1970.

NOGUEIRA, Carlos Roberto F. *O diabo no imaginário cristão*. São Paulo: Ática, 1986.

RUSSELL, Jeffrey B. *A history of witchcraft*: sorcerers, heretics and pagans. Londres: Thames and Hudson, 1985.

SEABROOK, William. *Witchcraft, its power in the world today*. Londres: Lancer Books, 1941.

SEPPILLI, Anita. O diabo na literatura e na arte. *Revista do Arquivo Municipal*, São Paulo, v. 8, n. 85 p. 7-122, 1942.

TONDRIAU, Julien. *L'Occultisme*. Verviers (Belgique): Gérard & Cie., 1964.

C

Abuso Sexual Ritualístico

Luiz Mott

Bacharel e Licenciado em Ciências Sociais pela Universidade de São Paulo, Mestre em Etnologia pela Sorbonne. Doutor em Antropologia pela UNICAMP, professor-adjunto no Departamento de Antropologia da Universidade Federal da Bahia, Bolsista do CNPq. Fundador do Grupo Gay da Bahia, do Centro Baiano Anti-Aids e do Grupo Ateísta Latino-Americano. É membro da Comissão Nacional de Controle da Aids do Ministério da Saúde. Autor de seis livros e mais de 40 artigos sobre inquisição, homossexualidade, história da sexualidade, escravidão, Aids e religiosidade popular.

"Renunciar à bruxaria é na realidade renunciar à Bíblia" (J. Wesley, 1768)

1. Matrizes culturais da sexualidade brasileira

Um dos poucos axiomas da antropologia é a garantia de que entre os seres humanos — diferentemente do que ocorre entre os animais irracionais — a sexualidade não é determinada pelo *instinto,* mas uma construção cultural e dialética: não existe uma *natureza humana* universal e fixa, pelo contrário, a enorme diversidade dos costumes e práticas sexuais e a complexa variação dos valores morais-sexuais comprovam a assertiva de que nascemos tão simplesmente machos e fêmeas, cabendo a cada sociedade ou cultura em particular fazer-nos homens e mulheres. (Bullough, 1976)

No caso específico do Brasil, somos herdeiros do modelo sexual judaico-cristão, apimentado com alguns acréscimos históricos decorrentes do contato dos colonizadores portugueses, seja com os ameríndios, seja com as diversas etnias africanas transferidas para o Novo Mundo na abjecta condição de "gado humano". Enquanto estas *sexualidades periféricas* afro-ameríndias comportam fortes elementos do que Ruth Benedict denominou de *dionisíaco,* o padrão dominante responsável pela modelação de nosso *ethos* sexual é essencialmente *apolíneo:* em vez de deusas da fertilidade, nosso modelo é uma virgem santíssima; no lugar de Zeus, Oxalá ou Tupã, divindades supremas que não abrem mão em suas mitologias de fogosas peripécias erótico-sentimentais, não lhes diminuindo a devoção dos fiéis a inclusão em suas biografias de episódios nem sempre muito edificantes, como adultérios, raptos, homoerotismo etc. — na nossa tradição, Javé, o deus supremo, é paradigmaticamente assexuado, e mesmo seu divino filho, embora possuindo um corpo masculino, fez do celibato e da virgindade dois valores cruciais no ideal de virtude de nossos antepassados. Tanto é assim que inúmeros colonos no Brasil colonial foram denunciados, alguns presos e condenados pela Santa Inquisição, pelo fato de defenderem abominável heresia: que é melhor (e mais virtuoso) casar-se do que ser padre ou freira. Herdeira da moral judaico-cristã, nossa cultura sexual caracterizou-se pela diabolização da nudez e do sexo, associando não só os líquidos sexuais, como a própria prática erótica à ideia de poluição: a pederastia, que no apogeu da civilização grega era conduta socialmente aceita, quiçá divinizada, no Antigo Testamento é criminalizada com a pena de morte por apedrejamento; a poligamia poligínica, ideal erótico-familiar do mundo islâmico e da maior parte das sociedades tribais africanas, é pecado mortal e crime civil nos países cristãos. (Van Ussel, 1980; Boswell, 1980; Vainfas, 1989)

Em nosso passado recente, coube sobretudo à Inquisição a tarefa de reprimir os desvios sexuais, precipuamente homossexualidade, bigamia e bestialismo — pertencendo também "ao conhecimento do Santo Ofício" a perseguição dos desvios heréticos: o judaísmo, protestantismo, feitiçaria e diabolismo. Digno de nota é o casuísmo moralista dos inquisidores, que condenavam à fogueira os amantes do mesmo sexo, ou o aventureiro colonizador que deixando sua primeira mulher em Portugal, casava-se pela segunda vez no Brasil, e faziam vista grossa para cruéis crimes sexuais, estes sim, antissociais, como o rapto, estupro e lenocínio. E por mais contraditório que possa parecer, foram estes severos agentes da repressão sexual os responsáveis pelo registro do maior acervo documental do mundo relativo aos desvios sexuais — os fantásticos arquivos da Inquisição de Portugal e Espanha — fonte inexaurível para a reconstrução de nossa história sexual.

Pesquisando há vários anos os processos inquisitoriais da Torre do Tombo (Lisboa), tenho publicado diversos trabalhos etno-históricos correlacionando as variáveis sexo e feitiçaria, entre eles os seguintes títulos: "Etnodemonologia: aspectos da vida sexual do diabo no mundo ibero-americano" (1984); "A vida mística e erótica de um escravo africano"

(1988); "Os restos mortais na feitiçaria afro-luso-brasileira" (1989); "O sexo cativo: alternativas eróticas dos africanos e seus descendentes no Brasil escravista" (1989); "Pedofilia e pederastia no Brasil antigo" (1991). Com base, portanto, no profundo conhecimento da documentação inquisitorial relativa à sexualidade e ao diabolismo, sendo o Santo Ofício o tribunal específico e extremamente zeloso em investigar e punir tais desvios, posso afirmar com total segurança que *não há sequer um registro histórico da prática de abusos sexuais ritualísticos no Brasil de antanho.* Episódios de violência sexual (sem conotação satânica) são bastante conhecidos pela historiografia: Gilberto Freyre mostrou magistralmente que "não há escravidão sem depravação sexual", documentando inúmeros episódios de abusos heterossexuais. Em meu artigo "O terror na Casa da Torre" (1988) arrolei dezenas de crudelíssimos castigos sexuais praticados por um magnata baiano setecentista e, em outra publicação, "Escravidão e homossexualidade" (1986), descrevi as práticas sadomasoquistas de um jovem fazendeiro no Pará, useiro em sodomisar à força seus escravos de melhor aparência física. Abundantes também são as evidências documentais relativas à violência sexual de adultos contra crianças e adolescentes — aliás, repetindo entre nós o mesmo autoritarismo e agressividade observada em outras sociedades (Badinter, 1985; Ariès, 1981). A naturalidade com que os adultos espancavam, abandonavam ou mesmo conviviam com a morte das crianças choca profundamente nossos sentimentos contemporâneos: quando da primeira Visitação do Santo Ofício da Inquisição à Bahia, em 1591, um sacerdote de 46 anos confessou que "numa noite, levou à sua casa uma moça mameluca de 6 ou 7 anos, escrava, que andava vendendo peixe pela rua, e depois de cear e se encher de vinho, cuidando que corrompia a dita moça pelo vaso natural, penetrou-a pelo vaso traseiro e nele teve polução. E outra vez, querendo corromper outra moça, Esperança, sua escrava de 7 anos, pouco mais ou menos, penetrou-a também pelo traseiro". O remorso deste religioso — e seu crime — era ter praticado uma cópula anal — na época referida como "abominável pecado de sodomia". A fragilidade e pureza dessas duas menininhas pré-púberes não provocou qualquer preocupação ou prurido no pedófilo — demonstrando a baixíssima consideração e desrespeito com que os adultos se relacionavam com a infância. Se até em meados do século passado o ilustrado Durkheim considerava a criança *tabula rasa*... (Mott, 1991).

2. Infanticídios ritualísticos

"Todo primogênito me pertence, disse o Senhor"
(Êxodo, 34,19)

O objetivo deste capítulo é arrolar alguns exemplos etno-históricos documentando a prática de rituais onde o sacrifício de crianças constituía parte integrante do cerimonial. Salvo erro, o registro mais antigo desta abominável liturgia remete-nos à Suméria, por volta de 4 mil anos antes de nossa era, fazendo parte do culto ao deus Anu o sacrifício de recém-nascidos. Já nos tempos bíblicos — por volta de 2000 a 1500 anos antes de Cristo, gozou de grande voga o poderoso e terrível deus Moloch (ou Molek), que, segundo o arguto Westermarck, em sua antológica *História do casamento,* constituiu esta divindade protótipo do nosso não menos terrível Javé: sendo que o primeiro somente se acalmava quando homenageado com o sacrifício ritual de criancinhas inocentes, enquanto Javé, um pouco menos misantropo, contentava-se com o sacrifício das *primícias,* substituindo a morte dos primogênitos humanos pelo holocausto de animais (Marcireau, 1974). Não obstante tal abrandamento da religião judaica, quando menos dois reis de Judá ainda sacrificaram seus filhos a Javé-Moloch: Acaz e Manassés (II *Reis,* 16,3/21,6). Tais episódios são contemporâneos à época da fundação de Roma, quando se atribui a Rômulo a promulgação de uma lei proibindo o sacrifício de crianças antes dos 3 anos de idade — excetuando-se as crianças defeituosas, costume, aliás, praticado comumente na Grécia e defendido filosoficamente por Platão como um dos artifícios destinados ao aperfeiçoamento da raça (eugenia). Ainda em Israel, o frustrado sacrifício de Isaac por Abraão e o efetivo holocausto da filha de Jefté comprovam o quão presente estavam nos primórdios de nossa matriz religiosa os infanticídios ritualísticos (*Gênesis,* 22; *Juízes,* 11,29). Prática, aliás, documentada igualmente para outras áreas da Mesopotâmia, Síria, Cartago, Fenícia, Cananeia e terra dos Moabitas, Egito, assim como na China, Índia e entre os primeiros habitantes bárbaros da Escócia e Rússia. Diversas são igualmente as sociedades tribais estudadas pelos antropólogos onde o infanticídio ritual fazia parte da liturgia propiciatória aos deuses: entre os Esquimós, na Polinésia, Taiti e Havaí, entre os aborígines da Austrália e os Ibo da África Ocidental, nas tribos Pina do Arizona e da Carolina do Norte, entre os Guaicuru do Brasil Central e Maias (Marcireau, 1974).

As formas rituais ou simplesmente eugênicas de execução do infanticídio variaram de cultura para cultura e ao longo dos tempos: apunhalamento e holocausto no fogo foi a forma mais praticada, comportando igualmente liturgias complexas e heterodoxas, como as famigeradas "missas negras", muito embora pouco se saiba de absolutamente verídico a respeito destes rituais satânicos. Muitas minorias sociais foram fantasiosamente acusadas de praticarem as diabólicas missas negras com sacrifício de inocentes: judeus, os próprios cristãos nos primeiros anos das catacumbas, os comunistas. Documentado conhece-se o costume de algumas tribos melanésias de Nova Gales do Sul, que praticavam banquetes rituais de certos recém-nascidos. Alguns grupos heréticos da Idade Média também foram acusados de celebrar liturgias macabras, como os montanistas, pepúcios e cátaros, que, além do infanticídio, com algumas criancinhas, contentavam-se em extrair-lhes parte do sangue, o qual era misturado na massa do pão e, no caso destes inocentes virem a morrer devido à sangria, eram proclamados mártires (Lewinsohn, 1960).

Quanto às razões do infanticídio ritual, lembremos a ideia de que o Criador é o proprietário de todas as criaturas e, para demonstrar sua majestade e autoridade, exige a morte do que os humanos mais esperam e estimam: os primogênitos humanos e animais e as primícias da agricultura. Algumas teologias postulam a ideia de que os recém-nascidos são seres imperfeitos, presas do Espírito do Mal, necessitando ser submetidos a rituais purificatórios a fim de se agregarem à comunidade dos filhos de Deus: na própria tradição católica, o ritual do batizado incluía o exorcismo, acreditando-se que antes de ser lavada pela água sacramental, a criancinha era presa de Satanás. Daí algumas seitas heterodoxas encontrarem no infanticídio ritualístico uma solução para afastar certos capetinhas do rebanho dos santos, na medida em que ameaçavam poluir a comunidade dos eleitos (Guillois, 1878).

Muito mais comuns foram os infanticídios praticados por razões não precipuamente religiosas ou cabalísticas, como aqueles ditados por convicções eugenistas, executando-se não apenas os bebês defeituosos, mas também os indesejados, sejam as meninas, nas sociedades misóginas, seja um dos gêmeos, naquelas tribos onde, devido à penúria alimentar e falta de mamíferas leiteiras, constituiria grande risco de sobrevivência o aleitamento materno de dois recém-nascidos. O "estigma da bastardia" foi contudo a principal explicação do assassinato dos bebês dentro da tradição judaico-cristã: para manter-se as aparências da virtude, virgindade e honestidade moral, muitas mães solteiras e "viúvas desonestas" a fim de ocultar seus pecados, mataram seus filhinhos, escondendo-lhes os corpos; filhos de relações incestuosas igualmente foram sistematicamente sacrificados com vistas a redimir com um crime hediondo a lascívia intrafamilial. A pobreza material de muitas jovens mães ainda hoje as empurra para esta solução extrema e cruel, o mesmo ocorrendo nos tempos do cativeiro, quando algumas escravas preferiam provocar aborto ou matar seus recém-nascidos, evitando assim que tivessem a mesma vida desgraçada de suas progenitoras (Gélis, 1984; Maestri, 1988).

3. Rituais cabalísticos com sacrifício humano

Com base no exame de milhares de processos e documentos conservados na Torre do Tombo de Lisboa relativos à atuação do Tribunal do Santo Ofício da Inquisição, voltamos a afirmar que não encontramos qualquer evidência sobre a prática de abuso sexual ou execuções rituais como ingrediente ritualístico de liturgias heterodoxas, nem nas feitiçarias de inspiração africana, nem nas pajelanças dos ameríndios. Dispondo a Inquisição de eficiente rede de espiões e delatores — os famigerados Familiares e Comissários do Santo Ofício — certamente qualquer ritual cabalístico com sacrifício humano inevitavelmente chegaria aos ouvidos atentos dos reverendos inquisidores, posto terem mandado prender e processar diversos colonos do Brasil por desvios de menor monta (Mello e Souza, 1986). Portanto, tudo nos leva a crer que a inexistência de documentos sobre abuso sexual ritualístico explica-se pela sua real ausência e não por omissão de registro histórico.

Em nossas pesquisas arquivísticas encontramos, sim, com relativa abundância, a prova de que no Brasil antigo muito se praticou certas feitiçarias ou *malefícios* visando a morte dos inimigos. Em tais casos, recorria-se seja aos supostos poderes preternaturais de seres encantados, retirados do sincretismo luso-ameríndio, seja lançando-se mão de poções e venenos que eram sorrateiramente administrados a quem se desejava maleficiar. Nos livros das denunciações da primeira e segunda Visitação do Santo Ofício à Bahia e Pernambuco (1591-1620), assim como no idêntico livro da Inquisição no Pará (1763), numerosos são os colonos inculpados nestas heterodoxias (Lapa, 1978).

Se não encontramos casos de sacrifícios humanos ritualísticos, abundam as evidências da utilização de restos mortais como ingredientes privilegiados na confecção de variada gama de feitiços e sortilégios. Em nosso artigo "Dedo de anjo e osso de defunto: os restos mortais na feitiçaria afro-luso-brasileira" (1989) comprovamos com farta documentação o emprego de ossos, fetos, partes do corpo, do caixão, da terra de túmulos e de mortalhas como material destinado à confecção de *patuás* ou *bolsas de mandingas,* talismãs apreciadíssimos por nossos ancestrais que acreditavam ter seus corpos fechados de qualquer tipo de ameaça mediante a utilização destes objetos cabalísticos. Tradição multicultural de inspiração medieval-ibérica e que contou com a aprovação da Igreja no tocante ao culto das *relíquias* dos santos, mas que foi severamente perseguida pelo clero em se tratando de restos de mortais comuns. Eis alguns exemplos destes rituais denunciados ao Tribunal da Inquisição: em 1768, na capitania da Paraíba, a mulher (branca) de Cristóvão Ferreira Freire "ao abortar sua escrava, rasgara o ventre da criança morta e lhe tirara as tripas para as secar e fazer malefícios"; Florência do Bonsucesso, negra do Rio de Janeiro, é acusada de "ter uma criancinha mirrada da qual tira carne seca e reduz a pó para com ela fazer suas feitiçarias"; o africano José Francisco Pereira, 25 anos, natural da Costa de Judá, disse que para a confecção de patuás usava sempre pedacinhos da mão de uma criança que encontrara morta dentro de uma panela de barro, numa praia desértica de Olinda, deixando-a secar ao sol e dela extraindo migalhas para fazer seus sortilégios (Mott, 1989). Ainda hoje na Bahia permanece entre a população a crendice de que dedo de criancinha (anjo) constitui elemento privilegiado para dar sorte e fortuna a quantos dele se utilizam. Entrevistei algumas pessoas, entre negros e brancos de diferentes classes sociais e variegada idade, todos confirmaram a informação de que "dedo de anjo dá sorte", sobretudo na venda de acarajés. Suspeitam muitos que as famosas baianas que têm seus tabuleiros muito frequentados por numerosa clientela, ou usaram um pedacinho seco de dedo de criança para mexer suas panelas de quitutes, ou tem-no escondido debaixo da toalha, num canto oculto do tabuleiro.

Ninguém referiu que tais crianças tenham sido sacrificadas: já eram cadáveres quando lhes amputaram os dedinhos.

Tal é portanto nossa conclusão: sacrifícios humanos e abuso sexual ritualístico não fizeram parte das cerimônias sincréticas praticadas por nossos antepassados no período colonial. Não pertence à tradição religiosa dos Orixás, hoje cultuada nos terreiros de Candomblé, Umbanda, Xangô, Batuque e Tambor de Mina nem o infanticídio ritual, nem cerimônias envolvendo relações sexuais seja com adultos, seja com crianças.

Se a documentação por um lado inocenta os africanos da Costa da Mina, especialmente os Yorubá (Gege-Nagô), por outro lado, algumas fontes seiscentistas indicam que entre os nativos do Congo, Matamba e Angola — a principal área fornecedora de escravos no século XVII — os sacrifícios humanos e o canibalismo eram parte integrante da cultura e *modus vivendi* de diversas populações de língua *bantu*. Provêm deste estoque linguístico-cultural diversas palavras e elementos cuja presença marcante ainda se faz sentir no Brasil contemporâneo, sendo de origem bantu ou étimos: capoeira, candomblé, umbanda, macumba, quimbanda, Zumbi, maconha etc. (Lopes, 1988).

A principal fonte para adentrar-nos na antiga sociedade bantu é o livro *Descrição histórica dos três reinos do Congo, Matamba e Angola*, de autoria do capuchinho italiano Padre João Antonio Cavazzi de Monteccúcolo, datado de 1687. Ao longo de suas quase mil páginas encontramos diversas referências, bem detalhadas, da prática de sacrifícios humanos e antropofagia ritual executados contra inimigos e prisioneiros de guerra e também tendo como vítimas criancinhas e certos concidadãos. Eis alguns exemplos: no Quilombo de Cassanje, em Angola, certa feita, o chefe tribal conduziu três prisioneiros, um velho e dois rapazes de 12 anos de idade, e depois de invocar o espírito de Calunga "levantou um machado bem afiado e dum golpe decepou a cabeça do velhote e, sem demora, pegando uma faca espetou-a nos lados dos dois rapazes. Aí então o povo miúdo lançou-se avidamente sobre os cadáveres, tirando-lhes pedaços de carne. Depois de todos estarem saciados, colocaram os ossos em redor do quilombo". No lugar chamado Polongolo, numa seção presidida por feiticeiros, "depois de muitas súplicas, apareceu um Espírito de um morto e por meio de um *xinguila* pediu o sacrifício de dois negros que foram logo sacrificados, tendo suas cabeças decepadas e os corpos assados e devorados". Na província da Pequena Ganguela, num acampamento de Jagas (sociedade secreta de guerreiros), ao saber o chefe tribal que uma criança, ainda sem dentes, fora introduzida no quilombo contra a proibição dos feiticeiros (*quijila*), mandou matá-la barbaramente e fez expulsar à paulada o pai dela, poupando-lhe a vida só por ser escravo dum português. Depois, julgando contaminado o quilombo, saiu uma manhã com o séquito de seus oficiais e com a própria mão decepou a cabeça de um homem de barbas (*zungo*) e, com o sangue dele e com o de um cordeiro, aspergiu a cerca do quilombo com invocações aos ídolos. Só então, convencido de que estaria devidamente purificado, permitiu que continuasse a ser habitado (Monteccúcolo, 1965). A própria Rainha Jinga, a mais famosa personagem da história destes reinos bantus, e seu filho Jinga-Mona são referidos como praticantes de diversos infanticídios rituais, com a consumação cerimonial ou não de carne humana, sem contudo qualquer referência a abusos sexuais ritualísticos. Provém desta tradição bantu os temidos rituais de *quimbanda,* hoje chamados de *magia negra,* muitas vezes acusados, pelos praticantes da *umbanda, ou magia branca,* de em seus rituais secretos contemporâneos realizarem sacrifícios humanos, notadamente de criaturas inocentes (Cacciatore, 1977). Ainda em 1883 o viajante Georges Brousseau teve oportunidade de observar o culto do vodu, no Congo (Brazzaville): "certas crianças foram sacrificadas e assadas, sendo depois comidas pelos fiéis" (Marcireau, 1974). Nos vodus e rituais afro-americanos, hoje, o cabrito ou o bode substituem as criancinhas.

Assim sendo, pelo que vimos até o presente, embora não faça parte da tradição dos Orixás da cultura Yorubá os sacrifícios humanos, algumas fontes documentais permitem-nos afirmar que infanticídios ritualísticos constituíam ritual propiciatório em diversas etnias de língua bantu trazidas para o Novo Mundo. Se também no Brasil os praticantes da *quimbanda* continuaram a praticar tais sacrifícios, a documentação é omissa em revelar. Outrossim, o que é notório, nos casos de infanticídio ritualístico noticiados pela imprensa, é a influência "cristã" e não "africana" na gênese de tais crimes. Na maior parte deles, igualmente, outro fator a ser levado em consideração é o evidente desequilíbrio mental dos autores destes rituais assassinos. Salvo erro, o mais antigo episódio de sacrifício infantojuvenil documentado em nossa história remete-nos ao famigerado Febrônio Índio do Brasil, acusado de ter tatuado e matado seis meninos entre 1912-1927. Em seu livro *Relações do Príncipe do Fogo,* de 67 páginas, publicado em 1926, Febrônio se diz mensageiro do Altíssimo Deus-Vivo, buscando na Bíblia a inspiração para seu sádico misticismo (Ribeiro, 1938). Também de formação evangélico-adventista eram os fanáticos do lugarejo de Malacacheta, em Minas Gerais, que em 1955 mataram a pancadas quatro crianças, conforme as interessantes pesquisas interdisciplinares levadas a cabo por psicólogos e cientistas sociais da Universidade de São Paulo, publicadas sob o sugestivo nome de "A aparição do demônio no Catulé" (Castaldi & Durhan, 1957). Na Bahia, membros da Assembleia de Deus, nos anos 70, afogaram cinco crianças sob a alegação de que estavam possuídas pelo Demônio, passando este infanticídio múltiplo a ser apelidado de "Caso Matota-Marata da Praia de Ipitanga". (Mott, 1989)

Foi contudo a partir dos anos 90 que diversos assassinatos de crianças vêm provocando a justa repulsa popular, seja pela barbaridade com que foram provocados e por sua frequência, seja ainda pela suspeita de fazerem parte de rituais satânicos. Em 1990, em Goiânia, um menino de quatro anos, Michael Mendes, foi encontrado morto todo mutilado e com o coração arrancado do peito; no Maranhão, três meninos com idades variando entre sete e doze anos tiveram seus órgãos genitais amputados (*Revista 3º Mundo*, n. 53, 1992). Na Bahia, neste mesmo ano, Eduardo Pereira Silva, 13 anos, residente em Itabuna, teve seu coração retirado do corpo, havendo suspeita de ter sido utilizado num *despacho* (*Zero Hora*, 8-9-1990). No ano seguinte, no Rio de Janeiro, Marcelo Andrade, 25 anos, membro da Igreja Universal do Reino de Deus, confessou ter sacrificado catorze meninos entre dez e treze anos, com os quais antes mantivera relações sexuais, bebendo-lhes o sangue a seguir. Explicou que seu objetivo era "mandá-los para o céu para salvar-lhes a alma" (*Folha de S.Paulo*, 18-2-1992). Mais recentemente, o caso que provocou maior consternação nacional foi o assassinato dos meninos Evandro Caetano e Leandro Bossi, ambos com sete anos, encontrados totalmente mutilados e sem o coração, na cidade paranaense de Guaratuba, tendo merecido ampla divulgação pelos meios de comunicação a confissão, depois negada, da esposa e filha do prefeito daquela cidade, de que teriam perpetrado tal crime como parte de hediondo ritual satânico. Neste mesmo ano, em Jaú (SP), Jenifer Morais, com apenas dezoito meses, foi esfaqueada por seu padrasto, que declarou: "matei a mando do Diabo!" (*Folha de S.Paulo*, 7-8-1992).

Compete às autoridades policiais investigar em que medida crianças encontradas mortas e mutiladas foram utilizadas como holocausto em rituais religiosos. Se de fato forem comprovadas estas suspeitas, que se aplique com todo o rigor a justiça a fim de processar e punir os autores de tão abomináveis crimes. A evidência etno-histórica indica, entretanto, que nem sempre "o diabo é tão feio como o pintam", nem tão negro quanto o preconceito racista costuma imaginá-lo: não faz parte da tradição das principais correntes religiosas afro-brasileiras a prática de sacrifícios humanos, não havendo sequer um registro na documentação de antanho de abusos sexuais com fins ritualísticos. Os casos registrados de assassinatos de crianças em nossa história recente sugerem antes a vinculação de seus autores com seitas protestantes fundamentalistas e vertentes heterodoxas de magia negra, estranhas à tradição dos Orixás. A nosso ver, tais infanticídios, com ou sem abuso sexual, são reflexo de nossa ideologia judaico-cristã, fortemente marcada pelo maniqueísmo, que associa o sexo ao demônio e abstinência à pureza. A consolidação dos direitos humanos universais incluindo entre os beneficiários as crianças e adolescentes, o respeito à livre orientação sexual de todos os cidadãos, inclusive dos jovens, há de redundar que, através da educação sexual científica, as trevas do diabolismo e da violência sexual cedam lugar à luminosidade do humanismo e à cordialidade do amor.

Bibliografia consultada

ABREU, Capistrano. *Confissões e denunciações da Bahia* (1591-1593). Rio de Janeiro: F. Briguiet, 1935.

ARIÈS, Philippe. *História social da criança e da família.* Rio de Janeiro: Zahar, 1981.

BADINTER, Elisabeth. *Um amor conquistado*: o mito do amor materno. Rio de Janeiro: Nova Fronteira, 1985.

BOSWELL, John. *Christianity, social tolerance and homosexuality.* Chicago: The University of Chicago Press, 1980.

BULLOUGH, Vern. *Sexual variance in society and history.* Chicago: The University of Chicago Press, 1976.

CACCIATORE, Olga. *Dicionário de cultos afro-brasileiros.* Rio de Janeiro: Forense Universitária, 1977.

CASTALDI, Carlo; DURHAN, Eunice. A aparição do Demônio no Catulé. In: *Estudos de Sociologia e História.* São Paulo: Anhembi, 1957.

FINNÉ, Jacques. *Erotismo e feitiçaria*: o amor bruxo através dos tempos. Rio de Janeiro: Edições MM, 1973.

FREYRE, Gilberto. *Casa grande e senzala.* Recife: Imprensa Oficial, 1970.

GÉLIS, Jacques. *L'Arbre et le fruit.* Paris: Fayard, 1984.

GUILLOIS, Ambrósio. *Explicação histórica do catecismo.* Porto: Livraria Internacional, 1978.

LAPA, José R. A. *Livro da Visitação do Santo Ofício da Inquisição ao Estado do Grão-Pará.* Petrópolis: Vozes, 1978.

LEWINSOHN, Richard. *História da vida sexual.* Rio de Janeiro: Vechi, 1960.

LOPES, Nei. *Bantos, malês e identidade negra.* Rio de Janeiro: Forense Universitária, 1988.

MAESTRI, Mario. *A servidão negra.* Porto Alegre: Mercado Aberto, 1988.

MARCIREAU, Jacques. *História dos ritos sexuais.* Rio de Janeiro: Civilização Brasileira, 1974.

MELLO E SOUZA, Laura. *O diabo e a Terra de Santa Cruz.* São Paulo: Companhia das Letras, 1986.

MONTECCÚCOLO, João A. C. *Descrição histórica dos três reinos do Congo, Matamba e Angola.* Lisboa: Junta de Investigação do Ultramar, 1965.

MOTT, Luiz. Acotundá, Raízes Setecentistas do Sincretismo Religioso Afro-Brasileiro. *Revista do Museu Paulista,* v. 31, 1986.

______. Terror na Casa da Torre. In: REIS, J. J. (Org.). *Escravidão e a invenção da liberdade.* São Paulo: Brasiliense, 1988.

______. *Escravidão, homossexualidade e demonologia.* São Paulo: Ícone, 1988.

______. A Vida Mística e Erótica do Escravo José Francisco Pereira. *Tempo Brasileiro,* n. 92-93, 1988.

______. Um Dominicano feiticeiro na Bahia Colonial. *Diário Oficial Leitura* (São Paulo), 1989.

MOTT, Luiz. O *sexo proibido, virgens, gays e escravos nas garras da inquisição*. Campinas: Papirus, 1989.

______. Dedo de anjo, osso de defunto: os restos mortais na feitiçaria Afro-Luso-Brasileira. *Diário Oficial Leitura* (São Paulo), 1989.

______. Pedofilia e pederastia no Brasil Antigo. In: DEL PRIORE, Mary (Org.). *História da criança no Brasil*. São Paulo: Contexto, 1991.

RIBEIRO, Leonídio. *Homossexualismo e endocrinologia*. Rio de Janeiro: Livraria Francisco Alves, 1938.

VAINFAS, Ronaldo. *Trópico dos pecados*: moral, sexualidade e inquisição no Brasil. Rio de Janeiro: Campus, 1989.

VAN USSEL, Jos. *Repressão sexual*. Rio de Janeiro: Campus, 1980.

D

Satanismo: o significado mitológico do sangue

MARIA DO ROSÁRIO DE SOUZA TAVARES DE LIMA

Pesquisadora de Folclore. Membro das seguintes associações: *Associação Brasileira de Folclore; International Organization of Folk Art* (UNESCO); *Comissão Internacional para a Ciência e Pesquisa* (UNESCO); *União Brasileira de Escritores.* Colaboradora do *D. O. Leitura* (Suplemento Literário *do Diário Oficial* do Estado de São Paulo) e do *Boletim da Comissão Catarinense de Folclore* (Florianópolis). Autora do livro *Lobisomem: assombração e realidade* — sua tese de formatura na Escola de Folclore (hoje desativada) em 1983.

Como pesquisadora de cultura brasileira, encontro, no contexto da Cultura Espontânea (Folclore), o exercício da feitiçaria em sacrifícios rituais propiciatórios.

A feitiçaria é conceituada por magos, a exemplo de Molinero, como "uma deturpação da magia, associada a seres infernais".[1] A religião antiga era a magia.

Embora esse rótulo não deva, segundo penso, ser generalizado — levando-se em conta certos procedimentos mágico-feiticeiros, como os que objetivam cura —, ele é muito adequado, no entanto, no que diz respeito à magia negra.

Este tipo de feitiçaria é a Goécia, referida em obras de especialistas sobre o tema. Quanto ao seu oficiante, o mago-negro, é assim caracterizado: "[...] um goético, endurecido no crime e inacessível aos remorsos e ao medo [...] deve batizar-se com sangue humano".[2]

E aqui se revela, desde logo, o significado mitológico do sangue. De acordo com uma tradição caldaica, "foi o sangue divino que, misturado à terra, deu vida aos seres" (Chevalier e Gheerbrant, 1990). Segundo outros mitos, é dele que se originam plantas e até minerais. Derramado na terra (flechas mitológicas provocavam chuvas de sangue) é presságio

1. Informação à autora concedida por José Ramon Molinero Merino, Mago, doutor em Psicanálise.

2. Informações extraídas do *Breviário de Nostradamus* (1938), obra baseada nos mais raros e antigos manuscritos caldeus, hebraicos e latinos do mago de Catharina de Médicis, Michel de Nostradamus, recentemente descobertos nas catacumbas do milenário Alcácer de Toledo e transladados por Loradix De La Forconha, Grã-Mestra do Instituto Esotérico de Nüremberg.

de fertilidade, de abundância, de felicidade. Pode ser também "o veículo da alma" (Ibid.). E ainda, "o sangue — misturado à água da chaga de Cristo, recolhido no Graal, é, por excelência, a bebida da imortalidade" (Ibid.). E isto nos remete à transubstanciação eucarística.

Recordem-se então os pactos cruentos, e por isso indissolúveis, como os efetuados por bruxos e feiticeiros com o Demônio — vínculos propiciatórios de poder —, semelhantes ao do lendário mágico alemão Fausto, que entregou a alma a Mefistófeles em troca de juventude e fortuna.

O "sangue derramado",[3] que deve ser "puro e inocente"[4] quando oferenda ritual a Satanás, é elemento de importância capital no exercício da magia negra, que extrai sua força do hediondo e dos "contrários".[5] Em decorrência, na missa negra, quanto mais precioso for o objeto da oferenda ao Diabo, quanto mais chocante o procedimento face à ética, quanto mais transgredidas as regras, melhor será o resultado conseguido.

Também os "contrários" devem ser rigorosamente observados: o rito começa pelo final (da missa católica), o crucifixo fica sempre voltado para baixo, o oficiante e os sectários pronunciam as orações de trás para diante, substituindo as palavras de esperança e amor por outras de ódio e desafio a Deus. Uma hóstia consagrada é profanada por atos vis. É o sagrado, permeado do abjeto. Como o Diabo gosta.

O altar da missa negra é uma mulher nua, deitada sobre um pano preto, com as pernas separadas e os braços abertos em cruz. Sobre o peito, o cálice que receberá o sangue da vítima, sempre um menino, sangue esse que será bebido pelos presentes.

Essa cerimônia é a mais elevada manifestação de adoração a Satã, só comparável ao Sabá, e ambos culminam com o ritual do sacrifício de uma criança, cujo "sangue derramado" é o penhor propiciatório do benefício almejado: sempre um bem material.

O gesto ritual simboliza a aceitação da supremacia divina: no caso, o reconhecimento da natureza divina do Demônio. Esse Demônio-maior é Lúcifer, o portador da luz, facho luminoso, vermelho, entre os cornos

3. "Sangue derramado" é a expressão corrente para indicar o sangue sacrificial.

4. "Puro e inocente" é como deve ser, na opinião de informantes em pesquisa de campo.

5. "Contrários" é termo usado por informantes para indicar o contraste entre o sagrado e o profano e as orações pronunciadas de trás para diante.

curvados para baixo. É o Anjo Rebelde, o Decaído. É Mestre Leonardo, chefe de toda a magia negra, bode satânico que preside o Sabá. É a antítese de Deus.

> "Uma descrição de missa negra, bastante comum na França da época, oficiada em 1678 pelo cura Guibourg, conhecido entre os feiticeiros como Monsieur Le Prieur, revela o sacrifício de um menino, degolado sobre o corpo de Françoise Athenaïs, marquesa de Rochechouart de Montemart, a famosa *Mme. de* Montespan, favorita de Luís XIV, e que lhe deu sete filhos. A seu lado arde um círio negro, fabricado com banha de homem enforcado. Mesmo horrorizada, permitiu ela que no cálice pousado sobre seu corpo fosse vertido todo o sangue do menino, o qual respingava sobre sua pele, deslizando, morno. Pretendia essa mulher, através do procedimento macabro, provocar a morte da rainha e tomar o seu lugar, ao lado do rei." (*Breviário de Nostradamus*, 1938)

A condessa húngara Elizabeth von Báthory, nascida em 1560, morreu emparedada em seus aposentos, pena a que foi condenada pelo assassinato de 650 donzelas, no sangue das quais se banhava. Acreditava ser esse o elemento energético que, diretamente associado ao seu corpo, seria capaz de conservar, para sempre, sua juventude e festejada beleza[6].

Em tempos mais recentes, princípios do século 19, no reino da Pedra Bonita, reduto sebastianista situado na Serra do Roncador, atual estado de Pernambuco (Brasil), Silvestre José dos Santos, cabeça da comunidade, pregava a ressurreição do rei D. Sebastião, por força do "serviço do sangue".[7] Esse "serviço" era o sacrifício, por degola, de meninos e cachorros: o sangue era derramado sobre uma grande pedra considerada encantada, do meio da qual ressuscitaria a figura messiânica do herói-salvador.

Como se pode notar, esses rituais são realizados sob a convicção dos poderes extraordinários do sangue "puro e inocente", de origem humana ou animal.

---

6. Conforme informações do *Jornal da Tarde* 23/5/92 — Cadernos p. 5.

7. LIMA, Maria do Rosário de Souza Tavares de. *Mitos que fizeram História — O Sebastianismo na História do Brasil.* Comunicação apresentada ao I Congresso Internacional de Folclore, Lisboa, Portugal, em setembro de 1992.

Poderes são igualmente atribuídos às vísceras e partes do corpo do indivíduo imolado, as quais, tanto nos procedimentos de feitiçaria, como nas cerimônias religiosas mediúnicas brasileiras (afro-brasileiras), que sacrificam animais de médio e pequeno porte em louvor aos orixás, têm destinação ritual específica.

No candomblé da Bahia (rito nagô),

> "o objeto do sacrifício [...] muda conforme o deus ao qual é oferecido [...]; o modo de matar [...] varia segundo os casos: corta-se a cabeça, esquartejam-se os membros, sangra-se a carótida [...]. Há o primeiro sacrifício de "um animal de duas patas" para exu [...]. Moela, fígado, coração, pés, asas, cabeça, e bem entendido, o sangue, pertencem de direito aos deuses". (Bastide, 1961)

Nos candomblés bantus, muitas vezes exu é o Diabo e poderá perturbar a cerimônia se não for homenageado em primeiro lugar. Entretanto, ele é sempre reconhecido como o intermediário entre os homens e as divindades, trabalhando "tanto para o bem como para o mal"; isto é, ele atende os pedidos daqueles que lhe oferecem o "ebó", às vezes denominado "macumba" — conjunto de objetos de seu agrado —, depositado nas encruzilhadas. Uma vez atendido o pedido formulado, é-lhe oferecido, também em encruzilhada, e em sinal de agradecimento, farto ramalhete de rosas vermelhas, arrematado por laço acetinado da mesma cor.

É tradicional o poder atribuído a restos mortais, no que continuam acreditando bruxos e feiticeiros, os quais não poupam esforços nem dinheiro para consegui-los.

No Egito antigo, durante as cerimônias de embalsamamento, as vísceras do morto eram cuidadosamente fechadas em uma urna a fim de impedir o assalto dos demônios, ávidos dos poderes que elas encerram.

> "Na Munique de 1600, em processo contra família de andarilhos acusada de bruxaria, um menino de 10 anos 'confessou', após longa série de torturas — e por indução dos juízes que, pressionados politicamente, necessitavam de 'bodes expiatórios' —, que seus irmãos haviam decepado mãos de crianças, assim como haviam assassinado mulheres grávidas, para obter as mãos dos fetos. Naquela época era crença generalizada que bandidos se livravam da polícia, tornando-se invisíveis, por meio da feitiçaria, especialmente se acendessem uma 'vela de ladrão'. Essa 'vela' era parte de um

cadáver, na maioria das vezes mão ou dedo de criança; e melhor ainda se fosse de criança não batizada." (Kunze, 1989)

Na missa negra tradicional, como a atrás mencionada, o corpo do menino sacrificado, após dessangrado, vai para dentro de um forno para ser cremado: é o holocausto, prazeroso a Satanás. E esses restos mortais são um poderoso ingrediente nos procedimentos de feitiçaria.

Sacrifícios, humanos e de animais, têm antiquíssima tradição. Estiveram presentes em diferentes sociedades, através dos tempos, na mitologia e na vida espiritual dos povos, como forma de aplacar a cólera dos deuses ou de obter seus favores e sua proteção.

A Moloch, deus dos amonitas, já eram oferecidas crianças em holocausto. Deus terrível, corpo humano e cabeça de touro, só este sacrifício aplacava a sua ira.

A Bíblia registra sacrifícios rituais de adoração e obediência ao Criador, e de purificação, onde o "sangue derramado" é o sinal místico.

Isaac, ao ser oferecido em holocausto, escapou com vida no último momento, substituído por um cordeiro, quando seu pai, Abraão, ouviu a voz salvadora do anjo do Senhor. (*Gênesis*, 22, 12).

Os animais, novilho, cordeiro, bode expiatório, oferecidos a Deus, por Sua ordem, eram degolados, após o que "[...] o sacerdote molhará o seu dedo no sangue, e daquele sangue espargirá sete vezes perante o Senhor" (Id., 4,6). Também porá aquele sangue sobre as pontas do altar dos perfumes aromáticos (Id., 4,7) "[...]. O holocausto é oferta queimada, de cheiro suave ao Senhor". (*Levítico*, 1,9)

Na instituição da primeira Páscoa foi ordenado ao povo o abate de um cabrito, ou cordeiro, macho, de um ano e sem mancha: a carne para ser assada, e o sangue para assinalar as casas que abrigassem os hebreus. E o Senhor disse a Moisés: "Vendo eu sangue, passarei por cima de vós, e não haverá entre vós praga de mortandade, quando eu ferir a terra do Egito" (*Êxodo*, 12,13).

O rito judaico da circuncisão, a fim de validar espiritualmente seu significado, deve produzir uma gota de sangue, pelo menos, mesmo quando praticado com raio *laser*, no caso dos hemofílicos.

Às expressões culturais religiosas que herdamos dos hebreus acrescentam-se toda uma tradição de magia, bruxaria e feitiçaria, muito antiga, revolvida pelos tribunais da Inquisição e aqui chegada no período colonial; a contribuição africana (especialmente de angoleses, congoleses e sudaneses), no sincretismo que originou as religiões chamadas afro-brasileiras; e ainda discreta influência autóctone, na qual se destaca o uso mágico de vegetais.

Integrando o contexto religioso-folclórico, o orixá Exu apresenta-se, tal como Lúcifer, com um facho luminoso na cabeça; e como pode também "trabalhar para o mal", é frequentemente associado ao Diabo, a Satanás. Nesse aspecto é louvado em rituais ditos "satânicos", não raro oficiados por um indivíduo autodenominado "pai de santo".

Há que se considerar, ainda, a existência de incontáveis seitas de adoração a Belzebu, espalhadas no Brasil e no mundo, com seguidores fanáticos e, via de regra, drogados, agindo "sob as ordens do Demônio", segundo declaram eles mesmos em depoimento às autoridades, após cometerem assassinatos.

Esses rituais de feitiçaria, muitas vezes imitações da clássica missa negra, revelam um padrão de comportamento rudimentar, quando não criminoso, como o ocorrido recentemente no estado do Paraná (Brasil), onde foi sacrificado um menino de 7 anos de idade. Não é também incomum o estupro da vítima, assim como a sujeição desta a práticas sexuais repugnantes.

A finalidade desses cultos é sempre a obtenção de bens materiais, através da oferta de seres vivos sacrificados ritualmente em honra a Satanás: no caso, o objetivo era o sucesso político do marido e pai das mandantes, respectivamente.

No cumprimento da ritualística há ainda um princípio fundamental: o sexo da vítima destinada ao sacrifício deve ser sempre igual ao da divindade adorada que recebe o "sangue derramado". E, para Exu, o animal ofertado, como já ficou dito, só terá "duas patas" (ou pés), como também é do gosto do Diabo. Por outro lado, o número 7, idade aproximada do menino sacrificado, é número cabalístico, mágico, ímã tido como capaz de atrair benefícios. Junte-se a isso o fato de que a infância representa, simbolicamente, "inocência": é o estado que precede ao pecado, portanto, é a "pureza" ofertada a Satanás.

Quanto ao estupro, o fato de associá-lo ao ritual pode perfeitamente ser um pretexto para satisfação de pedofilia luxuriosa do oficiante ou de alguém presente. Pode, ainda, ser reminiscência dos ritos pagãos de fertilidade da natureza, onde o falo, exaltado através de rituais propiciatórios, encerra uma simbologia (associada ao macho) de força, poder, conquista, de obtenção de bens, ligada à energia sexual. Esta energia é considerada, esotericamente, como a mais poderosa de todas as inerentes ao ser humano, embora não venha, nesse aspecto, carregada de erotismo.

Assim como os sabás medievais exaltavam a atividade sexual orgiástica, o mesmo pode acontecer nos "cultos satânicos", numa reprodução contemporânea da tradição antiga, quando ocorria o ajuntamento de bruxas e demônios.

O que se percebe face aos procedimentos da feitiçaria de hoje é que, séculos decorridos, estando a humanidade às portas do Segundo Milênio, rituais arcaicos, rudes, continuam vigentes, repletos de aspectos antagônicos às leis e à moral de nossos dias. As superstições ligadas à feitiçaria aí estão, latentes muitas vezes, às claras com frequência, reinterpretadas apenas por força de fatores circunstanciais.

Vejamos:

Em 1990, traficantes de drogas, mexicanos da fronteira com os Estados Unidos, ficaram estupefatos com a aparição da polícia, que os vinha prender: haviam comido certas partes de vítimas humanas, para se tornarem invisíveis. Praticavam regularmente a antropofagia ritual, invocando demônios, e sua fazenda era palco de cenas hediondas. Isso é o que nos relata o jornalista Marcos Faerman, na extensa reportagem *Por ordem de Satã,* que continua:

> "A longa marcha do satanismo não esqueceu a Itália. Um caso estranho tem como personagem a atriz — diva sexy dos anos 70 — Laura Antonelli. Em maio desse ano ela foi presa, em sua mansão rural, numa aldeia a 50 quilômetros de Roma. La Antonelli vestia uma estranha túnica transparente, sob a qual pendia um crucifixo enorme. Estava transtornada, depois de cheirar muita cocaína, como constataram os homens da polícia italiana que lá chegaram. Uma enorme cabeça de demônio, feita com barro dos túmulos etruscos da região, pairava sobre uma sala sinistra, iluminada por velas. Havia muita cocaína disposta em forma de signos misteriosos sobre uma mesa negra. Mais tarde se soube que La Antonelli, drogada, se tornava — e transtornava — na oficiante de rituais erótico-satânicos." (Faerman, 1991)

Esta reportagem lembra ainda Charles Manson, assassino de Sharon Tate; Mark David Chapman, que pôs fim à vida de John Lennon; e o episódio trágico de um garoto de 16 anos, obcecado por rock satânico e por um poema, de autor desconhecido, que mencionava a chacina de uma família, o qual rasgou, em todos os sentidos, o corpo de sua irmã de 13 anos. Depositou seus órgãos pelo quarto iluminado por uma lâmpada vermelha. Pintou na parede de sua casa, numa aldeia do sul da Hungria, uma cruz de cabeça para baixo. E assinou com o punhal ensanguentado: "Satã".

O Diabo da tradição cultural judaico-cristã sempre teve muitos nomes e muitos apelidos. Mas o "Diabo pós-moderno", esse com o qual hoje convivemos, fruto da deseducação (no seu sentido mais amplo), do despreparo no exercício da cidadania, do desrespeito ao outro, esse Diabo tem nome e sobrenome atualizados: *Droga & Violência.*

Referências bibliográficas

BASTIDE, Roger. *O candomblé da Bahia. Rito Nagô.* São Paulo: Editora Nacional, 1961. (Col. Brasiliana, v. 313.)

BÍBLIA SAGRADA. Rio de Janeiro: Sociedade Bíblica do Brasil, 1969.

BREVIÁRIO DE NOSTRADAMUS. São Paulo: Agência Minerva, 1938.

CHEVALIER, Jean; GHEERBRANT, Alain. *Dicionário de símbolos.* Carlos Sussekind (Org.). Rio de Janeiro: José Olympio, 1990.

FAERMAN, Marcos. Por ordem de Satã. *Jornal da Tarde*, São Paulo, 30 nov. 1991, caderno de Sábado.

KUNZE, Michael. *A caminho da fogueira.* Rio de Janeiro: Campus, 1989.

Bibliografia consultada

GUAITA, Stanislas de. *O Templo de Satã*, Rio de Janeiro, Três, v. 1, n. 11, 1973.

MORAIS, Wilson Rodrigues de. Arquiteto, pesquisador de folclore. São Paulo, Capital, informações à autora.

E

Abuso sexual ritualístico e a legislação brasileira

Paulo Afonso Garrido de Paula

Bacharel em Direito pela Universidade de São Paulo, 1979, é Promotor de Justiça no Estado de São Paulo, em exercício desde 1984 no Centro de Apoio Operacional das Promotorias de Justiça da Infância e da Juventude. Professor de Direito da Criança e do Adolescente em cursos preparatórios para o ingresso nas carreiras jurídicas. Coautor dos anteprojetos de Normas Gerais de Proteção à Infância e Juventude e do Estatuto da Criança e do Adolescente. Autor e coautor de vários trabalhos publicados em jornais e revistas especializadas, dentre os quais as obras: "Temas de direito do menor", *Revista dos Tribunais,* 1988; "Menores, direito e justiça", *Revista dos Tribunais,* 1989; "Criança e adolescente na Constituição Federal", *Cadernos Fundap,* 1990; "Estatuto da criança e do adolescente anotado", *Revista dos Tribunais,* 1991; O *Ministério Público e o Estatuto da criança e do adolescente,* APMP, 1992; *Estatuto da criança e do adolescente comentado,* Malheiros, 1992.

1. Introdução

O Instituto de Psicologia da Universidade de São Paulo, através da Professora Doutora Maria Amélia Azevedo, convidou-me para participar do ciclo de debates denominado *Infância e Violência Doméstica: Fronteiras do Conhecimento,* enfrentando o tema "abuso sexual ritualístico". A título de esclarecimento foi formulada a seguinte indagação: *O que a atual legislação brasileira disciplina no tocante à proteção das crianças e adolescentes vítimas de práticas satânicas e à criminalização do agressor?*

De pronto informei desconhecer dispositivos legais específicos que tratassem do tema, salientando que o direito brasileiro, na parte penal, incrimina condutas atentatórias à liberdade sexual; que o direito da criança e do adolescente contempla medidas de proteção destinadas a infantes e jovens ameaçados ou violados nos seus direitos fundamentais, entre os quais a integridade física e a liberdade sexual, enfatizando, ainda, que naqueles casos em que ficasse evidenciada a participação, como agressores, dos pais ou responsável, ficariam os mesmos também sujeitos à suspensão ou destituição do pátrio poder, tutela ou guarda. Reiterei, contudo, desconhecer normas ou estudos jurídicos nacionais específicos. Havendo insistência do convite, com a observação de que a escolha do tema havia sido motivada pela necessidade de propiciar discussão inicial sobre o assunto, e que a apresentação de uma mera síntese seria oportuna, dentro das limitações já traçadas, acabei participando do ciclo de debates, produzindo previamente as anotações que adiante se seguem.

2. Delimitação do tema

Ante a sua ínsita dificuldade, preliminarmente incumbe expressar o conteúdo manifesto do tema, delimitá-lo, extrair suas fronteiras iniciais, de sorte a fixar um ponto referencial.

Em primeiro lugar, defina-se "abuso sexual". No sentido amplo utilizado quando da escolha do tema poder-se-ia entendê-lo como toda e qualquer ação violadora da liberdade sexual da pessoa humana, ou seja, conduta que interfira na disponibilidade de utilização do corpo, desrespeitando o direito de escolha. Do ponto de vista penal incriminam-se ações perpetradas mediante violência, real ou presumida, ou decorrentes de fraude. Assim, sob este prisma, encontramos as seguintes figuras típicas: *estupro, atentado violento ao pudor, posse sexual mediante fraude* e *atentado ao pudor mediante fraude.* Anote-se, ainda, que a lei penal, no que concerne aos valores da sexualidade, incrimina também a *sedução,* a *corrupção de menores, o rapto violento ou mediante fraude para fim libidinoso,* a *mediação para servir a lascívia de outrem, o favorecimento da prostituição,* a *manutenção de casa de prostituição, o rufianismo, o tráfico de mulheres,* a *prática de ato obsceno* e o *escrito ou objeto obsceno.* Considerando a proposta do tema, seria razoável entender como abuso sexual a prática de qualquer dos crimes supramencionados contra criança ou adolescente.

Contudo, pretende-se a discussão do abuso sexual contra a criança ou o adolescente no contexto de um *ritual satânico.* Este, no sentido léxico, poderia ser definido como um conjunto sequencial de palavras e/ou atos simbólicos e evocativos, previamente estabelecidos, tendo por fito a adoração do demônio. O abuso sexual, portanto, dar-se-ia no transcorrer dessas cerimônias simbólicas, como forma exterior de agradar ou invocar o diabo.

3. As consequências jurídicas

Assente que o abuso sexual da criança ou adolescente pode, conforme o caso e via de regra, configurar os crimes de estupro e atentado violento ao pudor, verifica-se que, quando praticados no contexto de um ritual satânico, ficam genericamente sujeitos ao *agravamento da pena.*

O tipo penal contempla a descrição da conduta e a pena decorrente de sua prática. Esta, quando privativa de liberdade (reclusão, detenção e prisão simples), tem, segundo a lei, fixação de seu mínimo e de seu máximo. Assim, por exemplo, a pena para o estupro é de reclusão de seis a dez anos. Sendo o réu condenado, o juiz, inicialmente, fixa dentro dos limites previamente previstos a chamada *pena-base,* ou seja, a quantidade aplicável. Para tanto o magistrado deverá considerar a culpabilidade, os antecedentes, a conduta social e a personalidade do agente, bem como atentar para os motivos, circunstâncias e consequências do crime.

Deixando de lado aspectos relacionados ao agente, cuja aferição somente é possível à luz de cada caso concreto, ressalta, à evidência, que as *circunstâncias do crime* — práticas inseridas no transcorrer de um ritual satânico — conduzem à conclusão de que a pena não deve ser a mínima. Não é temerário imaginar que o *lugar* de um abuso sexual em culto satânico seja, no mínimo, lúgubre, misterioso, sinistro, e, até, terrificante. O sítio deste crime, sugerindo o sobrenatural, certamente é capaz de provocar no homem médio, no mínimo, apreensão maior do que um abuso sexual fora deste contexto diabólico. A título de exemplificação, salientando as circunstâncias que podem envolver um ritual satânico, consigne-se a seguinte notícia jornalística: *Magia negra: Um garoto negro, de 12 anos, foi encontrado morto, nu, ontem pela manhã, no morro do Sobral, na Zona Norte do Rio. Como num ritual de magia negra, havia em volta do corpo alguidares com frutas, sangue coagulado, canjica e velas.* (*Jornal da Tarde*, 8-2-1993, p. 11)

Além disso, anote-se que as *consequências* de um crime desta natureza apontam também para a necessidade de majoração da pena. Com efeito, o desvalor social representado por esta conduta — abuso sexual no transcorrer de um ritual satânico — é muito maior do que aquele representado pela simples transgressão da lei penal. Seus efeitos concernem não só à vítima, mas também dizem respeito à própria sociedade. Mais do que a necessidade de reparação da ordem jurídica violada, é mister considerar que crimes praticados neste contexto reclamam maior reprovabilidade, ante seu efeito provocador da insegurança social.

No caso em exame, fixada a pena-base, seguir-se-á a verificação de incidência de *circunstâncias agravantes*. Entre as previstas no artigo 61 do Código Penal, em tese, revela-se aplicável ao abuso sexual perpetrado no transcorrer de um ritual satânico aquela concernente ao *motivo torpe*. Não há dúvidas de que a perpetração de qualquer crime motivado pela crença de que a ação ilícita invoca, esconjura ou agrada ao diabo, choca e causa repugnância às pessoas comuns. Isto é muito mais do que a torpeza inerente a qualquer crime contra os costumes, porquanto a finalidade relacionada ao abuso sexual é secundária em relação à abjeta tentativa de invocação do Mal.

Assim, excluídos outros critérios de fixação da pena, abstraídas também outras circunstâncias agravantes, bem como desconsiderando eventual incidência de causas especiais de aumento da reprimenda, porquanto relacionadas diretamente ao autor ou autores (reincidência etc.) ou pertinentes à própria vítima (comportamento, ligações de parentesco etc.), conclui-se, em síntese, que os abusos sexuais criminosos perpetrados no transcorrer de rituais satânicos têm suas penas majoradas, considerando seu maior teor de reprovabilidade jurídica.

Além disso, o estupro e o atentado violento ao pudor[1], considerados *crimes hediondos*, quando praticados contra pessoa menor de 14 anos, alienada ou débil mental, ou que não possa, por qualquer outra causa, oferecer resistência (é razoável presumir que um ritual satânico pressupõe pluralidade de sujeitos e dominação total da vítima), têm suas penas acrescidas da metade, de modo que, no mínimo, serão equivalentes a 9 anos de reclusão (Lei n. 8.072/90, art. 9º). Também, por força dessa lei, são crimes insuscetíveis de anistia, graça ou indulto, fiança e liberdade provisória, e suas penas deverão ser cumpridas *integralmente* em regime fechado.

Por fim, ressalte-se que os crimes relacionados com rituais satânicos, vez ou outra noticiados pela imprensa, concernem, infelizmente, a *homicídios*, muito embora possa haver também a conjugação de abuso sexual.

---

1. *Estupro* e *atentado violento ao pudor* estão também *unificados* no *art. 213* do *Código Penal Brasileiro*, após redação decorrente da Lei 12.015/2009: "Art. 213 — Constranger alguém, mediante violência ou grave ameaça a ter conjunção carnal ou a praticar ou permitir que com ele se pratique outro ato libidinoso". Fonte: Nucci, G. de Souza. *Código Penal Comentado*. 13. ed. São Paulo: Revista dos Tribunais, 2013. [N. das Orgs.]

Infere-se que a morte da vítima, notadamente criança, com a finalidade de oferenda ao diabo, é o objetivo principal do agressor, prevalecendo, nesta hipótese, o dolo de matar em relação ao de violação da liberdade sexual.

4. Conclusões

A maior proteção legal a crianças e adolescentes vítimas de abuso sexual em rituais demoníacos opera-se, portanto, pela majoração da pena prevista em lei, porquanto a mesma tem caráter intimidativo, visando a prevenção de delitos. Isto não significa, contudo, que a lei penal ora vigente esteja perfeitamente adequada à necessidade de severa repressão a crimes desta natureza, impondo, por conseguinte, redobrada atenção, de sorte a, se for o caso, pugnar por alterações legislativas.

Por outro lado, a tutela a crianças e adolescentes vitimizados por tais crimes opera-se ainda pela possibilidade de aplicação de medidas de proteção previstas no Estatuto da Criança e do Adolescente, como, por exemplo, o encaminhamento a tratamento psicológico (tentativa de superação das sequelas decorrentes do crime) e até mesmo a colocação em família substituta quando se verificar que os pais ou responsáveis concorreram para o crime.

F

Crimes sexuais bárbaros contra crianças e adolescentes: alguns apontamentos

Maria Amélia Azevedo

Pedagoga/FEUSP (Faculdade de Educação da USP). Advogada/FDUSP (Faculdade de Direito da USP). Doutora em Educação/FEUSP (Faculdade de Educação da USP). Livre-Docente e Titular/IPUSP (Instituto de Psicologia da USP) — aposentada. Ex-coordenadora do Laboratório de Estudos da Criança LACRI/IPUSP (Instituto de Psicologia da USP). Coordenadora Científica do RECRIA Projetos.

1. Introdução

A imprensa nacional e internacional dos últimos anos tem trazido, com relativa frequência, notícias de crimes sexuais bárbaros, cometidos contra crianças e adolescentes. Se por "crimes sexuais" entendemos todos aqueles comportamentos que o direito reprime e castiga por estarem constituídos por uma manifestação ou atividade ilícita ligada à sexualidade (Sznick, 1992, p. 15), torna-se hoje necessário separar o que poderíamos chamar de "crimes sexuais violentos" e "crimes sexuais bárbaros". Os crimes sexuais violentos são aqueles que, como o próprio nome indica, recorrem à violência para obter a submissão da vítima a práticas sexuais desejadas pelo agressor. Com Giuseppe Ragno, pode-se entender por violência "o emprego, não necessariamente inevitável, de uma energia natural ou psíquica, ainda que não irresistível ou relevante, contra a integridade física ou autonomia psíquica de outrem" (Ragno, 1966, p. 20-30). A doutrina jurídica capitula como "crimes sexuais violentos", *principalmente,* embora não *exclusivamente,* o *estupro* e o *atentado violento ao pudor. Estupro* "é o ato pelo qual o indivíduo abusa de seus recursos físicos ou mentais para, servindo-se da violência ou ameaça, realizar conjunção carnal com a vítima" (Sznick, 1992, p. 160). Em vários países, a expressão "conjunção carnal" abrange conjunção carnal vaginal, anal, oral etc., tendo pois tanto o homem quanto a mulher como sujeitos passivos ou vítimas. Em legislações — como a nossa — que adota um conceito restrito para conjunção carnal (cópula vaginal), só se define o crime de estupro quando praticado contra a mulher, ou mulher-criança/ adolescente, circunstância esta que configura um agravante. Entre nós, portanto, nem o homem nem o menino podem ser vítimas de estupro.

Ao longo dos tempos, o crime de estupro tem sido penalizado das mais variadas formas: no Egito, com mutilação; na Grécia, com a morte. No Código Visigótico, se o agressor fosse livre, ficaria escravo da vítima; se fosse escravo, sofreria pena de morte. Na Inglaterra medieval punia-se, inicialmente, com pena de morte, e após Guilherme o Conquistador, com a pena de castração e perda dos olhos. Na Espanha medieval, se o agressor fosse escravo, a pena era de morte na fogueira, e o açoite se fosse homem livre. A pena de morte aparece também nas Ordenações Filipinas que vigoraram em Portugal. Pode-se constatar que as penalidades sempre foram severas, reconhecendo-se a gravidade do crime. Atualmente, é dentro dessa mesma tradição que o legislador brasileiro considerou o estupro como um *crime hediondo* (Lei n. 8.072, de 25/7/1990), elevando a pena constante do art. 213 do Código Penal, que era de 3 a 8 anos de reclusão, para 6 a 10 anos: dobrou o mínimo e elevou o máximo de 8 para 10 anos.

Além disso, a legislação determinou que a pena seja integralmente cumprida em regime fechado e que o réu não possa gozar de anistia, graça, indulto ou fiança.

O *atentado violento ao pudor* compreende, em nossa legislação, a prática de ato libidinoso — diverso da conjunção carnal e não visando a procriação, portanto — praticado mediante coação: "pela facilidade de se praticar esses atos entre o homem e a mulher, e pela sua amplitude, o atentado violento ao pudor é um crime praticado em sua violência, especialmente com as crianças, mas sendo também praticado entre adultos" (Sznick, 1992, p. 183). Os atos que o legislador considerou "atentados ao pudor" são os mais variados, indo desde as apalpadelas e beliscões até o coito oral, anal, *cunnilingus,* conjunção interfemora e intermamas etc. Ao contrário do estupro, a vítima aqui pode ser homem ou mulher de qualquer idade.

Como figura delituosa específica o atentado violento ao pudor era desconhecido dos povos antigos. Encontramos traços desse instituto no direito romano e na legislação da Idade Média, nos quais se punia com a morte, sobretudo, a sodomia (sexo praticado entre homens, entre mulheres e/ou ainda pela via anal). Também as Ordenações Filipinas puniam a sodomia com morte pelo fogo, confisco dos bens e caracterização dos descendentes como infames. Somente na Idade Moderna é que se configurou o crime como delito penal autônomo (Código Francês de 1810), embora em certas legislações continuasse a ser visto como crime aparentado ao estupro, tanto que na legislação francesa mereceu inicialmente pena igual. No Brasil, pelo Código Penal de 1940, a pena era de 2 a 7 anos de reclusão (art. 214), menor, portanto, que a do estupro (3 a 8). Por razões ideológicas (defesa da linha hereditária), o legislador brasileiro considerou, portanto, o atentado violento ao pudor como delito de menor gravidade que o estupro, quando se sabe, hoje, que as consequências para a vítima podem ser tão graves quanto as decorrentes de estupro. Essa situação só foi corrigida pela Lei dos Crimes Hediondos, que atribuiu a esse crime a mesma pena imposta ao de estupro: reclusão de 6 a 10 anos.

Finalmente, importa assinalar que, tanto o estupro quanto o atentado violento ao pudor — com toda a carga de violência física ou psicológica que lhes é inerente —, podem acarretar consequências ainda mais desastrosas para a vítima, ou seja, podem resultar em *lesões graves* e em *morte*. A Lei dos Crimes Hediondos determina atualmente que, se resultarem lesões graves, a pena para o delito, em vez de 6 a 10 anos de reclusão, será agravada para de 8 a 12 anos. Se resultar morte será de 12 a 25 anos, penalidade ainda mais severa, portanto, para violências também mais graves.

2. Os crimes sexuais bárbaros

E os *crimes sexuais bárbaros?* Não seriam eles exatamente os crimes sexuais agravados por lesões severas ou por morte? Creio que não: prefiro reservar essa expressão para designar os crimes sexuais que resultaram em assassinatos praticados com requintes de perversidade, às vezes de forma ritualística, às vezes de forma seriada (*serial killers*). Desde muito tempo o cinema vem explorando esse tipo de crime em filmes como *O vampiro de Dusseldorf*, a obra máxima de Fritz Lang (1931), *Jack, o Estripador* e, mais recentemente, *O matador* de Almodovar, *O silêncio dos inocentes* de Jonatham Demme e *Retrato de um Assassino* de John McNaughton. Inspirados, ao que parece, em episódios reais, tais filmes, porém, não conseguem igualar os requintes de violência de crimes sexuais recentemente divulgados pela imprensa. Estão entre eles:

- O caso do "Canibal de Milwaukee", Jeffrey Dahmer, 31 anos, acusado de ter assassinado 15 rapazes. Homossexual, ele atraía as vítimas a seu apartamento com a promessa de pagar US$ 50 para que posassem para fotos ou com o convite para uma cerveja. Lá, drogava-os, estrangulava-os, mantinha relações sexuais com os cadáveres e esquartejava as vítimas, guardando seus restos num *freezer* para comê-los depois. Em pelo menos três das vítimas, tentou praticar lobotomia, injetando álcool e drogas em seus cérebros, numa tentativa de transformá-los em autômatos dóceis a seus desejos sexuais. Foi condenado a quinze penas consecutivas de prisão perpétua.
- O caso do "Canibal das estepes", o ucraniano Andrei Chikatilo, 57 anos, apelidado também de "o monstro de Rostov" e o "estripador de Rostov". Preso — ele, que é casado há 27 anos, tendo dois filhos e um neto —, confessou ter violentado e matado 21 meninos de 8 a 16 anos, 14 meninas de 9 a 17 anos e outras 17 mulheres adultas (sobretudo prostitutas). Ao todo, 52 vítimas, três vezes mais que Jeffrey Dahmer. Com diploma de Literatura russa, o canibal confessou seus crimes relatando pormenores de incrível perversidade: torturava as vítimas ainda vivas, mordendo e arrancando suas línguas, destroncando seus órgãos sexuais e cortando-lhes a barriga. Extirpou com faca os olhos de todas as vítimas e, em certos casos, também os mamilos e testículos, que cozinhava e comia.

  Como no caso de Dahmer, o tribunal considerou-o *imputável*, dada a meticulosidade com que planejava os crimes e seu ocultamento, que se estenderam por mais de 12 anos, tal como no caso do canibal americano. Ao contrário deste, porém, foi sentenciado à morte, a qual deverá ser executada com um tiro na nuca.
- O "Vampiro do Rio", Marcelo de Andrade, 25 anos, homossexual, carioca, que confessou ter matado 14 meninos de 6 a 13 anos. Ele costumava praticar os crimes com requintes de perversidade. Entre abril e dezembro de 1991 atraiu suas vítimas para locais ermos onde, depois de seviciá-los, esganava-os e, por vezes,

> mantinha relações sexuais com eles. Em um caso, bateu a cabeça do menino até quebrar. Enquanto mantinha relação sexual com ele, bebeu o sangue que saía de sua cabeça "para ficar bonito como ele"; com outro, chegou a serrar sua cabeça com um facão. Interrogado sobre o porquê de seu comportamento, explicou que "gostava de meninos" e que o que fazia era "mandar crianças inocentes pro céu", ou seja, "matava para que a alma das vítimas fosse salva do fogo do inferno". De uma frieza impressionante, ele mesmo levou a polícia aos esconderijos onde deixara os corpos de suas vítimas apodrecerem. Preso, aguarda julgamento e se declara preocupado não com a justiça dos homens, mas sim com a de Deus.

Evidentemente esses não são os únicos casos desse tipo no mundo. A crônica policial registra casos semelhantes, tanto dentro como fora do Brasil. O caso do "Vampiro do Rio" se assemelha muito ao de Clifford Olson, um canadense que chegou a matar 11 crianças nos anos 80, sob alegação de que, enviando-as para perto de Deus, estaria evitando que sofressem como ele sofrera. O caso de Marcelo de Andrade também guarda certa semelhança com o de Febrônio Índio do Brasil que, no Rio de Janeiro dos anos 20, foi condenado ao Manicômio Judiciário por ter estuprado e matado 12 meninos entre 11 e 12 anos de idade. Os casos dos "Canibais" e do "Vampiro" lembram, por sua vez, o célebre caso do Marechal de França Gilles de Rais, estudado sobretudo por Krafft-Ebing e por Laurent. Segundo esses autores este homem — douto, letrado, companheiro e amigo de Joana D'Arc, tendo lutado com grande heroísmo na guerra entre França e Inglaterra, ao tempo de Carlos VII — seria também um bárbaro assassino. Após a morte de Joana D'Arc, morte que ele tentou inutilmente evitar, Gilles de Rais recolheu-se a seu castelo dedicando-se a estudos de alquimia. A 26 de outubro de 1440 foi enforcado e queimado em Nantes, acusado de heresia, sodomia e infanticídio. Sob tortura teria confessado a prática de satanismo e a morte de 200 a 800 meninos, os quais teria sacrificado ao demônio, no curso de oito anos. Segundo Laurent "era possuído de maior prazer com o lhes cortar o pescoço do que coabitando com suas vítimas e [...] se deleitava em lhes ver correr o sangue" (Laurent, 1981, p. 54-5). Com a alcunha de Barba Azul, Gilles de Rais passou à história como um sádico assassino de crianças, tendo inspirado, por isso, muitas histórias, entre as quais a de Perrault que leva o título de seu apelido.[1]

Todos esses criminosos mencionados foram protagonistas de crimes sexuais que denominamos *bárbaros*. 1. *Bárbaros* porque representaram formas de atentar contra valores que são uma conquista da civilização, como é o caso da *infância*. Trata-se de infanticídios associados a violações sexuais e, portanto, sexo intergeracional adulto-criança (pedofilia) mais assassinato infantil. 2. *Bárbaros* porque praticados em série, não se limitando a uma única vítima mas, ao contrário, reproduzindo-se a si mesmos de modo estereotipado e sequencial. 3. *Bárbaros* porque praticados com ritos extremamente primitivos, envolvendo entre outros o canibalismo, o esquartejamento das vítimas, o beber seu sangue por razões mágicas ou orgiásticas etc.

Mito ou realidade, o personagem de Gilles de Rais pode ser considerado como paradigmático em relação às personalidades dos assassinos que descrevemos como os "Canibais" (russo/americano) e o "Vampiro" brasileiro. Tal como eles, Gilles tinha preferências homossexuais: em *1422* é forçado a casar-se com uma prima, dona de terras vizinhas às suas, mas logo a esquece, não escondendo preferir a companhia masculina. O "Vampiro" se confessa homossexual e o "Canibal" americano se descobre que era homossexual aos 14 anos. Tal como eles teria se dedicado a satanismo: foi acusado de pacto com o demônio. O "Canibal" americano também se dedicou ao estudo de rituais satânicos. O "Vampiro" considerava as mulheres "criaturas do demônio" e justificava seus crimes porque, ao matar menores de 14 anos, estava livrando-os do risco de irem para o inferno. Tal como eles, teria conseguido manter oculta a prática criminosa por longo período de tempo: oito anos segundo seus acusadores. Os "Canibais", por mais de uma década, o "Vampiro", por vários meses. Tal como eles, teria tido uma infância difícil: aos 11 anos ficou órfão de pai e mãe. No entanto, ao contrário dos "Canibais" e do "Vampiro", não há registro de traumas mais sérios. Segundo o criminologista Erik Hickey, da Universidade de Califórnia, e autor de um livro — *Os assassinos sequenciais e suas vítimas* — todos os assassinos sequenciais pesquisados até hoje foram "molestados durante a infância ou passaram

1. Cinco séculos depois, Gilles de Rais começa a ser reabilitado no que Gilbert Prouteau — autor do livro *Gilles de Rais ou as Fauces do Lobo* — chamou de "primeiro julgamento stalinista" da História. Segundo o autor, Gilles teria sido vítima do duque da Bretanha e do Bispo de Nantes que queriam apoderar-se de suas terras e castelos, como realmente o fizeram.

por algum trauma". No entanto, ele mesmo reconhece que não há necessidade de um *grande trauma:* a morte e/ou o desaparecimento dos pais pode ser suficiente para favorecer a extrema dificuldade em lidar com *o stress,* que é característica dos *serial killers.* Sem mecanismos de adaptação, suprimem os sentimentos que, mais tarde, voltam a dominar suas mentes sob a forma de fantasias compulsivas.

O "Canibal" russo contou aos psiquiatras o trauma que sofreu quando seu irmão mais velho foi raptado e devorado por camponeses ucranianos durante a grande fome decorrente das medidas stalinistas de coletivização do campo na década de 20. Esta informação parece um pouco duvidosa porque ele nem teria nascido na década de 20: os registros indicam que o canibalismo teria ocorrido em zonas rurais da Rússia nos anos 1924-25.

O "Vampiro" brasileiro revelou ter vivido uma infância particularmente difícil. Aos 5 anos foi mandado ao Ceará, onde o avô lhe batia de correia. Batia tanto que uma vez fugiu de casa. Aos 10 anos voltou ao Rio, onde morou ora com o pai — apanhando da madrasta que não lhe dava o que comer — ora com a mãe — apanhando do padrasto que lhe batia de cinturão. Aos 10 anos também foi molestado sexualmente por um homem de 35 anos. Pouco depois foi para um internato onde era ridicularizado pelos colegas (que o chamavam de retardado) e onde continuou sua carreira de espancado, através de frequentes surras de palmatória.

Todos esses elementos — se permitem começar a delinear o perfil de um *serial killer* de crianças e/ou adolescentes — são ainda insuficientes para responder a duas indagações importantes:

- como se "produz" um criminoso deste tipo?
- trata-se de personagens raros ou mais frequentes do que imaginamos?

3. Os modelos explicativos para a "produção" do criminoso sequencial infantil

Os modelos explicativos disponíveis para explicar o comportamento criminoso daqueles que praticam o que denominamos de *crimes sexuais bárbaros* situam-se para além do enquadramento desses delinquentes na categoria dos loucos (e portanto inimputáveis) ou dos psicopatas (e portanto penalmente responsáveis). Essa distinção — cheia de implicações jurídicas[2] — tem redundado, na prática, em considerar que os assassinos do tipo "Canibal" ou "Vampiro" não são loucos, mas sim psicopatas. Isso porque são capazes de discernir entre o certo e o errado, bem como revelam grande capacidade de planejamento na execução sequencial dos crimes. Os psiquiatras parecem concordar que se trata de *psicopatas* porque perderam a noção do outro, a ponto de não sentirem culpa e, portanto, não terem freios para a satisfação de seus impulsos insatisfeitos — mantêm a plena consciência do que praticam e do quão errado isto é. Tanto assim, que não só procuram esconder os crimes, como, quando descobertos, tratam de justificá-los. O louco, ao contrário, quando mata não tem consciência do que faz.

Em realidade, porém, o enquadramento do criminoso bárbaro na categoria de psicopata está longe de ser suficiente. Quando muito introduz em cena um personagem enigmático para cuja "produção" a ciência ainda não dispõe de uma teoria satisfatória. De fato, os modelos disponíveis para explicar a "fabricação" do psicopata criminoso são o inatista, o ambientalista e o interacionista. O *inatista* defende a tese de que o criminoso é produto de fatores biológicos. Esta vertente tem sua origem nos estudos de Cesare Lombroso (1835-1909), realizados na Universidade de Turim. Seus trabalhos — enfeixados na obra de 1876 chamada *O homem criminoso* — introduzem a ideia do *criminoso nato* e inauguram a tradição da antropologia criminal. Lombroso acreditava que os criminosos tinham o cérebro com características peculiares. Haveria, por assim dizer, uma marca do criminoso nato, hipótese essa que Lombroso construiu a partir do estudo da anatomia cerebral de um famoso bandido siciliano, no qual encontrou uma protuberância na crista do osso occipital (base do crânio). O *modelo ambientalista* veio contrapor-se — no fim do século XIX e início do século XX — *à abordagem inatista,* advogando prioridade a fatores exógenos na produção da conduta criminosa.

2. As implicações jurídicas dizem respeito ao fato de que, quando declarado *insano,* o criminoso é enviado a Manicômio Judiciário, de onde teoricamente pode sair dentro de um a três anos, desde que um exame psiquiátrico comprove que não é perigoso. Ao contrário, quando declarado psicopata, o criminoso pode ser sentenciado à pena máxima (morte, prisão perpétua etc.).

A miséria e o alcoolismo surgiram como os grandes vilões. Por volta do fim da 1ª Guerra Mundial, no entanto, esta tese foi sendo desacreditada, na medida em que nem todos os alcoólatras e pobres são criminosos, além de os ricos também praticarem delitos. Surge então, com Kretschmer (1921), o que ficou conhecido como a terceira via entre o positivismo de Lombroso e a opção sociológica. É a *biotipologia,* que consiste em classificar os indivíduos em categorias que se definem tanto física quanto psicologicamente. "Da mesma forma que existem certas constituições psicopáticas, neuropáticas, tuberculosas ou cancerosas, existiria também uma constituição criminosa que engendraria uma predisposição aos atos antissociais". A biotipologia representou — entre 1921 e 1950 — a antropologia criminal neolombrosiana. Na década de 50, a ascensão da psicanálise fez refluir essa vertente. A gênese do crime passou a ser buscada na infância do criminoso, nos conflitos e traumas vivenciados por ele. Essa vertente está viva até hoje e são exemplos de sua potencialidade trabalhos ou de "sondagem da mente assassina", como o de Abrahamsen (1976) ao estudar o assassino Tigre, ou de "reconstrução biográfica", como o de Alice Miller (1985) ao estudar o "assassino sexual" Jurgen Bartsch que, no final dos anos 60, assassinou, ao longo de quatro anos, uma série de meninos, de forma terrivelmente perversa.

Atualmente a vertente psicanalítica convive com o ressurgimento da abordagem neolombrosiana em suas duas modalidades mais significativas: a *neurocriminologia* e a *biopsiquiatria.* A *neurocriminologia* hipotetiza três principais explicações para a violência criminosa, todas elas ligadas a defeitos no cérebro:

1. *Descontrole episódico do sistema límbico* (área localizada na massa branca cerebral e sede das emoções). Levaria a explosões de agressividade, seguidas de profunda calma e amnésia passageira;

2. *Epilepsia,* resultante de focos isolados no cérebro que alterariam a transmissão dos impulsos nervosos;

3. *Disfunção no lobo frontal,* que regularia o sentido de obediência às normas e que, por exemplo, associado a álcool e/ou drogas, desencadearia comportamentos violentos.

A *biopsiquiatria,* por sua vez, trabalha com três hipóteses principais:

1. Diminuição no tamanho do cérebro, explicando a oligofrenia ou redução drástica da inteligência;

2. Alterações no lobo temporal esquerdo, área associada à fala e audição. A resultante seriam alucinações e falta de raciocínio lógico, possíveis de ocorrer em caso de esquizofrenia;

3. Alteração cromossômica que afetaria o funcionamento da massa branca do cérebro, abaixo do córtex. O resultado seriam distúrbios de personalidade, ficando o indivíduo subordinado a seus impulsos.

A busca de uma base genética da criminalidade, a qual se inicia logo após a Segunda Guerra Mundial e se desenvolve no que ficou conhecido como a pesquisa do "abominável cromossomo Y" (Darmon, 1991, p. 271), é tributária dessa tentativa de determinar as bases biológicas do comportamento criminoso a fim de se poder *medicalizar o crime*.

Atualmente embora a abordagem explicativa mais aceita seja a *interacionista* — o crime tem causas sociais, psicológicas e biológicas — e embora a tese do *criminoso nato* esteja descartada na perspectiva construcionista do delito,[3] os teóricos divergem quanto ao peso dos fatores em interação, na criminogênese. Para a neurocriminologia e para a psiquiatria, o fator preponderante seria o biológico. Para seus críticos essa visão esconderia motivações ideológicas inaceitáveis que persistiriam desde Lombroso e que consistiriam pura e simplesmente em estigmatizar os "diferentes", a fim exatamente de eliminar a diferença. "A cada etapa, novos bodes expiatórios são entregues à vindita pública. Lombroso denuncia o miserável de rosto assimétrico, de maxilar proeminente. Os biotipologistas apontam o endomorfo gordo, o ectomorfo delgado ou o horrível displástico. Com a descoberta do 'cromossomo Y supranumerário', os muito míopes escapam, por pouco, da contrariedade de precisarem se esconder no fundo de grotas. Ao mesmo tempo, mas em outros lugares, alguns — menos 'sábios' — julgam em função da cor da pele, da língua, da religião ou da raça. Essas atitudes são idênticas: ambas visam a diferença. Uma, se julga esclarecida, a outra, em comparação parece bem rústica. Mas ambas saíram do mesmo cadinho e procedem do mesmo arcaísmo. Desse ponto de vista é bem natural que o criminoso, personagem perverso por excelência, tenha se transformado numa espécie de bode expiatório, através do qual é uma parte inteira da humanidade que alguns procuram atingir". (Ibid., p. 276-86)

---

3. Não pode haver criminoso nato, porque não há crime na natureza.

4. Crime raro ou raramente descoberto?

Os *crimes sexuais bárbaros*, pelos requintes de barbárie que comportam, geralmente são noticiados de forma sensacionalista, tornando muitas vezes difícil separar o mito da realidade. Nesse sentido, fazem parte do que poderíamos chamar de *violência espetacular:* aquela que explode nos noticiários "pingando sangue" e horrorizando os espectadores. Comparativamente aos noticiários policiais cotidianos, esses relatos são relativamente raros. A dúvida que persiste, porém, é a de se saber se são raros porque se trata de crimes pouco frequentes ou de crimes raramente descobertos. Já vimos que, nesses crimes, o planejamento é um dado importante, responsável pelo ocultamento dos mesmos, às vezes por mais de uma década. Por isso mesmo, em países como o nosso, com taxas extremamente altas de assassinatos de crianças e adolescentes,[4] seria preciso considerar seriamente a hipótese de que também *crimes sexuais bárbaros* podem estar por trás do extermínio infantojuvenil.

Pesquisa realizada no Município de São Paulo pela médica Margarida Azevedo Lira evidenciou que nos últimos vinte anos aumentou em 1440% o número de assassinatos de crianças e adolescentes: 57 em 1970, 878 em 1991. Com base em laudos do IML, a médica afirmou que os meios mais comuns de matar crianças e adolescentes, em 1991, foram:

a. armas de fogo, 236 casos;

b. instrumentos cortantes, 11 casos;

c. estrangulamento, 5 casos.

No entanto, *em 632 casos a arma ou instrumento não foi especificada nas declarações de óbitos*. Segundo a médica, aí poderiam estar incluídos os casos de estupros, seguidos de assassinatos, *que não são relatados nos laudos*. No mínimo, portanto, *crimes sexuais violentos* que sequer chegam a ser bem identificados. Que pensar então de *crimes sexuais bárbaros*? Num país onde os homicídios representaram mais de 50% das mortes violen-

4. Em 1987, a partir dos dez anos de idade, mais da metade dos óbitos foram por causas externas (acidentes, envenenamento, homicídios e suicídios). Entre os adolescentes de 15 a 17 anos esta proporção chegou aos 66,4% (Saboia, 1989, p. 27).

tas de crianças e adolescentes em 1991[5] só no Município de São Paulo; onde em média, uma criança ou adolescente é assassinado a cada dois dias só no Estado de São Paulo[6] não é impensável que crimes sexuais bárbaros contra crianças e adolescentes estejam ocorrendo com frequência não desprezível. Só que — como tudo o que diz respeito à infância e adolescência brasileira — passam despercebidos, dentro de uma cultura que pratica sem pudor a violação contumaz dos direitos da criança e do adolescente.

Referências bibliográficas

ABRAHAMSEN, D. *La mente asesina.* México: Fondo de Cultura Económica, 1976.

DARMON, P. *Médicos e assassinos na Belle Époque*: a medicalização do crime. Rio de Janeiro: Paz e Terra, 1991.

LAURENT, E. L'amour morbide. In: GUSMÃO, C. de. *Dos crimes sexuais.* São Paulo: Livraria Freitas Bastos, 1981.

MILLER, Alice. *Por tu propio bien.* Barcelona: Tusquets, 1985.

RAGNO, G. *Il Delitto di Estorsione.* Milão ed., 1966.

SABOIA, Ana Lúcia (Coord.). *Crianças e adolescentes/Indicadores sociais.* Rio de Janeiro: IBGE, 1989. v. 1.

SZNICK, V. *Crimes sexuais violentos.* São Paulo: Ícone, 1992.

5. Dados da pesquisa coordenada pela médica Margarida Azevedo Lira para o PROAIM — Programa de Aprimoramento das Informações de Mortalidade no Município de São Paulo/ Secretaria Municipal da Saúde. Apresentado à 4ª Sessão da CPI instalada para apurar violência e extermínio de crianças no município de São Paulo (1992).

6. Dados do Núcleo de Estudos da Violência da USP (NEV) em estudo realizado com base em noticiários de jornais e válido para o período de setembro de 1990 a agosto de 1991, no Estado de São Paulo.

G

O "famigerado" cromossomo Y

Oswaldo Frota-Pessoa

Médico titular aposentado do Instituto de Biociências da Universidade de São Paulo. Autor de inúmeras obras na área de Genética Humana. Nascido no Rio de Janeiro a 30/3/1917. Bacharel e licenciado em História Natural (1938), Médico (1941), Doutor em Biologia (1953). Docente (1958), Livre Docente (1963), Professor Adjunto (1973) e Professor Titular (1978) da Universidade de São Paulo. Membro Titular da Academia Brasileira de Ciências e da Academia de Ciências do Estado de São Paulo. Coordenador do Departamento de Genética da Sociedade Brasileira de Psiquiatria Biológica. Orientador de mais de 100 dissertações de mestrado e teses de doutoramento em genética. Membro de mais de 200 bancas de concurso, mestrado e doutoramento. Proferiu mais de 350 conferências no país e mais de 20 no estrangeiro. Participou de mais de 100 comissões e assessorias no país e mais de 20 no estrangeiro.

Publicações

Mais de 120 artigos de pesquisa sobre genética (a maioria com colaboradores) e mais de 50 artigos sobre ensino de ciências, política científica e história da ciência. Vinte e cinco livros didáticos e 15 guias para professores (com colaboradores). Mais de 450 artigos de divulgação científica em jornais e revistas. Planejamento e revisão (com um colaborador) de 270 verbetes da Enciclopédia Mirador Internacional (escritos por especialistas que indicou).

Prêmios

Prêmio José Reis de Divulgação Científica do CNPq (1981-1982). Prêmio Kalinga Internacional de Divulgação Científica da UNESCO (1982). Prêmio Alfred Jurzikowyski, da Academia Nacional de Medicina, de pesquisa básica relevante para a Medicina (1989).

Entre os 46 cromossomos que guardam a preciosa informação necessária para construir um homem, o Y é peculiar por vários motivos. É o único genuinamente único: só existe um deles em cada célula, nos homens normais. O cromossomo X também é único, mas apenas nos homens. As mulheres têm dois X em cada célula. Os demais cromossomos (autossomos) apresentam-se aos pares em ambos os sexos.

O Y, juntamente com os pares 21 e 22, são os menores cromossomos do cariótipo de nossa espécie. Estima-se que contenha uns 1.000 genes, enquanto o X, três vezes maior, deve ter uns 2.350 (revisão em Frota-Pessoa, 1993).

Boa parte do braço longo do cromossomo Y é formado de heterocromatina, que não contém genes importantes. De fato, pedaços dessa parte podem perder-se sem que isso prejudique o indivíduo. Os genes ativos ficam localizados no resto do Y, que é feito de eucromatina.

Durante a meiose, os membros dos pares de autossomos entrelaçam-se em toda a sua extensão e trocam pedaços (permuta). Isso indica que os genes existentes em um autossomo são homólogos dos que existem em seu par: influem nos mesmos caracteres do indivíduo. As pontas dos braços curtos do X e do Y também são homólogos e fazem permuta: por isso são chamadas de segmento pseudoautossômico.

Além disso, há outros blocos de genes no braço curto e também no longo do Y que são homólogos de conjuntos de genes do X, mas não fazem permuta com eles. Ao todo, incluindo o segmento pseudoautossômico, um quarto da parte eucromática do Y tem homologia com segmentos do X. (Foote et al., 1992)

Uns 16 genes já foram localizados no Y. Mas sua maior notoriedade, que justifica sua qualificação de "famigerado", no sentido etimológico de "famoso", vem do gene SRY, cuja presença determina o sexo masculino, fazendo com que a gônada primitiva se diferencie em testículo e não em ovário; e, devemos acrescentar, determina também, por sua ausência, o sexo feminino, nas pessoas com XX.

Fama em excesso

Em 1961, publicou-se a primeira descrição de um homem, aparentemente normal, com um Y a mais; portanto, com cariótipo 47, XYY. Isso deu a partida a um conjunto de eventos que criou, para o Y, até mesmo no público leigo, uma aura de notoriedade, já agora na acepção pejorativa de "famigerado", e ele foi cognominado, de "cromossomo assassino" (revisões em Wilson e Herrstein, 1985; Goldstein et al., 1986; Vogel e Motulky, 1986; Monge e Monge, 1990).

Jacobs et al. (1965), estudando 197 detentos com inteligência subnormal em uma penitenciária da Escócia, encontraram sete com duplo Y (3,5%), enquanto, em um grupo controle de 2.500 homens da população geral, acharam apenas um. Verificaram, além disso, que os sete delinquentes com XYY tinham, em média, 186 cm de altura, contra 170 cm dos detentos XY estudados. Firmou-se, então, o quadro da síndrome XYY, de homens com propensão para se envolverem com a justiça, de estatura média maior que a da população a que pertencem e distribuição de Q.I. com média entre 80 e 88.

Em 1968, o assunto alcançou o grande público, porque a defesa de criminosos com duplo Y conseguiu redução da pena em um caso, na França, e inimputabilidade em outro, na Austrália. No julgamento de R. Speck, que matou oito enfermeiras em Chicago, alegou-se a presença de duplo Y, por ser ele alto e ter retardo mental leve, mas o exame mostrou que o cariótipo era XY. O mesmo aventou-se a respeito do "Bandido da Luz Vermelha", em São Paulo, mas seu cariótipo mostrou-se 46,XY.

Raciocinava-se que o homem normal, que tem um Y, se distingue da mulher por ser mais agressivo; portanto, quem possui dois Y (um "super-homem"?!) deve ter agressividade aumentada, capaz de conduzir a atos antissociais. Não se consideravam outras variáveis capazes de influir no caso, apesar de terem Jacobs et al. (1965) advertido que sua pesquisa não deixava claro se a frequência aumentada de homens XYY na penitenciária tinha relação com seu comportamento agressivo, com sua deficiência mental ou com uma combinação desses fatores. Investigações mais precisas faziam-se necessárias.

Pesquisas locais

Vários citogeneticistas investigaram populações carcerárias e descobriram nelas, como Jacobs, uma percentagem de XYY que, embora pequena, era 20 ou 30 vezes maior do que a existente na população geral.

Nós mesmos orientamos uma dissertação de mestrado (Rodriguez, 1971) que estudou os cariótipos de 49 detentos de 178 cm ou mais da Penitenciária de São Paulo. Encontrou-se um portador de síndrome de Klinefelter (47, XXY), mas nenhum duplo Y (frequência menor que 2%). Esse resultado inconclusivo não atingiu os 3,5% de Jacobs et al. (1965), o que se pode explicar por motivos como os seguintes:

a. variação casual em amostra pequena;

b. sujeitos não muito altos (diferença de constituição racial em relação à amostra de Jacobs?);

c. não se fez seleção dos sujeitos por terem Q.I. rebaixado;

d. a população de São Paulo é mais pobre que a da Escócia, o que torna mais fácil, aqui, que pessoas normais se tornem delinquentes.

O interesse de nosso laboratório no estudo do cromossomo Y não se limitou a esse projeto-piloto. Desenvolvemos uma explicação teórica (Frota-Pessoa e Aratangy, 1968; Monsalve et al., 1980), baseada em genética de populações, do mecanismo pelo qual, ao longo da evolução, o cromossomo Y que, de início tinha o tamanho do X, no homem se reduziu a um terço do seu tamanho.

Demonstramos que o Y é o cromossomo do cariótipo humano que apresenta maior variação de tamanho numa mesma população (Borovik et al., 1977) e que, entre grupos de diferentes origens raciais, é significantemente maior em japoneses, menor em italianos e intermediário em indígenas sul-americanos (Monsalve et al., 1980).

Tinha-se encontrado (Price, 1968) um intervalo P-R aumentado nos eletrocardiogramas de 30% dos homens XYY, enquanto, na população geral, este achado não acompanhado de doença cardíaca é raríssimo. Resolvemos, então, verificar essa associação pelo caminho inverso, estudando o cariótipo de homens normais, porém com intervalo P-R aumentado (Vianna et al., 1972).

Entre milhares de eletrocardiogramas arquivados em duas faculdades de Medicina foram colhidos 35 por serem normais, exceto quanto a terem intervalo P-R de 0,2 segundos ou mais e por pertencerem a homens adultos normais clínica e radiologicamente, de 50 anos ou menos, que não estavam tomando drogas. Foi possível fazer o cariótipo de 12 desses homens: um (8%) tinha cariótipo XYY. Tratava-se de um negociante de classe média, casado e que possuía um filho e uma filha. Aparentava inteligência e temperamento normais. Tinha intervalo P-R de 0,24 segundos, altura de 192 cm e ausência de antecedentes criminais.

Esta frequência é 80 vezes maior do que a dos homens XYY na população geral e mais do dobro da frequência encontrada por Jacobs na penitenciária. A triagem pelo eletrocardiograma tornou-se, assim, o modo mais eficaz de descobrir voluntários XYY que participem de pesquisas sobre sua caracterização psicológica, sem a tendenciosidade da seleção por criminalidade, retardo mental ou alta estatura. Não parece, entretanto, que já tenha sido usada para este fim.

O cromossomo Y tem um gene, chamado H-Y, que determina a presença, no homem, de um antígeno de histocompatibilidade, que serve, portanto, como marcador do sexo genético masculino. Sua expressão, em casos de desenvolvimento sexual anormal, foi objeto de uma série de pesquisas realizadas no Departamento de Biologia da USP (Moreira-Filho et al., 1979a, 1979b, 1980, 1982).

Duas dissertações de mestrado e uma tese de doutoramento também estudaram a variabilidade do Y e suas possíveis relações com caracteres fenotípicos (Agostini, 1981; Billerbeck, 1979; Borovik, 1976).

Delitos e duplo Y

A constituição 47,XYY predispõe realmente a atos antissociais e à condenação judicial? A pesquisa de Jacobs baseou-se na comparação das frequências de XYY em duas populações — a de detentos e a de homens comuns — que diferiam também no nível intelectual e na estatura. Isso tornava a conclusão pouco segura.

Uma pesquisa feita por Witkin et al. (1976) esclareceu melhor a repercussão que o duplo Y tem na conduta, porque partiu de uma única população: a de recrutas do exército da Dinamarca, de 26 a 30 anos de idade e 180 cm de altura ou mais. Os registros dos recrutas, além da estatura e endereço, continham uma avaliação de nível intelectual e de escolaridade. A folha corrida criminal de cada um foi obtida nas delegacias. Solicitados a cooperar, 90,8% permitiram o estudo do cariótipo, que foi feito em 4.139 homens.

Encontraram-se 12 XYY (2,9 por mil) e 16 XXY (síndrome de Klinefelter, 3,9 por mil). Cinco dos que tinham duplo Y (41,7%), três com XXY (18,8%) e 9,3% dos homens de cariótipo normal XY tinham sido condenados por um ou mais crimes. A diferença entre essas taxas de criminalidade foi significante entre XYY e XY, mas não entre XXY e XY.

Os dois grupos com cariótipos anormais tinham nível intelectual e escolaridade significantemente inferiores aos do grupo com cariótipo XY, embora o nível sócio-econômico médio dos pais fosse idêntico nos três grupos.

As ofensas cometidas pelos condenados dos três grupos não diferiam em tipo (por exemplo, roubo, agressão física, crimes sexuais) ou frequência. Isso sugere que a agressividade era comparável nos delinquentes de cariótipos anômalos e normais.

Os índices intelectuais dos cinco XYY condenados eram nitidamente inferiores à média do controle XY. Entretanto, mesmo no grupo XY, os que tinham antecedentes criminais eram de nível intelectual inferior aos que não tinham registros criminais, o que indica que o rebaixamento mental pode, por si mesmo, induzir ao crime.

Os homens com duplo Y tinham altura média de 191 cm, significantemente maior que a média de 187 cm do grupo XY.

Resultados

Com base nas pesquisas acima e em outras, podem-se tirar algumas conclusões:

1. A incidência, ao nascer, de pessoas com XYY, entre bebês masculinos, tem sido avaliada em 1 por mil, a mesma de portadores da síndrome de Klinefelter, XXY (naturalmente, essa incidência reduz-se à metade, quando se consideram os bebês dos dois sexos). A incidência entre adultos deve ser a mesma, pois a mortalidade não parece diferir entre homens XYY e XY.

2. Os homens XYY correm um risco de cerca de 42% de entrarem em conflito com a lei e serem condenados, contra um risco de 9% dos homens XY.

3. Apesar disso, a percentagem de XYY entre homens condenados é baixa, porque, na população geral, a incidência de XYY é muito pequena. De fato, considerando como 0,001 a probabilidade de um homem ser XYY e 0,42 a de um homem XYY ser condenado, $0{,}001 \times 0{,}42 = 0{,}00042$ é a probabilidade de um homem ser XYY e ser condenado. Partindo, ainda, dos dados de Witkin et al. (1976), podemos calcular a probabilidade de um homem ser XY e ser condenado como sendo $0{,}999 \times 0{,}09 = 0{,}08991$ ou 0,09. A taxa total de condenados é, portanto, de $0{,}00042 + 0{,}09 = 0{,}09042$. Para esse total, os homens XYY contribuem com a fração 0,00042/0,09042, que é 0,0046. Assim, espera-se que, entre mil condenados, apenas 4 ou 5 sejam XYY. A incidência encontrada por Jacobs et al. (1965) na penitenciária é sete vezes maior que esta estimativa, mas não é incompatível com ela, porque resultou de uma amostra que também apresentava retardo mental.

4. A frequência de homens com intervalo P-R aumentado (30%) é muito maior nos homens com XYY do que nos normais. Por isso, cerca de 8% dos homens cardiacamente normais que têm P-R aumentado apresentam duplo Y.

5. A média de Q.I. dos homens XYY fica em torno de 85, porém vários têm inteligência normal.

6. A estatura dos homens XYY é, em média, maior do que a dos homens da população a que pertencem.

7. Testes psicológicos têm revelado (Noel et al., 1974), nos homens XYY, resposta impulsiva a estímulos emocionais, respostas predominantes a gratificação imediata, controle emocional diminuído, mecanismos de defesa contra ansiedade pouco desenvolvidos e conceito do eu fraco. Não têm revelado consistentemente aumento de agressividade (Schiavi et al., 1984).

8. Todos os atributos citados acima resultam de estudos estatísticos em que se comparam amostras. Nenhum deles ocorre em todos os homens XYY.

Quais serão as causas?

Três dos distúrbios frequentes nos homens XYY devem ser responsáveis por sua criminalidade aumentada, em relação aos homens XY:

a. Nível intelectual rebaixado. Entre os recrutas de cariótipo normal da pesquisa de Witkin et al. (1972), os que tinham antecedentes criminais eram de nível intelectual médio inferior ao dos que não os tinham. Isso sugere que o retardo mental está relacionado, por si mesmo, com maior risco de condenação por crimes, porque diminui a compreensão das consequências do delito e a capacidade de praticá-lo sem deixar pistas. As análises mostram, porém, que o retardo mental é apenas parcialmente responsável, deixando espaço também para outros fatores.

b. Personalidade. As peculiaridades psicológicas assinaladas no item 7 acima são de molde a facilitar os atos antissociais.

c. Alterações do eletroencefalograma. A frequência de ondas alfa é menor nos homens XYY do que nos controles. Isso sugere algum fator neurológico não especificado, que poderia influenciar o comportamento.

As pessoas com cariótipo XYY têm ainda outras particularidades que, entretanto, não parecem relacionadas com o comportamento antissocial:

a. Alta estatura. Pode-se imaginar que maior altura confira autoconfiança e esta favoreça a realização de atos antissociais; e que exista preconceito da polícia contra suspeitos especialmente altos. No entanto, na pesquisa de Witkin et al. (1976), os recrutas com antecedentes criminais não eram mais altos que os outros.

b. Intervalo P-R aumentado. Essa peculiaridade do eletrocardiograma, embora comprovadamente mais frequente nos homens com XYY, não parece relacionar-se, como causa ou efeito, com a conduta. Deve ser um efeito colateral do cariótipo anômalo, sem influência psicológica.

Medidas acauteladoras?

Além de depender de predisposições biológicas, como a constituição XYY e o retardo mental, o comportamento delituoso é influenciado, em alta medida, por fatores socioeconômicos e educacionais. Sobre essas influências ambientais talvez seja possível atuar, em casos específicos de meninos com duplo Y, para mitigar a probabilidade de comprometimento criminal. Entretanto, a descoberta de uma criança com duplo Y, seja deliberada ou casual, coloca problemas difíceis.

Ao se inteirarem do fato, os pais podem desenvolver expectativas sombrias, ou ficar angustiados e inseguros, o que será nocivo à educação da criança. Por outro lado, não revelar o achado vai contra a ética médica e dificulta a adoção de medidas acauteladoras.

Esses impecilhos desencorajam pesquisas prospectivas sobre o desenvolvimento psicológico de crianças com XYY e, mais ainda, qualquer experimentação sobre normas educacionais.

Além disso, teme-se que a identificação de crianças com a síndrome XYY induza a discriminação contra elas ou crie expectativas de criminalidade que as levem a realizar aquilo que delas se espera.

Na verdade, o impasse é mais geral. Nos Estados Unidos, a taxa de morte por homicídio é seis vezes maior entre negros do que entre brancos; e os negros têm probabilidade cinco vezes maior de serem presos por crimes violentos do que os brancos (Horgan, 1993). Ante esta realidade, há quem considere importante para os negros o estudo de todas as causas de criminalidade, inclusive as biológicas, mas outros consideram racista e discriminatório o estudo dos fatores biológicos que predispõem ao crime.

Um episódio atual ilustra o confronto entre essas duas tendências. A Universidade de Maryland tinha anunciado uma conferência para outubro de 1992 sobre "Fatores genéticos do crime: achados, usos e implicações"; mas o National Institute of Health, que já tinha concedido verba para a reunião, suspendeu-a, ante os protestos dos opositores contra o impresso que divulgava a conferência e dizia, por exemplo, que a pesquisa genética oferece a perspectiva de identificar pessoas predispostas ao comportamento criminoso e tratar algumas predisposições com drogas e terapias não intrusivas.

O problema continua em discussão e a Associação Americana para o Progresso da Ciência incluiu na agenda de sua reunião de 1993 uma sessão sobre: "Controvérsias sobre crime e herança: uma discussão exploratória".

Desenvolvimento das crianças XYY

Apesar das dificuldades, têm sido realizadas pesquisas prospectivas sobre crianças com duplo Y. Um projeto da Dinamarca (Nielsen et al., 1981) acompanhou o desenvolvimento, ao longo dos primeiros dez anos de vida, de cinco crianças com XYY, oito com XXY, sete meninas com XXX e cinco crianças com um único cromossomo sexual (síndrome de Turner, 45,X). Ao mesmo tempo foram estudados 36 irmãos dessas crianças e um grupo-controle maior, tirado da população geral.

A maioria das crianças com anomalias cromossômicas apresentou, desde cedo, desvios de comportamento patentes, embora leves. No primeiro ano e meio de vida, elas eram quietas e dormiam muito. Em seguida, apresentaram coordenação motora fraca, com exceção das que eram 45,X. Na escola, observou-se que tinham, como um grupo, déficit da inteligência verbal, o que lhes diminuía o rendimento. Os autores achavam que lhes era benéfica maior estimulação em atividades grupais, dentro e fora da escola, o que ajudava a resolver a tendência a se manterem isoladas. Aconselham também ginástica e esportes, para ajudar a motricidade geral e a atenção, e exercícios de coordenação fina, durante o aprendizado da escrita. Não se considera útil o uso de medicamentos no caso das crianças XYY.

Trabalhos mais extensos (Ratcliff et al., 1991; Walzer et al., 1991; Robinson et al., 1991) estudaram maior número de crianças e adolescentes XYY, em comparação com controles, e confirmaram que eles apresentam mais casos de dificuldades na aprendizagem da leitura, maior irritabilidade, menos cuidado com as regras sociais, ligeira inferioridade média de Q.I. e tendência a se isolarem e serem menos apreciados pelos companheiros.

Aconselhamento genético

O uso cada vez mais amplo do exame pré-natal, principalmente em casos de gestantes de mais de 35 anos, leva ao eventual achado de anomalias cromossômicas, entre elas a da síndrome XYY. Deve-se comunicar o fato aos pais, para que eles possam assumir a responsabilidade, a que têm direito, de decidir a conduta a tomar e se preparar para dar a melhor assistência à criança, caso resolvam pela continuação da gravidez.

O especialista deve explicar-lhes a situação, levando em conta as variáveis intelectuais, emocionais, religiosas e de escolaridade dos consulentes e fazendo uso amplo de sua intuição didática.

Especialmente importante é descrever com realismo, porém sem insistência, os riscos do portador de XYY, em comparação com os dos indivíduos XY. Devem ser apresentados dados concretos, como os de Witkin et al. (1972): incidência de 42% de criminalidade em homens jovens com XYY e 9% nos controles. O caráter probabilístico e apenas aproximado das previsões deve ficar claro. Os pais devem compreender que a criança pode vir a ter uma conduta indistinguível da que têm as crianças em geral ou poderá vir a perpetrar atos ilícitos.

A família deve tratar a criança como normal, a não ser que algum sinal objetivo venha a impor-se como realidade irrecusável; caso em que as medidas cabíveis devem ser tomadas como para qualquer outra criança que apresente problema semelhante. Por exemplo, incentivar os jogos e brincadeiras em grupo, se a criança tender a isolar-se, ou exercícios de motricidade, se tiver dificuldade em aprender a escrita.

O melhor é que os pais não comuniquem a presença do duplo Y aos demais membros da família ou aos amigos, para evitar preocupações e preconceitos que só poderão prejudicar a criança. Ela própria também não deve saber, até a maioridade, que possui anomalia cromossômica. De fato, esse conhecimento poderia ser perigosamente potencializado, conforme seu temperamento, ou servir de racionalização para justificar atos reprováveis.

A um consulente adulto com duplo Y, deve-se explicar a situação e suas possíveis consequências e, se necessário, sugerir um acompanhamento psicológico que o ajude a lidar concretamente com o problema.

Para o filho de um homem com XYY, qual o risco de também ter anomalia cromossômica? Esse risco não está diretamente determinado, mas a análise dos dados existentes sugere que não deve ultrapassar muito o dos outros meninos da população: cerca de 1 por mil (Grass et al., 1984). Embora o risco seja pequeno, para tranquilidade do casal é aconselhável determinar, em exame pré-natal, o cariótipo dos fetos gerados por homens XYY.

O primeiro caso descrito de homem com XYY foi descoberto quando se estudavam os membros da família de uma criança com Síndrome de Down (um cromossomo 21 a mais). No cariótipo do pai apareceram os dois Y. Isso, entretanto, não significa necessariamente que a causa da anomalia do filho tenha sido a do pai. De fato, há quatro tipos de evidências que sugerem o contrário:

a. Foram descritos outros casos de crianças com anomalias cromossômicas (variadas) em que o pai foi também examinado e tinha duplo Y. Mas quando nada se encontra nos membros da família, o caso não é publicado, pois não tem maior interesse. Assim, a ideia de que há uma influência do duplo Y do pai no cariótipo do filho resulta de uma tendenciosidade. Quando se parte de homens XYY e se estudam seus filhos, verifica-se que eles são quase sempre normais.

b. Em vários casos de pai com XYY, demonstrou-se que o cromossomo extra veio da mãe e que, portanto, o duplo Y do pai foi mera coincidência.

c. Umas poucas famílias apresentam várias pessoas com anomalias cromossômicas não derivadas umas das outras. Isso sugere que existe um gene raro que perturba a disjunção dos cromossomos durante a meiose. Alguns casos de repetição de anomalias em famílias de homens com XYY pode resultar desse gene e não do duplo Y.

d. Benet e Martin (1988) mostraram que, em 75 espermatozoides de um homem XYY, nenhum tinha dois Y, o que indica que o Y extra é geralmente eliminado na espermatogênese dos homens XYY e, portanto, não passa para a prole.

Bibliografia consultada

AGOSTINI, J. M. S. *Estudo da variabilidade e da herdabilidade das regiões heterocromática e eucromática do cromossomo Y humano.* 1981. Tese (Mestrado) — Universidade Federal do Paraná, Curitiba.

BENET, J.; MARTIN, R. H. Sperm chromosome complements in a 47,XYY man. *Hum. Genet.*, n. 78, p. 313-315, 1988.

BILLERBECK, A. E. C. *Variabilidade do cromossomo Y com relação a algumas características fenotípicas.* 1979. Dissertação de Mestrado. Instituto de Biociências, Universidade de São Paulo.

BOROVIK, C. L. *O cromossomo Y grande em homens selecionados por estatura, comportamento anti-social e anomalias eletroencefalográficas.* 1976. Tese (Doutoramento) — Instituto de Biociências, Universidade de São Paulo, São Paulo.

______; LOGHIN-GROSSO, N. S.; FROTA-PESSOA, O. The human chromosome: its routine identification and variability. *Revista Brasileira de Pesquisa Med. Biol.*, n. 10, p. 159-173, 1977.

FOOTE, S.; VOLLRATH, D.; HILTON, A.; PAGE, D. C. The human Y chromosome: overlapping DNA clones spanning the euchromatic region. *Science*, n. 258, p. 60-66, 1992.

FROTA-PESSOA, O. Genética. In: ______; CAETANO, D.; BECHELLI, L. P. C. (Orgs.). *Esquizofrenia*: atualização em diagnóstico e tratamento. Rio de Janeiro: Atheneu, 1993.

______. ARATANGY, L. R. The degeneration of the Y chromosome. *Revista Brasileira de Pesquisa Med. Biol.*, n. 1, p. 241-244, 1968.

GOLDSTEIN, M. J.; BAKER, B. L., JANISON, K. R. *Abnormal psychology*: experiences, origins and interventions. 2. ed. Boston: Little Brown, 1986.

GRASS, F.; MCCOMBS, J.; SCOTT, C. L.; YOUNG, R. S.; MOORE, C. M. Reproduction in XYY males: two new cases and implications for genetic counselling. *Am. J. Med. Genet.*, n. 19, p. 553-560, 1984.

HORGAN, J. Genes and crime. *Scient. Am.*, n. 268, p. 10-11, fev. 1993.

JACOBS, P. A.; BRUNTON, M.; MELVILLE; M. M.; BRITTAIN, R. P.; McCLEMONT, W. F. Agressive behavior, mental subnormality, and the XYY male. *Nature*, n. 208, p. 1351-1352, 1965.

MONGE, A. P.; MONGE, E. J. *Genetics*: human aspects. 2. ed. Sunderland; Sinauer Assoe, 1990.

MONSALVE, M. V.; ERDTMANN, B.; OTTO, P. A.; FROTA-PESSOA, O. The human Y chromosome: racial variation and evolution. *Rev. Bras. Genet.*, n. 4, p. 433-446, 1980.

MOREIRA-FILHO, C. A.; OTTO, P. A.; FROTA-PESSOA, O. H-Y gene expression in apparent absence of the long arm of the Y chromosome. *Am. J. Med. Genet.*, n. 4, p. 135-139, 1979.

______; TOLEDO, S. P. A.; BAGNELLI, V. R.; FROTA-PESSOA, O.; BISI, H.; WAJNTAL, A. H-Y antigen in Sayer syndrome and the genetics of XY gonadal dysgenesis. *Hum. Genet.*, n. 53, p. 51-56, 1979.

______; OTTO, P. G.; MUSTACCHI, Z.; FROTA-PESSOA, O.; OTTO P. A. H-Y antigen expression in a case of XX true hermaphroditism. *Hum. Genet.*, n. 55, p. 309-314, 1980.

______; FROTA-PESSOA, O.; VIANNA-MORGANTE, A. M.; CHU, T. H.; BISI, H.; GOLLOP, T. R. H-Y antigen generating and receptor systems in abnormal sexual development. *Am. J. Med. Genet.*, n. 13, p. 401-411, 1982.

NIELSEN, J.; SORENSEN, A. M.; SORENSEN, K. Mental development of unselected children with sex chromosome abnormalities. *Hum. Genet.*, n. 59, p. 324-332, 1981.

NOEL, B.; DUPORT, J. P.; REVIL, D.; DUSSUYER, L; QUACK, B. The XYY syndrome: reality or mith? *Clin. Genet.*, n. 5, p. 387-394, 1974.

PRICE, W. H. The electrocardiogram in males with extra Y chromosome. *Lancet*, n. 1, p. 1106-1108, 1968.

RATCLIFFE, S. G.; BUTLER, G. E.; JONES M. Edinburgh study of growth and development of children with sex chromosome abnormalities. IV. *Birth Def. Orig. Art. Series*, n. 26, p. 1-44, 1991.

ROBINSON, A.; BENDER, B. G.; LINDEN, M. G. Summary of clinical findings in children and young adults with sex chromosome anomalies. *Birth Def. Orig. Art. Series*, n. 26, p. 225-228, 1991.

RODRIGUEZ, L. B. *Investigação de anomalias cromossômicas em homens criminosos de alta estatura.* Dissertação (Mestrado) — Instituto de Biociências, Universidade de São Paulo, São Paulo.

SCHIAVI, R. C.; THEILGARD, A.; OWEN, D. R. et al. Sex chromosome anomalies, hormones and aggressiveness. *Arch. Gen. Psychiatry*, n. 41, p. 93-99, 1984.

VIANNA-MORGANTE, A. M.; FROTA-PESSOA, O.; LION, M. F.; DECOURT, L. Searching for XYY males through electrocardiograms. *J. Med. Genet.*, n. 2, p. 165-167, 1972.

VOGEL, F.; MOTULSKY, A. G. *Human genetics*: problems and approaches. 2. ed. Berlim: Springer-Verlag, 1986.

WALZER, S.; BASHIR, A. S.; SILBERT, A. R. Cognitive and behavioral factors in the learning disabilities of 47,XXY and 47,XYY boys. *Birth Def. Orig. Art. Series*, n. 26, p. 45-48, 1991.

WILSON, J. Q.; HERRSTEIN, R. J. *Crime and human nature.* Nova York: Simon and Schuster, 1985.

WITKIN, H. A.; MEDNICK, S. A.; SCHULSINGER, F. et al. Criminality in XYY and XXY men. *Science*, n. 193, p. 547-555, 1976.

Abuso Sexual Incestuoso

"Por que minha mãe me fez isto?"

DAVID BISSON, criança-mártir

"Quando iniciei meus esforços para mobilizar a atenção pública sobre as proporções epidêmicas do incesto, defrontei-me com uma resistência tremenda. No incesto há algo especialmente feio e repulsivo e a muitas pessoas lhes custa reconhecer sua existência."

SUSAN FORWARD e CRAIG BUCK

A

Incesto ordinário: a vitimização sexual doméstica da mulher-criança e suas consequências psicológicas

Maria Amélia Azevedo

Pedagoga/FEUSP (Faculdade de Educação da USP). Advogada/FDUSP (Faculdade de Direito da USP). Doutora em Educação/FEUSP (Faculdade de Educação da USP). Livre-Docente e Titular/IPUSP (Instituto de Psicologia da USP) — aposentada. Ex-Coordenadora do Laboratório de Estudos da Criança — LACRI/IPUSP (Instituto de Psicologia da USP). Coordenadora Científica do RECRIA Projetos.

Viviane Nogueira de Azevedo Guerra

Mestre e Doutora em Serviço Social (Pontifícia Universidade Católica de São Paulo). Ex-pesquisadora do Laboratório de Estudos da Criança — LACRI (Instituto de Psicologia da USP). Autora do livro *Violência de pais contra filhos: a tragédia revisitada* (7. ed., São Paulo, Cortez, 2011). Coautora de 11 livros na área da Violência Doméstica contra Crianças e Adolescentes. Autora de diversos artigos sobre esta temática. Coordenadora Científica do RECRIA Projetos.

Nancy Vaiciunas

Psicóloga do Departamento de Psicologia da Aprendizagem, do Desenvolvimento e da Personalidade — Instituto de Psicologia (USP).

> "O incesto é poderoso. Sua devastação é maior do que a das violências sexuais não incestuosas contra crianças, porque o incesto se insere nas constelações das emoções e dos conflitos familiares. Não há um estranho de que se possa fugir, não há uma casa para onde se possa escapar. A criança não se sente mais segura nem mesmo em sua própria cama. A vítima é obrigada a aprender a conviver com o incesto; ele abala a totalidade do mundo da criança. O agressor está sempre presente e o incesto é quase sempre um horror contínuo para a vítima".
>
> Susan Forward e Craig Buck
> *A traição da inocência: o incesto e sua devastação*

1. Introdução

Afirmações disponíveis na literatura especializada apontam que "o incesto pode ser a forma mais extrema de abuso sexual". É o que ocorre quando envolve relações sexuais adulto-criança.

Enquanto modalidade "privilegiada" de violência doméstica contra criança, é uma coação exercida por um adulto a ela ligado por laços de parentesco, afinidade ou responsabilidade, com o intuito de levá-la a participar de práticas eróticas. Essa conceitualização exige várias explicações complementares:

- *criança* — embora se fale genericamente de criança, a literatura especializada registra que também adolescentes podem ser suas vítimas (dos 12 aos 18 anos);
- *adulto a ela ligado por laços de parentesco, afinidade ou responsabilidade* — a literatura sobre incesto, especialmente a antropológica,

esclarece que a definição do adulto incestuoso vai depender do sistema de parentesco vigente: pai, mãe, irmão, tio, tia são alguns dos protagonistas possíveis. Quando os laços são de afinidade ou responsabilidade (moral, legal) vemos aparecer as figuras do padrasto/madrasta, padrinho, tutor etc.;

- *prática erótica* — a bibliografia especializada mostra que as práticas eróticas podem ser as mais variadas possíveis, indo desde exibicionismo e manipulação, até o coito em suas diversas modalidades;
- *modalidade privilegiada de violência doméstica contra a criança* — é uma forma qualificada de violência privada na medida em que além das práticas sexuais propriamente ditas pode implicar agressão física e abuso emocional.

Enquanto forma de abuso/vitimização sexual de crianças e adolescentes, o incesto pode ser classificado em *ordinário* e *extraordinário.*

Por incesto *ordinário* entendemos:

a. aquele que é mais *frequente,* o incesto pai-filha;
b. que se trata de uma *prática indigna,* socialmente desqualificadora, seja para vítimas, seja para agressores;
c. aquele que pode ser um processo que ocorre no lar de forma reiterativa, mesclando-se ao cotidiano da vida das pessoas.

Já o incesto *extraordinário* compreende aquelas ocorrências que são raras ou pouco difundidas. É o caso do incesto mãe-filho. Como afirmam Herman e Hirschman (1981, p. 18), "o incesto entre mãe e filho é tão *extraordinário* que um único caso é considerado digno de divulgação. Em toda literatura só conseguimos descobrir 12 casos documentados. Outros 8 casos registrados como incesto teriam sido melhor qualificados como estupro pois envolveram situações em que um filho adulto ou adolescente sujeitou sua mãe a relacionamento sexual forçado".

Ao contrário deste, o incesto *ordinário,* enquanto modalidade mais frequente entre os casos de incesto *pais-filhos,* significa, em um número expressivo de casos, uma menina explorada por uma pessoa mais velha, mais poderosa, que ela teria necessidade de amar. Para ela, a casa não é mais um lugar seguro. Seu pai não é mais aquele parente capaz de ensinar-lhe a ser uma adulta, a ser autônoma, a saber dizer não. Porque ele a obriga a fazer o que ele deseja, porque ele a reduz, de fato, à condição de um objeto seu.

Trata-se, como a literatura registra (Herman e Hirschman, 1981; Russell, 1984; Finkelhor, 1979; Rush, 1981), de abuso/vitimização de pais contra filhos.

Conceber o incesto pai-filha como abuso/vitimização sexual doméstica da mulher-criança pelo pai-homem e adulto implica o pressuposto de que tal prática pode gerar *consequências deletérias* para a vítima. O presente trabalho propõe-se a investigar a problemática das *consequências psicológicas* do incesto pai-filha, na medida em que os resultados de pesquisa na área estão ainda muito longe de serem convergentes e pacíficos.

2. Estado teórico da questão

A literatura registra duas posições básicas acerca da questão das consequências negativas do abuso sexual para as vítimas: há os que admitem essa possibilidade e há os que a negam.

2.1 Admitindo a possibilidade de consequências negativas

Os que admitem essa possibilidade têm reconhecido dois tipos de consequências negativas para as vítimas: *a curto* e *a longo prazo.*

> "A primeira coisa a ser dita acerca dos efeitos *a longo prazo* do abuso sexual é que não conhecemos praticamente nada sobre eles. A literatura contém poucas avaliações retrospectivas de pessoas que foram abusadas sexualmente na infância e um número ainda menor de relatos da observação longitudinal de crianças abusadas sexualmente, acompanhadas durante os anos subsequentes à infância.
>
> Mesmo no caso das que foram acompanhadas, os efeitos do abuso acabaram sendo modificados significativamente, graças ao interesse e intervenção do meio ambiente, distorcendo assim o que teria sido a "história natural" do abuso sexual." (Steele e Alexander, 1981, p. 223)

Por sua vez, a pesquisa sobre os efeitos *a curto prazo* tem sofrido de algumas restrições metodológicas, especialmente ligadas ao tipo de amostra utilizada: vítimas e suas famílias, imediatamente após o abuso. (Mrazek e Mrazek, 1981, p. 235)

A *história da pesquisa* sobre as consequências psicológicas do incesto pai-filha registra duas etapas bem distintas:

- uma, *pré-crítica,* em que predominaram os estudos isolados de vítimas de abuso sexual na infância, procurando identificar principalmente seus problemas psicológicos e hipotetizando uma relação *ex post facto* com o abuso propriamente dito;
- uma outra, *crítica,* em que se sucedem pesquisas empíricas e revisões de literatura na área buscando, de um lado, especificar melhor o fenômeno e, de outro, superar os impasses metodológicos, decorrentes da consciência de que a relação abuso-consequência está muito longe de ser direta e unilinear.

2.2 Negando a possibilidade de consequências negativas

Ideólogos do chamado "movimento pró-incesto" e pesquisadores diversos têm levantado uma série de argumentos destinados a mostrar que o incesto, em si, não tem consequências negativas para a vítima, salvo em condições especiais. Os principais argumentos arrolados são os seguintes:

a. qualquer dano que porventura ocorra para a vítima seria por conta da *revelação do fato* e não consequência da prática incestuosa em si mesma;

b. a *observância do tabu do incesto* causaria mais dano que sua violação, na medida em que levaria a atitudes de afastamento entre pais e filhos e a um bloqueio correlato à vida familiar saudável;

c. *o tabu do incesto* equivaleria, hoje, ao tabu da masturbação. Consequentemente, proibir o incesto seria uma forma de puritanismo.

Desse conjunto de argumentos, os autores retiram duas conclusões principais:

1ª) só tem consequências negativas para a vítima o incesto praticado com *agressão física*. "Aqueles indivíduos que usam extrema coerção, violência [...] no incesto, devem ser sumariamente punidos" (Ramey, 1979, p. 1-2). Aparentemente, portanto, uma pequena coerção não é nada...

2ª) *relações sexuais entre adultos e crianças podem ser saudáveis* e chegar a ser defendidas, desde que estejam baseadas no consentimento. Experiências sexuais legítimas são aquelas em que há um livre consentimento, oriundo da compreensão que ocorre numa família ou contexto social quando afirma que tal experiência sexual é adequada e que, portanto, não resulta em sintomas de disfunção na criança ou na família.

Ambas as conclusões ignoram uma questão nuclear que é a do poder adulto-criança.

À vista de todas essas ponderações, acerca das consequências psicológicas do incesto pai-filha, mais aceitáveis parecem ser, ainda, as conclusões que Herman e Hirschman formularam (1981, p. 29):

> "Assim, seria um exagero afirmar que as vítimas de abuso sexual *inevitavelmente* sofrem um dano permanente. Há considerável evidência sugerindo que vítimas infantis, enquanto grupo, são mais vulneráveis a um certo número de desenvolvimentos patológicos em sua vida adulta e que um considerável número de vítimas sofrem danos posteriores. Isto parece ser particularmente verdadeiro se a relação sexual envolveu o uso de força, foi de longa duração ou se o agressor era um parente ou membro da família." [grifo nosso]

3. Problema

A maioria das revisões críticas sobre a questão das consequências psicológicas do abuso/vitimização sexual doméstica de crianças e adolescentes tem se concentrado nas consequências *a longo prazo* e, portanto, tem se voltado para sujeitos adultos. Finkelhor (1984, p. 198) descreve essa preocupação como indicativa de um viés adultocêntrico.

Segundo ele, "o impacto de um evento na própria infância é tratado como menos importante. Afinal, a infância é apenas um estágio do qual todo mundo cresce". Ainda segundo Finkelhor (ibid.), ao tratar de um estupro de adultos, automaticamente considera-se tal ocorrência como extremamente grave, *em si mesma*, tenha ou não consequências mais tarde.

> "Estupro é traumático porque os adultos assim o consideram. Adultos podem falar eloquentemente acerca de sua experiência e comunicar seu sofrimento. O abuso sexual infantil deveria ser encarado da mesma forma [...] especialmente porque as crianças não podem falar por si mesmas. É um evento nocivo da infância, sério, quando não pela própria sensação imediata de desagrado."

A presente investigação partilha desse ponto de vista e propõe-se a responder à seguinte questão:

Quais as consequências psicológicas do incesto pai-filha, percebidas por crianças e adolescentes-vítimas?

4. Sujeitos

"Crianças que foram vitimizadas são informantes críticos, que podem fornecer informação sobre o processo de vitimização". (Berliner e Conte, 1990, p. 30)

Do total de 76 casos de crianças e adolescentes do *sexo feminino*, de 3-18 anos, atendidos na 1ª Delegacia da Defesa da Mulher de São Paulo, Brasil, durante o ano de 1985, *com queixas de incesto pai-filha*, 53 foram convidadas a participar da pesquisa, já que tinham idade para serem entrevistadas e puderam ser localizadas no ano seguinte; 21 delas compareceram e aceitaram ser entrevistadas, constituindo-se em nossos sujeitos. Trata-se, portanto, de uma amostra "clínica" não representativa de todas as crianças sexualmente vitimizadas no município de São Paulo. As vítimas de incesto foram abusadas por seus pais,[1] cujas idades

1. Entendendo-se como tal: pai biológico, padrasto ou pai adotivo.

variaram de 25 a 64 anos, com escolaridade de analfabeto a universitário, trabalhando em sua maioria em ocupações que vão desde lavrador/ pedreiro até engenheiro e diretor de firma.

5. Metodologia

Os sujeitos foram submetidos a uma entrevista semiestruturada que, geralmente, levou duas horas para ser completada.

A entrevista envolveu duas partes: a primeira, chamada "Álbum de família", e a segunda, "Minha vida em família". Na primeira parte, pediu-se ao sujeito que fizesse um *retrato falado* de cada uma das pessoas de sua família, incluindo ele próprio. Este retrato foi feito, desenhando-se cada pessoa e completando-se algumas questões de caracterização. Na segunda parte, abordou-se a *vida em família* do sujeito, a partir dos seguintes temas: biografia pessoal, biografia familiar, o incesto, causas, consequências e como evitar. As questões sobre incesto, suas causas, consequências e prevenção só foram abordadas quando a entrevistanda mencionou a ocorrência de livre e espontânea vontade. A entrevista foi desenvolvida sempre num clima de bastante confiança entre sujeito e entrevistadora. Em linhas gerais, adotaram-se as recomendações básicas para entrevista de crianças vítimas de abuso sexual desenvolvidas por Mary Wells (1983).

6. Resultados

Segundo Anna Freud (1981, p. 34), "no que respeita às chances de danificar o desenvolvimento infantil, o incesto e outras formas de abuso sexual praticados por uma figura de autoridade estão em posição mais elevada que o abandono, a negligência, o maltrato físico ou outras formas de abuso".

Como ponderam Duncan e Baker (1986, p. 268) isso decorre do postulado básico de que "as fantasias edípicas devem ser resolvidas através de frustração, antes que de gratificação efetiva".

Por outro lado, é preciso lembrar que a própria chance de dano psicológico enquanto decorrência do incesto pai-filha vai depender de uma série de *condições da vítima, do próprio incesto e do agressor.*

A fim de verificar se os resultados obtidos confirmam ou não esses postulados, procuramos responder a uma questão principal:

Quais as consequências psicológicas do incesto pai-filha, percebidas pelas vítimas crianças ou adolescentes e de que condições elas dependem?

Para melhor responder a essa indagação organizou-se o Quadro 1 compreendendo dois blocos de dados:

a. o relativo às possíveis consequências (coluna 10);
b. o relativo às condições da vítima (colunas 2 e 3), do próprio incesto (colunas 5, 6, 7, 8 e 9) e do agressor (coluna 4).

Neste trabalho, enfocaremos apenas o primeiro bloco de dados.

A ruptura da infância e da adolescência: pesquisando as consequências a curto prazo

Analisando o discurso das vítimas, gravado em entrevistas, foi possível identificar, num primeiro momento, as principais *modificações* que perceberam ter acontecido em suas vidas, logo após a ocorrência do *incesto* pai-filha.[2] Considerando que as entrevistas foram gravadas até um ano após a notificação policial do abuso, pode-se hipotetizar que com algumas exceções[3] tais modificações foram *consequência* do abuso sexual doméstico: *consequências a curto prazo*, portanto. As consequências identificadas são de dois tipos principais: *orgânicas* e *psicológicas*. No primeiro caso está a *gravidez* que ocorreu com dois sujeitos: E. O. S. de 13 anos e N. S. S. de 17 anos. O bebê de E. O. S. teve vida curta (24 horas), o que é uma das prováveis consequências da gravidez incestuosa.

---

2. Em alguns casos não foi possível identificar modificações, dada a idade da vítima (E. O. de 2 anos e 6 meses) ou sua resistência (S. B. G., J. C. G. e F. C. G.).

3. Uma possível exceção é o caso de D. T. F. que parece ter parado de estudar em razão de problemas orgânicos (lesão cerebral) ocasionados por violência física doméstica.

Ao lado da gravidez que, embora sendo uma consequência orgânica, pode ter implicações psicológicas para a vítima, foram identificadas consequências a curto prazo *direta ou indiretamente* psicológicas. Dentre as consequências *diretamente psicológicas* foram identificadas três tipos de dificuldades:

a. *Dificuldades de adaptação interpessoal*:

- com as pessoas em geral — afetividade comprometida (D. T. F.);
- com meninos (E. K.);
- com os amigos (A. A. L. C.);
- com pais das amigas, enquanto homens que podem vitimizar da mesma forma que o pai fez (E. K.);
- com os irmãos (E. K.).

Em sua maioria, tais problemas têm por trás a dificuldade básica de relacionamento com *figuras masculinas*, o que é compreensivo, uma vez que em todos os casos estudados o agressor foi homem.

Um segundo grupo de consequências *diretamente psicológicas* foi o das:

b. *Dificuldades de adaptação sexual*

- masturbação (E. R. A. S.);
- medo de transar (E. R. A. S.);
- problema de relacionamento sexual com o marido (A. A. L. C.).

Todas essas dificuldades podem estar ligadas a um problema mais básico: "o medo da intimidade" enquanto marca deixada por uma intimidade vivenciada como desagradável e mais ou menos coercitiva.

Este medo pode fazer com que a vítima *negue todo e qualquer relacionamento sexual por ter sofrido uma perda ou enfraquecimento do desejo sexual, em consequência do abuso*. Becker e colaboradores (1982), em estudo realizado com 12 vítimas de incesto, constataram que 75% delas relataram ter pavor de relações sexuais (o que pode ser o caso de E. R. A. S.) enquanto 42% evidenciaram sintomas de não orgasmo, o que também pode ser o caso de E. R. A. S. ao voltar-se para a masturbação. É preciso lembrar que a masturbação em si mesma não é problemática. No caso de E. R. A. S., porém, ela é percebida como problemática pela vítima. Meiselman (1978) também detectou problemas de adaptação sexual em vítimas de incesto pai-filha. Algumas vítimas só eram capazes de atingir o orgasmo em condições especiais: ou quando se masturbavam, ou quando bebiam, ou com um parceiro paciente e não agressivo, ao contrário do agressor da infância. Insatisfação sexual, enquanto outra decorrência do "medo de intimidade", pode ser o caso de E. R. A. S. e de A. A. L. C.

Finalmente, nas vítimas estudadas foram identificadas também:

c. *Dificuldades de adaptação afetiva*

As dificuldades identificadas foram de três tipos principais:

- sentimento de culpa (E. K.);
- suicídio: idealização e/ou tentativas (E. R. A. S., N. M. C. e D. T. F.);
- fixação em ideias de morte (C. F. G. S.).

O sentimento de culpa é uma reação típica em vítimas de abuso sexual na infância e adolescência. Segundo Tsai e Wagner (1978) três são as possíveis explicações para esse sentimento:

1. *medo* das pressões oriundas do "complô de silêncio" que cerca a criança-vítima;
2. *autocondenação* que a vítima experimenta por ter vivenciado algum prazer físico;
3. *vergonha* por ter-se deixado abusar durante um longo tempo. Em geral, trata-se de abuso que perdura por vários anos, como é o caso de J. N. V.

A *fixação em ideias de morte* e o suicídio (idealizado ou efetivamente tentado) têm provavelmente a mesma *raiz:* podem ser sintomas importantes de depressão, a qual, por sua vez, pode ser uma triste decorrência de *sentimentos de culpa* e de *autodesvalorização,* experimentados pelas vítimas.

É importante assinalar que as ideias de morte surgiram em criança-vítima, enquanto a problemática de suicídio revelou-se em adolescentes-vítimas.

Sentimentos de autodesvalorização, de culpa, podem levar a uma série desastrosa de eventos. De um lado, a culpa internalizada pode ser um importante fator na manifestação de tentativas de suicídio, autoagressão, depressão e anorexia nervosa. Por sua vez, quando dirigida para fora, pode redundar em delinquência, pequenos crimes, fugas e comportamento antissocial.

Entre as dificuldades *indiretamente* psicológicas, a mais presente foi a *dificuldade no processo ensino-aprendizagem*. Ela se manifestou, seja sob a forma de repetência (E. K. e D. T. F.),[4] seja sob a forma de interrupção dos estudos precedida ou não de repetência (F. M. S., C. T. R., E. O. S., E. D. C., E. C. O., D. T. F., I. T. P., L. M. e J. N. V.). Portanto, em 9 vítimas houve interrupção dos estudos, o que corresponde a quase metade do grupo pesquisado (42,8%).

Dificuldades educacionais costumam ser esperadas em casos de incesto pai-filha, como já evidenciaram os estudos de Kaufman e colaboradores (1954) e de Rosenfeld e colaboradores (1979, p. 159). Essas dificuldades podem ser resultante direta de problemas psicológicos mais profundos: depressão ou dificuldades em se concentrar.

Ao se examinar as possíveis *consequências a curto prazo* do incesto pai-filha (descritas na coluna 10 do Quadro 1), a primeira constatação é a de que a totalidade das vítimas evidenciou consequências negativas. Confirmam-se as predições da literatura especializada no sentido de que, se *nem todas* as vítimas infantis ou adolescentes exibem efeitos negativos, a *maioria* delas parece vulnerável a eles.

A segunda constatação é a de que tais consequências são percebidas como negativas pelas próprias vítimas, razão pela qual são mencionadas por elas.

A terceira constatação é a de que tais consequências implicam uma verdadeira ruptura na vida da criança e do adolescente. Essa ruptura pode ser entendida como violação da criança e do adolescente enquanto *pessoas* em processo de desenvolvimento, e *sujeitos* de direitos.

O termo *ruptura* justifica-se porque há como que um corte brusco na vida da vítima: interrompe-se o ciclo da sexualidade normal com uma

4. Neste caso existem outras agravantes.

gravidez precoce, a sociabilidade torna-se mais limitada, há suspensão nos estudos etc.

E é através desse corte que as vítimas passam a se experimentar como *inadequadas* e *diferentes* em relação às companheiras da mesma idade.

7. Conclusão

Embora os dados analisados não possam ser considerados definitivos e a pesquisa relatada deva ser considerada apenas como exploratória em nossa realidade, a *primeira conclusão* a ser tirada é a de que, ao contrário do que apregoam os ideólogos do *movimento pró-incesto*, as consequências negativas para as vítimas manifestam-se mesmo quando o agressor não emprega força física.

A *segunda conclusão* é a de que a ferida do incesto aberta na vida das vítimas pode ser muito profunda, equivalendo a uma verdadeira *morte psicológica*, feita de ruptura, graças às consequências a curto prazo.

A *terceira conclusão* é a de que o incesto pai-filha é um processo ordinário de abuso-vitimização sexual. Tem razão, *pois, o Manifesto das Sobreviventes do Incesto (1987)* quando afirma que "quem viola uma criança, viola seu próprio futuro", inclusive o futuro *imediato* como se viu.

Finalmente, importa assinalar que esta pesquisa foi realizada tomando como pedra de toque o *depoimento das vítimas*.

Através dele foi possível desvendar um pouco da relação pai-filha enquanto relação agressor-vítima e perceber alguns contornos do processo de abuso/vitimização sexual. Mas o quadro está incompleto mesmo porque não se pesquisou, por exemplo, a figura da mãe, essa parceira silenciosa do incesto, mas nem por isso menos influente. O incesto ocorre na cotidianidade da vida familiar, feita de alianças, de conflitos, que sequer foram aflorados aqui.

Para se ter uma ideia da complexidade dos caminhos não percorridos, reproduzimos, a seguir, parte da entrevista feita com E. R. A. S., de 14 anos.

Entrevista

Abuso sexual severo **Agressor: pai**

E. R. A. S. diz que o pai bebe e nunca a levou para passear. Ela tem um irmão que não pode se ver sozinho perto de algum objeto de valor: ele o rouba.

Ela diz que foi à Delegacia por causa do pai que quis ter relações sexuais com ela. Quando as perguntas sobre o caso começaram a ser feitas houve resistência. Depois contou que na primeira vez ela tinha de 10 para 11 anos. A mãe saiu muito cedo para trabalhar e ele foi acompanhá-la até o ponto de ônibus. Na volta, pediu para E. R. A. S. descer do beliche e ir para a cama do casal cuidar da irmãzinha menor. Ela, sem desconfiar de nada, foi. Ele então tentou tirar sua roupa mas não conseguiu, enquanto pedia para ela "dar para ele" numa boa. A menina resistiu até a hora de levantar-se para ir à escola. Ele conseguiu passar a mão em sua vagina. Ela sentiu muito medo. Ele disse que se a mãe soubesse mataria a ela e a ele.

Numa segunda vez, também pela manhã, depois que a mãe saiu para o trabalho, ele falou com ela e lhe propôs dar uma bicicleta se ela pegasse em seu pênis. Ela disse que não. Ele então argumentou que quando ela crescesse teria que fazer isso. Ela respondeu que esperaria até crescer.

Numa outra vez, ele deu revista pornográfica para a garota ver.

De outra vez, ele estava na cozinha e disse que não podia olhar para ela. Tirou o pênis e mostrou para ela dizendo que a "menina do Val aguentou, por que ela não aguentaria?!" Esse "Val" é um vizinho que arrumou uma garota de quinze anos. Depois desse acontecimento a menina contou para a mãe. Esta foi falar com o marido que confirmou ter dito e feito tudo o que a menina disse. A mãe foi então à Delegacia dar queixa, mas não deixou o marido e nunca mais nem ele nem ela tocaram no assunto. Ele continuou tentando e a menina continuou falando com a mãe, mas esta já havia retirado a queixa na Delegacia. E. R. A. S. pensa que a mãe é culpada por ter retirado a queixa. A mãe diz que o destino da família está nas mãos dela. A menina tem a preocupação de que o pai possa fazer isso com as irmãs menores. A mãe agora diz que não acredita em E. R. A. S., apesar do marido ter confirmado tudo.

E. R. A. S. tem momentos em que pensa em se matar. Ela já pensou em matar o pai, mas não teve coragem quanto a se matar. Tem dúvidas sobre a coragem.

E. R. A. S. estuda e gosta de estudar.

O irmão ficou sabendo do caso de E. R. A. S. e ficou com muita raiva do pai, porque este também tentou abusar do garoto deitando em cima dele quando estava bêbado.

Nas vezes em que tentou um relacionamento sexual com E. R. A. S. o pai não estava bêbado.

E. R. A. S. tem medo do sexo. Disse que, segundo a professora, a moça quando casa tem que sofrer muito.

E. R. A. S. disse que quando o pai a acariciava ela chegou a sentir um pouco de tesão. Ela se excita com o ex-namorado.

E. R. A. S. disse que se excita com muita facilidade e se masturba. Ela diz que às vezes tem uma sensação boa, outras vezes não. Ela se masturba onde der o tesão, pode ser em casa ou na escola. Quando ela explicou como se masturbava, ela ficou visivelmente excitada.

A lição que se pode tirar da leitura desse depoimento é a de que a verdadeira compreensão do incesto ordinário, tal como foi conceituado, vai depender de uma estratégia de aproximações sucessivas: primeiro, em relação à criança, depois em relação a esta na dinâmica de sua vida familiar e, finalmente, em relação a esta família na realidade de uma sociedade de classes e de uma cultura adultocêntrica e patriarcal.

Afinal, já se escreveu que "à diferença de outros crimes sexuais, o incesto não resulta apenas do ataque de um indivíduo pervertido a uma vítima qualquer. Na verdade, é a expressão de dinâmicas familiares complexas" (Forward e Buck, 1989, p. 13), numa sociedade complexa cumpre acrescentar... Talvez por isso, num futuro próximo, tenhamos que falar em *incestos* pai-filha e não mais em incesto no singular...

Citações bibliográficas

BECKER, J. V.; SKINNER, L. J.; ABEL, G. G.; TREACY, E. C. Incidence and types of sexual dysfunctions in rape and incest victims. *Journal of Sex and Marital Therapy*, n. 8, p. 65-74, 1982.

BERLINER, Lucy; CONTE, J. R. The process of victimization: the victims perspective. *Child Abuse and Neglect*, n. 14, 1990.

DUNCAN, Sylvia; BAKER, T. *Child sexual abuse*: recent advances in paediatrics. Londres: Roy Meadow, 1986.

FINKELHOR, D. *Sexually victimized children.* Nova York: Free Press, 1979.

______. *Child sexual abuse*: new theory research. Nova York: Free Press, 1984.

FORWARD, C.; BUCK, C. *A traição da inocência/o incesto e sua devastação.* Rio de Janeiro: Rocco, 1989.

FREUD, Anna. A psychoanalyst's view of sexual abuse by parents. In: MRAZEK, Patricia Beezley; KEMPE, C. Henry. *Sexually abused children and their families.* Nova York: Pergamon Press, 1981.

HERMAN, Judith; HIRSCHMAN, Lisa. *Father-Daughter Incest.* Cambridge: Harvard University Press, 1981.

KAUFMAN, I.; PECK, A. L.; TAGIURI, C. K. The family constellation and overt incestuous relations between father and daughter. *Am. J. Ortopsychiatry*, n. 24, 1954.

Le Manifeste des Survivantes de l'Incest. Zurique, 12 ago. 1987.

MEISELMAN, K. C. *Incest*: a psychological study of causes and effects with treatment recommendations. São Francisco: Jossey-Bass, 1978.

MRAZEK, Patricia Beezley; MRAZEK, D. A. The effects of child sexual abuse: methodological considerations. In: MRAZEK, Patricia Beezley; KEMPE, C. Henry. *Sexually abused children and their families.* Nova York: Pergamon Press, 1981.

RAMEY, J. Dealing with the last taboo. *SIECUS Report*, n. 7, May 6-7, 1979.

ROSENFELD, A. A.; NADELSON, C. C.; KREIGER, M. Fantasy and reality in patients report of Incest. *J. Clin Psychiatry*, n. 40, 1979.

RUSSELL, Diana E. H. *The secret trauma*: incest in the lives of girls and women. Nova York: Basic Books, Inc., 1984.

RUSH, Florence. *The best kept secret*: sexual abuse of children. Nova York: McGraw Hill, 1981.

STEELE, B. F.; ALEXANDER, Helen. Long term effects of sexual abuse in childhood. In: MRAZEK, Patricia Beezley; KEMPE, C. Henry. *Sexually Abused children and their families.* Nova York: Pergamon Press, 1981.

TSAI, M.; WAGNER, N. N. Therapy groups for women sexually molested as children. *Archives of sexual behavior*, n. 7, p. 417-427, 1978.

WELLS, Mary. *Linhas básicas para uma entrevista exploratória com crianças vítimas de uma agressão sexual.* Centre National d'Information sur Ia Violence dans la Famille. Canadá: Santé et Bien-Etre Social , 1983. (Mimeo/traduzido.)

Quadro 1

Mapeamento dos resultados

Sujeitos (1)	Idade da vítima (2)	Estágio de desenvolvimento psico-sexual da vítima (3)	Relação agressor/ vítima (4)	Frequência do abuso (5)	Duração do abuso (6)	Severidade do abuso (7)
1) E.O.	2 anos e 6 meses	Pré-falico	Pai	—	—	Abuso Muito Severo
2) C.F.G.S.	5 anos	Fálico	Pai adotivo	—	—	Abuso sexual severo
3) C.A.P.V.	6 anos	Fálico	Pai	Várias vezes	1 ano (média)	Abuso sexual severo
4) F.M.S.	8 anos	De latência	Padrasto	2 vezes	—	Abuso sexual severo
5) S.B.G.	8 anos	De latência	Pai	—	—	Abuso sexual severo
6) J.C.G.	9 anos	De latência	Padrasto	1 vez	—	Abuso sexual menos severo
7) M.C.X.	9 anos	De latência	Padrasto	2 vezes	—	Abuso sexual severo
8) C.T.R.	10 anos	De latência	Padrasto	3 vezes	3 anos (longa)	Abuso sexual muito severo
9) F.C.G.	11 anos	De latência	Padrasto	1 vez	—	Abuso sexual menos severo
10) E.O.S.	13 anos	Pubertário	Pai	4 vezes	5 meses (curta)	Abuso sexual muito severo
11) E.R.A.S.	14 anos	Pubertário	Pai	3 vezes	4 anos (longa)	Abuso sexual severo
12) E.D.C.	14 anos	Pubertário	Pai	Várias vezes	7 anos (longa)	Abuso sexual muito severo

Natureza do abuso (8)	Reações da vítima ao abuso (9)	Consequências a curto prazo para a vítima (10)
Tentativa de estupro; relação sexual forçada.	—	—
Contato genital *forçado*, despido, incluindo toque manual.	"Papai colocou o pipi dele no meu e me bateu com a cinta."	Fixação e ideias de morte.
Contato genital *forçado*, despido, incluindo toque manual.	"Ele colocava o dedo na minha xoxota e ficava mexendo. Doía muito e eu chorava."	—
Contato genital *forçado*, despido, incluindo toque manual.	"Senti muita dor e raiva."	Parou de estudar. Vai voltar.
Tentativa *forçada* de contato genital, despido, incluindo toque manual.	—	—
Beijo sexual forçado, toque sexual intencional e forçado nas nádegas, coxas.	—	—
Tentativa *forçada* de contato genital, despido, incluindo toque manual.	"Senti muita tristeza e muito medo."	—
Tentativa de estupro: relação sexual forçada.	"Senti muito medo."	Parou de estudar.
Toque sexual intencional e forçado de nádegas, coxas.	—	—
Estupro: relação sexual forçada.	"Ele começou a bulir no meu corpo. Falei que não queria, ele continuou. Fiquei com medo, queria sair dele, mas ele não deixava. Não achei bom porque sabia que era meu pai, eu não queria. Senti uma ruindade forte dentro de mim, fiquei com raiva dele."	Parou de estudar. Gravidez. Teve um bebê que nasceu malformado e que morreu após 24 horas.
Tentativa *forçada* de contato genital, despido, incluindo toque manual.	"Fiquei com muito medo, não sabia o que fazer. Não é bom falar nesse assunto."	Tentativa de suicídio. Masturbação. Medo de transar.
Tentativa de estupro: relação sexual forçada.	"Não gosto de falar no que aconteceu. Choro muito."	Parou de estudar.

Legendas

(3) Estágio de desenvolvimento psico-sexual da vítima:
- Pré-fálico — até 4 anos exclusive.
- Fálico — 4 a 6 anos inclusive.
- De latência — 7 a 12 anos inclusive.
- Pubertário - 13 anos e mais.

(6) Duração do abuso:
- Muito longo - 10 anos e mais.
- Longo — a 10 anos exclusive.
- Média — de 6 meses a 2 anos exclusive.
- Curta - menos de 6 meses.

(7) Severidade do abuso:
I. Muito severo — itens 1 a 8 da escala de severidade.
II. Severo — itens 9 a 16 da escala de severidade.
III. Menos severo — itens 17 e 18 da escala de severidade.

ESCALA DE SEVERIDADE DO ABUSO SEXUAL*

A) *Abuso muito severo*:
1. Estupro - relação sexual forçada.
2. Relação genital não forçada.
3. Tentativa de estupro.
4. Tentativa não forçada de relação genital.
5. Falletaio, cunnilingus, analingus, relação anal forçados.
6. Falletaio, cunnilingus, analingus, relação anal não forçados.
7. Tentativa forçada de Fellatio, cunnilingus, analingus, relação anal.
8. Tentativa não forçada de Fellatio, cunnilingus, analingus, relação anal.

B) *Abuso sexual severo*:
9. Contato genital forçado (despido) incluindo toque manual ou penetração.
10. Contato genital não forçado (despido) incluindo toque manual ou penetração.

* As categorias foram estabelecidas com base nos dados da pesquisa empírica realizada por Russel, D.E.H. (1986). The secret trauma. Incest in the lives of girls and women. N.Y., Basic Books Inc.

Sujeitos (1)	Idade da vítima (2)	Estágio de desenvolvimento psico-sexual da vítima (3)	Relação agressor/ vítima (4)	Frequência do abuso (5)	Duração do abuso (6)	Severidade do abuso (8)
13) E.K.	15 anos	Pubertário	Pai	Várias vezes	3 anos (longa)	Abuso sexual severo
14) E.C.O.**	15 anos	Pubertário	Pai	Várias vezes	1 mês (curta)	Abuso muito severo
15) N.M.C.	16 anos	Pubertário	Padrasto	1 vez	3 anos (longa)	Abuso muito severo
16) D.T.F.	16 anos	Pubertário	Pai	Várias vezes	8 anos (longa)	Abuso sexual severo
17) I.T.P.	17 anos	Pubertário	Pai	Várias vezes	3 anos (longa)	Abuso sexual muito severo
18) M.S.S.	17 anos	Pubertário	Pai	Várias vezes	2 anos (longa)	Abuso sexual muito severo
19) L.M.	17 anos	Pubertário	Pai	Várias vezes	4 anos (longa)	Abuso sexual severo
20) J.N.V.	17 anos	Pubertário	Padrasto	Várias vezes	10 anos (muito longa)	Abuso sexual severo
21) A.A.L.C.	18 anos	Pubertário	Padrasto	Várias vezes	desde criança até 15 anos (muito longa)	Abuso sexual muito severo

** Manteve posteriormente uma relação de um mês com o filho do padrasto, relação essa que considerou boa e satisfatória.

Natureza do abuso (8)	Reações da vítima ao abuso (9)	Consequências a curto prazo para a vítima (10)	Legendas
Contato genital *forçado*, despido, incluindo toque manual.	"Sentia dor e angústia. Não gostei. Achava ridículo o que ele fazia comigo. Eu pensei que ele tava me usando como objeto. Ele não me via como uma filha. Isso modificou muita coisa em minha vida."	Repetiu várias vezes. Sentimento de culpa. Prejudicou no relacionamento com irmãos. Evita amizade com meninos. Tem medo dos pais das amigas.	11. Tentativa forçada de contato genital (despido) incluindo toque manual ou penetração. 12. Tentativa não forçada de contato genital (despido) incluindo toque manual ou penetração. 13. Contato forçado com os seios (despido), ou relação sexual simulada. 14. Contato não forçado com os seios (despido), ou relação sexual simulada. 15. Tentativa forçada de contato com os seios (despidos) ou relação sexual simulada. 16. Tentativa não forçada de contato com os seios (despidos) ou relação sexual simulada. C) *Abuso muito menos severo*: 17. Beijo sexual forçado, toque sexual intencional e forçado de nádegas, coxas, pernas ou seios e genitálias cobertos. 18. Beijo sexual não forçado, toque sexual não intencional e forçado de nádegas, coxas, pernas ou seios.
Relação genital não forçada.	"Não senti nada. Foi natural. Bonito. Não me afetou em nada na hora. Mas depois, sei lá, começou a pesar. Comecei a entrar na realidade e acho que nenhum dos dois foi certo na história."	Parou de estudar.	
Relação genital não forçada.	"A relação não foi boa. Tenho traumas até hoje. Não senti nada."	Tentativa de suicídio.	
Tentativa *forçada* de contato com os seios despidos, relação sexual simulada.	"Não senti nada. Fiquei com raiva. Não consigo esquecer disto. Não posso pensar. Tenho dor de cabeça forte."	Parou de estudar. Repetiu várias vezes, tinha muita dor de cabeça. É muito nervosa. Pensa em suicídio (já tentou). Tem uma lesão cerebral porque apanhou muito do pai/tio/avô. Afetividade comprometida: Não se relaciona com as pessoas.	
Relação genital não forçada.	"Tive muito medo e raiva."	Parou de estudar.	
Estupro: relação sexual *forçada*.	"Quando ele fazia isso eu chorava muito. Eu não podia falar com ninguém. A relação era dolorosa. Eu não sentia prazer." "Ela é minha filha. Amo ela, não dou ela pra ninguém. É minha." (agressor)	Tem uma filha com um ano de idade.	
Contato não forçado com os seios.	"Não gostei. Senti carinho da parte dele. Dava uma sensação boa. Eu não sabia de nada, achava que era carinho. Gosto dele, por mim não dava parte na delegacia. Gosto dele."	Parou de estudar.	
Tentativa *forçada* de contato genital, incluindo toque manual.	"Senti medo. Ele ameaçava."	Parou de estudar.	
Tentativa de estupro: relação sexual forçada.	"Não gostava do que ele fazia. Fiquei revoltada, com raiva. Quando pequena eu tinha muito carinho por ele. Hoje, o carinho virou ódio."	Problema de relacionamento sexual com o marido. Perdeu os amigos.	

B

O incesto

Cláudio Cohen

Professor Assistente Doutor do Departamento de Medicina Legal, Ética Médica e Medicina Social e do Trabalho, da Faculdade de Medicina da USP. Responsável pela área de Psicopatologia Forense no Departamento. Mestre e Doutor em Psicologia Social pelo Instituto de Psicologia da USP. Membro Titular da Academia de Medicina de São Paulo.

A palavra incesto deriva do latim "incestus", que significa: impuro, manchado, não casto.

Podemos definir incesto como um abuso sexual intrafamiliar, com ou sem violência explícita, caracterizado pela estimulação sexual intencional por parte de algum dos membros do grupo que possui um vínculo parental pelo qual lhe é proibido o matrimônio. Portanto, as características do incesto são: o abuso sexual e o vínculo familiar.

Claude Lévi-Strauss (1969, p. 98-9) explica que a ambiguidade existente frente ao tabu do incesto se deve ao fato de que o ser humano é ao mesmo tempo um ser biológico (produto da natureza) e um ser social (produto da cultura), sendo que esta ambiguidade gera os conflitos existenciais.

Frente ao parentesco biológico, a proibição do incesto serviria apenas para evitar a possibilidade de homozigose de genes com efeito recessivo. É frente ao parentesco cultural que a proibição do incesto possui um efeito estruturante, pois permite o convívio familiar, tornando possível ao filho diferenciar simbolicamente o pai. É a função de pai que permitirá ao indivíduo sair do mundo de fantasias, onde tudo é possível, podendo entrar no mundo factual, onde existem limites e proibições.

Portanto, a proibição do incesto proporciona ao indivíduo uma nova estrutura no nível psicológico e social. No âmbito psicológico, a proibição dos desejos edípicos (incestuosos), o *não* é um ordenador mental e emocional (afetivo-cognitivo) e permite ao indivíduo estruturar o superego e desenvolver o ego. O ego mais enriquecido permite ao indivíduo uma noção de limites, fornecendo-lhe uma maior autonomia; a estruturação do superego permite a simbolização da função paterna, podendo então conhecer e aceitar a lei da cultura. No âmbito social, esta proibição permite alcançar a exogamia.

As famílias não estruturadas podem funcionar desde uma maneira totalmente aglutinada, não permitindo um desenvolvimento emocional dos filhos, até uma maneira totalmente desligada, não permitindo o desenvolvimento dos aspectos protetores da família, no indivíduo.

Cada ser humano que nasce deverá enfrentar a difícil tarefa de dominar o complexo de Édipo, e cada um lidará com ela à sua forma.

1. Gravidade do fenômeno

É difícil fazer uma avaliação real da frequência das violações ao tabu do incesto, pois é sabido que as "cifras negras" deste tipo de violência são grandes. Acreditamos que este silêncio frente à sociedade ocorra por vários motivos: temor pela reação da própria família; para manter a aparência da "sagrada família"; por conivência entre as pessoas que sabem do fato e não o denunciam; por uma ideia de que nada pode ser feito para resolvê-lo; por ser um assunto tabu; por não se saber o que fazer.

Segundo Franco Ferracuti (1988), nos Estados Unidos calcula-se que o número de meninas vítimas de incesto está entre 60 e 100 mil, mas somente 20% dos casos são denunciados. As pesquisas mais alarmistas, porém, calculam que ocorram relações incestuosas em 10% das famílias americanas.

Em outra pesquisa realizada nos Estados Unidos em 1965 entre mil estudantes, verificou-se que 25% deles tinham tido relações sexuais com um adulto antes dos 13 anos, mas somente 6% deles os haviam denunciado. (Ferracuti, 1988, p. 52).

Robert Barry em seu artigo "Incesto, o último tabu", estima que uma menina em quatro teria sido vítima de incesto antes dos 18 anos, ou seja, 25% das mulheres, sendo que apenas 1/4 dos casos de incesto fica limitado a um único ato sexual: 70% das relações incestuosas dura mais de um ano e 10% duram mais que três anos. (Barry, 1985, p. 147-60)

O Comitê Europeu sobre Problemas Criminais, em uma pesquisa realizada em 1981, concluiu que pelo menos 2% das crianças europeias sofrem de maus-tratos, das quais 60% são vítimas de violências sexuais intrafamiliares (European Commitee on Crime Problems, 1981).

Para o professor Duche (1981) a avaliação do problema do incesto na França ainda é visto com certa desconfiança, pelo fato de que esses estudos estatísticos provêm essencialmente de trabalhos elaborados em países anglo-saxões. A França ainda se depara com um preconceito cultural, pois o povo acredita que esses abusos sexuais são um fenômeno raro e peculiar dos grupos marginalizados da sociedade.

Na Itália ocorrem cerca de 3.000 incestos por ano, mas apenas cerca de 20 denúncias são efetuadas. Para Amet, na França, apenas 4% das vítimas de incesto sofrem violência física ou moral, e em 50% dos casos o autor alega que se sentiu provocado pela vítima. (Ferracuti, 1988, p. 53)

No Brasil, Maria Amélia Azevedo e Viviane Nogueira de Azevedo Guerra em seu trabalho sobre a vitimização sexual de crianças e adolescentes em família, decorrente de um exaustivo levantamento efetuado nos arquivos da polícia, nas varas de menores, na Fundação Estadual do Bem-Estar do Menor (FEBEM) e junto ao Instituto Médico-Legal do município de São Paulo, num total de 309.313 documentos consultados, encontraram 168 vítimas de incesto. (Azevedo e Azevedo Guerra, 1988)

Na pesquisa que realizamos em conjunto com a Dra. Neusa Matsuda, que contou com a aplicação, num período de seis meses, de um questionário por nós elaborado, em 1990, nas vítimas de violência sexual que compareceram ao Instituto Médico-Legal da cidade de São Paulo para serem apreciadas, encontramos 548 pessoas (49,64%) que disseram conhecer o seu agressor e 249 pessoas (22,55%) que foram vítimas de agressão sexual por parte de algum parente, sendo que 207 (18,75%) moram na mesma casa do agressor. (Cohen e Matsuda, 1990)

Devemos observar que 21,01% das denúncias das vítimas de violência sexual são de incestos; mesmo assim, os nossos legisladores ainda não se preocuparam em identificar o incesto como um crime autônomo e nem os advogados em questionarem nos processos, como um agravante penal, a problemática do incesto nos processos; tampouco os profissionais da área de saúde mental se ocuparam com o que fazer com as vítimas e com as suas famílias, o que seria de se esperar, visto que 83% das vítimas de incesto coabitam com o seu agressor.

Consideramos que a enorme diferença de casos de incesto existente entre a pesquisa feita por Azevedo e Azevedo Guerra que, de 309.313 prontuários avaliados apenas detectaram 168 casos de incestos, e a nossa, Cohen e Matsuda que, entre 1.104 pessoas entrevistadas encontramos 238 vítimas de incesto, se deva ao fato de que a primeira pesquisa baseou-se na análise de prontuários, onde este tipo de informação não é investigada, nem pelos peritos, nem tampouco pelos delegados, pois a problemática do incesto não é questionada; e a segunda pesquisa se baseou na averiguação intencional sobre algum tipo de relação incestuosa das vítimas de violência sexual; pois, de outra maneira, nos prontuários apenas constaria crime de estupro ou de ato libidinoso diferente de conjunção carnal.

Observamos que na nossa amostra 11 mulheres (0,99%) foram vítimas de violência sexual pelo marido e 238 pessoas (21,01%) foram vítimas de incesto *lato sensu* (algumas pessoas consideram incesto apenas quando é perpetrado na família por consanguíneos). (Cohen e Matsuda, 1990)

No caso de uma relação incestuosa devemos sempre considerar a vítima como alguém que sofreu uma violência, a qual pode variar segundo o grau de agressão física e psíquica com que o ato foi perpetrado e segundo o tempo de duração da relação; mas existe uma outra variável que deve ser avaliada, que é o grau de parentesco entre a vítima e o agressor. Pois é a observação destas características, diferenciando os casos de incesto, que influirão tanto no processo penal quanto na sua terapêutica.

O grau de parentesco do agressor com a vítima foi assim caracterizado:

- pai: 99 casos (41,60%)
- padrasto: 49 casos (20,59%)
- tio: 33 casos (13,86%)
- primo: 26 casos (10,93%)
- irmão: 9 casos (3,78%)
- cunhado: 9 casos (3,78%)
- companheiro da mãe: 5 casos (2,10%)
- avô: 4 casos (1,68%)

- concunhado: 1 caso (0,42%)
- sobrinho de padrasto: 1 caso (0,42%)
- tio-avô: 1 caso (0,42%)
- madrasta: 1 caso (0,42%). (Cohen e Matsuda, 1990)

Quando ocorre um tipo de relação incestuosa devemos considerar que as funções familiares são alteradas: o pai passa a ser marido, a mulher aceita perder a função de esposa e de mãe, e a filha deve também exercer a função de esposa e de mãe de suas irmãs.

Chama-nos a atenção o fato de que quase todos os agressores foram homens. Isso nos faz pensar se este dado mostra a realidade das relações incestuosas ou se, quando o agressor é uma mulher, fica mais difícil a sua caracterização, portanto, a sua percepção e representação é ainda mais complexa.

Apenas a título de esclarecimento, devemos salientar que para podermos realizar a nossa pesquisa tivemos um grande número de dificuldades, tanto na elaboração do questionário quanto no que se refere à resistência do pessoal médico em se utilizar dele. Infelizmente os nossos dados serviram apenas para uma publicação científica, pois eles em nada ajudaram nos processos.

2. O trauma do incesto

As vítimas do incesto podem senti-lo como um equivalente mental de morte biológica, ou seja, como uma aniquilação interna de suas estruturas psicológicas, ficando deste modo impedidos de crescer e de modificar a sua vida mental.

A relação incestuosa nada mais é do que a atuação concreta de uma regressão pré-edípica a um tipo de relação sexual, ou devido à incapacidade do indivíduo para superar este tipo de relação edípica.

A função dos pais na repressão dessas pulsões da criança é fundamental, pois serão eles os que irão permitir que a criança possa criar o superego e estruturar o ego.

3. Formas de incesto

Devemos separar o incesto propriamente dito, que é consumado na família nuclear, dos incestos menos graves, que são aqueles cometidos entre parentes afins, sobrinhos, cunhados etc. Existem, além dos incestos consanguíneos, duas outras formas de relações incestuosas, os para-incestos e os incestos polimorfos.

Os denominados por Merzagora (1986) para-incestos, são aqueles verificados entre pessoas que poderiam ser consideradas parentes, como, por exemplo, entre o amante da mãe com a filha desta, ou entre filhos que moram juntos mas que têm pais diferentes.

Denominaremos incesto polimorfo um tipo de relações sexuais em que alguém se aproveita do cargo ou função que exerce para se impor sexualmente a um subalterno. Este tipo de situação já é previsto no nosso código penal e é considerado um agravante dos crimes contra os costumes. Nós o consideramos como um equivalente do incesto pois consideramos que neste tipo de relação sexual está envolvida a questão do poder do mais forte sobre o mais fraco, não sendo portanto uma opção sexual, mas sim uma aceitação pela imposição do poder. Sempre existe por trás destas relações fantasias incestuosas, embora em muitos casos não haja consciência disto por parte do autor ou da vítima.

Nomeamos este tipo de relação como incesto polimorfo pelo fato de que existem muitas formas diferentes de poder e do exercício deste poder sobre outra pessoa, como por exemplo a professora com o aluno, o patrão com a empregada, o médico com a sua paciente, o líder do grupo com um de seus seguidores etc.

Evidentemente, a gravidade e as consequências sobre as vítimas, tanto no incesto propriamente dito, quanto no para-incesto ou no incesto polimorfo, são bastante diferentes.

Focalizaremos aqui algumas formas de incesto — o incesto propriamente dito e o para-incesto —, excluindo o incesto polimorfo pelo fato de que as suas variáveis são muito grandes, além de ser considerado menos grave.

a. pai-filha: é a forma mais comum de incesto, e as vítimas normalmente estão entre os três e os dezoito anos de idade;

b. padrasto-enteada: geralmente a vítima está no período da adolescência; o ato incestuoso é precedido de atos voyeuristas e de condutas confusas e enganosas;

c. avô-neta: algumas vezes o avô já foi um pai incestuoso, mas em alguns casos o incesto ocorre como consequência de uma doença degenerativa do avô;

d. pai-filho: incesto homossexual. Nestes casos geralmente o pai é pedófilo e homossexual latente, e se aproveita do temor do filho para poder satisfazer o seu desejo. Frequentemente o pai é do tipo *padre padrone* e a mãe tem uma personalidade fraca;

e. tio-avô-neta: é pouco frequente, mas não excepcional;

f. tio-sobrinha: é bastante frequente, e quando os dois forem maiores de idade deve ser respeitado como uma opção, mesmo que o consideremos uma forma de endogamia;

g. fraternal: os irmãos podem ser de sangue ou por adoção, sendo este último provavelmente o mais frequente, mas raramente levado à justiça. Muitas vezes é a única maneira que os irmãos encontram para conhecerem a sexualidade. É também uma forma de aproveitamento do irmão mais velho, que é tímido demais para conseguir algum parceiro sexual fora de casa, e se aproveita dos seus irmãos menores. Nem sempre este tipo de incesto deve ser considerado violento, embora não deva ser negligenciado, pois demonstra uma família sem nenhum tipo de controle sobre seus filhos. Geralmente o pai é um ser bastante ausente e de certa idade, e a mãe mostra uma atitude rígida e puritana frente à sexualidade, com absoluta incapacidade de dar aos filhos uma educação sexual;

h. mãe-filho: é o incesto do mito de Édipo. No nível emocional este desejo é universal, mas a sua realização concreta é pouco observada: as poucas observações feitas são nos psicóticos, nos perversos e nos débeis mentais. Maria Antonieta, esposa do Rei Luís XVI, foi acusada de ter iniciado sexualmente seu filho.

i. mãe-filha e avó-neta: no nível emocional, os desejos de uma relação mãe-filha também são universais; a atuação desses desejos incestuosos parecem muito raras, mas, segundo Goodwin (1989), ocorrem mais vezes do que se pensa. Acontecem em situações onde a mãe adoece e a filha vai dormir com ela para cuidá-la, ou quando a filha adoece e a mãe vai cuidá-la; isto também é válido para a relação avó-neta.

4. Características do autor do incesto

Avaliaremos o autor de um ato incestuoso ou como um doente mental, ou como portador de um distúrbio da personalidade.

Devido ao poder social que o autor do ato incestuoso tem sobre a sua vítima, e devido também à forte pressão psicológica que este possa exercer, muitas vezes não se consegue diferenciar se o ato foi consequência de uma ameaça velada, uma imposição, um ato de condescendência ou um desejo do autor.

5. Características da vítima do incesto

Podemos classificar a vítima do incesto segundo o grau de evolução mental e psicossocial:

- **a.** se for criança: devemos considerar como uma agressão violenta: mesmo que não haja violência física, o ato incestuoso quase sempre é aceito pela criança por terror;
- **b.** na adolescência: nestes casos é frequente que a adolescente seja acusada de ter seduzido o seu agressor. A relação incestuosa pode ser aceita por terror ou pode ser aceita com conflitos, conforme a estrutura de personalidade da vítima;
- **c.** adulta: se não for considerada doente mental ou portadora de um distúrbio da personalidade, deve ser respeitada como uma opção sexual. Compartilhamos da visão de Noel (1981) da impossibilidade, na realidade, da aceitação consciente deste tipo de relação.

As consequências do incesto são sempre sérias, mesmo que a vítima não tenha consciência delas, pois muitas vezes os sentimentos inerentes ao ato incestuoso são negados ou reprimidos. As vítimas estão sempre estressadas e algumas vezes apresentam problemas de conduta como, por exemplo: insônia, dificuldades alimentares, mau rendimento escolar, manifestações obsessivas, fóbicas, enurese, encoprese, problemas psicossomáticos, transtornos psicóticos.

Nas crianças, há um aparecimento precoce da sexualidade genital; nas adolescentes, a menarca (para muitos povos está vinculada com a perda da pureza ou castidade) é vivida com uma reação violenta de vergonha: o sangue pode ser vinculado ao incesto e sentido como um castigo, sinal de uma ferida indelével. (Duche, 1981)

6. Características da família incestuosa

Devemos considerar o incesto como um ato egoísta, que atrapalha e desestrutura a família. Devemos também considerá-lo não apenas como uma relação sexual entre duas pessoas, mas uma relação que nasceu devido à ausência de uma estrutura familiar que pudesse contê-la.

Frequentemente o incesto ocorre em famílias nas quais existe uma colaboração, consciente ou inconsciente, dos outros membros da família. O incesto pode ser considerado como um sintoma de uma crise da estrutura familiar.

Klimberg, autor sueco, diferenciou dois modelos de famílias incestuosas, estabelecendo duas categorias: (Duche, 1981)

a. incesto despótico: é aquele consumado pelo pai que chega em casa alcoolizado e violenta sexualmente sua filha, que está a seu alcance, pois a mãe geralmente é uma pessoa fraca e submissa. Pode ser um ato relativamente isolado e acompanhado de brutalidade, pois frequentemente a vítima é muito jovem para se defender. Para a mãe é uma forma de se livrar do marido.

b. incesto marital: é aquele no qual a filha mais velha toma o lugar da mãe, que morreu, ou está muito doente ou ausente. A filha passa a ter o controle da família, educando os irmãos, administrando o orçamento familiar e ocupando o leito conjugal. Nestes casos pode instaurar-se uma relação afetiva. O pai não consegue superar a morte da esposa, identificando-a na imagem da filha.

O tipo de aproximação da terapêutica familiar deverá ser diferente em cada caso. Mas em todos os casos devemos responsabilizar a família como um todo e não somente o agressor e a sua vítima, pois toda a família é conivente com tal situação.

7. A lei do incesto

Como no Brasil, Turquia, Portugal, Luxemburgo, Bélgica, Espanha e França não consideram o incesto como um crime autônomo, sendo que o código penal desses países considera a violação do tabu do incesto como um agravante de um crime sexual. Mas a Itália, a Inglaterra, a Suécia, a Suíça, a Alemanha, a Noruega, a Dinamarca e os Estados Unidos qualificam o incesto como um crime autônomo. (Amet, 1974; Kadish, 1983)

No nosso entender, a questão do incesto deve ser tratada pelo nosso código penal, mas não apenas como é considerado atualmente, como um agravante de um crime sexual. O incesto não é apenas um tipo de variação de um crime contra os costumes, é uma violência contra o indivíduo e contra a família, pois a relação incestuosa não permite que o indivíduo se estruture, além de desestruturar a família. O incesto deve ser considerado um crime autônomo, pois é um crime com características próprias. Mas, além de caracterizá-lo como um crime autônomo, deveríamos inseri-lo em nosso código penal no capítulo dos crimes contra a família.

Em todos os casos onde se houvesse constatado este tipo de crime deveríamos tornar obrigatória a avaliação do estado mental de seu infrator e de sua vítima, por uma equipe multiprofissional, com a finalidade de transmitir ao juiz um parecer.

A pena deveria ser sempre uma medida de assistência educativa ou uma medida terapêutica, sendo que a assistência poderia ser ao indivíduo ou também estendê-la como uma medida terapêutica para a família.

Nos Estados Unidos, a *common law* (lei consuetudinária) condena o incesto como um delito grave, mas a sua penalização varia de Estado para Estado, entre um e vinte anos de prisão. (Hughes, 1964; Masters, 1963)

A Dinamarca, no seu código de 1930 (artigo 210), coloca o incesto nos "crimes contra a família" e condena o ato incestuoso com penas de seis meses a seis anos. (Giannini, 1967)

O Comitê Europeu para problemas criminais, em 1981, afirma que as penas contra o incesto devem ser severas quando o autor, para conseguir favores sexuais incestuosos, se utilize de violência física ou psíquica, ressaltando, porém, que estas penas severas não se justificam quando a vítima for um adulto e não houver violência. (Ferracuti, 1988)

Deveríamos questionar a posição tomada pelo *European Commitee on Crime Problems:* será que podemos considerar adultas, desde o ponto de vista mental, as pessoas que têm uma relação incestuosa? ou então, será que devemos considerar este tipo de relação como algo onde não houve nenhum tipo de violência psicológica, consciente ou inconsciente?

8. Terapêutica

Os estudos sociais mostram que o desejo de manter uma "relação incestuosa" não é um fenômeno próprio de determinada pessoa, país ou cultura. Este desejo é tão universal e antigo quanto o próprio ser humano, não fazendo distinção de sexo ou classe social. Devido à necessidade de uma repressão desses atos, as estruturas sociais podem e devem criar sistemas para ajudar as famílias com esse tipo de problemática.

Nos Estados Unidos da América do Norte, em 1971, numa tentativa de tratar o problema do incesto, foi fundada a *Parents United,* que tem um programa para enfrentar a problemática do incesto. Eles atuam na área jurídica e na terapêutica, pedem que o culpado confesse e seja condenado. Ele é libertado, mas o tribunal o proíbe de ter contato com a família durante um determinado período, no qual é obrigado a se submeter a tratamento, oferecendo-se ao mesmo tempo tratamento para a família.

O objetivo desse tratamento é tentar recompor a família, o que ocorre depois de alguns meses de terapia, sendo que a vítima fica poupada de comparecer ao tribunal para depor contra um familiar. (Barry, 1985)

Existem 46 programas de *Parents United,* mas o mais avançado é o do condado de Santa Clara, na Califórnia, que funciona há mais de dez anos, obtendo uma elevada porcentagem de sucesso, com apenas 5% de recidivas. (Barry, 1985; Merzagora, 1986)

Atualmente temos na Europa algumas entidades que estão trabalhando com os problemas inerentes ao incesto, como por exemplo o *S.O.S. Inceste,* na França, e o *Telefono Azurro,* na Itália.

Devido à enorme importância da família na estruturação humana, quando esta por algum motivo não puder reprimir seus impulsos incestuosos, torna-se necessário que o Estado, como se fosse um Pai, cumpra esta função e se faça cargo dos indivíduos dessa família.

O Estado deve atuar em dois níveis, um legal e outro psicossocial. No primeiro nível, deve legislar condenando este tipo de relacionamento familiar e, no outro, deve cuidar da família — por um lado, reprimindo e tratando do autor do ato incestuoso e, por outro lado, tratando da vítima do ato incestuoso e do restante de sua família nos níveis psicológico e social.

Estamos criando, no Departamento de Medicina Legal, Ética Médica e Medicina Social e do Trabalho da Faculdade de Medicina da USP, um núcleo de atendimento em nível de saúde mental das vítimas e dos autores de violência sexual. Temos como objetivo fornecer atendimento psicoterapêutico às vítimas, aos autores e aos familiares que sofreram ou praticaram algum tipo de violência sexual.

9. Problemas éticos sobre o incesto

Quando um profissional — médico, psicólogo, assistente social, psicanalista —, no exercício de sua função, toma conhecimento de algum ato incestuoso, frequentemente, mesmo sabendo da gravidade do fato, prefere não fazer uma denúncia à justiça com temor de prejudicar a coesão familiar, escondendo-se atrás do direito ao segredo profissional.

Envolve uma questão ética, pois a violação do tabu do incesto pode ser considerada como justa causa para a quebra do segredo profissional.

Algumas vezes os psicoterapeutas têm a tendência de considerar o incesto como uma fantasia de seu paciente, quando este relata em sessão algum ato incestuoso, pois muitas vezes é difícil diferenciar se esta comunicação é real ou fantasiada. Mas esta posição do psicoterapeuta provoca um sentimento de insegurança no paciente, que tende a perder a confiança no terapeuta. (Goodwin, 1989; Merzagora, 1986)

Muitas vezes os médicos ou os educadores podem perceber a vítima de um ato incestuoso mesmo sem que haja uma denúncia formal. Para isto é suficiente que se decidam a investigar mais profundamente algum tipo de sintoma, como por exemplo: se uma criança começa a ter problemas de comportamento, se seu rendimento escolar cai, promiscuidade, sintomas psicossomáticos ou depressão, distúrbios do sono, enurese, medo do escuro. Estes sintomas isolados servem para alertar que algo anda mal. Quando surgir este tipo de sintomatologia na criança, a indagação sobre se ela está sendo vítima de um relacionamento incestuoso não deve ser feita através de perguntas diretas para a criança, pois ela pode negar o ato incestuoso devido ao fato de estar com medo ou estar sob forte emoção.

Referências bibliográficas

ABERASTURI, A.; SALAS, E. *La paternidad.* Buenos Aires: Kargieman, 1984.

AMET, R. Tesi di Laurea. In: FRANCO, Ferracuti [1988]. *Criminologia e psichiatria forense delle condotte sessuali normali, abnormi e criminali,* 1974. v. 8.

AZEVEDO, M. A.; AZEVEDO GUERRA, V. N. *Pele de asno não é só história*: um estudo sobre a vitimização sexual de crianças e adolescentes em família. São Paulo: Roca, 1988.

BARRY, R. L'incest: le dermer tabou. *Rev. Int. Police Criminelle,* n. 389, p. 147-160, 1985.

BRASIL. Leis, decretos etc. *Código Penal.* 27. ed. Dos crimes contra os costumes. São Paulo: Saraiva, 1989.

COHEN, C.; SEGRE, M. Uno degli atributi del medico legale: il bilinguismo. *Minerva Medicolegale,* v. 108, n. 4, p. 185-190, 1988.

______; MATSUDA, N. E. Sexologia Forense. *Anais do XI Congresso brasileiro de medicina legal.* II Congresso brasileiro de ética médica. Florianópolis, 15 a 20 de outubro de 1990.

COHEN, C. *Incesto e psicopatologia forense*: um estudo de medicina social. 1992. Tese (Doutorado) — Instituto de Psicologia, Universidade de São Paulo, São Paulo.

DUCHE, C. L'incest. *Journal de médicine legâle droit médical* 32, (5):375-388, 1981.

EUROPEAN COMMITTEE ON CRIME PROBLEMAS. *Criminological aspects of illness*: treatment of children in the family. Estrasburgo: Council of Europe, 1981.

FERRACUTI, M. G. L'incesto: aspetti psicologici e criminologici. In: FERRACUTI, F. *Criminologia e psichiatria forense delle condotte sessuali normali, abnormi e criminali.* Giufre, 1988. v. 8.

FREUD, S. Tres ensayos de teoria sexual. In: FREUD, S. *Obras completas.* Buenos Aires: Amorrortu, 1980. v. VII.

______. Totem y tabú. In: FREUD, S. *Obras completas.* Buenos Aires: Amorrortu, 1980. v. XIII.

GIANNINI, M. C. L'incesto: note di legislazione comparata. *Sessuologia,* n. 1, p. 29-48, 1967.

GOODWIN, J. M. *Sexual abuse:* incest victims and their families. Chicago: Year Book Medical, 1989.

HUGHES, S. The crime of incest. *J. Crim. Law, Criminology Police Sci.*, n. 55, p. 322-39, 1964.

KADISH, S. H. *Encyclopedia of crime and justice.* Nova York: Free Press, 1983. v. 3.

LÉVI-STRAUSS, C. *Le struture elementari della parentela.* Milano: Feltrinelli, 1969.

MASTERS, R. E. L. *Patterns of incest.* Nova York: Julian Press, 1963.

MERZAGORA, R. I reati sessuali allinterno della familia. *Devianza ad imarginazione* 5(11):15-31, 1986.

NOEL, M. Incest Victims and Offenders. Myths and Realities. *Journal of psychossocial Nursing and Mental Health Service,* v. 19, n. 10, p. 37-39, 1981.

YOUNG, M. *Incest:* an annotated bibliography. Londres: McFarland, 1985.

C

O que o amor tem a ver com isso?*

Richard Hoffman**

Poeta, escritor, professor universitário — Autor do famoso livro *Half the House: a memoir* (1995, 1997, 2005 — considerado, em 1996, Book of the Year — Boston — Athenaeum Reader's Group) e no qual relata a luta de sua família para cuidar de dois de seus irmãos com doenças terminais e também o horrível abuso sexual que sofreu por parte de seu treinador de baseball na idade de 10 anos. Além deste livro, publicou *Without Paradise: poems* (2002); *Gold Star Road: Poems* (2007) e outros textos em antologias e em revistas. Recebeu diversos prêmios nas áreas de poesia, ficção, não ficção entre os anos de 1983 e 2007. Foi durante anos voluntário em programas de prevenção à violência sexual e de drogas. Membro entre outras organizações: The Academy of American Poets; The Poetry Society of America; The American Association of University Professors. Este texto que foi traduzido se encontra no site: <www.flashpointmag.com/hoffman.htm>.

---

* Todas as notas de rodapé foram feitas pelas tradutoras, não pertencendo, portanto, ao texto original.

** Disponível em: <http://www.abbington.com/hoffman>; <http://mnemosynesmemes.blogspot.com/>

Far in the woods they sang their unreal songs
Secure. It was difficult to sing in face
Of the object. The singers had to avert themselves
Or else avert the object.

WALLACE STEVENS, *"Credences of summer"*

Texto traduzido por Dra. Maria Amélia Azevedo

Dra. Viviane Guerra/LACRI/IPUSP com a supervisão
do Prof. Sergio Cataldi — dezembro/2004

O drama de Paula Vogel vencedor do Prêmio Pulitzer, *Como aprendi a dirigir um carro*,[1] a mais recente peça americana a se deslocar do palco para a sala de aula e se tornar um cânone,[2] é um primoroso retrato dos estratagemas implacáveis de um pedófilo preferencial, um reconhecimento do impacto devastador de seus ataques sexuais a uma menininha, e uma exploração do papel do alcoolismo e dos estereótipos de gênero na violência sexual contra crianças. É também, em última análise,

1. Boa parte das ações desta peça se passa no interior do Estado de Maryland — EUA — durante uma série de aulas de direção dadas por um tio (Peck — um veterano da Segunda Guerra Mundial) para sua jovem sobrinha. Foi sendo estabelecido um relacionamento de caráter sexual entre ambos, havendo uma cumplicidade da família da sobrinha em termos dos abusos cometidos por este homem. Esta peça foi exibida no Brasil nos anos 2000, especialmente no circuito Rio-São Paulo e tratando, portanto, de um tema polêmico, tal qual o incesto tio-sobrinha.

2. Cânone: seja em teoria literária, seja em desenvolvimento curricular, o cânone é hoje aceito como a institucionalização de um certo número de autores e textos que se tomam como fundamentais para a compreensão de uma dada história e tradição literárias (In: Ceia, C. A questão do cânone literário: da teoria aos programas escolares. www.ciberkiosk.pt/arquivo/ciberkiosk2/debate/cannica.html). (N. da T.)

uma traição às crianças, uma afronta aos adultos que sobreviveram a tal abuso, e um desanimador descaso moral.

A peça, que Vogel descreveu como sua "homenagem a *Lolita*", é construída sob a forma de cronologia reversa, numa série de *flashbacks* terminando com uma sequência de cenas que conectam a protagonista de 34 anos, chamada L'il Bit, com o início de sua dolorosa alienação 23 anos antes, quando seu tio Peck passou pela primeira vez as mãos em seus seios que despontavam. "...aquele foi o último dia em que vivi no meu corpo", L'il Bit nos diz. "Eu me retraí para acima do pescoço, e vivi dentro do fogo em minha cabeça desde então". O que Peck lhe dá, que substitui seu corpo, é seu amor pela estrada, pela velocidade, e ele a assombra depois de sua morte, sorrindo para ela do espelho retrovisor enquanto ela dirige cada vez mais rápido, tentando sentir-se viva.

Quando vi a peça numa sessão vespertina do Trinity Rep em Providence, eu estava preparado para sentir-me desconfortável, não somente porque, por ter sofrido violência sexual quando era criança, eu sabia que iria achar o conteúdo perturbador, mas também porque eu havia lido resenhas que elogiavam a peça como uma "história de amor" entre uma menina e seu tio. No entanto, à medida que Vogel reconstruia retrospectivamente, camada após camada, a dissociação adulta de L'il Bit, sua falta de alegria e o alcoolismo até à pressão implacável dos avanços do seu tio durante sua meninice, vi-me totalmente conquistado. "Sim, é assim que acontece", eu disse a cada manipulação, cada dupla mensagem cuidadosamente construída. O termo dos anos 70 para tal tipo de feitiçaria paralisante, "foda mental", ocorreu-me pela primeira vez depois de muito tempo. Parecia uma descrição adequada dos planos de Peck. Quando, finalmente, como uma jovem que havia sido expulsa da faculdade por suas constantes bebedeiras, L'il Bit ganha coragem para rejeitar Peck, fiquei satisfeito pelo fato de que a crítica tivesse entendido tudo errado.

Então, numa cena que até agora me parece reveladoramente deslocada, L'il Bit de repente anuncia que perdoa o tio Peck e que, em apreço a tudo que ele lhe deu, ela espera que seu espírito, que ela imagina vagando pelas estradas em seu carro, encontre uma menina que possa se entregar inteiramente a ele, o que ela não pôde. Dizendo que sempre quis perguntar-lhe algo, ela brada aos céus "Quem fez isso a você, tio Peck? Você tinha onze anos quando ele fez isso a você?"

Fiquei estarrecido. Como eu disse para um amigo, lá fora, na misericordiosa claridade de uma tarde de junho, eu me senti como um índio num filme de John Wayne.

Deixando de lado por um momento as complexas questões da ética literária, inclusive a questão de quem tem o direito de contar a história (Kipling[3] ou R. K. Narayan?[4] Zane Grey[5] ou Sherman Alexie[6]?), eu tenho que perguntar o que Vogel pretenderia atingir com esta conclusão. A peça parece se desmantelar aí, como certamente o seria se Hamlet tivesse deixado cair sua espada e decidido que, afinal de contas, seu tio também não era uma pessoa má, ou que Édipo, escolhendo permanecer

---

3. Rudyard Kipling (1865-1936) nasceu em Bombaim, Índia, mas foi educado na Inglaterra. Em 1882, retornou à Índia, trabalhando em jornais anglo-indianos. Foi um autor prolífico, adquirindo fama rapidamente. É considerado o poeta do Império Britânico. Recebeu o Prêmio Nobel de Literatura em 1907. Ressalte-se que foi uma vítima de violência física e psicológica, quando ainda menino, foi viver na residência de uma senhora na Inglaterra para fazer seus estudos. Como era uma criança que adorava ler, esta senhora o proibia em termos desta atividade à noite. Escondia-se para tais leituras, fazendo-as com luz muito insuficiente. Isto lhe gerou um sério dano ocular. Era ridicularizado por ela, obrigado a caminhar pelas ruas de Londres com cartazes depreciativos em suas costas. Em uma visita que seu pai fez à Inglaterra, percebeu a situação de violência vivida por seu filho, afastando-o então do contato com esta senhora. (N. da T.)

4. Rasipuram Krishnaswamy Ayyar Naranayanaswami (R. K. Narayan) nasceu em Madras, em 1906, e lá foi educado, bem como no Colégio dos Marajás em Mysore. Sempre viveu na Índia, apesar de algumas viagens fora deste país. Grande parte de seu trabalho como escritor tem como pano de fundo a cidade fictícia de Malgudi. Publicou inúmeros romances, bem como coleções de pequenas histórias, livros de viagem, ensaios, uma biografia e traduções de grandes épicos indianos. O seu pseudônimo como autor lhe foi sugerido por Graham Greene. Recebeu alguns prêmios literários. (N. da T.)

5. Zane Grey (1872-1939) nascido Pearl Zane Gray é um autor americano de romances populares de aventura e de histórias chocantes. Nasceu em Zanesville, Ohio, numa cidade fundada pelos ancestrais de sua mãe. Graduou-se, em 1896, como dentista. Teve mais de 90 livros publicados, alguns postumamente. Muitos são *best sellers*. Há atualmente o Museu Zane Grey na Pensilvânia. (N. da T.)

6. Sherman Alexie, nasceu em 1966 na reserva indígena de Wellpinit, Washington. É bacharel em Estudos Americanos pela Universidade Estadual de Washington em Pullman. Tem livros de poesia, romances e coleções de pequenas ficções. Em geral, suas obras começaram a ser publicadas a partir de 1992. Já recebeu prêmios pelas mesmas. Tem uma obra filmada que recebeu 2 prêmios no Sundance Film Festival em 1998. Vive com sua esposa e filho em Seattle, Washington. (N. da T.)

com seus olhos alojados firmemente em suas órbitas, gritasse à la Rodney King[7] "Por que não podemos todos apenas nos dar bem?"

É difícil saber o que poderia ser mais doloroso e ofensivo do que esse desmoralizante colapso dramatúrgico e ético; isto é, até que se leia a entrevista de Vogel na revista do American Repertory Theater. "Minha peça dramatiza as "dádivas" que recebemos daqueles que nos ferem", ela insiste. Em outro lugar, numa entrevista na televisão, ela disse que a peça "é uma história de amor, uma história de cura e de perdão, e sobre como superar isso".

É como se Vogel não pudesse totalizar corretamente a coluna de algarismos que ela escreveu. Vejamos: planejar manipular uma criança por meio da culpa; brincar com o medo de abandono de uma criança; esfregar os seios pubescentes de uma menina; viciar um adolescente com álcool; forçar, por vergonha, outra criança, um menino, a uma relação secreta; fotografar uma criança em poses eróticas; todas essas coisas convergem para o perdão?

No entanto, o erro de cálculo de Vogel é revelador e talvez instrutivo sobre a estrutura conceitual falsa que nos impede de compreender adequadamente a violência sexual contra crianças. Para atingir "a cura e o perdão", a dramaturga recorre ao *deus ex machina* fornecido pelo *insight* esclarecedor de L'il Bit: o de que Peck deve também ter sido abusado quando criança. Esse pedaço pernicioso de bobagem psicológica, a ideia falsa de que homens que foram abusados quando crianças estão, portanto, de certa forma fadados a violar crianças sem que tenham culpa por isso, torna-se no teatro o que é na cultura mais ampla: a máquina do despoderamento, o amortecimento do ultraje, a intelectualização do mal, o fracasso da proteção às crianças.

---

7. Rodney King dirigia um carro a 3 de março de 1991, em Los Angeles, Califórnia e Bryan Allen era seu passageiro. A polícia o mandou parar o carro. Ele não obedeceu, acelerou. Finalmente quando os policiais o capturaram, ele foi barbaramente espancado, teve dano cerebral, onze fraturas pelo corpo e lesão renal. Este incidente foi gravado por uma pessoa que entregou o vídeo a um canal de TV. Os quatro policiais brancos responsáveis por seu espancamento foram a julgamento por um júri composto também por brancos. Receberam absolvição. Isto gerou uma terrível rebelião que durou 6 dias, em Los Angeles. Dela resultaram 54 mortos, 2.383 feridos, 13.212 presos e 700 milhões de prejuízos decorrentes de danos a propriedades. Foi então realizado um novo julgamento dos policiais que resultou na condenação de dois deles. (N. da T.)

Deixando de lado por enquanto quão pessoalmente ofensivo isto é para mim, um homem violentado sexualmente quando criança (imaginem chamar Elie Weisel[8] de nazista, Maya Angelou[9] de estupradora) vale a pena dar-se ao trabalho de examinar de onde vem esse factoide tóxico. O Departamento de Justiça dos Estados Unidos alega que 55% dos homens presos por agressões sexuais a crianças foram eles mesmos vitimizados em sua infância. Isso significa duas coisas. Em primeiro lugar, que 45%, quase a metade, dos agressores de crianças no sistema prisional, não foram violentados quando crianças. Segundo, a amostra se compõe somente dos perpetradores que haviam sido condenados, não do universo potencialmente maior dos que foram vítimas. Aqui cabe um pouco mais de aritmética, tendo em vista que a maioria das pessoas não se dá conta disso: não é incomum um único pedófilo fazer centenas de vítimas durante algumas décadas. (Tomo o fato de Peck assediar o menininho, Bobby, na peça de Vogel, como prova de sua compreensão da natureza onívora dos apetites dele.) De qualquer forma, façamos as contas — somemos a dor, o ódio contra si mesmo, as infâncias perdidas, as doenças mentais, o alcoolismo, os suicídios. O que se obtém? Perdão?

Em nosso universo moral da Nova Era, onde não há culpas, alguém se lembra de que perdoar é um verbo transitivo? Que o perdão é uma transação? Que ele envolve penitência e não piedade? Isso para não

8. Elie Wiesel nasceu, em 1928, na cidade de Sighet, que agora faz parte da Romênia. Durante a Segunda Guerra Mundial, juntamente com sua família, foi mandado para os campos de concentração dos nazistas, nos quais seus pais e uma irmãzinha faleceram. Ele sobreviveu junto com duas irmãs mais velhas. Foram liberados de Buchenwald, em 1945, pelas tropas aliadas. Levado a Paris, estudou Filosofia na Sorbonne e trabalhou como jornalista. Em 1958, publicou seu primeiro livro, The Night, uma recordação de suas experiências no campo de concentração. Até o momento, já escreveu trinta livros. Em suas conferências, preocupa-se com a situação dos judeus e de outros grupos que tem sofrido abuso e morte em função de sua religião, de sua raça. Vive nos Estados Unidos e trabalha como professor universitário. Em 1986, recebeu o Prêmio Nobel da Paz. (N. da T.)

9. Maya Angelou (1928-2014), cujo nome original era Marguerite Ann Johnson, nasceu em St. Louis, EUA. Foi poetisa, historiadora, atriz, dramaturga, ativista em direitos civis, produtora e diretora. Escreveu 10 livros, tendo recebido o Prêmio Pulitzer. Falava inúmeras línguas, era casada com um ativista sul-africano, residiu no Cairo e foi professora na Universidade de Gana. Trabalhou com Martin Luther King. Seu trabalho autobiográfico — *I know why the cage bird sings* — foi considerado um *best seller* e relatava histórias de sua infância. Ela fora violentada aos 8 anos pelo namorado de sua mãe. Suas obras enfatizavam muito a posição da mulher negra. (N. da T.)

mencionar "o firme propósito de corrigir-se". O que é o perdão se não se reconhece que se procedeu errado, nem se pediu por ele, não se modificou a conduta do agressor? O que é o perdão no caso de um agressor em série que ataca os indefesos? E se oferecer a outra face for, de fato, oferecer a próxima criança?

Muito se tem dito do fato de que Vogel não concebeu Peck como um vilão unidimensional em uma capa impermeável.[10] O tio Peck não é um monstro de desenho animado mas um homem charmoso com "fogo no coração". (À parte o lirismo, não dê importância a isso: tudo se resume a alcoolismo banal, dificilmente uma desculpa para a constante violação de L'il Bit e a agressão em série de outras crianças.) Não podemos acreditar que Peck seja menos que humano. Seu sorriso é contagioso, sua perspicácia é aguda, seus modos, gentis; de fato, são seu charme e nossa própria reação a isto que nos arrepiam. Mas tal acontece somente porque temos consciência, de uma só vez e simultaneamente, do maciço e perverso roubo do senso de si mesma de uma garota. Que ele é um predador e não apenas um tio libidinoso, com péssimos limites, isso é confirmado na cena em que ele atrai um menino, envergonhando-o, prometendo-lhe que não iria contar que o havia visto chorar e oferecendo-se para trocar segredos com ele. No entanto, devemos acreditar que o tio Peck ama L'il Bit porque ele dá um jeito de acreditar nisso?

Desculpem-me, mas aqui eu tenho que parar para contar-lhes uma história. Uma história verdadeira, baseada em fatos, e não uma bobagem psicológica apresentada como arte. Quando minhas memórias, *Half the House*, foram publicadas, verificou-se que o treinador retratado no livro (citado lá após muitas brigas com os advogados da minha editora) ainda estava treinando meninos na minha cidade natal. Mas isso não era tudo o que ele fazia. Em pouco tempo, esse agressor em série de meninos pré-púberes, Tom Feifel,[11] foi preso, e apareceram no escritório do

---

10. Possível menção aos vilões do cinema "noir". (N. da T.)

11. Tom Feifel — treinador do time de baseball North End foi preso, condenado e encarcerado depois da publicação de Richard Hoffman — *Half the House*, em 1995. Este treinador havia sido preso duas vezes anteriores por agressões sexuais a meninos pequenos, mas não havia sido julgado, nem condenado. Entretanto, com a publicação do livro houve uma série de testemunhos contra ele o que permitiu o seu julgamento e o seu encarceramento em penitenciária estadual. Ele fez um acordo pelo qual sua pena foi estabelecida entre 8 e 15 anos. Estava

Promotor Público quase duas dúzias de garotos que desejavam depor contra ele. Quando a história foi transmitida pela Associated Press, a polícia começou a receber telefonemas de todo o país, de homens em seus quarenta, trinta, vinte anos e, é claro, de pais de meninos pequenos recentemente violentados por Feifel. Os números subiam. "Ainda estamos na ponta do iceberg nesse caso", disse Gerry Procanyn, o detetive que prendeu Feifel. "Os que leram artigos ou que compraram o livro estão telefonando para nos informar que não se trata de fatos acontecidos apenas há seis meses, mas de vítimas de alguns anos. Recebemos telefonemas de lugares distantes como a Flórida."

Procanyn esteve envolvido nas duas prisões anteriores de Feifel. A primeira ocorreu em 1967, ano em que terminei o colegial. A acusação foi sodomia.[12] A mãe do menino violentado sexualmente por Feifel, porém, preferiu não submeter seu filho ao trauma adicional de um processo. A acusação foi reduzida para perturbação da ordem e ofensa à moral.[13]

Em 1984, Feifel compareceu novamente ao tribunal, desta vez sob acusação de "relação sexual involuntária e corrupção de menor de idade".[14]

---

com 68 anos. Ele violou mais de 400 meninos em quatro décadas de sua vida como treinador. Faleceu em 1997, de ataque cardíaco, no hospital da prisão e no dia seguinte ao da exibição de um programa de TV sobre o que ele fizera. Suas ações em termos das crianças eram no sentido de lhes mostrar pornografia e de praticar atos que se caracterizavam como violência sexual. Além disso, foram encontrados em seu poder cartões com os nomes de todas as crianças que vitimizara e com a descrição de todos os atos que praticara com elas. (N. da T.)

12. As leis relativas à sodomia foram abolidas, pelo menos em muitos estados americanos (em anos mais recentes) tendo em vista que eram o principal instrumento de perseguição dirigida a homossexuais masculinos (In: www.bearhistory.com/ezine/summer04/hoffman.htm). Vale a pena conferir o trabalho Sodomy Laws que lida com a questão da história das leis sobre esse assunto nos EUA (in: www.sodomylaws.org/sensibilities/pennslvania.htm). (N. da T.)

13. Ofensa à Moral: consultar a legislação da Pennsylvania (in: Pennsylvania Consolidated Statutes — Crimes and Offenses [Title 18] Chapter 55 — 5503 — Disorderly conduct. http://members.aol.com/StatutesP7/18PA5503.html). (N. da T.)

14. Relação Sexual Involuntária: consultar a legislação da Pennsylvania (in: Pennsylvania Consolidated Statutes — Crimes and Offenses [Title 18] Chapter 31 — 3123 — Involuntary deviate sexual intercourse http://members.aol.com/StatutesP1/18.Cp.31.html)

Corrupção de menor de idade: consultar a legislação da Pennsylvania (in: Pennsylvania Consolidated Statutes — Crimes and Offenses [Title 18] Chapter 63 — 6301 — Corruption of minors http://members.aol.com/StatutesP5/18PA6301.html). (N. da T.)

Ele admitiu a culpa quanto à acusação mais leve em troca de uma sentença de dezoito meses em liberdade condicional. Ele também concordou em procurar aconselhamento para seu "problema".

A promotora pública selecionou três garotos que julgou serem testemunhas suficientemente fortes. Eu compareci ao julgamento. Antes da condenação, Feifel contou no tribunal — é isso que considero importante — que ele amava os garotos, dando como prova o fato de haver comprado uma bicicleta para um deles.

Aqui em Cambridge, Jeffrey Curley, de dez anos de idade recebeu a promessa de uma bicicleta de dois homens do seu bairro, que ele julgava serem seus amigos. Ele jamais a recebeu. O que ganhou, porém, foi um *conteiner* Rubbermaid de 50 galões onde foi escondido seu corpo violentado e quebrado, no fundo de um rio.

"Minha peça dramatiza as dádivas que recebemos das pessoas que nos ferem", diz Vogel, como se ninguém mais pudesse ter ensinado L'il Bit a dirigir, como se os falsos prazeres da excitação, velocidade e álcool compensassem de certo modo a interrupção dos seus estudos na faculdade, sua inabilidade em estabelecer relacionamentos significativos e a perda do senso de si própria como pessoa viável. Creio que Blake,[15] não sujeito ao espírito do nosso tempo de dar de ombros, de sorrisos afetados, de mofa ou de evasivas, estava mais próximo da verdade quando escreveu "e se a ferrugem não matar uma árvore e ela ainda der fruto, que ninguém diga que o fruto foi consequência da ferrugem".

Os agressores sexuais necessitam de um prodigioso nível de racionalização para persistir em seus crimes. Simplesmente porque eles não podem distinguir entre amor e ódio não significa que nós, que necessitamos de menos negações e menos inverdades para levar nossas vidas, estejamos incapacitados da mesma forma. Já argumentei alhures que estamos tentando trazer nossa linguagem com relação à Violência Sexual de Crianças mais próxima da realidade, a começar pela palavra *pedófilo*. A palavra vem do grego e significa, literalmente, "aquele que ama crianças".

---

15. "William Blake (1757-1827), poeta, filósofo, pintor e gravador... recusou os circuitos capitalistas de produção e distribuição do livro, na época áurea da imprensa, e compôs a maior parte da sua obra pelo método de gravação em chapa de metal" (in: www.uc.pt/iej/alunos/1998-99/blake/pag2.htm). (N. da T.)

Que inversão orwelliana.[16] Em lugar do termo pedófilo, deixem-me oferecer uma alternativa: "pedóscelo", do latim *scelus*, significando "ato mau". Experimentem. "Pedóscelo": aquele que faz mal às crianças.

Os *pedóscelos*, naturalmente, preferem o termo *pedófilo*. Eles creem estar sendo perseguidos pelo exercício de sua sexualidade. Acreditam, ademais, que um dia a sociedade emergirá dessa idade das trevas para um iluminismo que os verá, em retrospecto, como um grupo injustamente perseguido. Naturalmente, de onde as crianças de tal era do iluminismo irão surgir é uma questão a resolver, uma vez que, quando o grande dia da liberação chegar, é pouco provável que a minúscula Tailândia, até agora funcionando como fornecedora, consiga atender uma maior demanda.

Uma das coisas que aprendi com a publicação de *Half the House*, e que os escritores deste país frequentemente esquecem, é quanto certas obras literárias podem significar para as pessoas, quanta força e confiança as pessoas podem extrair delas. Esse poder age nos dois sentidos. Mas, para que vocês não pensem que exagero até que ponto uma obra literária pode legitimar e incitar os pedóscelos, como acredito que a "homenagem a *Lolita*" de Vogel o faça, deixem-me transcrever aqui um excerto de uma carta escrita pelo romancista e roteirista de cinema Dalton Trumbo, autor de *Johnny vai à guerra*. A carta, escrita para seu filho Christopher, é datada de 8 de novembro de 1958:

> Talvez eu ainda esteja profundamente influenciado pelo fascínio literário e erótico de Lolita, que li quatro vezes em seguida em quatro dias seguidos. Se você não conhece o livro, trate de conhecer imediatamente. Esse sujeito, Nabokov[17] ...é um sinalizador de caminhos, um daqueles espíritos que

16. Aqui há uma clara referência ao trabalho de George Orwell (1903-1950) — um dos escritores mais influentes do século XX. Sua obra-prima é a utopia negativa de 1984 (publicada em 1949) onde Orwell previu um mundo controlado através da tecnologia, onde a novilíngua e o duplipensar estariam presentes. É um escritor prolífico com inúmeras outras obras (p. ex.: *Dias na Birmânia, A filha do Reverendo, Mantenha o Sistema, A Revolução dos Bichos* etc.). (N. da T.)

17. Vladimir Nabokov, nascido em São Petersburgo, Rússia, de família rica e aristocrática. No período da Revolução Russa, sua família foi para Berlim. Em 1922, seu pai foi assassinado por um monarquista russo. Nabokov dominava o inglês e o francês, tendo estudado no Trinity College, Cambridge, onde se graduou em 1923. Foi entomologista, sendo considerado grande estudioso da vida das borboletas. Escreveu várias obras (em russo e inglês) mas a que mais

entendem que tudo sob o sol tem seu tempo, lugar e gozo em um mundo ordenado. Sua descrição de dois anos de orgia entre um pervertido de meia-idade e uma fêmea de doze anos (uma "ninfeta", como Nabokov descreve tão encantadoramente as jovens nos estágios iniciais da pré- e pós-puberdade) é algo de dar água na boca. Agora que a Lolita trouxe a ninfetofilia para o mundo da moda e a tornou, graças a Deus, tão respeitável quanto a ornitologia, estou pretendendo registrar que minha própria inclinação sexual por menininhas tende fortemente para as "pré-puberes", ao lado das quais a sua ninfeta típica parece grosseira e dissoluta. Uma "pré-pubere" começa a brilhar aos cinco anos e meio, e geralmente já virou megera antes do oitavo aniversário. Talvez seja a própria brevidade do seu florescer que me atrai tanto. O homem suficientemente afortunado para capturar uma dessas deliciosas criaturas no auge do seu desabrochar "pré-pubere" — desde que, naturalmente, ninguém o agarre — será indescritivelmente recompensado. Um par delas está se aproximando no exato momento em que escrevo estas palavras. Elas moram duas casas abaixo. Eu as espiono noite e dia com uma Stankmeyer-Zeiz — 40. Elas estão quase passando pela porta do meu estúdio a caminho da escola dominical. Uma delas já está na 1ª série. Logo ela estará velha demais. Elas se aproximam cada vez mais. Minha excitação cresce como as labaredas do Krakatoa. Agora (squich, squich, squich) elas estão em frente a minha porta. Resplandescente grandeza de minúsculas coxas leitosas. Respiração liquescente de alegre pérola vulvaginosa. (Psiu! Falem com este velho bonzinho. Entrem na minha sala de visitas. Sorvete? Balas? Morfina? Fotos pornô?) Elas prosseguem, afastando-se pelo passeio. Ruído de passos se enfraquecendo juntamente com o meu coração. Dobrinhas salientes exibindo sua penugem maravilhosa. Aroma de genitália suspirando, chorando, morrendo no suave amarelo-âmbar das sonoras perninhas. Oh, meu Deus —

Adeus, garoto!

Papai

---

chocou os leitores foi *Lolita* (publicada em 1955), com uma primeira versão em 1939, Paris (chamada: The ENCHANTER).

A história de Lolita se centra sobre um homem de meia-idade que se apaixona por uma garota de 12 anos e se casa com a mãe dela, viúva e doente, enquanto uma forma de satisfazer seus desejos.

Entre o limite de idade dos 9 aos 14 anos, há virgens que, para certos viajantes encantadores, 2 ou mais vezes mais velhos que elas, revelam sua natureza que não é humana, mas de ninfeu (ou seja demoníaca); e estas criaturas escolhidas, eu proponho que sejam designadas como "ninfetas" (do livro *Lolita*). (N. da T.)

Encorajado? É bom lembrar que Trumbo não apenas escreveu esta carta a seu filho como também permitiu sua publicação na sua coletânea de cartas. Pelo menos, Trumbo não está argumentando que suas "pré--puberes" estão tentando seduzi-lo, que elas, de algum modo, são cúmplices em sua própria vitimização. Se dizer isso não for violentar demais o conceito de honestidade, ele, pelo menos, é honesto quanto a quem constitui a parte responsável.

O mesmo não se dá com Vogel.. "Há dois perdões na peça", ela nos diz em sua entrevista à American Repertory Theater. "Um perdão para Peck, mas o mais crítico seria o de L'il Bit perdoando L'il Bit. L'il Bit como adulta, encarando e compreendendo sua cumplicidade..."

Cumplicidade? Depressa, dê aqui a sua resposta — ambos os personagens precisam de perdão porque:

a) Peck diz que não pode impedir isso
b) Peck diz que L'il Bit também queria isso
c) Peck dá presentes a L'il Bit e a ensina a dirigir
d) Peck diz amar L'il Bit
e) Todas as anteriores

Uma questão adicional: a alternativa e) reflete o ponto de vista de quem? Pesquise minuciosamente. Comece com <www.nambla.org>,[18] *site* da associação norte-americana Man-Boy Love (amor entre homem e menino), um grupo de *pedóscelos* lobistas, dedicado à descriminalização do sexo entre adultos e crianças, via revogação de todas as leis relativas à idade-do-consentimento.

Estarei eu sugerindo que *Como aprendi a dirigir um carro* irá gerar novos *pedóscelos*? Não. Mas imaginem um júri que acabou de assistir à peça (que logo vai virar filme) participando do julgamento de um *pedóscelo*, digamos, Feifel, o qual argumenta que essa é sua sexualidade, que ele ama o menino, ou a menina, ou meninos, ou meninas, ou meninos e meninas — como suas percepções terão sido influenciadas? Imaginem o juiz, recém-saído do teatro, onde ele e sua esposa absorveram o conteúdo da peça mais badalada da temporada; imaginem o juiz no coquetel VIP

18. Consulte este *site* para verificar o que contém. (N. da T.)

com o produtor, diretor, elenco e dramaturgo. Pensem nesse juiz que deverá sentenciar esse homem.

Em sua entrevista à American Repertory Theater, Vogel diz que era importante dar à plateia, a oportunidade de uma catarse porque "catarse purifica a piedade e o terror, possibilitando à platéia transcendê-los". Embora eu pense que, nesse caso, ela está confundindo catarse com final feliz (amor, cura, perdão), estou mais interessado na ideia de que o que um dramaturgo pretende, ao lidar com esse material, é que a platéia transcenda a piedade e o terror. Tal transcendência vai requerer da platéia nada mais que um balançar de cabeças, um torcer de mãos e um impotente estalar de línguas que parecem ser o repertório usual das respostas morais da classe média face à atrocidade.

Até recentemente, era impossível falar sobre a violência sexual contra crianças. Hoje se pode falar sobre isso — e falar, e falar sobre isso! — mas somente se certas regras forem seguidas, certos chavões honrados, certas frases pronunciadas, como em um ritual. Devemos falar sobre "o ciclo da violência", que, claro, coloca a responsabilidade exatamente em lugar algum. Devemos tratar o assunto como questão de sexualidade e não de violência (instigando, assim, homófobos e erotófobos cujas relações sexuais seriam, então, heterossexuais, entre parceiros casados [de preferência nas suas igrejas] e do tipo papai-mamãe). Devemos falar de amor, cura e perdão.

A não ser que você prefira afronta, ação e proteção das crianças. A não ser que você prefira justiça. A não ser que você goste que as coisas mudem.

PARTE III

UM POUCO DE HISTÓRIA

Políticas Sociais e Violência Doméstica contra Crianças e Adolescentes

"Por muitos anos a sociedade se recusou a reconhecer a profundidade do sofrimento causado a uma criança pela violência doméstica... foi muito mais fácil dizer que tal evento não ocorreu porque, de outra forma, o mundo em que vivemos seria um lugar intolerável de injustiça, crime e sofrimento".

[Masson, J. M. *Lost Prince — The unsolved mystery of Kaspar Hauser*, Nova York: Free Press], 1996.

A

As políticas sociais e a violência doméstica contra crianças e adolescentes: um desafio recusado em São Paulo?

Maria Amélia Azevedo

Pedagoga/FEUSP (Faculdade de Educação da USP). Advogada/FDUSP (Faculdade de Direito da USP). Doutora em Educação/FEUSP (Faculdade de Educação da USP). Livre Docente e Titular/IPUSP (Instituto de Psicologia da USP) — aposentada. Ex-Coordenadora do Laboratório de Estudos da Criança — LACRI/IPUSP (Instituto de Psicologia da USP). Coordenadora Científica do RECRIA Projetos.

Viviane Nogueira de Azevedo Guerra

Mestre e Doutora em Serviço Social (Pontifícia Universidade Católica de São Paulo). Ex-pesquisadora do Laboratório de Estudos da Criança — LACRI (Instituto de Psicologia da USP). Autora do livro *Violência de pais contra filhos: a tragédia revisitada* (7. ed., São Paulo, Cortez, 2011). Coautora de 11 livros na área da Violência Doméstica contra Crianças e Adolescentes. Autora de diversos artigos sobre esta temática. Coordenadora Científica do RECRIA Projetos.

"[...] Naquela noite Papai não saíra. Ninguém se encontrava em casa, salvo Luís que já dormia. Mamãe deveria estar chegando da cidade. Tinha vezes que ela fazia serão no Moinho Inglês que a gente só a via aos domingos.

Eu resolvera ficar perto de Papai, porque assim não faria arte alguma. Ele se sentara na cadeira de balanço e olhava perdidamente para a parede. Seu rosto sempre com a barba por fazer. Sua camisa nem sempre muito limpa. Quer ver que não saíra para jogar manilha com os amigos porque não tinha dinheiro. Pobre Papai, devia ser triste, saber que Mamãe trabalhava para ajudar a sustentar a casa. Lalá já entrara para a fábrica. Devia ser duro ir procurar uma porção de empregos e voltar desanimado sempre com aquela resposta: Precisamos de uma pessoa mais moça...

Sentado na soleira da porta eu contava as lagartixinhas branquicelas na parede e desviava a vista para olhar Papai.

Somente naquela manhã do Natal eu o vira tão triste. Precisava fazer alguma coisa por ele. E se eu cantasse? Eu poderia cantar bem baixinho que iria, tinha certeza, melhorar o seu abandono. Passei o repertório na cabeça e me lembrei da última música que aprendera com 'seu' Ariovaldo. O tango. O tango era das coisas mais bonitas que eu já ouvira. Comecei baixinho:

'Eu quero uma mulher bem nua
Bem nua eu a quero ter...
De noite no clarão da lua
Eu quero o corpo da mulher...'

— Zezé!

— Pronto, Papai.

Levantei-me prestamente. Papai devia estar gostando muito e queria que eu viesse cantar perto.

— Que é que você está cantando?

Repeti.

'Eu quero uma mulher bem nua...'

— Quem ensinou essa música a você?

Seus olhos tinham adquirido um brilho fosco como se fosse ficar louco.

— Foi 'seu' Ariovaldo.

— Eu já disse que não queria que andasse na sua companhia.

Ele não dissera nada. Acho que nem sabia que eu trabalhava de ajudante de cantor.

— Repita de novo a canção.

— É um tango da moda.

'Eu quero uma mulher bem nua...'

Uma bofetada estalou no meu rosto.

— Canta de novo:

'Eu quero uma mulher bem nua...'

Outra bofetada, outra, mais outra. As lágrimas pulavam dos meus olhos sem querer.

— Vamos, continua a cantar:

'Eu quero uma mulher bem nua...'

Meu rosto quase não se podia mexer, era arremessado. Meus olhos abriam-se para se tornar a fechar com o impacto das bofetadas. Eu não sabia se devia parar ou se tinha de obedecer... Mas na minha dor tinha resolvido uma coisa. Seria a última surra que eu levaria, seria a última mesmo que morresse para isso.

Quando ele parou um pouco e mandou cantar, eu não cantei. Olhei Papai com um desprezo enorme e falei:

— Assassino!... Mate de uma vez. A cadeia está aí para me vingar.

Tomado de fúria, só então ele se ergueu da cadeira de balanço. Desabotoou o cinto. Aquele cinto que tinha duas rodelas de metal e começou a me xingar apoplético. De cachorro, de porcaria, de traste vagabundo, se era assim que falava do seu Pai.

O cinto zunia com uma força danada sobre o meu corpo. Parecia que o cinto tinha mil dedos que me acertavam em qualquer parte do corpo. Eu fui caindo, me encolhendo no cantinho da parede. Estava certo que ele ia me matar mesmo. Ainda pude ouvir a voz de Glória que entrava para me salvar. Glória, a única gata ruça como eu. Glória que ninguém tocava. Ela segurou a mão de Papai e segurou o golpe.

— Papai. Papai. Por amor de Deus, me bata, mas não bata mais nessa criança.

Ele jogou o cinto sobre a mesa e passou as mãos sobre o rosto. Chorava por ele e por mim.

— Eu perdi a cabeça. Pensei que ele estava caçoando de mim. Fazendo pouco caso.

Quando Glória me apanhou do chão, eu desmaiei.

Quando eu me apercebi das coisas, ardia em febre. Mamãe e Glória estavam à minha cabeceira e me diziam coisas carinhosas. Na sala havia movimento de muita gente. Até Dindinha tinha sido chamada. Eu doía todo a cada movimento. Depois eu soube que queriam chamar o médico, mas não ficava bem.

Glória me trouxe um caldo que fizera e tentou me dar algumas colheradas. Mal podia respirar, quanto mais engolir. Ficava numa sonolência danada e quando acordava a dor ia diminuindo. Mas Mamãe e Glória continuavam me velando. Mamãe passou a noite comigo e só bem de madrugada se levantou para preparar-se. Precisava ir trabalhar. Quando ela veio se despedir de mim eu me agarrei ao seu pescoço.

— Não vai ser nada, meu filho. Amanhã você ficará bom...

— Mamãe...

Falei baixinho, talvez a maior acusação da vida.

— Mamãe, eu não devia ter nascido. Devia ter sido como o meu balão...

Ela alisou tristemente a minha cabeça.

— Todo mundo deve ter nascido como nasceu. Você também. Só que às vezes você, Zezé, é levado demais..."

José Mauro de Vasconcelos. *O meu pé de laranja lima.*
(São Paulo, Melhoramentos, 1968.)

1. INFÂNCIA VÍTIMA DE VIOLÊNCIA

> "Há um país chamado Infância, cuja localização ninguém conhece ao certo. Pode ficar lá onde mora o Papai Noel, no Polo Norte; ao Sul do Equador, onde não existe pecado; ou nas florestas da Amazônia ou na África misteriosa, ou mesmo na velha Europa. Os habitantes deste país deslocam-se em naves siderais, mergulham nas profundezas do oceano, caçam leões, aprisionam dragões. E depois, exaustos, tombam na cama. No dia seguinte, mais aventuras. Não há *déjà vu* no País da Infância. Não há tédio.
>
> Nem todas as crianças, contudo, podem viver no País da Infância. Existem aquelas que, nascidas e criadas nos cinturões de miséria que hoje rodeiam as grandes cidades, descobrem muito cedo que seu chão é o asfalto hostil, onde são caçadas pelos automóveis e onde se iniciam na rotina da criminalidade. Para estas crianças, a Infância é um lugar mítico que podem apenas imaginar quando olham as vitrinas das lojas de brinquedos, quando veem TV ou quando olham passar, nos carros dos pais, os garotos de classe média. Quando pedem, num tom súplice — tem um trocadinho aí, tio? — não é só o dinheiro que querem; é uma oportunidade para visitar, por momentos que seja, o país com que sonham."
>
> Moacyr Scliar. *Um país chamado Infância*
> (Porto Alegre, Sulina, 1989.)

O fenômeno da infância em dificuldade

A infância vítima de violência ou infância em dificuldade compreende o contingente social de crianças e adolescentes "que se encontram em situação de *risco pessoal e social*, daqueles que se encontram em situações especialmente difíceis, ou, ainda, daqueles que por omissão ou transgressão da família, da sociedade e do Estado estejam sendo violados em seus direitos básicos". (Fórum — DCA, 1989)

A eles, a Constituição Federal de 1988 (art. 227) e a Lei 8.069 de 13 de julho de 1990 (Estatuto da Criança e do Adolescente) asseguram o direito de *Proteção Especial*, como forma de defesa contra a violência em suas várias modalidades.

A infância vítima de violência é tão variada quanto os meios e modos de violentar crianças e adolescentes.

As crianças vítimas de violência formam no Brasil um "país chamado infância" que está longe de ser risonho e franco. Nele vamos encontrar:

A amplitude do fenômeno

- a *infância pobre*, vítima da violência social mais ampla;
- a *infância explorada*, vítima da violência no trabalho;
- a *infância torturada*, vítima da violência institucional;
- a *infância fracassada*, vítima da violência escolar;
- a *infância vitimizada*, vítima da violência doméstica.

Embora essas categorias não sejam exclusivas, todas elas compõem o quadro perverso da infância violada, isto é, daquelas crianças que têm cotidianamente violados seus direitos de pessoa humana e de cidadão.

Infância pobre

Embora toda violência seja social, estas crianças são os filhos da violência que denominamos de social em sentido amplo porque "ou atingem seletiva e preferencialmente certos segmentos da população — os mais desprotegidos, evidentemente — ou, se possuem um alcance mais geral, são apresentados e justificados como condições necessárias para o futuro da sociedade". (Odalia, 1985)

"TODAS AS CRIANÇAS TEEM DIREITO À PLENITUDE FÍSICA, ESPIRITUAL e SOCIAL nas dignas condições de liberdade.
Assim como o pássaro tem direito ao canto.
Assim como as nuvens tem direito ao vôo.
Assim como o pólen tem direito à flor".

João de Jesus Paes Loureiro

No Brasil, a *infância pobre* é a categoria mais ampla de todas as que compõem a "infância em dificuldade". Ela foi "descoberta" como problema social desde os fins do século XIX e início do século XX com a constituição de uma nova ordem social decorrente da Proclamação da República, abolição da escravatura e crescimento acelerado de duas cidades: Rio de Janeiro e São Paulo. O seguinte depoimento, produzido em 1908, a partir de entrevistas com 96 garotos já revela uma consciência de que essas crianças são vítimas de adultos inescrupulosos e mostra que a infância pobre compreendia, já naquela época, dois grupos: o dos carentes e abandonados e o dos infratores.

> "Há no Rio um número considerável de pobrezinhos sacrificados, petizes que andam a guiar senhoras falsamente cegas, punguistas sem proteção, paralíticos, amputados, escrofulosos, gatunos de sacola, apanhadores de pontas de cigarros, crias de famílias necessitadas, simples vagabundos à espera de complacências escabrosas, um mundo vário, o olhar de crime, o broto das árvores, que irão obumbrar as galerias da Detenção, todo um exército de desbriados e de bandidos, de prostitutas futuras, galopando pela cidade à cata do pão para os exploradores. Interrogados, mentem a princípio, negando; depois exageram as falcatruas e acabam a chorar, contando que são o sustento de uma súcia de criminosos que a polícia não persegue." (João do Rio, s/d.)

Durante todo o século XX o problema da infância pobre não fez senão piorar, especialmente nas grandes cidades, a despeito das políticas sociais desenvolvidas.

Segundo estimativas de 1985 havia no Brasil 62 milhões de crianças na faixa de 0-19 anos (47% do total da população brasileira). Desses:

> "a. 36 milhões (58% do total de *crianças* brasileiras) eram *menores carentes*, isto é, provenientes de famílias cuja renda *per capita* é inferior a 1/4 do salário mínimo;
>
> b. 7 milhões (20% dos 'menores carentes') são os chamados *menores abandonados* isto é 'meninos e meninas de rua' que ficavam a maior parte do tempo afastados de seus pais ou responsáveis, perambulando pelas ruas, sem casa, sem escola, sem alimentação etc.;
>
> c. os *menores infratores* que a imprensa consagrou com o nome de 'pequenos bandidos' deviam ser aproximadamente 3,5 milhões (10% do total de 'menores carentes'). O perfil do menor infrator no Brasil mostra bem as marcas

> das muitas violências: semianalfabeto; com alguma experiência de trabalho, tendo vivido nas ruas (90% dos casos), iniciando-se na infração através do furto ou do roubo, de cor parda ou negra, tendo saído de famílias que sobreviviam com menos de um salário mínimo *per capita*." (Retrato do Brasil, 1985)

Sob a rubrica de *infância pobre* incluem-se os contingentes de "menores carentes", "menores abandonados" e "menores infratores". Mas desde a aprovação do ECA — Estatuto da Criança e do Adolescente — a nomenclatura *menor* não é mais utilizada.

Essas crianças, cotidianamente violentadas são aquelas para as quais de nada adiantou a Declaração Universal dos Direitos da Criança porque elas não são vistas como crianças e sim como *pivetes*, isto é, crianças rejeitadas, periféricas, apenas toleradas pelo sistema social injusto que as produziu e as exclui. Merecem, pois, os versos que lhes dedicou Chico Buarque.

PIVETE
Francis Hime e Chico Buarque, 1978

No sinal fechado
Ele vende chiclete
Capricha na flanela
E se chama Pelé
Pinta na janela
Batalha algum trocado
Aponta um canivete
E até
Dobra a Carioca, olerê
Desce a Frei Caneca, olará
Se manda pra Tijuca
Sobe o Borel
Meio se maloca
Agita numa boca
Descola uma mutuca
E um papel
Sonha aquela mina, olerê
Prancha, parafina, olará
Dorme gente fina
Acorda pinel

Zanza na sarjeta
Fatura uma besteira
E tem as pernas tortas
E se chama Mané
Arromba uma porta
Faz ligação direta
Engata uma primeira
E até
Dobra a Carioca, olerê
Desce a Frei Caneca, olará
Se manda pra Tijuca
Na contramão
Dança pára-lama
Já era pára-choque
Agora ele se chama
Emersão
Sobe no passeio, olerê
Pega no Recreio, olará
Não se liga em freio
Nem direção.

No sinal fechado
Ele transa chiclete
E se chama pivete
E pinta na janela
Capricha na flanela
Descola uma bereta
Batalha na sarjeta
E tem as pernas tortas.

As crianças são especialmente vulneráveis às violações de direitos, à pobreza e à iniquidade no País. Dados recentes, por exemplo, 29% da população vive em famílias pobres, mas, entre as crianças, esse número chega a 45,6%. As crianças negras, por exemplo, têm quase 70% mais chance de viver na pobreza do que as brancas; o mesmo pode ser observado para as crianças que vivem em áreas rurais. Na região do Semiárido, onde vivem 13 milhões de crianças, mais de 70% das crianças e dos adolescentes são classificados como pobres. Essas iniquidades são o maior obstáculo para o alcance dos Objetivos de Desenvolvimento do Milênio (ODM) por parte do País.

Fonte: <*http://www.unicef.org/brazil/pt/activities.html*>. Acesso em: 31 maio 2015.

Infância explorada

A infância explorada abrange o contingente de crianças que procuram sobreviver através do mercado formal e informal de trabalho. Estatísticas incompletas dão conta de que existem no Brasil três milhões de pequenos trabalhadores (International Confederation of Free Trade Unions). São os *pequenos trabalhadores* — vítimas das relações abusivas de trabalho — numa sociedade capitalista como a nossa. No Brasil, a preocupação com o trabalho da criança data também dos fins do século passado e início deste século. Vale a pena lembrar que é de 1891 o Decreto que regulariza o trabalho das crianças nas fábricas do Rio de Janeiro através de fiscalização, limite de idade, jornada limitada de trabalho etc.

> "QUE NENHUMA CRIANÇA OU ADOLESCENTE SEJA DEIXADO EM ABANDONO, CRUELDADE, EXPLORAÇÃO... Que não o caleje o trabalho antes do tempo. Uma criança é uma criança... uma criança... Por isso a pátria da ternura humana".
>
> *João de Jesus Paes Loureiro*

Em 1938 com a criação da Casa do Pequeno Jornaleiro reconhece-se a existência dos pequenos trabalhadores que têm a rua como local principal de suas atividades remuneradas (*mercado informal*).

Apesar das preocupações existentes desde o início do século, a situação do pequeno trabalhador brasileiro está hoje ainda muito longe de ser animadora, seja quando participa do *mercado formal*, seja quando participa do *informal*.

> "As famílias pobres e exploradas buscam sobreviver, na desigualdade, através do trabalho. O trabalho da criança e do adolescente constitui um dos recursos que as famílias pobres utilizam para aumentar sua renda e como mecanismo social para enfrentar emergências e situações de agravamento da subsistência. Isto acontece, por exemplo, em casos de invalidez, acidente, separação, desemprego e doença. Estas situações devem ser entendidas não como resultantes de dramas ou histórias isoladas e individuais das famílias pobres, mas como parte da história social da exploração.
>
> Das famílias chefiadas por mulheres, 20% dos filhos trabalham, sendo 20% (destes) até 9 anos; 40% de 10 a 14; 20% de 15 a 17 e 20% de 18 anos ou

mais. Estima-se que existem, hoje, no Brasil, 8,5 milhões de trabalhadores com idade igual ou inferior a 19 anos, número que dobrou a partir de 1970. Os trabalhadores com idade entre 10 e 14 anos constituem 7% do total da mão de obra ativa e os entre 15 e 19 anos chegam a 16%.

Trabalhador menor não tem, na sua grande maioria, registro em carteira no mercado de trabalho. Segundo a estimativa de Spindel apenas 10% dos trabalhadores menores de 18 anos têm registro no mercado de trabalho. Dentre os registrados, 72% estão na faixa de até 14 anos e começaram a trabalhar muito cedo, sem, no entanto, combinar trabalho e estudo. Em geral são os próprios pais ou mães que indicam os menores para o trabalho, e 35% deles são mantenedores da própria família. Deve-se ainda ressaltar que as crianças suprem necessidades da família em casos de doenças e de acidentes do trabalho em 37% das famílias pobres cujo chefe não trabalha devido a esses impedimentos.

Como é muito difícil combinar estudo e trabalho, 42% dos menores começaram a trabalhar depois de terem deixado a escola, e 22% abandonaram a escola pela necessidade de trabalhar.

Grande porcentagem dos menores ainda trabalha na zona rural. No Nordeste, esta proporção atinge 77% dos menores de 10 a 14 anos e 55,5% dos menores de 15 a 17 anos. No Brasil, 60% dos menores trabalham na zona rural, onde o acesso à escola se faz difícil.

O menor trabalha por necessidade, face às condições de pobreza da família, e não em razão da desestruturação da mesma. Segundo Spindel, apenas 25% dos menores que trabalham em empresas possuem família, e a grande maioria entrega o dinheiro em casa, visto que apenas 20% ficam com o próprio salário. As crianças não brincam em serviço, já que trabalham muito e de forma produtiva para a empresa.

A utilização do trabalho do menor pelo capital depende também dos ciclos da economia. Em fases de expansão esse trabalho é mais utilizado. Em qualquer caso trata-se de uma superexploração do trabalhador, pois essa mão de obra, além de produtiva, ainda não tem condição de reagir, de se organizar, de se sindicalizar e de participar de movimentos reivindicatórios que ameacem o lucro e a ordem social da empresa." (Faleiros, 1987)

Por outro lado, as crianças/adolescentes constituem mão de obra de baixo custo e são os primeiros a serem despedidos em ocasiões de crise. Têm

"pequena experiência no desempenho do processo de trabalho a ser executado e nos procedimentos e atitudes de defesa a serem adotados

> enquanto integrantes de uma categoria profissional, o que os transforma em um dos mais vulneráveis segmentos de trabalhadores sujeitos aos diversos gradientes de exploração de sua força de trabalho". (Farath, 1986)

Se esse é o quadro no *mercado formal*, a situação ainda é de maior exploração no *mercado informal*, consistente do pequeno comércio e de serviços prestados quase sempre no espaço da rua.

É um mercado muito menos estável, submetido ainda a várias formas de repressão seja pela polícia, seja pelas redes de crime organizado.

A dura realidade do trabalho infantil, no Brasil, continua...

Quase 14% das meninas entre 6 e 14 anos dizem trabalhar ou ter trabalhado para terceiros

De acordo com a Secretaria de Inspeção do Trabalho, do Ministério do Trabalho e Emprego, desde o início do ano, auditores fiscais flagraram 3.432 crianças e jovens trabalhando em todo o Brasil. Os dados foram apresentados na última sexta-feira, e apesar de ser um número inferior ao registrado no ano passado, quando foram detectados 5.382 casos, representa a dificuldade do país em atingir a meta de erradicar o trabalho infantil até 2020. Como já havia sido verificado em 2013, a maioria das crianças flagradas trabalhando este ano possui entre 10 e 15 anos, sendo que 77 tinham entre 5 e 9 anos e uma delas, menos de 5 anos...

Fonte: *<http://www.opovo.com.br/app/opovo/opiniao/2014/09/15/noticiasjornalopiniao,3314753/a-dura-realidade-do-trabalho-infantil-no-brasil.shtml>*. Acesso em: 31 maio 2015.

Infância torturada

Aqui se inclui o contingente de crianças vítimas de maus-tratos nas instituições seja de *assistência*, seja de *repressão*, seja de *tratamento*.

"AS CRIANÇAS NAS QUAIS A VIDA NÃO BROTOU COM TODAS AS PÉTALAS PERFEITAS terão direito a uma forma digna de cuidados e certezas e verdades e integração na vida social".

João de Jesus Paes Loureiro

> "No Brasil, a política de assistência às crianças em situação de dificuldade pessoal ou social data da década de 20 com a criação no Rio de Janeiro, pelo Juízo de Menores do Rio de Janeiro (1923), dos primeiros estabelecimentos oficiais de proteção à infância: o Abrigo de Menores, a Casa Maternal Mello Mattos, a Escola de Reforma João Luiz Alves, o Recolhimento Infantil Arthur Bernardes e a Casa das Mãezinhas." (Valladares, 1988)

Na década de 60 surge a FUNABEM, organismo público encarregado de traçar a política do Menor através da articulação das FEBEMs estaduais.

> "Ao longo deste século não têm faltado críticas à ação assistencial do Estado voltada para o menor (carente/abandonado ou infrator). A primeira crítica seria datada de 1926 e está contida no livro do médico Moncorvo Filho que denunciava a precariedade da assistência à infância no Brasil de 1500 a 1922. Em 1979, quando se comemorava o Ano Internacional da Criança cria-se em São Paulo o *Movimento em Defesa do Menor*, cuja atuação se destaca numa primeira etapa em denúncia de maus-tratos e violência cometidos contra as crianças de São Paulo, principalmente pela Polícia e pela FEBEM." (Ibid.)

O depoimento de Herzer, egresso da FEBEM, dá uma ideia dos maus-tratos a que eram submetidas as crianças nessa instituição:

> "Uma ocasião, fiquei muito chateado ao ver uma menor chamada Mônica apanhar do diretor na fila de entrada para o refeitório, na hora do almoço. O diretor começou xingando-a, então prestei atenção para saber do que se tratava. Ela abaixou a cabeça e nada respondeu. As meninas rezaram e, ao terminar a reza, o diretor prosseguiu, dizendo a Mônica que ela teria que rezar alto, pois ele queria ouvir.
>
> Mandou que ela rezasse sozinha e ela rezou, chorando. Ao terminar, quando dizia: 'Em nome do Pai, do Filho, do Espírito Santo...' ia dizer 'Amém', ele a esbofeteou, dizendo 'Amém'. Jogou-a no chão e prosseguiu na surra, com pontapés, quando ela caiu no chão. Depois, ele se virou, dizendo a ela que não havia acontecido nada, só estava ensinando a rezar.
>
> Nesta época havia na UT 4 um funcionário, inspetor de alunos, chamado Marcos, o braço direito do diretor, que era chamado sempre em assunto de espancamento.
>
> E, fora isso, nós percebíamos que esse funcionário vinha trabalhar às vezes alcoolizado, até que um dia nossa raiva por tal homem aumentou, pois ele,

tendo sido chamado para bater em uma menor, com o nome de Sílvia, isolou o pátio detrás da unidade, e foi para lá, onde ela iria ser espancada. Ouviam-se muitos gritos, ele a xingava, e ela gritava, soluçando. De repente o silêncio se fez e Sílvia saiu de lá, indo em direção à enfermaria. Quando ela passou por nós, chorava muito e, tapando o rosto com as mãos, percebemos que sua boca sangrava, que seus olhos estavam inchados. Apesar de sua face escura, já se notava a cor roxa ao redor de seus olhos. Quando Sílvia saiu da enfermaria estava com um pano na boca, mas nos mostrou o porquê do sangramento: com inúmeros socos no rosto, ele lhe havia arrancado um dente. Dois outros dentes ficaram tortos, afundados para dentro da boca; suas costas estavam esfoladas e, durante longo tempo, Sílvia permaneceu com os olhos e boca inchados de tal maneira que sua fisionomia modificou-se completamente." (Herzer, 1982)

Mas não são essas as únicas violências institucionais praticadas contra crianças e adolescentes. O hospital psiquiátrico infantil é outra instituição que, muitas vezes, em vez de curar o paciente, acaba violentando-o e tornando-o ainda mais doente. Isso é possível porque a política de saúde mental brasileira em vez de privilegiar "o atendimento ambulatorial público, sua boa distribuição geográfica e internações quando necessárias em pequenas unidades psiquiátricas", "privilegiou instituições de massa de caráter empresarial e cronificante". (Ferraz, 1981)

Os depoimentos a seguir dão uma ideia do que era o tratamento psiquiátrico para crianças no São Paulo de 1980 em "clínicas de repouso conveniadas com o INAMPS".

"Quando entrei, fiquei chocada com o hospital, a começar pelo seu cheiro. Porque as crianças, completamente abandonadas, defecavam em qualquer lugar. E viviam assim, na maior sujeira, na maior promiscuidade também. Inclusive em situação de desigualdade física. A violência, quer entre os próprios pacientes, quer entre pacientes e atendentes, era enorme. Como plantonista, primeiro, e, mais tarde, como psiquiatra da equipe, eu tinha de atender diariamente um grande número de pacientes machucados, um grande número de suturas, inclusive no couro cabeludo, resultantes das pancadas que levavam, dos companheiros ou dos próprios atendentes. Às vezes, atendia casos até de fraturas. Havia também um grande número de infecções resultantes desses ferimentos." (Prada, 1981)

Toda essa violência é uma violência de natureza *política*, que configura verdadeira tortura. Entende-se por tortura *qualquer* ato através do qual uma *autoridade pública* (*ou seu representante*) inflinge dor ou sofrimento severos (físicos ou mentais) sobre uma pessoa com o propósito de obter dela uma informação ou uma confissão, punindo-a por ato que ela tenha cometido, ou que se suspeite ter cometido. Isso porque os maus-tratos visam a dominação daqueles que a sociedade de classe definiu como *perigosos*, precisando portanto ser reprimidos, para serem contidos.

Hoje as internações psiquiátricas de crianças e adolescentes devem obedecer a normas da Reforma Psiquiátrica e do Estatuto da Criança e do Adolescente. (Consultar a respeito: Blikstein, F. *Destinos de crianças* — Estudo sobre as internações de crianças e adolescentes em Hospital Público Psiquiátrico. 2012. Mestrado em Psicologia Social. PUC-SP.)

A Lei 10.216 redireciona o modelo assistencial em saúde mental e dispõe sobre a proteção e os direitos das pessoas portadoras de transtornos mentais. O Parecer do CREMESP n. 3.188/11 disciplina a questão. (Consultar a respeito: Cordeiro, Q. et al. *Internação psiquiátrica para tratamento de pacientes menores de idade com dependência química. Psychiatry on line Brasil*, v. 20, abr. 2015. Disponível em: <www.polbr.med.br/ano14(-for1214b.php>. Acesso em: 31 maio 2015.

Infância fracassada

Aqui se concentram as crianças vítimas da violência escolar como forma de exclusão.

- Exclusão ao próprio processo de escolarização através das dificuldades de acesso (faltas de vagas, exigências de uniforme, horários etc.).
- Exclusão no processo através de reprovação e repetência.
- Exclusão do processo através da evasão escolar alimentada sobretudo pelos que já foram anteriormente reprovados.

Quando se fala de *exclusão*, fala-se da chamada expulsão encoberta, pois, teoricamente, todos têm direito à educação.

"A EDUCAÇÃO DE BASE É NECESSÁRIA, GRATUITA e OBRIGATÓRIA. Aí se planta o grão da liberdade. Aí se planta o sonho e a esperança".

João de Jesus Paes Loureiro

Já houve tempo, porém, em que, no Brasil, a infância pobre esteve excluída do projeto educacional brasileiro. Falando dos primeiros anos de nosso século pode-se dizer que

> "se bem que já constasse da Constituição de 1824 a instrução primária gratuita para todos os cidadãos e tendo sido instituída a escolaridade obrigatória [...] na prática a lei da escolaridade obrigatória [...] isentava aqueles que sofressem de moléstia contagiosa ou repulsiva e os incapazes, física e moralmente; os que fossem extremamente pobres, enquanto não recebessem recursos fornecidos por institutos de beneficência escolar". (Valladares, 1988)

Embora esses dispositivos não estejam mais em vigor, podemos constatar ainda hoje os efeitos da expulsão encoberta sobretudo na população escolar mais pobre no Brasil.

Segundo dados de 1980, cerca de 33% das crianças em idade escolar (7 a 14 anos) estavam fora da escola e apenas 25% das que entravam na 1ª série chegam à 4ª série de 1º grau e apenas 10% à 8ª série. O problema persiste nos anos 2000, como indicam as notícias a seguir.

2012-2013

Brasil tem 3ª maior taxa de evasão escolar entre 100 países, diz Pnud

Um a cada quatro alunos que inicia o ensino fundamental no Brasil abandona a escola antes de completar a última série. É o que indica o Relatório de Desenvolvimento 2012, divulgado nesta quinta-feira (14) pelo Pnud (Programa das Nações Unidas para o Desenvolvimento).

Com a taxa de 24,3%, o Brasil tem a terceira maior taxa de abandono escolar entre os 100 países com maior IDH (Índice de Desenvolvimento Humano), só atrás da Bósnia Herzegovina (26,8%) e das ilhas de São Cristovam e Névis, no Caribe (26,5%).

Na América Latina, só Guatemala (35,2%) e Nicarágua (51,6%) têm taxas de evasão superiores. Não foi divulgado o índice do Haiti.

Fonte: *UOL, em São Paulo*, 14 mar. 2013, 17h07, atualizada em 14 mar. 2013, 21h28.

2012-2013

Crianças fora da escola

Mais de 3,8 milhões de crianças e adolescentes entre 4 e 17 anos estão fora da escola

MARINA KUZUYABU

Atualmente, mais de 3,8 milhões de crianças e adolescentes entre 4 e 17 anos estão fora da escola. Os grupos mais atingidos pela exclusão são as crianças de 4 e 5 anos (1.154.572 ou 30% do total), com idade para frequentar a pré-escola, e os adolescentes de 15 a 17 anos (1.725.232 ou 44,8% do total), que deveriam estar no ensino médio. Quem faz o alerta é o Fundo das Nações Unidas para a Infância (Unicef) e a Campanha Nacional pelo Direito à Educação, que juntos criaram o portal Fora da escola não pode (*www.foradaescolanaopode.org.br*). O objetivo do site é facilitar a consulta de dados coletados sobre o tema pelo IBGE e demais fontes e que, geralmente, ficam "escondidos" em planilhas... Analisando os dados do Brasil, de maneira geral, vê-se que em todas as faixas etárias os mais excluídos são as meninas e os meninos negros, que vivem no campo, em famílias de baixa renda, com pais ou responsáveis com pouca ou nenhuma escolaridade. Também são vítimas da exclusão escolar as crianças e os adolescentes quilombolas, indígenas, com deficiência, em situação de trabalho infantil, que sofrem algum tipo de exploração ou estão em conflito com a lei.

Fonte: Revista *Educação*, jul./2014 — Mosaico — ed. 207. Disponível em: <revistaeducacao.uol.com.br/textos/207/criancas-fora-da-escola-319380-1.asp>. Acesso em: 31 maio 2015.

Infância vitimizada

Este é o contingente vítima da violência praticada no lar e, por isso mesmo, a mais secreta de todas. Aqui estão as vítimas da "pedagogia negra" (maus-tratos físicos), da negligência, do abuso sexual quase sempre de natureza incestuosa e da "perversa doçura", ou seja, da violência psicológica. As notícias a seguir dão uma ideia da amplitude e da gravidade dessas formas de violência doméstica.[1]

1. Para uma discussão mais aprofundada a respeito, consulte-se Azevedo, M. A.; Guerra, V. N. A. (Orgs.). *Crianças vitimizadas*: a síndrome do pequeno poder. 2. ed. São Paulo: Iglu, 2007.

> "QUE NENHUMA CRIANÇA OU ADOLESCENTE jamais seja pasto de maus-tratos".
>
> *João de Jesus Paes Loureiro*

Violência física

F. (8). Menino comparecia à escola com falta de cuidado pessoal, hematomas, ferimentos e cortes pelo corpo (especialmente cabeça). Segundo ele, a mãe utilizava a mão, a vassoura, o chinelo para agredi-lo. Um dia ao fugir do pai, caiu na escada e o pai pisou sobre sua perna, fraturando-a. Ele amarrou uma fralda de pano em sua perna onde o osso quase saia da pele e no dia seguinte pela manhã seus pais o levaram ao pronto socorro. F. deveria ficar engessado 45 dias, mas os pais retiraram o gesso antes. A violência persistiu, mesmo com o caso acompanhado pelo Conselho Tutelar que o encaminhou à Justiça da Infância e da Juventude que penalizou os pais com o pagamento de cestas básicas para instituições infantis. Família em atendimento sociopsicológico, não se registrando novas ocorrências. (Caçapava — SP).

Crianças (11 e 8). Apresentam dificuldades para aprender, vão à escola sujos, com marcas de queimaduras nas mãos e barriga devido a pontas de cigarro aceso que o pai coloca neles. Recebem socos, pontapés, tapas do pai que é alcoólatra e ameaça os filhos de morte constantemente. Um dia os dois meninos, quando o pai estava alcoolizado, enfiaram uma agulha em suas nádegas. Mãe omissa, procurou o Fórum para tratar de sua separação, mas continua com o marido, justificando suas atitudes ao dizer que ele é assim só quando bebe. (Cruzeiro — SP).

Violência Sexual

G. O. R. (11) encaminhada ao Conselho Tutelar por sua escola devido a problemas de rendimento escolar e distúrbios de conduta. Informa que pai é alcoólatra, agressivo com todos, mãe não protege os filhos. O pai perpetra violência sexual com ela e com o irmão menor, além de utilizar "cordas de ferro nas plantas dos seus pés e mãos para não deixar marcas". Crianças com distúrbios de fala e problemas de conduta (furto), hiperatividade. Indicada família substituta para as crianças vítimas, avaliação do risco para as demais dentro deste lar, ação penal contra o pai. (Ribeirão Preto — SP).

M. (3). Avó materna vai à DDM avisar que soubera pela criança que o pai praticava violência sexual com ela. Criança levada à psicóloga, tendo feito 10 sessões onde manifestou angústia ligada a temas sexuais e descreveu situações de violência. Inquérito policial constando Atentado Violento ao Pudor. Guarda transferida para avós maternos, visitas do pai proibidas, mãe autorizada a ver a criança, embora não empática com seu sofrimento (sugestão da equipe do caso). (Santo André — SP).

Negligência

Criança (1 ano e 4 meses). **Versão do pai**: "*a mãe havia feito sabão caseiro com gordura, soda cáustica e desinfetante. Deixou a lata sob a mesa e saiu para buscar nosso filhinho de 5 anos na pré-escola. A criança pequena andando pela casa comeu um pouco de sabão. Corremos para levá-la ao hospital, onde ficou internada por 23 dias e voltou com sonda para se alimentar somente com líquidos*". **Versão do irmão**: "*a mãe fez sabão e colocou debaixo da mesa. Depois foi dormir. Minha irmãzinha foi lá e comeu o sabão. Só foi socorrida quando meu pai chegou às 19 horas e viu a nenê chorando com a boca inchada. Meu irmão de 6 anos estava catando papelão na rua e não viu nada*". O diagnóstico médico foi "estenose cáustica de esôfago" e há suspeitas de que a mãe seja alcoólatra. (São Paulo — SP).

K. L. M. (5) quando foi socorrido pela ambulância e pela Polícia, acionadas por vizinho de barraco, depois de uma noite inteira de choro e convulsões, foi encontrado em condições sub-humanas de higiene, estando seus pais alcoolizados e drogados. Em seu prontuário hospitalar constavam 8 internações por pneumonia, sendo que na última contraiu infecção hospitalar que deu origem a uma bacteremia em membros inferiores e no superior esquerdo por falta de medicação e pela imobilidade com que foi abandonado no berço até 1 ano e 1 mês (não ficava nem sentado). Na ocasião foi internado na UTI por 18 dias e submetido à amputação das pernas. (São José do Rio Preto — SP).

Violência fatal

✝ C.G.S. (1 ano e 4 meses). Criança espancada pelo padrasto com murros no tórax e abdômen. O agressor socorreu a vítima alegando queda de escada. Houve exame necroscópico, face a suspeitas no relato do agressor, constatando-se violência física e prática de atos libidinosos. Crime motivado por vingança em relação à mãe pelo fim da vida conjugal. Houve outros antecedentes de violência física contra esta criança. (Guaratinguetá — SP.).

✝ Mauro (1). Claudia, sua mãe, conheceu Pedro há 5 meses e o trouxe para morar em sua casa, desejando um companheiro para ajudar nas despesas domésticas. Mas Pedro ficou desempregado, Claudia continuou trabalhando, seus dois filhos ficavam com ele. Um dia ela flagrou Pedro puxando os cabelos de Luiz, seu filho mais velho. Pedro arrumou emprego como garçom e trabalhou até 5 horas da manhã. Sozinho em casa e querendo descansar, ouvia o choro insistente de Mauro. Trocou-o, alimentou-o, o choro persistiu. Desferiu-lhe dois socos no abdômen. Mauro desfaleceu, Pedro o colocou debaixo de uma torneira de água fria. Levou-o ao hospital já sem vida, alegando que caíra da cama. (Rio do Sul — SC).

Fonte: Azevedo, M. A.; Guerra, V. N. A. (Orgs.). *Os novos pequenos mártires*. São Paulo: LACRI, 2000.

Todas essas violências compõem um triste mosaico: o da infância em dificuldade, da infância violentada e violada cotidianamente. Esse mosaico, por mais negro que possa parecer, forma um painel inconcluso. Isso porque existem formas de violência contra a criança que sequer foram abordadas por nós.[2]

Todas essas crianças necessitam de proteção especial. Mas, dentre todas, existe um grupo que até recentemente tinha ficado esquecido e que

2. Esse é o caso das "crianças filhas de guerra ou guerrilha que compõem o conjunto da infância militarizada, refugiada ou vítima passiva do conflito armado". (Gomez, 1988)

agora está sendo tirado da clandestinidade: é o grupo das crianças vítimas de violência doméstica.

Referências bibliográficas

FALEIROS, V. A fabricação do menor. *Humanidades* (12), fev./abr. Brasília: UnB, 1987.

FARATH, L. M. G. A. Menor trabalhador. *São Paulo em Perspectiva*, revista da Fundação SEADE, v. 2, n. 1, p. 49-50, jan./abr. 1986.

FERRAZ, M. P. T. In: PRADA C. *Menores no Brasil*: a loucura nua. São Paulo: Alternativa, 1981.

GOMEZ, A. J. A. Niños y conflicto armado: el caso centroamericano. VII Congresso Internacional sobre Prevenção ao Maltrato e Negligência na Infância. Rio de Janeiro, 1988.

HERZER, S. M. *A queda para o alto*. Petrópolis: Vozes, 1982.

ODALIA, N. *O que é violência*. São Paulo: Nova Cultural/Brasiliense, 1985.

PRADA, C. *Menores no Brasil*: a loucura nua. São Paulo: Alternativa, 1981.

RETRATO DO BRASIL. São Paulo: Política, mar./jul. 1985.

RIO, João do. *Direitos da criança*. Pastoral do Menor, (mimeo.), s/d.

VALLADARES, L. P. (Coord.). *A "infância pobre" no Brasil*: uma análise da literatura, da ação e das estatísticas. Rio de Janeiro: IUPERJ, 1988.

2. POLÍTICAS SOCIAIS E A VIOLÊNCIA DOMÉSTICA CONTRA CRIANÇAS E ADOLESCENTES: BREVES INCURSÕES NO PANORAMA INTERNACIONAL

A. Violência sexual

Tratando-se de uma das várias modalidades de *sexo-intergeracional*, a violência sexual contra crianças e adolescentes praticada no lar reflete de um lado a evolução das concepções que as sociedades construíram acerca da *sexualidade humana*; de outro, a *posição da criança e do adolescente* nessas mesmas sociedades e, finalmente, o *papel da família* na estrutura das sociedades ao longo do tempo e do espaço. Se tomarmos a sociedade americana como exemplo — já que é hoje uma das mais desenvolvidas em termos de organizações e serviços voltados para essa problemática — poderemos verificar que as políticas sociais no tocante à violência doméstica de tipo *sexual só* começaram a ser efetivamente estruturadas a partir dos anos 70 do século XX, graças ao movimento feminista que tornou públicos vários temas até então considerados tabu: estupro, espancamento de mulheres no lar e abuso sexual de crianças. Até então isto não tinha sido possível porque o estudo da sexualidade humana tinha se pautado dentro de uma perspectiva falocrata que contribuiu seja para negar por exemplo o incesto pai-filha, na esteira da perspectiva freudiana, seja para minimizar sua incidência e seu impacto sobre as vítimas, na dos estudos de Kinsey, tal como analisou Azevedo (1992). Em ambos os casos o que se protegia era a *família patriarcal* enquanto pedra de toque da sociedade capitalista e dentro da qual vigoraria a terrível Lei do Pai, tão terrível a ponto de assegurar a este o poder de converter todos os fracos da instituição (mulheres, crianças) em objetos de seu desejo.

E foi exatamente porque o sexo intergeracional familiar equivalia a um escândalo na estrutura patriarcal da família que — tanto no nível da consciência comum quanto no nível da consciência científica americana — ele foi cercado por uma eficiente conspiração de silêncio. Conspiração tal que *só* começou a ser rompida através dos depoimentos de sobreviventes, os quais se constituíram no desmentido mais eficaz à crença que dominava nos EUA de 1970: a de que o abuso sexual doméstico de crianças e adolescentes era raríssimo, nada menos que um caso em um milhão de pessoas. Desde então, inúmeros estudos têm contribuído para:

1. mostrar que o fenômeno é *endêmico* na cultura americana e não meramente epidêmico ou episódico. (Russell, 1986; Herman, 1981)
2. evidenciar a natureza complexa do problema, merecendo talvez a designação *abusos*. (Finkelhor, 1979, 1984)
3. demonstrar a gravidade das consequências para as vítimas. (Herman, 1981; Mrazek e Kempe, 1981)

Assim é que aos poucos, com base em estudos sérios, a sociedade americana foi tomando conhecimento de que uma em cada dez crianças teria sido sexualmente abusada por um membro de sua família antes dos 18 anos; que as vítimas "preferidas" seriam as meninas, superando os meninos numa proporção de dez para um; e que o fenômeno seria "cruelmente democrático", não se limitando aos grupos pauperizados e discriminados etnicamente (Forward e Buck, 1989). Por outro lado, desde o restabelecimento da pena de morte nos EUA, por volta dos anos 70, mais de 90 menores com idades entre 15 a 17 anos foram condenados à morte por estupro, assassinato etc. A Anistia Internacional realizou um estudo sobre 23 desses casos e descobriu que 12 deles "haviam sofrido, em sua infância, graves maus-tratos físicos ou abusos sexuais". (Amnistia International, 1991)

Dados como esses favoreceram a proliferação de instituições e programas destinados ao combate à violência sexual doméstica contra crianças e adolescentes, como bem assinalou Rush em 1980:

> "com o conhecimento atual da incidência de abuso sexual e violência familiar, inúmeras tentativas estão sendo feitas no sentido de garantir a ajuda necessária através de muitas instituições já existentes oferecendo proteção à família, à criança, reabilitação criminal e serviços de saúde. O *National Center for Child Abuse and Neglect* de Washington e o *Center for the Prevention and Control of Rape* também em Washington, ambos filiados ao *Department of Health Education and Welfare*, distribuem informação, bibliografia e lista de recursos disponíveis. O *National Law Enforcement Administration*, um ramo do *United States Department of Justice* em Washington financia e apoia programas de prevenção e assistência. Cada Estado tem pelo menos uma agência oficial autorizada a investigar casos

> suspeitos, e toda cidade, incluindo as menores localidades, oferece algum tipo de serviço de proteção à criança; tais serviços ou estão incorporados ao *Department of Welfare* local ou a instituições públicas e privadas de proteção à criança e família. Ultimamente "rape crisis centers" e "sexual assault centers" surgiram independentemente ou dentro de organizações feministas, de unidades de combate ao crime sexual (estatais ou municipais) e hospitais. Susan Griffin em seu livro *Rape: The Power of Consciousness* listou aproximadamente mil instituições desse tipo subvencionadas com verbas públicas ou privadas. Tal número indica uma ânsia em lidar com o problema mas, infelizmente [...], tais organizações, a despeito de seu excelente trabalho, usualmente não podem subsistir com seus parcos recursos, sendo compelidas a descontinuar seus serviços ou operar esporadicamente". (Rush, 1980)

Já em 1978, Armstrong apontava que:

a. qualquer pessoa, em qualquer localidade do país, podia obter todas as informações, de que necessitasse sobre o problema do abuso sexual doméstico de crianças e adolescentes. Sem mesmo ter que se identificar, bastaria telefonar para a instituição local de proteção à família ou à criança, ou então a um centro de aconselhamento familiar;
b. a notificação do fenômeno sofria ampla variação. Em oito Estados americanos, médicos, assistentes sociais, enfermeiros, psicólogos etc. estavam obrigados a notificar o abuso (quando dele tomassem conhecimento). Na maioria dos casos essa notificação deveria ser feita ao departamento de Serviços Sociais. Em outros Estados, como Maryland podia ser feita alternativamente à Polícia ou ao Departamento de Serviços Sociais. Em alguns Estados, como Califórnia, era obrigatório notificar a Polícia;
c. as atitudes dos profissionais de Serviços Sociais e dos profissionais da Polícia costumavam seguir caminhos diferentes;
d. ao longo do país, os esforços dos Serviços Sociais dirigiam-se principalmente no sentido de ajudar a família e conservá-la intacta sempre que possível.

Tais constatações permitiam já inferir que as políticas sociais americanas de combate à violência sexual doméstica contra crianças e adolescentes refletiriam de alguma forma a influência de modos de conceber o fenômeno:

- como *crime*, gerando uma abordagem *criminológica* do mesmo, destinada à contenção do abuso seja criminalizando agressor, seja separando agressor e vítima através de uma intervenção direta do poder policial e do Poder Judiciário na família;
- como *problema social*, gerando uma abordagem *assistencialista* à família (cuja integridade deveria ser preservada na medida do possível, enquanto instituição fundante da sociedade capitalista) por meio de uma intervenção direta das instituições de Serviço Social na família;
- como *patologia*, gerando uma abordagem *terapêutica*, tanto no plano físico quanto mental, por meio da intervenção de médicos ginecologistas junto às vítimas (para detectar e tratar consequências orgânicas do abuso, tais como gravidez precoce, doenças sexualmente transmissíveis etc.); de médicos psiquiatras junto a agressores e vítimas (para diagnosticar e tratar distúrbios tais como a "síndrome de estresse pós-traumático"); de psicólogos e psiquiatras junto às vítimas, aos agressores e seus parceiros e, ultimamente, às famílias como um todo, a fim de compreender e trabalhar as várias dinâmicas das *famílias incestogênicas*;
- como violação dos direitos da mulher e da criança, gerando uma *abordagem política* destinada a resgatar a cidadania de mulheres e crianças enquanto polos mais fracos de relações falocêntricas e adultocêntricas características da família moderna americana.

Buscando ter uma ideia mais aproximada dos programas de combate à violência sexual doméstica contra crianças e adolescentes *ora em funcionamento nos EUA*, contatamos por carta os 55 programas listados por Armstrong, primeiro em sua obra de 1978 (*Kiss daddy goodnight/A speak-out on incest*). O resultado da enquete consta do quadro a seguir.

Alguns comentários se fazem necessários.

a. *Quanto à distribuição geográfica dos programas*: já na década de 70 os programas se distribuíam desigualmente ao longo do território americano: nem todos os Estados americanos estavam representados (apenas 26) sendo que de modo geral a média de programas por Estado era de 1 a 2. Ressalte-se, entretanto, que os Estados com maior número de programas era Minnesota (com 7) e Nova York (com 6), justamente dois Estados, dentre os doze, onde não havia (1970) e não há (1991) pena de morte, conforme informações do mapa adiante inserido.

b. *Quanto à taxa de retorno*: foi pequena. A coluna 3 do Quadro mostra que foram encontrados 13 dos 55 programas. O Correio devolveu 4 cartas destinadas a outros programas, indicando destinatário desconhecido, ao passo que a taxa de não resposta foi de 38 em 55 (cerca de 70%). Se compararmos com os dados da coluna 5, poderemos entender esse resultado como fruto da descontinuidade de tais programas: dos 13 encontrados só 11 estão em funcionamento; dois deles responderam dizendo ter encerrado as atividades por falta de verbas.

O mapa a seguir mostra a distribuição geográfica dos onze programas ainda em funcionamento mais de dez anos depois (1991), correlacionada com a distribuição da pena de morte pelos Estados americanos.

Os números em destaque no mapa, indicados dentro de alguns Estados, correspondem evidentemente aos programas em funcionamento, devendo-se consultar o Quadro 1 para se obter maiores informações sobre eles.

Os dados discutidos daqui para a frente dizem respeito apenas a esses programas.

c. *Quanto ao histórico*: embora o material recebido nem sempre tenha trazido esse dado, a maioria dos Programas localizados e em funcionamento até hoje foram criados na década de 70 (após o impacto do movimento feminista portanto). Só o Programa número 35, de Nova Jersey, *Adult Diagnostic and Treatment Center*, iniciou-se em 1950.

d. *Quanto ao perfil institucional*: com exceção do Programa criado em 1950 e do Programa número 45 de Ohio, todos os demais seguem o perfil americano clássico: instituições particulares mantidas por recursos públicos e/ou privados.

PROGRAMAS DE ATENDIMENTO À VIOLÊNCIA SEXUAL
VERSUS **DISTRIBUIÇÃO DA PENA DE MORTE EUA — 1991**

Este mapa não inclui os estados de Alaska e do Havaí nem o estado livre associado de Porto Rico, todos eles abolicionistas.

Fonte: Amnistia Internacional. EUA - Menores Condenados a Muerte. Espanha, EDAI, 1991.

Quadro 2

Levantamento de características de programas voltados para atendimento à violência sexual doméstica contra crianças e adolescentes nos EUA – 1978-1991

1	2	3			4	5	
Estado	Programas	Encontrado			Histórico	Funcionando	
		Sim	Não	S/R		S	N
I ARIZONA	1. Tucson Center for Women and Children		X				
	2. Center Against Sexual Assault		X				
	3. Sexual Abuse Program c/o Behavior Associates		X				
II ARKANSAS	4. S.C.A.N. Suspected Child Abuse and Neglect			X			
III CALIFORNIA	5. Child Sexual Abuse Treatment Program Parents United			X			
	6. Cmmunity Consultation Service – Harbor General Hospital			X			
	7. Sexual Abuse Treatment Program – Valley Psychiatric Center			X			
IV COLORADO	8. National Center for Prevention and Treatment of Child Abuse	X			1972	X	
	9. Family Therapy Program Children's Hospital	X				X	
V CONNECTICUT	10. Sexual Trauma Treatment Pilot Program			X			
VI DISTRICT OF COLUMBIA	11. Children's Hospital National Medical Center-Child Protection Center			X			
VII FLORIDA	12. The Rape Treatment Center-Jackson Memorial Hospital	X				X	
	13. Child Development Center-Community Mental Health Center of Escambia			X			
VIII GEORGIA	14. Rape Crisis Center Grady Memorial Hospital			X			
IX HAWAII	15. Sexual Abuse Treatment Center Kauikeolani Children's Hospital			X			
X ILLINOIS	16. The Child Advocate Association			X			
	17. CAUSES-Child Abuse Uniti for Studies, Education and Services	X			1973	X	
	18. Parental Stress Services			X			
XI IOWA	19. Department of Pediatrics or Adolescent Clinic University Hospital			X			
XII KANSAS	20. Wyandotte County Medical Health Center			X			

6	7	8		9	10	11	
Perfil Institucional	População alvo	Serviços básicos		Serviços complementares	Equipe Nuclear	Atua em	
		Natureza (a)	Modalidade (b)			Prevenção	Pesquisa
Particular	Vítimas Família	1/2/3/4/ 5/6/7/13/ 18/20	D ID	1/2	Psiquiatra Psicólogo Ass. Social Médico	S	S
Particular	Crianças Adolescentes e suas famílias	1/2/3/ 5/6/7/ 9/11/19	D ID	1	Psiquiatra Psicólogo Enfermeiro Terapeuta	S	S
Particular (no Jackson)	Vítimas de estupro (sexo feminino)	1/3/ 5/6/7	D ID	3		5	N
Particular, com fundos oficiais e privados	Famílias Vítimas	1/2/5/6/ 7/8/9/16	D ID	2	Psiquiatra Psicólogo Ass. Social	S	S

1	2	3			4	5	
Estado	**Programas**	**Encontrado**			**Histórico**	**Funcionando**	
		Sim	**Não**	**S/R**		**S**	**N**
XIII MARYLAND	21. Multidisciplinary Committee on Physical and Sexual Abuse and Neglect			X			
	22. Sexual Abuse Treatment Program Baltimore Dept. of Social Services	X					X
	23. Sexually Assaulted Child/Program Baltimore City Hospitals			X			
	24. Protectiv Services Montgomery Co/Dept. of Social Services			X			
XIV MICHIGAN	25. Child Sexual Abuse Division/ Children's Aid Society			X			
	26. Genesee County Child Abuse Consortium			X			
XV MINNESOTA	27. Sexual Assault Services/Hennekin County Attorney's Office			X			
	28. Incest Program Christopher Street Inc.			X			
	29. Family Renewal Center/Fairview Southdale Hospital			X			
	30. Child Adolescent Services Ramsey County Mental Health Center			X			
	31. Child Protection Intake Unit Ramsey County Welfare Department			X			
	32. Face to Face Health and Counseling Service	X			1971		X
	33. Sexual Abuse Counseling Team/ Wilder Child Guidance Clinic	X				X	
XVI NEW JERSEY	34. Family Service Burlington County Meadow Health Center	X				X	
	35. Adult Diagnostic and Treatment Center	X			1950	X	
XVII NEW MEXICO	36. Family Resource Center			X			
XVIII NEW YORK	37. Brooklin Society for the Prevention of Cruelty to Children			X			
	38. Queensboro Society for the Prevention of Cruelty to Children			X			
	39. NY Society for the Prevention of the Cruelty to Children			X			
	40. Sex Crimes Prosecution Unity NY Co. Office of the District Attorney			X			
	41. Victims Information Bureau of Suffolk (VIBS)	X				X	
	42. Alliance-Child Abuse Coordinating Program Catholic Charities Family Service Division						

6	7	8		9	10	11	
Perfil Institucional	População alvo	Serviços básicos		Serviços complementares	Equipe Nuclear	Atua em	
		Natureza (a)	Modalidade (b)			Prevenção	Pesquisa
Particular	Adolescentes: Mães, vítimas	1/17/ 16/18	D	1/4	Médico Enfermeira Psicólogo		
Particular: com fundos privados	Famílias incestuosas	5/6/7	D		Ass. Social Psicólogo	N	N
Particular	Indivíduos Casais Famílias Crianças Adolescentes	3/5/6/7/ 8/9/16/20	D ID	2	Psicólogo Psiquiatra Ass. Social	S	N
Público	Agressores Sexuais	5/7/9/6/ 10/8/11/12	D		Psicólogo	S	N
	Vítimas de violência familiar abuso sexual	4/16 3/8	D ID	2		S	

1	2	3			4	5	
Estado	Programas	Encontrado			Histórico	Funcionando	
		Sim	Não	S/R		S	N
XIX NORTH DAKOTA	43. Rape Crisis Center Grand Forks County Social Service Center			X			
XX OHIO	44. Rape Prevention Program/ Consultation and ED. Dept./Columbus Area Com. Mental Health Center			X			
	45. Community Rel. Dept. Franklin County Children Services	X				X	
XXI OKLAHOMA	46. Pediatric Psych. Serv. Oklahoma Children Memorial Hospital			X			
	47. Parents Assistance Center			X			
	48. At - Risk Parent - Child Program Oklahoma College of Medicine	X			1974	X	
	49. Public Health Guidance Centers/ Oklahoma State Dept. of Health			X			
XXII PENNSYLVANIA	50. Center for Rape Concerns		X				
XXIII TENNESSEE	51. Child and Family Service			X			
XXIV TEXAS	52. Project S.E.Y. Sexually Exploited Youth			X			
XXV WASHINGTON	53. Sexual Assault Center/ Harborview Medical Center	X			Início 1973	X	
	54. Child Protective Services Sexual Abuse Program Dept. of Social and Health Service			X			
XXVI WINSCONSIN	55. Sexual Assault Treatment Center Family Hospital			X			

6	7	8		9	10	11	
Perfil Institucional	População alvo	Serviços básicos		Serviços complementares	Equipe Nuclear	Atua em	
		Natureza (a)	Modalidade (b)			Prevenção	Pesquisa
Pública	Vítimas e famílias	13/14/15	D ID	Educação Familiar 5		S	N
Particular	Pais agressores	1/2/3/5/6/7/ 8/14/15/16	D	1/2	Ass. Social Médico	S	S
Particular com fundos federais e particulares	Vítimas e famílias	1/2/3/4 5/6/7/8	ID	1/2	Ass. Social Médico	S	S

COLUNA 8A/8B

ID - Indiretos
D - Diretos
1 - avaliação médica
2 - avaliação psicossocial
3 - intervenção em situação de crise (inclusive fone hot line)
4 - advocacia infantil
5 - terapia individual
6 - terapia familiar
7 - terapia de grupo (homens, crianças, mulheres, adolescentes)
8 - grupos de auto-ajuda (vítimas, pais agressores, parceiros)
9 - terapia de casal
10 - educação sexual
11 - grupo para alcoólatras/advogados
12 - orientação vocacional
13 - investigação de maus-tratos
14 - abrigo para vítimas
15 - colocação de vítimas em famílias adotivas etc.
16 - aconselhamento psicológico
17 - programa pré-natal
18 - programas para vítimas de abuso (incluindo pré-escola terapêutica)
19 - programa para vítimas com Síndrome de Stress Pós-Traumático
20 - programa de educação familiar (pais jovens, adotivos etc.)

COLUNA 9

1 - capacitação de profissionais
2 - consulta e sensibilização comunitária contra maus-tratos à infância em geral
3 - luta contra sexismo
4 - educação em saúde
5 - educação familiar

e. *Quanto ao modelo de atenção desenvolvido*: os dados das colunas de 7 a 11 permitem afirmar que o modelo de atendimento preponderante nos programas pesquisados tem as seguintes características:

1. é basicamente *terapêutico*, isto é, inspirado no modelo *médico* de atendimento do abuso sexual de crianças e adolescentes;
2. daí envolver, em muitos casos, médico clínico, enfermeiro, psiquiatra, psicólogo, terapeuta ocupacional; [...]
3. coerente com o modelo, o foco do atendimento é *ex-post facto*, isto é, *depois que o abuso ocorreu*; oferece-se às *vítimas* e, em alguns casos, *às suas famílias*, uma série de *atendimentos terapêuticos*: avaliação diagnóstica (médica/psicossocial); terapia (individual, de grupo, de casal, familiar), programações alternativas de apoio (aconselhamento, grupos de autoajuda), programações especiais (pré-escola terapêutica, mães adolescentes, vítimas com Síndrome de estresse pós-traumático), medidas de proteção (advocacia infantil, investigação de maus-tratos, intervenção em situação de crise, abrigo para vítimas, afastamento do agressor...); todas medidas emergenciais do tipo SOS, portanto;
4. não é de estranhar que a base de alguns desses Programas sejam unidades médicas, hospitais, clínicas, escolas de Medicina, já que a concepção que os norteia é a de *tratamento das sequelas* físicas e psicológicas do abuso inscritas na vida das vítimas ou de suas famílias. É o caso dos Programas n. 9 (*Family Therapy Program/Children's Hospital*); n. 12 (*The Rape Treatment Center/Jackson Memorial Hospital*), n. 33 (*Sexual Abuse Counseling Team/Wilder Child Guidance Clinic*), n. 48 (*At Risk Parent — Child Program/Oklahoma College of Medicine*), n. 53 (*Sexual Assault Harboview Medical Center*). Diagnosticar, tratar, curar, parecem ser as palavras de ordem de muitos desses Programas caudatários da importância assumida pela Medicina e Ciências da Saúde na primeira metade de nosso século;
5. a própria prevenção assumida por quase todos os Programas contatados é concebida dentro do modelo terapêutico de atenção ao problema do abuso sexual de crianças e adoles-

centes. Com poucas exceções, o paradigma é o da prevenção primária/secundária/terciária adotado nas políticas de saúde em geral. Embora se note uma valorização implícita da Educação enquanto veículo de prevenção, não se percebe um esforço sistemático de atacar os condicionantes socioeconômicos, políticos e culturais responsáveis pela *re-produção endêmica* do fenômeno, o que pode explicar em parte o fracasso reiterativo das políticas de contenção dessa modalidade de violência doméstica contra crianças e adolescentes nos EUA;

6. merece destaque, ainda, o fato de que o atendimento em casos de abuso sexual doméstico de crianças e adolescentes parece ter surgido em muitos Programas como um apêndice ou extensão de atendimentos a outros casos de violência. É o caso do Programa n. 12 (*The Rape Treatment Center*), voltado para vítimas de estupro do sexo feminino; do Programa n. 32 (*Face to Face Health and Counseling Service*), destinado a adolescentes e mães adolescentes, ou do Programa n. 35 (*Adult Diagnostic and Treatment Center*) que prioriza agressores sexuais. A impressão é a de que a especificidade da problemática do *abuso sexual* doméstico de crianças e adolescentes acaba dissolvida no seio de outras muitas violências com o consequente reducionismo empobrecedor.

f. *Quanto ao recurso à pesquisa:* cerca de um terço dos programas analisados valoriza explicitamente a pesquisa como forma de aprofundar a compreensão do fenômeno. Como dois terços não o fazem, essa desvalorização pode ter contribuído para o desenvolvimento de estratégias pouco eficazes no trato da problemática.

Um exame de todos os aspectos discutidos permite afirmar que a abordagem da problemática parece ser tópica, salvacionista e fragmentária. *Tópica* porque voltada prioritariamente para as vítimas em vez de privilegiar o combate à própria fabricação de vítimas na sociedade americana. *Salvacionista* porque a expectativa é a de curar feridas (físicas ou psicológicas), em vez de trabalhar o resgate da cidadania de crianças e adolescentes e seu fortalecimento como pessoas. *Fragmentária* porque cada Programa seleciona para abordagem esta ou aquela faceta do problema, em vez de trabalhar suas verdadeiras raízes. Evidentemente, a construção de Programas que não padecessem dessas limitações exigiria, no âmbito da nação americana, o enfrentamento de um desafio muito maior: o da construção de uma sociedade onde crianças e adolescentes fossem cidadãos de primeira classe e não seres menores vítimas — sobretudo no lar — de uma *pedagogia negra,* porque tributária de padrões de relacionamento entre *gêneros* e *gerações* essencialmente assimétricos, falocêntricos no primeiro caso, e adultocêntricos, no segundo.

Por outras palavras, exigiria o enfrentamento *prévio* de certas normas sociais "ocultas" que ameaçam a segurança de meninos e meninas ainda que se apresentem à consciência ingênua disfarçadas como sendo "para o próprio bem da criança ou do adolescente".

Tal como propõem alguns especialistas, seria preciso trabalhar pela criação de uma nova *cultura da infância,* dentro de uma sociedade radicalmente democrática que valorizasse suas crianças na prática e não apenas no nível de discurso...

Os dados constantes no Quadro 1 e por nós analisados — contrastados aos comentários feitos pela própria Armstrong em 1978 — permitem levantar uma *questão nuclear,* contemplando todo esse esforço institucional, abrangendo um período de cerca 15 anos na realidade americana.

A pergunta que fica é a seguinte: *Valeu a pena?* As estatísticas do fenômeno estão decrescentes? Infelizmente parece que não o que nos leva a uma nova pergunta: por quê?

As explicações parecem ser várias. Eis algumas delas. Em primeiro lugar, parece-nos que, com raras exceções, os programas têm deixado intacta a raiz cultural do fenômeno, que repousa direta ou indiretamente num duplo padrão assimétrico de desigualdades:

HOMEM — MULHER

ADULTO — CRIANÇA

Enquanto a família continuar sendo o *locus* privilegiado das desigualdades de *gênero e geração,* ela continuará a ser preeminente em todos os tipos de violência. Enquanto a subalternidade da mulher não for eliminada, a violência contra ela continuará a ser *naturalizada* dentro e fora do lar e *banalizada* pela sociedade. E estupros continuarão ocorrendo.

Em segundo lugar, parece-nos que os programas definem subrepticiamente um compromisso maior com a família — enquanto instituição idealizada — do que com as mulheres e crianças, cidadãos menores cujos direitos são cotidianamente violados.

Em terceiro lugar, parece-nos ainda que os programas são do tipo *ex-post facto.* Definem sua atuação prioritária a partir do *disclosure*, isto é, a partir da revelação do abuso e procuram topicamente colocar um *band-aid* terapêutico nas feridas do abuso.

Em quarto lugar, parece-nos *que o esforço para prevenir* a fabricação de vítimas de abuso (em vez de simplesmente fazê-las acorrer a seus SOS) também tem falhado, na medida em que os programas preventivos limitam-se a desenvolver nas crianças discriminações cognitivas e superficiais (tipo toque bom x toque mau) deixando sem discussão a questão das relações entre pais e filhos.

Em quinto lugar, parece-nos que os profissionais que trabalham na área nem sempre partilham as mesmas suposições sobre o fenômeno: aqueles que trabalham em serviços sociais de proteção à criança e os que atuam na área jurídica enfatizam o amparo à vítima, controle externo da família abusiva e uma abordagem psicoterapêutica individual; terapeutas com orientação familiar defendem que o problema do abuso sexual de crianças e adolescentes só pode ser compreendido e tratado como sintoma de elementos distorcidos na dinâmica familiar. Mesmo estes diferem em suas orientações teóricas e práticas terapêuticas, sem falar no fato de que, via de regra, tomam a família como instituição a-histórica, atemporal, imutável e perene, portanto. Tudo isso acaba redundando em desentrosamento, desorganização e fragmentação no nível das políticas sociais de combate ao problema.

Em sexto lugar, a legislação penal americana também é ambígua: sexo entre adultos e crianças é proibido em todos os Estados americanos mas, curiosamente, "a maioria das relações incestuosas entre pais e filhas [por exemplo] não configura o *crime de incesto* caindo sob a tipificação de delitos menores tais como "abuso carnal de uma criança", liberdades indecentes com crianças ou "corrupção da moral de um menor de idade". (Russell, 1986)

Em sétimo lugar, parece-nos que a atenção às vítimas se faz muito mais numa perspectiva de *vitimologia* (tentando identificar o que existe de comum entre elas e as vítimas de outros abusos, a exemplo do que começa a ser desenvolvido na Argentina) do que na perspectiva muito mais libertadora de considerá-las como *sobreviventes do incesto*, capazes de superar o trauma do abuso e interromper o ciclo da violência doméstica (à luz da tradição europeia).

Todos esses considerandos parecem por sua vez indicar que se a sociedade americana — a partir da corajosa denúncia das feministas — foi capaz de tirar da clandestinidade o tema do abuso sexual doméstico de crianças e adolescentes, enfrentando junto com instituições políticas e programas um problema que o discurso oficial e majoritário passou a condenar, o balanço da efetividade dos esforços despendidos nesses 20 anos de trabalho (1970-1990) não parece muito alentador. A redução das taxas desse tipo de abuso não tem sido significativa. Tudo isso porque têm faltado dois ingredientes fundamentais: de um lado, uma compreensão *crítica* do processo de produção desse tipo de violência no contexto socioeconômico político e cultural da sociedade americana; de outro, uma política realmente emancipatória, que previna e combata a violência no contexto de uma política maior de resgate da cidadania de mulheres e crianças no contexto da mesma sociedade americana.

Enquanto isso não ocorrer, as políticas sociais americanas na área continuarão sendo políticas de aparência, tópicas e parciais...

Referências bibliográficas

AMNISTIA INTERNACIONAL. *Estados Unidos/Menores condenados a la muerte*. Espanha: EDAI, 1991.

ARMSTRONG, L. *Kiss Daddy Goodnight/A speak-out on incest*. Nova York: Pocket Book/Gulf and Western Corporation, 1978.

AZEVEDO, M. A. *Incesto pai-filha:* um tabu menor de um Brasil menor. 1992. Tese (Livre-Docência) — Instituto de Psicologia, Universidade de São Paulo, São Paulo.

FINKELHOR, D. *Sexually victimized children*. Nova York: The Free Press, 1979.

______. *Child sexual abuse:* new theory and research. Nova York: The Free Press, 1984.

FORWARD, S.; BUCK. C. *A traição da inocência/O incesto e sua devastação*. Rio de Janeiro: Rocco, 1989.

HERMAN, J. L. *Father — daughter incest*. Cambridge: Harvard University Press, 1981.

MRAZEK, P. B.; KEMPE, C. H. *Sexually abused children and their families*. Nova York: Pergamon Press, 1981.

RUSH, F. *The best kept secret/Sexual abuse of children*. Nova York: McGraw Hill Book Co., 1980.

RUSSELL, D. E. H. *The secret trauma/Incest in the lives of girls and women*. Nova York: Basic Books Inc. Publ., 1986

B. Violência física: entre o passado e o presente

B.1. Introdução

Para a consecução deste tópico vamos nos ater ao debate da questão da violência física nos EUA, considerando-se que foi na sociedade americana, na década de 60, que se deu o movimento de "redescoberta" deste fenômeno.

Evidentemente, todo este movimento de "redescoberta" teve um pano de fundo socioeconômico e político o qual é preciso desvelar enquanto uma condição básica de compreensão deste mesmo movimento. Importa saber que antes da década de 60 este fenômeno já era debatido nos EUA, tendo sido "descoberto" na década de 70 do século XIX.

Lembremo-nos de que "antes de 1870 as crianças eram vistas como adultos e a infância não existia. Desta perspectiva, o trabalho infantil não era percebido como exploração mas como um dever da criança para com a família, a sociedade e Deus. Como resultado as crianças trabalhavam tão logo pudessem [...]. Eram também julgadas como os adultos pelos crimes que cometessem [...]". (Day, 1989)

Esta visão de infância foi aos poucos sendo modificada devido a diversas influências, cumprindo ressaltar, entre elas, os movimentos de reforma social que redefiniram as crianças enquanto seres diversos dos adultos e, portanto, a serem protegidas do abuso e da negligência. Esta necessidade de proteção, surgiu de certa forma a partir do caso de Mary Ellen, agredida fisicamente no lar, na década de 70. Como a lei relativa aos seres humanos não contivesse dispositivos que a pudessem proteger de seus agressores, invocou-se para tanto a Sociedade Protetora dos Animais sob a alegação de que a criança também pertencia ao reino animal. O embaraço causado por esta situação deu origem à constituição de Sociedades de Prevenção da Crueldade contra as crianças (SPCC)[3] que, ao final da década de 70, já eram em número de 34 só nos EUA. Organizaram-se também instituições públicas e privadas providenciando vestuário, alimentação e atenção médica para as crianças.

Para Gordon, a violência doméstica sempre existiu na sociedade americana, mas se tornou importante combatê-la num momento em que houve urbanização crescente e imigração acelerada;[4] enfim foi preciso se ocupar das crianças, contendo-se os sintomas de desordem social. "Os reformadores consideraram o abuso infantil não só como uma coisa errada, mas como uma espécie de poluição, envenenando o estoque de futuros cidadãos e a ordem cotidiana da sociedade civil". (Gordon, 1988)

Ajudar as crianças se afigurava como uma missão importante, principalmente considerando-se que, de um lado, elas deviam ser pensadas como seres *inocentes*,[5] facilmente vitimizáveis e, de outro, como *maleáveis*, podendo ser moldadas como bons cidadãos. Protegê-las dos erros dos adultos tornou-se uma bandeira de luta dos chamados "salvadores de crianças".

Gordon acrescenta que aqueles que organizaram as SPCCs "visualizaram a *crueldade* contra as crianças como um vício de classes e de

---

3. Precursoras dos Serviços de Proteção à Infância.

4. Lembremo-nos de que na chamada *idade dourada* (1870-1890), assim cognominada enquanto uma referência às fortunas acumuladas pelos novos magnatas industriais, havia um grande medo da elite protestante quanto a perder o seu controle político e cultural em termos dos imigrantes (em grande número católicos e que constituíam as massas trabalhadoras). As temidas fontes de desordem social agora incluíam não só a doença e a depravação, mas uma resistência organizada: tumultos por questões trabalhistas, especialmente os ocorridos no verão de 1877.

5. Em contraste à possibilidade "calvinista" de as crianças serem possuídas pelo demônio.

culturas inferiores que necessitavam de correção, bem como a aprender a crescer num *padrão americano*" (ibid.). Ao se trabalhar com a palavra *crueldade* estava-se operando com uma noção de cunho moralista, dirigindo-se mais a atenção para um "criminoso cruel", geralmente considerado como um "imigrante depravado e ignorante", atentando-se menos para a vítima. O movimento contra a crueldade dirigida às crianças foi particularmente influenciado pelo movimento de temperança que culpabilizava a bebida pelos problemas sociais. O que estava por trás disso enquanto mensagem era o seguinte: a ênfase na bebida e a crueldade contra as crianças representavam algo que só os imigrantes pobres faziam — não a classe respeitável.

As respostas para o problema da crueldade contra as crianças eram de duas naturezas: "reforma" do agressor, combinando-se moralização e punição; ou a institucionalização da vítima.

Uma das grandes ironias do projeto das SPCC residiu no fato de que elas passaram a ser conhecidas do público apenas com o nome de *crueldade* sendo que entre as crianças se tornou popular o refrão: "não me aborreça ou te denuncio à crueldade".

Ao abordarmos sucintamente o período conhecido como "o da salvação de crianças", que abrangeu aproximadamente de 1875-1910, podemos verificar que houve algumas mudanças no período seguinte, de 1910 a 1930, conhecido como a *Era Progressista*.[6]

---

6. Este foi um período de prosperidade nos EUA. Para a população de modo geral houve transformações em seu modo de vida: melhores hospitais; tecnologia mais sofisticada; melhores estradas e meios de comunicação; melhor distribuição de água, ampliações da rede elétrica e de esgotos etc. Houve maior participação dos cidadãos e se implantou uma legislação social nova: leis anti-trustes, o Departamento da Criança (*Child Bureau*), leis na área da saúde, da segurança e em termos do trabalho infantil. Entretanto, é importante não se esquecer da opressão sofrida pelos negros e do terrível massacre conhecido como "Verão Vermelho" (1919) no qual 170 negros foram mortos e 537 feridos. Aqueles que lutavam por reformas sociais foram acusados de bolchevistas: sufragistas, pacifistas etc., sendo alguns sentenciados a diversos anos de prisão por discordarem dos que estavam no poder. "Na verdade, nesse período a América perdeu pouco das suas posturas classistas, racistas e sexistas: a lei confirmava o *status* secundário da mulher no mercado de trabalho; em 1929, 42% de todas as famílias recebiam menos do que US$ 1.500, definidos como o mínimo de subsistência para uma família de cinco pessoas e o racismo se exacerbava também pela postura dos movimentos eugênicos que apregoavam a esterilização daqueles considerados inferiores (negros, criminosos, prostitutas, imigrantes que não pertencessem à esfera anglo-saxã etc.)". (Day, 1989)

A Era Progressista, se comparada à anterior, trouxe à tona outros tipos de preocupações:

- uma ênfase mais ampla na negligência do que na violência física;
- um entendimento de que o quadro de violência doméstica tinha a ele associados outros elementos que não o álcool: a pobreza, o desemprego, o isolamento, as doenças;
- um entendimento também no sentido de que a violência doméstica era um problema familiar, de que os laços familiares estavam enfraquecendo (um dos grandes receios era o crescimento de famílias chefiadas por mulheres);
- uma convicção de que a violência doméstica era um assunto a ser tratado por profissionais que não exclusivamente os da área criminal.

Na medida em que na Era Progressista os agentes de caridade da classe alta foram substituídos em suas funções pelos profissionais, estes começaram a se inquietar com o enfraquecimento das famílias as quais, segundo eles, eram responsáveis pelos amplos problemas sociais. Portanto, as propostas de atenção passavam por uma "reforma familiar", bem entendida enquanto um processo de reabilitação das famílias em termos de sua organização, de acordo com valores e padrões tradicionais. Deu-se, no período, grande ênfase à "*prevenção* que significava proteger as crianças de danos ao se disciplinar os pais" (Gordon, 1988). A *prevenção* permitia, por parte dos profissionais, uma apropriação das funções parentais, colocando-os na posição de líderes destes pais. É bem conhecido o processo aqui deflagrado pelo qual os pais acabavam sendo expropriados de muitas funções no tocante às crianças, funções estas que passaram a ser exercidas por outras instituições sociais que não exclusivamente a família; além disso, os pais acabavam recebendo ajuda especializada para cuidar dos filhos pelas agências de reprodução socializadas.[7]

Finalmente um aspecto com o qual gostaríamos de finalizar a discussão sobre a Era Progressista é o de que a importância que se atribuiu à negligência neste período, mais do que à violência física,

---

7. Para uma análise mais pormenorizada deste aspecto consulte-se Lasch, C. *Refúgio num mundo sem coração*. São Paulo: Paz e Terra, 1991.

pode enquanto uma hipótese de reflexão ter por trás um determinado significado. Quando se enfatizou a violência física no período anterior, "um vício individual foi culpabilizado e os *homens* foram colocados como culpados" (idem), ao passo que, quando se enfatizou a negligência na Era Progressista, as *mulheres* foram responsabilizadas, porque tradicionalmente cabia a elas o cuidado com os filhos. Ora, lembremo-nos de que nesse período havia preocupações com o enfraquecimento da família, com o crescimento dos lares chefiados por mulheres. Nada mais oportuno do que culpabilizar as mulheres pelo que ocorria no âmbito da negligência, propor-se um reforço dos valores tradicionais e ter sobre estes fatos a seguinte opinião de um profissional: "muito trabalho chega até nós por causa da ignorância quanto às virtudes do lar e especialmente por causa da falta de treinamento das mães" (idem).

Após a Era Progressista seguiu-se a da *Depressão*, cuja característica fundamental foi a "defesa da família nuclear convencional". Procurou-se não enfatizar a violência masculina como um problema significativo no nível doméstico. Poder-se-ia até dizer que havia uma "compreensão" dos motivos que conduziam os homens a esse tipo de violência: desemprego, estresse daí decorrente. As mulheres (quando agressoras) conheceram menores simpatias no sentido de que eram tradicionalmente responsáveis pelo bem-estar de sua família.

Os atendimentos dados à violência familiar eram em termos de reconciliação e de ajuda econômica. Esses episódios de violência foram considerados um epifenômeno.

As SPCCs nesse período devotaram-se quase que integralmente à negligência infantil, agora concebida primariamente em termos de "negligência econômica", como desnutrição ou cuidado de saúde inadequado.

O período da II Guerra Mundial e a década de 50 mostram uma época de defesa da família tradicional, valendo para tanto as teorias de Parsons sobre a família nuclear, com papéis diferenciados (o homem como provedor; a mulher como incumbida dos cuidados com os filhos). A teoria parsoniana da família reafirma-a como indispensável e fornece argumentos para a sua contínua invasão por parte de especialistas na arte da cura psíquica e social. Buscava-se o ajustamento do indivíduo à família nuclear, sendo que os problemas de natureza interpessoal eram analisados enquanto "complexos individuais".

Segundo Gordon, a influência deste tipo de análise, advinda da psiquiatria, logo se fez sentir no campo da violência familiar: "as mulheres passaram a ser culpabilizadas pelas agressões de seus maridos [...] elas falharam em termos de aceitar a sua feminilidade [...] eram masoquistas [...]. Estas neuroses requeriam diagnóstico e tratamento de especialistas [...]; estas neuroses indicavam a necessidade de tratamento não do agressor, mas da vítima" (idem).

Gordon considera ainda que, de 1950 a 1960, a proteção infantil foi perdendo bastante espaço em termos do sistema de bem-estar infantil. As SPCCs se isolaram do debate em torno de questões mais amplas da política social e a "proteção infantil se tornou uma especialidade fraca num sistema de bem-estar infantil relativamente fraco também" (idem). O que Gordon não fala e que podemos levantar como hipótese é que nesse período não interessava desvelar a opressão decorrente da violência familiar. Interessava preservar a imagem da família, culpabilizar as vítimas (especialmente as adultas — no caso as mulheres).

Refazendo-se o percurso da violência doméstica, percebemos que num primeiro momento o fenômeno foi alvo de campanhas lideradas por agentes de caridade da classe alta e que militavam nos movimentos anticrueldade contra as crianças. Já no segundo momento — na Era Progressista — o trabalho de proteção das crianças foi considerado uma extensão do trabalho de uma nova profissão: o Serviço Social.

A década de 60 marca, no entanto, um período de profundas mudanças em termos de respostas públicas e profissionais a este fenômeno.

Neste período, ele teve a sua discussão dominada pelos médicos, especialmente pediatras, "o seu diagnóstico e tratamento medicalizados também, enquanto um meio de construção do prestígio deste grupo" (idem). Nesse sentido é que em 1962, nos EUA, através dos trabalhos de dois médicos, Kempe e Silverman, a questão é batizada com o nome de *Síndrome da criança espancada*.[8]

---

8. A Síndrome se refere usualmente a crianças de baixa idade, que sofreram ferimentos inusitados, fraturas ósseas, queimaduras etc., ocorridas em épocas diversas, bem como em diferentes etapas, e sempre inadequada ou inconsistentemente explicadas pelos pais. O diagnóstico tem que se basear em evidências radiológicas dos repetidos ferimentos.

B.2. A década de 60 nos EUA: o pano de fundo que cercou a "redescoberta" da violência doméstica contra crianças e adolescentes

Conhecida como a década da "promessa e da frustração", os primeiros anos desse período foram de grande otimismo. Toda a nação vibrava com a eleição de um novo presidente: John Kennedy, que prometera erradicar o ramerrão e o conformismo. Embora sua popularidade fosse grande, pouco lhe valeu em termos de apoio no Congresso. "À época de seu assassinato conseguira realizar apenas menos de um terço de seu programa legislativo [...], sua curta e trágica presidência criou expectativas que não puderam ser realizadas". (Day, 1989)

> "Embora o Congresso reagisse favoravelmente aos programas de defesa, pesquisa e desenvolvimento espacial do governo, *recusou a maioria dos projetos envolvendo matéria de bem-estar social* [o grifo é meu]: os conservadores bloquearam pedidos do governo no tocante a programas de ajuda aos desempregados jovens, aos trabalhadores migrantes, maiores benefícios no seguro-desemprego, assistência médica (*Medicare*) dos idosos, ajuda federal à educação etc. A economia melhorou consideravelmente. Entre 1960 e 1964 o PNB e os desembolsos federais totais subiram quase 26%, a taxa de inflação (1 a 2%) foi mínima, mas a taxa de desemprego jamais caiu abaixo de 5%." (Sellers et al., 1990)

O grave problema social que dizia respeito ao tratamento discriminatório propiciado aos negros recebeu por parte da administração Kennedy uma tentativa de enfraquecimento, a qual, em termos legislativos, mostrou-se árdua devido à coalizão congressional dominante de democratas sulistas e republicanos em geral conservadores. Tendo sido derrotada em várias batalhas legislativas em termos de conter o processo discriminatório, a administração Kennedy optou por desfechar uma ofensiva no nível do poder executivo, nomeando negros para cargos governamentais, proibindo a discriminação em projetos habitacionais etc.

Evidentemente, os mais importantes progressos obtidos pelos negros ocorreram através de movimentos militantes não violentos, em defesa dos direitos civis.

De qualquer forma, importa salientar que a luta dos negros contra a discriminação foi árdua e comandada basicamente por Martin Luther

King, embora outras lideranças houvessem surgido, a exemplo de Malcolm X. Por outro lado, uma minoria branca silenciosa esteve sempre disposta a combater a luta dos negros pela igualdade de direitos.

Além do problema dos negros, uma outra questão foi imposta à consciência americana da década de 60: a da discriminação contra as mulheres. O movimento feminista "que entrava em colapso na década de 20 renasceu no clima passional da década de 60" (idem) batalhando arduamente pela igualdade de direitos, pela reforma do sistema de bem-estar social, pela igualdade da extensão de benefícios, pela implantação de centros de planejamento familiar, pela legalização do aborto mediante determinadas condições.

Um outro tipo de protesto partiu dos jovens, que começaram a questionar, entre outros aspectos, a ordem acadêmica ou universitária, tida por eles como autoritária impessoal e irrelevante, a vinculação da universidade ao complexo militar-industrial, atacando fundamentalmente o posicionamento racista e militarizado da nação americana, principalmente no tocante à guerra com o Vietnam. Além dos ativistas da Nova Esquerda, o movimento jovem trouxe à tona uma outra forma de rebelião: o movimento *hippie* que "preferia emoção à razão, misticismo oriental à ciência, comunidade a individualismo e autorrealização a sucesso material". (Ibid.)

Com o assassinato de Kennedy, em 1963, sobe ao poder Lyndon B. Johnson, o qual, "modelando seu enfoque no de Franklin Roosevelt e concentrando-se em assuntos internos — particularmente nos problemas da pobreza — denominou seu programa de a *Grande Sociedade* (idem), deixando clara uma intenção de formar um novo e prático consenso, o primeiro desde os dias do *New Deal*.

Conseguiu aprovar no Congresso, em 1964, o projeto de lei de direitos civis de Kennedy, gerando mais apoio aos negros em direitos eleitorais, educação, oportunidades de emprego, aceitação em locais públicos etc.

Através das eleições de 1964, que levaram ao aumento da maioria democrata nas duas Casas do Congresso, quebrou-se pela primeira vez o poder da coalizão republicanos-democratas sulistas. Johnson conseguiu então aprovar um programa coordenado de reformas, entre as quais se pode destacar:

- Lei de Direitos de Votação, que assegurou a igualdade dos negros;
- Aprovação dos programas Medicare (seguro-saúde para idosos) e Medicaid (para pobres), quebrando o velho tabu contra o financiamento federal da assistência médica;
- Aprovação de leis na área educacional;
- Apoio para programas de segurança nas estradas e relativos à antipoluição.

Vale aqui destacar também que desafios importantes e polêmicos ao *status quo* surgiram no seio de uma instituição que é quase sempre de caráter conservador: o Supremo Tribunal. Sob a liderança de Earl Warren (1953-1969) o Tribunal se tornou um grande propulsor de mudança social nas décadas de 50 e 60: com suas inúmeras ações, o Tribunal insistiu na dessegregação nas escolas, garantiu livre expressão a comunistas (estabelecendo distinção entre "advocacia [...] como mera doutrina abstrata" e "advocacia que incita à ação ilegal"), limitou os poderes abusivos da Comissão de Atividades Anti Americanas da Câmara de Representantes, proibiu as leituras de Bíblia e as orações em escolas públicas.

Foi no clima de abertura da era Warren que data da administração Kennedy a célebre decisão GAULT, inovadora no sentido de garantir aos adolescentes infratores um processo idêntico ao dos adultos no sistema judiciário (confronto com acusadores, ter testemunhas etc.). Antes dessa decisão, o jovem, até por infrações mínimas, passava longos anos institucionalizado, sem direito à defesa.

As decisões do Supremo Tribunal, aplaudidas por libertários civis e ativistas, acabaram carreando a ira de muitos que acreditavam que o Tribunal estava estimulando a subversão e o ateísmo, sendo que grupos extremistas de direita passaram a reivindicar o *impeachment* de Earl Warren. A campanha presidencial de Nixon, em 1968, teve como uma das promessas a reforma do Supremo Tribunal, com a nomeação de ministros que "interpretassem corretamente a Constituição americana".

"Em 1968 a 'Grande Sociedade' de Johnson, da mesma forma que a doutrina igualitária do Supremo de Warren, colidiu com o crescente nervosismo do povo e o conservantismo" (idem). Os também crescentes protestos de grupos até então submissos, como índios, homossexuais, migrantes, mulheres, jovens, beneficiários da previdência social etc. acabaram por assustar grupos conservadores — a chamada maioria silenciosa — formada por norte-americanos de classe média, brancos, voltados para a família e à religião — que irritadamente reagiram à era de protesto e de permissividade com exigências de mudança política e "lei e ordem".

Em 1966 perdas eleitorais democratas implicaram a reinstalação no Congresso da conservadora coalização republicanos e democratas sulistas. Houve cortes drásticos na ajuda ao exterior e em recursos para programas sociais (Medicare e habitações integradas). Problemas internos e externos dos EUA se agravaram e Johnson sofreu uma queda acentuada de sua liderança.

Uma nova aglutinação de forças se deu e o poder acabou passando para Richard Nixon, adepto de uma perspectiva conservadora, tendo como bandeira de luta o estabelecimento "da lei e da ordem".

Voltando os olhos para trás podemos perceber que a década de 60 — também conhecida como a Década do Sonho de Liberdade e de Justiça Social — sinalizou uma série de conquistas; algumas posteriormente tornadas irreversíveis, outras vividas por momentos breves mas que nos deixaram, de um lado, a perspectiva de que muitas delas foram sedimentadas pelas poderosas lutas dos movimentos sociais, e que, por outro, não conseguiram mudar a face conservadora que se apresentou a partir do governo Nixon e que atingiu uma força significativa no governo Reagan. Entretanto, é preciso ainda pensar como os Beatles: "o sonho não acabou"...

B.3. O atendimento à questão da violência doméstica contra crianças e adolescentes da década de 60 em diante

Após todas estas considerações podemos perceber que no contexto da "redescoberta" da violência doméstica contra a criança esteve presente o movimento feminista, o dos estudantes, o antibelicista, o dos direitos civis.

> "Combinados, estes movimentos fomentaram questões críticas sobre a santidade da privacidade familiar, a posição privilegiada do homem enquanto chefe da família e a importância de a família permanecer junta a

qualquer preço. Os movimentos criaram uma atmosfera na qual o abuso infantil, o das mulheres e o incesto puderam de novo ser denunciados. Além disso, a discussão sobre a violência familiar situou-se numa atmosfera de criticismo a respeito das formas mais aceitas de violência como, por exemplo, a militar, a política e a cultural." (Gordon, 1988)

No início da década de 60 os profissionais, especialmente da área médica, tentaram assumir a hegemonia da questão. Com a "redescoberta" do fenômeno intitulado pelos médicos de *Síndrome da criança espancada* três aspectos merecem discussão:

1. A organização de um modelo de entendimento do fenômeno conhecido como *psicopatológico*, que centrou o problema da violência física nos *pais*, na medida em que os colocava como portadores de severos distúrbios emocionais.[9] Este modelo definia que a causa central do problema estava no indivíduo agressor, que havia uma perspectiva de *doença*, a qual deveria ser tratada do ponto de vista *individual*.

A terapia preconizada incluía um processo de "re-paternagem" dos pais, que durava de 18 meses a 3 anos e previa a participação de dois terapeutas, porque, em função do alto nível de egocentrismo dos pais, ser-lhes-ia impossível compartir o mesmo terapeuta.

O atendimento ao fenômeno previa também a sua "descriminalização", sendo que em seus trabalhos Kempe e Helfer enfatizavam que a adoção de medidas criminais afastaria os pais de uma perspectiva de intervenção, "fazendo com que houvesse um fosso entre eles e o técnico responsável pelo tratamento do problema".[10]

2. Pfohl (1977), em um trabalho polêmico, mostra-nos como para os médicos a "redescoberta" da violência doméstica contra crianças foi importante: "o médico se tornou o guardião moral definindo o que era normal, adequado ou desejável: ele se investiu de poderes inquisitoriais para descobrir as coisas erradas a serem corrigidas". Pfohl vai mais além

9. Para uma discussão mais aprofundada consulte-se Guerra, V. N. A., *Violência física contra crianças e adolescentes: os difíceis caminhos do conhecimento científico,* São Paulo, 1992, mimeo.

10. A este propósito, consulte-se Guerra, V. N. A. *Violência de pais contra filhos: procuram-se vítimas.* 2. ed. São Paulo: Cortez, 1985. Em 2008 saiu a 3ª edição desta obra (revisada e ampliada) e com o nome modificado: *Violência de pais contra filhos: a tragédia revisitada,* São Paulo: Cortez. Atualmente está na 7ª edição.

dizendo que se implantou o processo de medicalização[11] da violência física, ou seja, o problema passou a dizer respeito à categoria médica, proporcionando um aumento de prestígio dos radiologistas, uma expansão do papel do médico, a formação de uma coalizão entre psiquiatras, pediatras e radiologistas, bem como a destinação de uma grande soma de recursos para as pesquisas e o atendimento na área médica, em torno da problemática.

3. No período que vai de 1963 até 1967, os Estados americanos organizaram uma legislação que encorajava a notificação dos casos suspeitos e/ou confirmados de violência doméstica contra as crianças aos serviços de proteção infantil. É evidente que este período legislativo coincidiu com o momento socioeconômico político de uma época tão rica em movimentos sociais e com a "redescoberta" do fenômeno. Com o incremento de tal legislação, os casos começaram a surgir, aumentando a cada ano as estatísticas a eles pertinentes.

Ora, isto contribuiu para que a política de atendimento passasse a enfrentar sérios problemas. Na medida em que se preconizava um atendimento terapêutico individualizado aos agressores, com um longo período de duração, através de profissionais especialmente capacitados para tanto, revelou-se que:

a. os recursos terapêuticos eram escassos face à demanda crescente;
b. não havia profissional em número elevado para propiciar tal atendimento;
c. os custos deste modelo de atenção eram altos;
d. o número de fracassos também aumentava consideravelmente.

Além disso, o modelo de atenção individualizado continha em seu bojo uma resistência implícita quanto a separar pais e filhos, uma vez que era necessária a participação destes últimos para se trabalhar o processo de "re-paternagem". Ora, isso trouxe à tona questões como a necessidade imediata de proteção da vida da vítima e de quem, na verdade, na família agressora, era o cliente preferencial com seus direitos resguardados: a vítima ou seus pais. A grande questão que se apresentava era:

11. Medicalização é entendida, segundo este autor, como "a percepção do comportamento enquanto um problema médico ou uma doença e a autoridade da profissão médica de dar algum tratamento a ela". (Newberger e Bourne, 1979)

o que fazer quando as necessidades emocionais da vítima e de seus pais fossem incompatíveis?

Um pouco desta polêmica pôde ser percebido em 1967, através da reorganização interna do Departamento Nacional de Saúde, Educação e Bem-Estar, o qual, em termos de um programa específico, optou por dividi-lo em duas seções: uma, destinada a providenciar orientação e serviços para as vítimas de violência doméstica (não apenas elas), e outra, voltada para a concessão de auxílios financeiros a famílias. Os serviços oferecidos na área da violência doméstica incluíram basicamente creches, lares substitutos, instituições. Para o atendimento foi autorizada a compra de serviços de instituições privadas, como tratamentos na área da saúde mental, da família etc.

O que vale a pena se destacar disso tudo são dois aspectos importantes:

- que a questão da violência doméstica demanda uma série de serviços, que não apenas os específicos de "reabilitação" de agressores;
- que o Estado passa a privatizar o atendimento contratando oficialmente instituições para essa tarefa.

Entretanto, a escassez e as deficiências dos recursos, aliadas a movimentos reivindicatórios da sociedade civil nesta década, mostram, a partir de 1969, o crescimento de uma nova experiência: a dos "Pais Anônimos", concebida por uma mulher, agressora física, em conjunto com o assistente social que a atendia institucionalmente.[12] A experiência dos Pais Anônimos, na verdade, representou um trabalho de autoajuda entre os próprios agressores.

Autores como Newberg e Bourne tecem, no entanto, críticas a este tipo de experiência, dizendo que apesar de a mesma ter partido dos próprios agressores face ao escasseamento e à ineficiência dos recursos disponíveis para atendimento, na verdade o modelo teórico que calcava a experiência dos Pais Anônimos enfatizava o agressor; portanto, mais

12. Para uma discussão mais aprofundada desta experiência consulte-se Guerra, V. N. A., Pais Anônimos: a experiência de um grupo de autoajuda. In: Azevedo, M. A.; Guerra, V. N. A. (Orgs.). *Crianças vitimizadas*: a síndrome do pequeno poder. 2. ed. São Paulo: Iglu, 2007.

uma vez, *tratava-se de um problema individual*. Desta forma, as causas e as soluções do fenômeno acabam sendo entendidas enquanto um problema do indivíduo e não da sociedade à qual ele pertence. Nesse sentido, Newberg e Bourne nos advertem que

> "é importante ter em mente esta questão e que todas as experiências de trabalho com agressores devem preparar os indivíduos para que se percebam como participantes do processo social, como cidadãos de direitos, como pessoas que devem lutar contra as desigualdades sociais, entendendo que o problema da vitimização não tem raízes apenas no plano individual, familiar, mas que estas raízes fazem parte de um contexto social mais amplo e profundamente injusto e desigual para muitos destes agressores e seus filhos". (Ibid.)

Ao se encerrar a década de 60 pode-se perceber que algumas questões se polarizam em torno do fenômeno da violência doméstica:

a. o modelo de atenção que enfocava prioritariamente os aspectos curativos acha-se esgotado;
b. o Estado defronta-se com graves problemas em termos de poder propiciar atendimento condigno aos casos de que toma conhecimento;
c. a sociedade civil tem suas próprias propostas de atenção, criando grupos de agressores em processo de autoajuda. Nesse sentido, a intelectualidade começa a repensar a questão, nascendo um novo modelo de construção teórica: o *sociopsicológico*.[13] Este modelo procurou resgatar não só a contribuição individual quanto aos atos de violência, mas fundamentalmente, apontar que o problema não se restringe a uma perspectiva individual, sendo a sociedade também por ele responsável.

Ao se iniciar uma nova década, a de 70, tem-se então também um novo modelo de construção teórica que permitia pensar não apenas os aspectos curativos do fenômeno, *mas principalmente os preventivos*.[14]

---

13. Consulte-se a respeito, dentro desta mesma obra, Azevedo, M. A. *Notas para uma teoria crítica da violência familiar contra crianças e adolescentes*.

14. Este modelo permitia a identificação da assim chamada "população de risco" (tanto no nível dos possíveis agressores, quanto das possíveis vítimas).

Nesse sentido, as ações de caráter preventivo basearam-se no modelo nascido na área de Saúde Pública, a partir da História Natural da Doença de Leavell e Clark.[15]

Na área da violência doméstica definiu-se por:

1. Prevenção primária: todas as estratégias dirigidas ao conjunto da população num esforço para reduzir a incidência ou o índice de ocorrência de novos casos. As estratégias adotadas incluíram:

- programas de pré-natal que abordassem esta temática e reforçassem os vínculos pais-filhos;
- programas de treinamento para pais;
- programas de treinamento em pré-escolas e junto a adolescentes (futuros pais);
- campanhas através dos meios de comunicação de massa (rádio, televisão, jornais);[16]
- palestras, debates;

2. *Prevenção secundária*: envolve a identificação precoce da *assim chamada* "população de risco". As estratégias incluem:

- visitação domiciliar para prover cuidados médico-sociais aos pais do "grupo de risco";
- os "telefones de crise" aos quais se recorre em momentos difíceis, obtendo ajuda e encaminhamento especializado;

---

15. Para um maior aprofundamento consulte-se Enciclopédia Mirador Internacional — Encyclopaedia Britannica do Brasil Publicações Ltda. São Paulo/Rio de Janeiro, Brasil, v. 18.

16. As décadas de 80 e 90 mostram uma tendência acentuada, nos EUA, de organizar vídeos informativos sobre o fenômeno. Na década de 90 esta produção diz respeito a:

- reprodução de casos verídicos representados muitas vezes por artistas de Hollywood (ex.: Whoopi Goldberg);
- desenhos animados — com personagens conhecidos, para a representação de situações de violência doméstica;
- utilização de depoimentos voluntários de vítimas e de agressores.

Na década de 90 os vídeos são realizados com apelo emocional mais forte, contam com artistas conhecidos para veicular melhor a mensagem. Na década de 80 apareciam mais profissionais debatendo aspectos teóricos, estatísticas, dando informes técnicos.

- recepção de ajuda material;
- programas de creches para as crianças do "grupo de risco";

3. *Prevenção terciária* que inclui estratégias como:
- intervenções terapêuticas de diversas modalidades;[17]
- esforços para organizar infraestrutura para as vítimas.[18]

O início da década de 70 traz-nos então um novo modelo de entendimento do fenômeno, que resgata a contribuição de outras áreas do conhecimento (Psicologia, Direito, Sociologia, Antropologia etc.), pondo fim à hegemonia do conhecimento médico sobre a questão, hegemonia esta instaurada na década de 60, com a famosa *Síndrome da criança espancada.*[19] Por sua vez, o início desta década traz alternativas renovadas de atendimento, dentre as quais se destacam novas modalidades terapêuticas (conduzidas por profissionais); modelos preventivos,[20] e a luta da própria população envolvida (agressores/vítimas) para se constituir em grupos de autoajuda como reflexo de amplos questionamentos da sociedade civil na década de 60.

---

17. Para um estudo aprofundado, consulte-se Beezley, P. J., Modernas opções de tratamento. In: Azevedo, M. A.; Guerra V. N. A. (Orgs.). *Crianças vitimizadas*: a síndrome do pequeno poder. São Paulo: Iglu, 1989.

É importante lembrar que uma das terapias preconizadas é a familiar, "especialmente aquela baseada na abordagem sistêmica da vertente funcionalista, originária da tradição positivista e que se baseia numa concepção de família enquanto um sistema que se autorregula por regras (homeostase), como se se explicasse por si mesma" (Goodrich et al., 1989). Nesse sentido, contrapõe-se à terapia familiar feminista que procura levantar as questões de *poder* e de *gênero* no seio familiar procurando perceber que a família também faz parte de uma totalidade mais complexa do que se imagina. A terapia familiar feminista preocupa-se com outros tipos de família também (por exemplo, as constituídas por homossexuais, com mulheres na chefia exclusiva do lar etc.).

18. Consulte-se Guerra, V. N. A. Comentários ao art. 129. In: Cury, M. et al. *Estatuto da Criança e do Adolescente comentado*. São Paulo: Malheiros, 1992.

19. Dificilmente esta hegemonia iria se sustentar, uma vez que para se trabalhar com este fenômeno se necessita de uma visão interdisciplinar e formas de abordagem daí decorrentes. Este é um fenômeno extremamente complexo e uma área sozinha não pode abarcá-lo totalmente.

20. Na Era Progressista, por exemplo, já se cuidava de trabalhar com os aspectos preventivos, embora se reconheça que de 1970 em diante esta área recebeu influxos importantes também ligados em parte ao avanço da tecnologia nos meios de comunicação (p. ex., possibilidade de construção de vídeos), sofisticando-se consideravelmente.

Da década de 70 em diante poder-se-ia dizer que os EUA não mais viveriam uma época de reformas, mas de conservadorismo. De Nixon para frente se iniciou paulatinamente uma política de restrição de recursos na área de serviços sociais, sendo que no Governo Reagan isto atingiu o ápice, com a tesoura cortando fundo as verbas dos programas com finalidades sociais. Ronald Wilson Reagan chegou à Casa Branca como símbolo dos valores familiares tradicionais e crítico da "sociedade permissiva". "Fora eleito, aparentemente assim acreditava, para repelir a ameaça soviética e *desmantelar o estado de bem-estar social*". (Sellers et al., 1990)

Evidentemente, a atenção ao fenômeno da violência doméstica sofreu o impacto desta política recessiva imposta à área social, principalmente considerando-se que o Estado americano compra serviços de instituições privadas para neles inserir a clientela. O que se pôde observar foi uma grande restrição nos programas de atendimento que prejudicou aqueles que deles se beneficiavam ou viriam a se beneficiar.

B.4. *Uma conclusão inconclusiva*

Durante os 120 anos (1870-1990) aqui brevemente tratados, nos quais o fenômeno da violência doméstica sempre esteve presente, pudemos observar que estivemos o tempo todo lidando com um fenômeno endêmico na sociedade americana e que hoje, com as possibilidades científicas de mensuração mais acuradas, revela-se em números extraordinários:

> "em 1990, os Estados americanos receberam notificações de violência em torno de um milhão e setecentas mil, envolvendo aproximadamente dois milhões e setecentas mil crianças tidas como alvo de abuso e de negligência. Em 1986 foram registradas nacionalmente 1.100 mortes decorrentes da violência doméstica, e para 1990 foram registradas 1.253." (*National Child Abuse and Neglect Data System*, 1992)[21]

21. Para o ano de 2002 foram registradas 1.400 mortes devido à VDCA (sendo 30% por violência física). A maioria das vítimas se situava entre 0 e 3 anos de idade. Comparando-se os dados de 2001 com os de 2002 houve um acréscimo nestas mortes da ordem de 1,84 por 100.000

Todos estes dados estarrecedores mostram-nos o retrato de uma sociedade que, em 120 anos, não conseguiu abolir um fenômeno desta natureza, dando-nos a dimensão de que "o abuso físico é o *resultado lógico* de uma sociedade que incorpora a força física como um método de educação e de controle de uma parcela da nossa população: as crianças". (Richett e Hudson, 1979)

Embora se possa reconhecer que grandes esforços foram envidados no sentido de organização (especialmente da década de 60 em diante) de experiências que visassem o combate ao fenômeno, o que se pode hoje perceber neste início da década de 90 é que elas não demonstraram o seu poder de força quanto à redução deste mesmo fenômeno.

Os teóricos que se propõem a analisar a política pública de atenção ao problema costumam se deter em aspectos que consideram prejudiciais à consecução desta mesma política: falta de verbas, fragmentação de serviços, despreparo profissional, demanda superior à oferta de serviços, as excessivas medidas de institucionalização de vítimas,[22] a sempiterna confusão de competências no nível federal, estadual e municipal etc.

Enquanto as discussões se sucedem, fica-nos a sensação de que questões de fundo permanecem intocadas: por onde caminha o debate acerca da distribuição desigual de poder na família, acerca da "pedagogia negra"[23] imposta às crianças no lar, acerca da violência doméstica enquanto um dos elos da longa cadeia de violências que se disseminam

---

crianças para 1,98 por 100.000 crianças (Children's Bureau — EUA, 2004). Portanto, trata-se de uma situação extremamente grave e que atinge principalmente crianças em tenra idade. A mortalidade por VDCA é indicativa das dificuldades de se prevenir amplamente o fenômeno. Dados para o período 2009-2013 estão mais adiante no item *O que resta fazer / A_2 Incidência nos Estados Unidos (anos 2000).*

22. Aliás, Daro et al. (1992) referendam essa informação dizendo que "em média 5 em cada grupo de 1.000 crianças [...] nos EUA passarão algum tempo em lar substituto num dado ano".

23. Por trás da violência esconde-se um modelo de educação tradicional que tem por fim quebrar a vontade da criança, sufocar o que nela existe de novo para transformá-la num ser dócil, obediente. Este modelo adultocêntrico chama-se "pedagogia negra". Este último nome é extraído do livro de Katharina Rutschky, Schwarze *Pädagogik, Escritos pedagógicos*, 1977. A expressão Pedagogia Negra não envolve qualquer conotação preconceituosa. Privilegia os seguintes significados do termo negro: muito triste, lúgubre, melancólico, funesto, lutuoso, maldito, sinistro, perverso, nefando [cf. Ferreira, A. B. de H. *Novo dicionário da língua portuguesa*. Rio de Janeiro: Nova Fronteira, 1975]. Não se trata de uma suposta Pedagogia de Negros contraposta de forma depreciativa a uma também suposta Pedagogia de Brancos.

na sociedade? Estas questões começaram a ser debatidas na década de 60 mas foram aos poucos caindo no esquecimento e não vicejaram ao longo do estabelecimento de políticas de cunho conservador, para as quais não é importante se pôr em revisão as relações de poder opressivas na família, mas sim fortalecer esta própria família e considerá-la apenas "disfuncional" quando não cuida bem de seus membros.

Entretanto, como são os seres humanos que fazem a sua história, é permitido pensar que as posições conservadoras possam se alterar, trazendo à tona as questões intocadas e que do movimento dos cidadãos envolvidos surja um novo caminho de luta contra a violência e a opressão doméstica de crianças e adolescentes.

Referências bibliográficas

CHILDREN'S BUREAU. Administration for Children and Families — US Department of Health and Human Services, 2004.

DARO, D. et al. *World perspectives on child abuse*: an international resource book. National Center on Child Abuse Prevention Research. National Committee for prevention of child abuse. Chicago, Ill., USA, 1992.

DAY, P. J. *A new history of Social Welfare.* Nova Jersey: Prentice Hall, 1989.

GOODRICH, T. J. et al. *Terapia familiar femenista.* Buenos Aires: Paidós, 1989.

GORDON, L. *Heroes of their own lives*: the politics and history of family violence. Nova York: Viking, 1988.

NATIONAL CHILD ABUSE AND NEGLECT DATA SYSTEM 1990. Summary Data Component. National Center on Child Abuse and Neglect. USA, Apr. 1992.

NEWBERGER, E. H.; BOURNE, R. The medicalization and legalization of Child abuse. In: BOURNE, R.; NEWBERGER, E. H. *Critical perspectives on child abuse.* Toronto: Lexington Books, 1979.

PFOHL, S. The "discovery" of child abuse. *Soc. Prob.*, v. 24, n. 3, p. 310-323, 1977.

RICHETT, D. M.; HUDSON, J. R. The socio-legal history of Child abuse and neglect: an analysis of the policy of children's rights. *Journal of Sociology and Social Welfare*, v. 6, n. 6, p. 849-875, nov. 1979.

SELLERS, C.; MAY, H.; McMILLEN, N. R. *Uma reavaliação da história dos Estados Unidos*. Rio de Janeiro: Zahar, 1990.

Bibliografia consultada

BUSH, M. *Families in distress*: public, private and civic responses. California: University of California Press, 1988.

GALPER, J. H. *The politics of Social Service*. Nova Jersey: Prentice Hall, 1975.

LASCH, C. *Refúgio num mundo sem coração*. Rio de Janeiro: Paz e Terra, 1991.

LONEY, M.; BOSWELL, D.; CLARKE, J. *Social policy and Social Welfare*. USA: Open University, 1983.

MILLER, A. *Por tu propio bien*. Barcelona: Tusquets, 1985.

OFFE, K. *Contradictions of the Welfare State*. Massachusetts: The Mit Press, 1984.

3. POLÍTICAS SOCIAIS E A VIOLÊNCIA DOMÉSTICA CONTRA CRIANÇAS E ADOLESCENTES: O PANORAMA NACIONAL

3.1 Introdução

Ao iniciarmos o debate sobre a atenção que é dispensada à violência doméstica no Brasil importa traçar em flashes reduzidos um pouco de nosso panorama sócio-econômico-político que iluminará a compreensão deste mesmo atendimento ao fenômeno aqui em pauta.

> "Entre 1945 e 1980 a sociedade brasileira conheceu taxas bastante elevadas de crescimento econômico e sofreu profundas transformações estruturais. Ficou para trás a sociedade predominantemente rural, cujo dinamismo fundava-se na exportação de produtos primários de base agrícola e emergiu [...] a sociedade urbana industrial [...]; modificou-se a estrutura produtiva no campo e na cidade, ampliou-se o assalariamento, expandiram-se e aprofundaram-se as relações mercantis, constituiu-se um mercado nacional de trabalho e de consumo, cresceu a presença dos meios de comunicação de massa, alterou-se a estrutura de emprego e das ocupações, modificou-se a estrutura de classes [...]." (Faria, 1991)

Entretanto, evidenciou-se no âmbito desse processo de crescimento econômico uma das distribuições de renda mais desiguais no mundo, com um vastíssimo contingente de famílias miseráveis tanto no campo quanto na cidade.

No plano político, o período se caracterizou pela instabilidade institucional, pelo modelo autoritário que vigorou de meados da década de 60 a meados da década de 80.

Ao final da década de 70 o Brasil começa a assistir um processo de amplas transformações, sendo que "recrudesce o movimento pela redemocratização do país, multiplicam-se os movimentos sociais, agravam-se os problemas inflacionários, aprofunda-se o problema da dívida externa, agrava-se o problema do déficit fiscal..." (idem), sendo que a crise da nossa economia se vincula a um processo de transformação mais amplo no âmbito da economia mundial. Paulatinamente gesta-se a crise que culmina com a derrocada do regime autoritário até aí imposto.

Na área da infância e da adolescência inicia-se, na década de 80, uma ampla luta de questionamento da "Política Nacional de Bem-Estar do Menor" e do "Código de Menores" enquanto ordenamentos do regime autoritário. Ao lado disso, ampliam-se as denúncias sobre a gravíssima situação enfrentada pela infância brasileira, bem como a constante violação de seus direitos. No nível internacional cumpre lembrar uma preocupação com a infância que já vinha desde a década anterior como o prova a celebração do Ano Internacional da Criança (1979).

No Brasil, portanto, de meados da década de 80 para frente, afigura-se como de fundamental importância a luta para a garantia dos direitos da infância e da adolescência, aproveitando-se a oportunidade de mudança da nossa Constituição. Trava-se, então, intensa luta que culmina com uma vitória na Assembleia Nacional Constituinte através da sedimentação dos direitos da infância e da adolescência no artigo 227 de nossa atual Constituição:

> "É dever da família, da sociedade e do Estado assegurar à criança e ao adolescente, com absoluta prioridade, o direito à vida, à saúde, à alimentação, à educação, ao lazer, à profissionalização, à cultura, à dignidade, ao respeito, à liberdade, e à convivência familiar e comunitária, além de colocá-los a salvo de toda forma de negligência, discriminação, exploração, crueldade e opressão. (Constituição da República Federativa do Brasil, 1988)
>
> O *caput* do art. 227 introduziu na Constituição Brasileira o enfoque e a substância básica da Convenção Internacional dos Direitos da Criança [...]. Assim, em 05.10.1988, o Brasil incorporou em sua Carta Magna os elementos essenciais de uma Convenção Internacional que só seria aprovada em 20-11-1989." (Costa, 1991)

Conquistada a vitória na Constituição necessitava-se da elaboração de uma lei ordinária que revogasse a velha legislação do período autoritário. Nova luta se iniciou a qual culminou com a aprovação do Estatuto da Criança e do Adolescente. Acreditamos que o fato de na década de 80 ter-se acirrado a luta pela conquista dos direitos da infância e da adolescência se deveu a um amplo movimento:

— *externo*, celebrado por preocupações internacionais advindas desde o final da década anterior, com a celebração do Ano Internacional da Criança e passando pela elaboração de importantes documentos no nível mundial, tais como as Regras de Beijing, as Diretrizes de Riad, as Regras Mínimas das Nações Unidas para a Proteção dos Jovens Privados de Liberdade, a tão famosa Convenção das Nações Unidas sobre os Direitos da Criança, desembocando em 1990 com a Declaração Mundial sobre a Sobrevivência, a Proteção e o Desenvolvimento da Criança e Plano de Ação para sua implementação, dando-se a 30/9/1990 o Encontro Mundial de Cúpula pela Criança, em Nova York, com a presença de 71 presidentes e chefes de Estado e de 80 representantes de diversos países.

Concretamente observamos que na década de 80 o Brasil procurou acompanhar o influxo internacional pela defesa dos direitos da criança e do adolescente;

— *interno*, espelhados pelo amplo processo de "abertura política" instaurado no bojo da derrocada do regime militar autoritário e que permitiu uma abordagem mais ampla de problemas vividos pela infância e, na verdade, impedidos de virem à tona em décadas anteriores. Foi no bojo desta "abertura política" que se pôde lutar por uma nova Constituição e por uma legislação voltada às necessidades de nossas novas gerações.

3.2 Os caminhos da luta contra a violência doméstica dirigida a crianças e adolescentes em São Paulo

Procuraremos aqui abordar de forma sucinta a trajetória desta luta, mostrando:

a. *organizações da sociedade civil* que desempenham ou desempenharam um papel relevante no atendimento à infância e à adolescência, embora o foco de sua ação *não fosse exclusivamente* a violência doméstica contra crianças e adolescentes. São os intitulados "organismos de *atenção indireta*";
b. organizações da socidade civil voltadas exclusivamente à violência doméstica: "os organismos de *atenção direta*";
c. *ações do Estado* voltadas exclusivamente à problemática ou que a contemplam também no bojo de outros objetivos, desenvolvidas nos níveis estadual e do município de São Paulo.

Sempre que possível indicamos à frente das ações desenvolvidas o *ano de seu início*, adotando-se, portanto, uma sequência cronológica que implicou, especialmente em termos das ações governamentais, um ir e vir quanto ao que foi ou está sendo desenvolvido no âmbito do Estado ou do Município de São Paulo. A sequência cronológica por sua vez está disposta em *períodos*, que abrangem vários anos de luta.

Para evitar qualquer deformação no entendimento das programações a seguir, optamos também por apresentá-las na linguagem de seus autores ou divulgadores oficiais.

3.2.1 Anos 1970-1990

➤ 1977

A Pastoral do Menor (Organismo de Atenção Indireta/Sociedade Civil)

"A Pastoral do Menor surgiu em 1977 como um serviço da Arquidiocese de São Paulo à criança e adolescente empobrecidos [...].

[...] Em 1977 um primeiro grupo de pessoas estabeleceu contato com Dom Luciano Mendes de Almeida [...] para encontrar um caminho de atenção organizada às crianças mais empobrecidas. E a opção inicial foi a de desencadear uma ação com adolescentes envolvidos com o ato infracional. Cerca de 150 casais-irmãos participam do projeto até hoje, cada um assumindo um adolescente em regime de Liberdade Assistida Comunitária, até o término da determinação judicial. Estas famílias-irmãs, verdadeiras educadoras sociais, não buscam resultados pré-fabricados e imediatos, mas dispõem-se a ser uma presença amiga, a apoiar nas dificuldades, no emprego, na moradia, nas relações familiares, na escolarização, na documentação [...].

Tal prática acaba por trazer resultados altíssimos, chegando a 90% o percentual de não-retorno à FEBEM, à infração. É o que chamamos de eficácia da gratuidade. Os adolescentes vão podendo amadurecer, solucionar situações problemáticas de sua vida, assumir os limites de sua liberdade, desenvolver seu potencial humano, e fazendo com que seu ato de agressão se transforme em gestos construtores de uma nova sociedade, justa e fraterna.

Deste início, destas primeiras ações, simples mas que permanecem vivas e eficazes, até a organização de equipes em dez regiões da cidade de São Paulo, e em centenas de cidades do Brasil, até a efetivação de outros projetos, a luta por direitos na Constituição e Leis Ordinárias, as Semanas Ecumênicas do Menor, foi uma história cheia de conflitos, alegrias, conquistas e dificuldades.

Na cidade de São Paulo são centenas de grupos de educadores sociais que têm atuação pedagógica diária com crianças e adolescentes das favelas, dos cortiços, das vilas, das ruas [...].

[...] Conta-se com grupos atuantes na primeira infância, desenvolvendo o processo de capacitação popular das mães para os cuidados da saúde e alimentação nos primeiros anos, com especial atenção ao aleitamento materno, à pesagem mensal, ao combate à mortalidade infantil, à vacinação, à alimentação alternativa.

Conta-se também com grupos de educadores atuando em Centros Comunitários onde são realizadas atividades de artes, cultura, lazer, reforço escolar e oficinas de iniciação ao trabalho. São mais de trezentos os núcleos deste tipo dentro das favelas, cortiços, ou nas proximidades.

Conta-se ainda com dezenas de educadores comprometidos numa ação educativa com meninos e meninas de rua, principalmente nos centros comerciais.

Algumas oficinas de trabalho, algumas casas de apoio, mantidas pela Pastoral do Menor, têm sido opções significativas para meninas e meninos envolvidos com o abandono, a rua, a FEBEM, a repressão, o tóxico, a infração. As casas dos próprios educadores têm servido como ponto de apoio provisório para crianças e adolescentes que, tendo vivido a dura experiência da marginalização da rua, desejam reconstruir sua história." (Documento interno da Pastoral do Menor)[24]

---

24. As notificações relativas à violência doméstica dirigida a crianças e adolescentes de que toma ciência a Pastoral em seu trabalho cotidiano são encaminhadas para os Centros de Defesa dos Direitos da Criança e do Adolescente. "Estes Centros têm como finalidade atuar na defesa dos direitos da pessoa humana em desenvolvimento, tendo-a como sujeito de direitos na questão da violência em todos os seus aspectos [...]. Mas a droga, o tráfico e o extermínio de crianças e adolescentes estão mais na ponta das preocupações da Pastoral, sendo que a entidade não apresenta programa específico para a área da violência doméstica". (Trechos da entrevista dada por Jonas Beltrão de Oliveira a alunos da disciplina "A criança na família, na escola e na sociedade", Pós-graduação PSA/IPUSP, 2º sem., 1992.)

➤ 1979

Movimento em Defesa do Menor (Organismo de *Atenção Indireta*/ Sociedade Civil)

"O Movimento em Defesa do Menor foi fundado no ano de 1979 pelo grupo que já vinha trabalhando na área desde 1970, mais novos membros que àquele tinham se juntado para a defesa da causa [...].

[...] foi o resultado de um trabalho de 14 anos e foi exatamente fundado através da aspiração de oito menores infratores, menores esses tremendamente inteligentes, de ótimo caráter, verdadeiros brasileiros. O que aconteceu foi que eles acharam que tinham um problema a enfrentar e se pensou em formar uma associação. A esta altura, mais ou menos em 1978, é que foi tomada uma resolução. Ponderou-se muito bem sobre a questão, pois que, naquela época, nós estávamos enfrentando o posicionamento de alguns juízes e alguns elementos da sociedade civil que queriam rebaixar a idade de responsabilidade penal para 14 até 16 anos [...].

[...] A partir disto foi que fundamos o Movimento em Defesa do Menor, do qual faziam parte do Conselho os menores citados. O movimento foi criado em 1979 [...] e hoje, desses oito menores, dois foram mortos, um se suicidou e outro está desaparecido. Os outros quatro estão casados, bem casados e, graças a Deus, cada um com bastantes filhos para povoar este país continental [...].

Nós temos como meta de trabalho, hoje, exatamente o trabalho de cidadania da criança. Nós queremos resgatar a cidadania do brasileiro e é através do reconhecimento dos direitos da criança que é representada a cidadania, pois as obrigações as crianças já sabem até antes de nascer. A criança dá o primeiro grito que dura pouco tempo e, depois disso, ela nem chora mais porque não existe aquele estímulo de resposta ao seu choro. Ela só aprende que tem que ser boazinha, que ela não pode ofender as pessoas, não pode furtar, não pode roubar, não pode estuprar, não pode matar. Mas ninguém diz a ela que ela tem direito a atendimento médico, tem direito à educação, tem direito à segurança social, que a polícia está ali para protegê-la e não para maltratá-la, que ela tem direito ao lazer, enfim, que ela tem direito não de ser menor, mas sim o direito de ser criança. Porque menor é a situação que a estigmatiza e não o nome menor. Ela tem o direito de ser criança e adolescente e é esse direito que nós estamos reconhecendo através do movimento. Nosso trabalho é exatamente o de resgatar este direito, resgatar a justiça porque sabemos que um dia essas crianças, queiramos ou não, assumirão as diretrizes deste país [...].

[...] As próprias crianças que pelo Movimento em Defesa do Menor passaram têm uma mentalidade diferente. São conhecedoras de seus direitos e suas famílias não fazem parte daquela grande população que agradece aos governantes as escolas construídas, os postos de saúde inaugurados etc., como se fosse uma dádiva dos mesmos. Transmitimos, sim, a postura de cobrança daqueles que se elegem e não oferecem nada à população.

O Movimento em Defesa do Menor é um movimento político, porém não partidário e assim sendo já participaram dele pessoas dos mais variados partidos políticos." (Junqueira, 1986)

➤ 1985

CRAMI (Organismo de *Atenção Direta*/Sociedade Civil)

"Em Campinas, a partir de uma análise retrospectiva de 1251 casos de violência em criança, com 104 óbitos, foi criado o Centro Regional de Registros e Atenção aos Maus-tratos na Infância — CRAMI, em julho de 1985, constituído por docentes da PUCCAMP, membros da sociedade civil, representantes de empresas locais, e integrado por um conselho técnico com representantes de órgãos públicos formais de atenção ao menor, como o juiz e o curador de menores, representantes da Delegacia Regional de Polícia, o Diretor do Instituto Médico-Legal, representantes da área de saúde de ambas as Universidades locais, PUCCAMP e UNICAMP [...].

O CRAMI [...] tem como característica a participação da sociedade civil integrada aos órgãos formais de atenção ao menor em cogestão com o Estado e principalmente fora de instituições convencionais como hospitais, juizados, delegacias de menores, sem a conotação coercitiva [...].

O CRAMI hoje funciona com sede junto à Federação das Entidades Assistenciais de Campinas (FEAC) para referendamento, registro e atendimento multiprofissional a todos os casos suspeitos ou comprovados de maus-tratos na infância, na região de Campinas, tendo como retaguarda, quando da necessidade de atendimento médico: os hospitais da PUCC, Hospital Infantil Álvaro Ribeiro, Hospital Municipal da Universidade (PUCCAMP) no suporte acadêmico; entidades assistenciais e/ou privadas (FEAC entre outros); apoio jurídico comunitário fornecido pela Faculdade de Direito da PUCCAMP, OAB-Campinas, Clínica Psicológica e Serviço de Saúde Mental. Conta ainda com um setor de Comunicação Social, na divulgação dos objetivos do CRAMI pela imprensa local, campanhas educativas junto a creches, escolas, clubes de serviços e órgãos de saúde, divulgação, ainda, em contas de água, luz e telefone, no sentido de sensibilização da população, para referendamento dos possíveis casos de risco existentes de maus-tratos na infância.

O CRAMI, pioneiro no nível nacional, buscará a curto e médio prazo dar uma resposta a três situações:

Primeiramente o conhecimento da realidade brasileira acerca do número de maus-tratos impostos à criança, os fatores desencadeantes e predisponentes, modelos de reintegração familiar e, por último, a longo prazo, um programa eficaz de prevenção da violência adulta contra a criança na sociedade.

Objetivo

Assistência integral e proteção à criança vítima de maus-tratos, por multiprofissionais da área de saúde, serviço social, psicologia, setor jurídico, visando principalmente, a integridade física, mental e social da criança, com promoção da família.

Alcance social

O programa de atenção integral à criança vítima de maus-tratos, busca:

- Fornecer dados reais do que ocorre em termos de incidência, morbidade e mortalidade de crianças vítimas de maus-tratos.
- Atendimento integral à criança vítima de maus-tratos.
- Promover a família. Muitos problemas ou fatores desencadeantes dos maus-tratos à criança são preveníveis ou necessitam de tratamento, seja este médico ou de saúde mental e reabilitação (ex.: caso de pais alcoólatras, toxicômanos).
- Prevenir, a médio e longo prazo, a violência contra a criança na comunidade.

Estratégia de ação

Para atingir seus objetivos, o CRAMI conta com um programa de esclarecimento público, um setor de registros aberto à comunidade através de telefone de fácil memorização (51-1234), através de linhas programadas (Lp's), integrado a órgãos formais de atendimento ao menor (Delegacia, Juizado, Curadoria e Instituto Médico-Legal). Isso permite, após realizada a notificação, uma atuação multidisciplinar, iniciando-se pelo deslocamento, até o local da vítima, da estagiária de serviço social, sob supervisão de uma profissional docente e/ou técnica contratada pela instituição, para verificação da veracidade da denúncia, desenvolvendo uma ação assistencial e promocional familiar, segundo prioridades, médica, jurídica, ou de saúde mental, com objetivo principal de proteção ao menor, buscando-se a manutenção do mesmo junto à família." (Santos, 1987, 1988)

➤ 1986

Vara de Menores de São Paulo (Organismo de *Atenção Direta*/Estado)

"Em 1985 a Vara de Menores de São Paulo, que era uma só para atender a comarca toda, foi descentralizada, criando-se mais 12 Varas de Menores não infratores. Esta descentralização permitiu uma ampliação do quadro de juízes de menores e uma aproximação maior desses magistrados com a clientela. Antes, evidentemente, com um só juiz não havia condições de se atender a todos os processos, sendo o atendimento realizado em sua grande maioria por técnicos e o juiz apenas apreciava e decidia no final.

Até 1985, no Estado de São Paulo, os casos de violência doméstica contra crianças e adolescentes eram comunicados da maneira mais aleatória possível por médicos, hospitais, comissários de menores e policiais em sua maioria.

Os médicos comunicavam pouco, temiam e ainda temem sofrer represálias [...].

Os hospitais também comunicavam pouco [...]; estes hospitais têm necessidade de desocupar leitos [...]; a comunicação de casos de maus-tratos, principalmente quando graves, leva à necessidade, na maioria das vezes, de manter a criança separada da família [...]; ela acabava ficando dentro do próprio hospital, gerando dificuldades para o atendimento de casos de outra natureza.

A maneira mais simples era não comunicar, ou seja, tratar a criança e devolvê-la à família, sendo que as agressões prosseguiam [...].

Os policiais têm uma ótica voltada para a investigação policial, limitando-se — se a agressão não deixava marcas, se as lesões não eram graves — a devolver a criança à família, nem mesmo instaurando inquérito policial, ou quando muito encaminhando à via burocrática para a instauração de inquérito policial.

Com a descentralização das Varas de Menores, a partir de 1986, os juízes e promotores passaram a perceber que o problema era bastante sério [...]. Em razão disso, os juízes se reuniram e editaram duas portarias (11/86 e 2/87), disciplinando e ordenando a obrigação que tinham os médicos e os hospitais de comunicarem às Varas de Menores todos os casos confirmados ou de suspeitas de maus-tratos contra crianças [...]; incluiu-se, também, entre os casos de notificação obrigatória os de tentativa de suicídio ou de suicídio consumado. Isto, também, até 1986/87 não era praticamente comunicado ao Juizado de Menores e permanecia apenas no âmbito policial [...]; passamos a constatar, de forma também aleatória [...], que havia suspeita de maus-tratos, negligência na infância ou adolescência naqueles casos de tentativas de suicídio ou nos consumados e, então, incluímos estes casos enquanto de notificação obrigatória." (Trechos da palestra proferida pelo Dr. Ademir de Carvalho Benedito, ex-juiz da Justiça da Infância e da Juventude no 1º Encontro em São Paulo sobre a Violência Doméstica dirigida a Crianças e Adolescentes, 1990)

➤ 1987

Secretaria de Estado do Menor (Organismo de *Atenção Direta*/Estado)

"Com a criação da Secretaria de Estado do Menor neste ano, abre-se inicialmente um Programa intitulado SOS-Criança o qual, através de um serviço de atendimento telefônico à população, passou a cumprir duas finalidades básicas:

1. orientar sobre os equipamentos disponíveis para prestação de serviços a crianças e adolescentes de 0 a 18 anos (nas áreas de saúde, escola, trabalho etc.);

2. acolher notificação de casos de violência (física e/ou sexual) dirigida a crianças e adolescentes." (Azevedo e Guerra [1990]. *Desafiando a violência doméstica contra crianças e adolescentes.* Documento preparado para publicação e que analisava a atuação da Secretaria de Estado do Menor frente à problemática da Violência Doméstica. São Paulo, mimeo. Ressalte-se que este Documento foi construído a partir de entrevistas gravadas com as responsáveis pelos diferentes programas dessa Secretaria.)

Através destas duas finalidades pode-se observar que o perfil deste Programa ainda não o coloca como de atenção exclusiva à área da violência doméstica contra crianças e adolescentes, uma vez que recai sobre ele também um outro tipo de demanda.

➤ PROGRAMA REDE CRIANÇA

"Nesse sentido é que acaba nascendo um outro Programa denominado *Rede-Criança*[25] que, embora tendo como colega mais antigo o SOS-Criança, veio com uma vocação específica, qual seja a de tratar exclusivamente da problemática da violência doméstica contra crianças e adolescentes.

Além de nascer com uma vocação específica, este programa surgiu quase 100 anos depois da primeira notificação à esfera policial de violência física no Município de São Paulo, a qual data de 1895 e corresponde às agressões sofridas pela menina Pedra, por parte de sua madrasta, uma espanhola. Além de haver uma separação de quase 100 anos desta primeira notícia, a Rede-Criança teve uma perspectiva bem diferente, ao considerar que a questão da violência doméstica deveria ser enfrentada não na órbita policial, mas como uma questão fundamentalmente de direitos da criança e do adolescente.

Por isso começou-se a atuar no dia 12-10-1987 como uma forma não demagógica de tentar enfrentar a questão da violência doméstica, ou seja, a da infância mal-amada.

---

25. Este Programa, que foi idealizado e conduzido tecnicamente pelas Dras. Maria Amélia Azevedo e Viviane N. A. Guerra, com a saída delas da Secretaria de Estado do Menor, em fevereiro de 1991, modificou-se, a partir dessa data, em termos da forma como havia sido concebido e dirigido originalmente pelas referidas profissionais.

Como seu próprio nome indica, a ideia de Rede é a de interligação de núcleos multidisciplinares, todos voltados para a defesa dos direitos da criança e do adolescente vítima de violência no âmbito doméstico.

A Rede-Criança teve em sua estrutura administrativa um *Grupo Gestor,* responsável pela discussão e viabilização de seus projetos. Este grupo foi formado por representantes de diferentes áreas (Sáude, Direito, Psicologia, Serviço Social etc.), sendo que estes mesmos representantes eram tanto do Estado como da Sociedade Civil.

A Rede-Criança atuou basicamente através de quatro grandes projetos: *Atender — Capacitar — Prevenir — Pesquisar.* [...]

■ No nível do ***Projeto Atender*** foi estruturado um embrião de articulação entre instituições de diferentes áreas (Saúde, Justiça da Infância e da Juventude, Psicologia), as quais pudessem estar relacionadas no atendimento à problemática da violência.

Percebeu-se logo que para o atendimento faltava um serviço específico de Advocacia da Criança, uma vez que já existiam outros equipamentos como hospitais, Justiça da Infância e da Juventude, as Casas-Abrigo etc.

Inexistia, portanto, um serviço que se destinasse especificamente a defender o direito da criança e/ou adolescente vítima.

Este serviço foi constituído tendo por base alguns pressupostos:

1. tratando-se de violência doméstica haveria uma atuação no nível de famílias em crise, abusivas;

2. o cliente seria basicamente a criança e/ou adolescente, sendo o trabalho, portanto, centrado na obrigação de ouvir a criança, acreditar nela, antes de desacreditar nela, mesmo que seja para depois concluir que as coisas não eram bem assim, e de defendê-la a qualquer preço;

3. o trabalho seria multidisciplinar e exatamente por sê-lo, muito difícil, exigindo revisão do papel dos profissionais envolvidos, ou seja, uma desconstrução e uma reconstrução deste papel;

4. ele nasceu para atuar, não no nível emergencial, mas para acompanhar a trajetória da criança e/ou adolescente vítima.

Tendo como base estes pressupostos se estabeleceu uma proposta de trabalho conjunto do Estado — representado pelas Secretarias da

Justiça e Procuradoria Geral do Estado de um lado e, de outro, a Sociedade Civil, representada pela Ordem dos Advogados do Brasil — Secção de São Paulo, por meio de convênio patrocinado pelo Fundo de Assistência Judiciária, articulado ao Programa Rede Criança — Secretaria de Estado do Menor. Nasceu assim, pelo Decreto n. 28.203, de 5/2/1988, o *Serviço de Advocacia da Criança,* iniciativa pioneira no Brasil e na América Latina. Antecipou-se, inclusive, à própria Constituição Federal, defendendo o direito fundamental da criança e do adolescente serem patrocinados por advogados(as), inclusive nos casos de violência. Este Serviço tinha como objetivo atender notificações de casos de violência doméstica contra crianças e adolescentes advindas das mais diferentes áreas (Educação, Saúde, Segurança etc.), bem como de vizinhos, de familiares ou da própria vítima.

O *Projeto Atender* foi propiciando uma compreensão cada vez mais profunda do problema da violência doméstica. Entre outros aspectos permitiu entender que esse tipo de violência pode estar na origem por exemplo da delinquência. Em decorrência disso elaborou-se um novo projeto denominado *Rede Cidadania* e que dizia respeito à organização de uma rede de Centros de Atendimento Multidisciplinar a Adolescentes Infratores em São Paulo — 1990. Construído por uma equipe de especialistas, o projeto representou uma tentativa de interromper o longo ciclo de violências na trajetória de vida do adolescente infrator, oferecendo-lhe um atendimento diferencial em relação a tudo que já existiu anteriormente na área. Informações sucintas sobre a *Rede Cidadania* constam em anexo, nesta mesma obra.

■ *Projeto Capacitar*

Através dele, o Programa Rede Criança procurou formar e sensibilizar profissionais, que atuassem junto à infância e adolescência, no tocante à questão da violência doméstica. Tratava-se de tirar o tema da clandestinidade, discuti-lo a partir de uma ótica científica, mostrar os dados de nossa realidade, perceber o impacto das consequências físicas e emocionais para a vítima. Urgia também refletir sobre novas modalidades de atendimento às vítimas e seus familiares.

Além, evidentemente, de toda a formação e sensibilização de pessoal, o *Projeto Capacitar* tinha a intencionalidade de formar uma rede de atendimento na própria comunidade com aqueles profissionais que já haviam feito seus cursos. Tratava-se de depositar a esperança de que, com novos conhecimentos, estes profissionais pudessem proceder a uma identificação mais acurada dos casos, notificá-los e, dependendo da sua área de ação, viabilizar de forma mais ou menos aprofundada a intervenção que lhes seria cabível. Estes profissionais, sensibilizados com a questão, poderiam também introduzir um novo reordenamento de ideias sobre o fenômeno em seu próprio espaço institucional. Rompendo os muros do silêncio, da incompreensão, estaríamos partindo para trilhar novos caminhos que ajudassem crianças, adolescentes-vítimas e seus familiares.

Foi nesse sentido que o *Projeto Capacitar* escolheu estrategicamente o público-alvo de seus seminários e cursos (quer de curta, quer de longa duração) tendo a escolha recaído em primeiro lugar sobre aquelas áreas que potencialmente poderiam identificar as possíveis vítimas (hospitais, centros ou postos de saúde, escolas, creches etc.); em segundo lugar, sobre aquelas que tradicionalmente acolhem as notificações sobre esta questão (Justiça da Infância e da Juventude); em terceiro lugar, sobre grupos dos quais sairiam profissionais para integrar o Serviço de Advocacia da Criança; em quarto lugar, sobre aquelas que representariam uma possibilidade de propiciar atendimentos terapêuticos às vítimas e familiares, porém de acordo com padrões definidos pela literatura científica, o que implicava na organização de novos modelos de atenção, diferentes dos existentes em nossa realidade. Significava entender a problemática da violência, alicerçada em parâmetros científicos, e como foco central de um tratamento em muitos momentos terapêuticos.

O *Projeto Capacitar* trabalhou com dois momentos fundamentais:

- o primeiro, através de seminários de curta duração (5 dias) com uma abrangência de público maior;
- o segundo, através de cursos de longa duração (de 3 a 8 meses) com um público mais restrito.[26]

26. Os cursos de longa duração foram ministrados em conjunto com a Pontifícia Universidade Católica de São Paulo, Fundação Centro Brasileiro para Infância e Adolescência (FCBIA-SP), e a Faculdade de Saúde Pública da USP.

Estes cursos abrangeram do ponto de vista de conteúdo:

- os aspectos conceituais;
- as consequências físicas e/ou emocionais para a vítima;
- as estatísticas existentes em nosso meio;
- os diferentes modelos de trabalho junto às vítimas e familiares;
- a questão da notificação;
- a legislação brasileira (penal e civil) no tocante a este fenômeno;
- os serviços de atendimento à problemática no Município de São Paulo.

Evidentemente, alguns aspectos foram mais ou menos enfatizados de acordo com a duração do curso e o público-alvo a que se dirigia.

Do ponto de vista didático, no sentido de se revolucionar a apresentação formal dos conteúdos, foram introduzidos filmes, vídeos, debates, leituras dirigidas, seminários com textos previamente indicados.[27]

Todos os eventos realizados no âmbito do *Projeto Capacitar* foram avaliados pelos participantes, sendo que em cursos de longa duração esta avaliação se fez acompanhar de provas teórico-práticas que mensuraram o nível de conhecimento dos profissionais sobre as questões tratadas, além de representarem exigências das universidades que acolheram os cursos no âmbito de suas programações. As avaliações feitas serviram como subsídios para a reformulação progressiva de novos seminários ou cursos de longa duração. O *Projeto Capacitar* atingiu entre os anos de 1988 e junho de 1990 um total de 1.790 profissionais.

Finalmente, dentro do próprio funcionamento do *Projeto Capacitar* ficou clara a necessidade de uma *capacitação dos capacitadores*. Seminários quinzenais foram programados durante o ano de 1990 para discussão com os membros do Grupo Gestor de temas controversos ligados à problemática da violência doméstica contra crianças e adolescentes. Os temas destes seminários versaram sobre 'A família na realidade brasileira', 'Perspectivas críticas na abordagem da violência doméstica', 'Eutonia

---

27. O Projeto Capacitar levantou toda a bibliografia pertinente ao assunto em língua portuguesa e, principalmente através de financiamento da FCBIA-SP, conseguiu a tradução de textos importantes para o debate da questão.

enquanto um modelo de tratamento de vítimas de violência doméstica", "*Post traumatic shock syndrome*", "A Psiquiatria e a Homeopatia" etc.

O elenco de seminários privilegiou sempre uma abordagem multidisciplinar.

■ *Projeto Prevenir*

Através de um levantamento realizado no Serviço de Advocacia da Criança percebeu-se que numa determinada região da cidade havia uma concentração um pouco mais ampla do que em outras de notificações de casos de violência. A partir disso, foi realizada uma experiência de trabalho numa escola desta região, com adolescentes de 7ª e 8ª séries e do colegial. Neste trabalho, procurou-se conscientizá-los sobre o que é violência doméstica, quais suas consequências, os direitos das vítimas a uma proteção específica, as formas de se prevenir este fenômeno. Deu-se muita ênfase também à violência sexual, ensinando aos jovens que seu corpo lhes pertence, que ninguém pode violá-lo.

O *Projeto Prevenir* previu ainda a construção de folheto para discutir junto a pais, educadores, profissionais da saúde etc. a problemática da violência física contra crianças e adolescentes.

■ *Projeto Pesquisar*

Como fruto fundamental deste projeto nasceu o livro: *Crianças vitimizadas: a síndrome do pequeno poder*, que resultou numa coletânea de artigos elaborados por aqueles que deram em grande parte os cursos do *Projeto Capacitar*. As reflexões realizadas pelos professores ao longo de dois anos do *Projeto Capacitar* lhes permitiram uma elaboração teórica enfeixada sob a forma de livro, que veio a contribuir para um debate mais amplo sobre a questão. Este *Projeto Pesquisar* previu um intercâmbio com instituições estrangeiras que tratam da mesma problemática, sob as mais diversas óticas. Este intercâmbio permitiu uma atualização permanente de conhecimentos através de informações sobre livros, revistas etc., bem como a participação em Congressos (por exemplo, o *VII Congresso Internacional sobre Abuso e Negligência Infantis* no Rio de Janeiro, em setembro de 1988, no qual foram apresentados trabalhos específicos da Rede Criança).

■ *As lições desta experiência*

Com o *Projeto Atender* aprendemos que a intervenção em casos de violência doméstica pressupõe uma certa *coordenação de ações* para que sejam evitadas as superposições.

A intervenção pressupõe etapas básicas: de sinalização; de investigação; de atendimento integrado. A investigação desta problemática envolve *necessariamente saber ouvir a criança*, uma vez que ela detém informações, sendo necessária a criação de um clima favorável à divulgação destas informações, onde também se propicie a comunicação das experiências e dos sentimentos da criança. Esta investigação *é e tem que ser de natureza multidisciplinar.*

Os profissionais devem ser capazes de *avaliar a gravidade* do abuso, a *iminência ou não do risco* a que está exposta uma criança, pois se houver erro o preço pode ser a vida dela.

Aprendemos que o atendimento à vítima de violência deve ser, em boa parte, de natureza terapêutica e que entre as formas de abordagem de tratamento terapêutico, a terapia familiar é um tipo de abordagem que merece uma consideração muito específica. Por sua vez, este atendimento terapêutico, em nossa realidade, não pode ser longo demais.

Do *Projeto Capacitar* aprendemos que é preciso ir mais fundo, uma vez que até o momento só atuamos junto a profissionais formados. A ação mais efetiva vai ser aquela, entretanto, que contemplar os profissionais em formação, uma vez que os já formados carregam uma série de couraças, as quais implicam num amplo trabalho de desconstrução e de reconstrução. É preciso atuar nos cursos de graduação de diferentes áreas.

Com o *Projeto Prevenir* aprendemos que há quatro níveis básicos de prevenção, ou seja: o nível de conscientização da população em geral; o nível de conscientização de profissionais; nível de conscientização de pais e a conscientização de crianças e de adolescentes.

Toda ação preventiva ampla pressupõe um estado geral de alerta da população, o que pressupõe por sua vez uma rede adequada de suporte. Portanto, não adianta multiplicar a informação sobre a problemática, se não estivermos ao menos a caminho de uma organização mais ou menos articulada de entidades de suporte, sob o risco de desmoralização do trabalho.

Aprendemos também que a eficácia da prevenção vai depender do grau de compreensão que se tenha dos verdadeiros fatores que há por trás da problemática: se não identificarmos o que determina, em nossa realidade, cada uma das diferentes modalidades de violência doméstica contra crianças e adolescentes, dificilmente vamos poder intervir com sucesso.

Finalmente aprendemos que há necessidade de estarmos pesquisando muito mais, no sentido de obtermos uma compreensão mais ampla do fenômeno em nossa realidade, uma vez que a própria prevenção é tributária do grau de clareza que se tenha acerca dos fatores que estão *fabricando* a violência doméstica em nosso município. [...]

➤ PROGRAMAS CONEXOS

■ *Programa Casas-Abrigo*

Criado em novembro de 1987, no âmbito da Secretaria do Menor, com o objetivo de abrigar crianças e adolescentes de 0 a 18 anos que haviam passado por experiências como abandono, devolução por parte de famílias que detinham a sua guarda, *violência física e/ou sexual a nível doméstico*, a Casa-Abrigo representa um espaço disponível à criança ou adolescente em termos de se manterem afastados dos fatos ou das pessoas ligados ao seu quadro de vida anterior.

Todos os casos são encaminhados pela Justiça da Infância e Juventude, a qual tem a incumbência de definir o potencial de risco físico e/ou psicológico para a criança ou adolescente em termos de continuarem enfrentando situações inadequadas ao seu processo de crescimento e de desenvolvimento. A Casa-Abrigo representa um momento transitório na vida de seus ocupantes. O encaminhamento das crianças e adolescentes após a saída desta Casa é viabilizado no âmbito da Justiça da Infância e da Juventude, sendo que as observações profissionais, emitidas através de pareceres da Casa-Abrigo, são consideradas como relevantes, tendo-se por base os encaminhamentos posteriores de cada caso.

As Casas-Abrigo dispõem de rotinas no tocante a horários de refeições, lazer, faxina. De acordo com a faixa etária, os ocupantes são responsáveis por tarefas como arrumação de quartos, camas, banheiros. Há encaminhamento da clientela para uma unidade básica de saúde da região, onde são realizados os exames físicos e complementares.

A documentação é regularizada e em muitos casos há inserção em programas de iniciação ao trabalho e na vida escolar.

Aos poucos o recém-chegado vai passando por um processo de adaptação, aprendendo o exercício de crítica sobre a sua vida anterior. Por exemplo, se antes era vítima de agressões físicas, aprende na Casa que há outras formas de disciplina que não necessariamente esta. Se antes só conseguia visualizar a violência no processo disciplinar, aprende que esta não é a forma adequada.

O endereço destas casas é sigiloso por questões de segurança, sendo que a sua sustentação econômica e o seu apoio logístico são realizados por empresas estatais (CESP, SABESP etc.).

Os profissionais que nelas trabalham são representados por educadores, cozinheiras, vigias, auxiliares administrativos e de serviços gerais, havendo sempre a figura de um coordenador-geral.

O Programa SOS-Criança se incumbe de proceder à coordenação geral desta experiência, sendo que o Programa Rede Criança, através do Serviço de Advocacia da Criança, pode solicitar vagas para os casos atendidos naquele Serviço. (Ibid.).

Ressalte-se que as Casas-Abrigo *não tinham como clientela exclusiva vítimas de violência doméstica.* A literatura internacional recomenda, entretanto, a existência de abrigos exclusivos para estas vítimas, ponderando que não podem ficar misturadas a crianças e adolescentes com outros tipos de problema, pois isto não traz eficácia ao seu tratamento.

■ *Programa de prevenção de violência física e sexual em adolescentes no lar*

A concepção deste programa foi idealizada a partir dos cursos dados pela Rede Criança, em 1989, através de convênio PUC-SP/FCBIA e voltados para as equipes técnicas da Justiça da Infância e da Juventude e para psicólogos e psiquiatras. A coordenadora deste programa assistiu estes cursos, procurando no nível da Secretaria do Menor estabelecer um programa preventivo da questão da violência e que fosse dirigido a alunos do curso de magistério da Secretaria Estadual de Educação. A coordenadora deste Programa havia participado anteriormente das experiências desenvolvidas pelo *Projeto Prevenir* — Programa Rede Criança, o qual evidentemente lhe forneceu também massa crítica para que operacionalizasse este outro trabalho.

Pensou-se por um lado que estes futuros professores são hoje ainda adolescentes que, podem eles mesmos estar atravessando problemas de violência doméstica e, por outro lado, amanhã estarão dando aulas para crianças e se preparando para identificar possíveis vítimas deste quadro de violência, envidando os esforços necessários para auxiliá-las.

A primeira etapa deste programa de prevenção abrangeu um debate sobre a temática com professores e coordenadores de área (Biologia, Psicologia, Sociologia, Pedagogia).

A segunda etapa previu o contato direto das coordenadoras do Programa com os alunos para o debate da questão. Este debate incluiu a participação dos professores que já haviam atravessado a primeira etapa do Programa. Dessa forma, os próprios professores poderiam dar continuidade ao trabalho iniciado com os alunos.

No nível do Programa estavam incluídos palestras, debates e indicação bibliográfica brasileira recente sobre o assunto em pauta". (Azevedo e Guerra, 1990)

3.2.2 Anos 1990-2015

➤ 1990

Em termos de política desenvolvida pelo Governo do Município de São Paulo, no início dos anos 90, apresentam-se os seguintes serviços de combate à violência: (Organismos de Atenção *Direta e/ou Indireta*/Estado).

A Casa Eliane de Grammont

"É um centro que atende mulheres em qualquer situação de violência. Foi inaugurado em março de 1990. Oferece assistência social, psicológica e de advogadas para ajudar as mulheres a sair da situação de violência, seja ela o espancamento, o estupro, a ameaça de morte etc. Nos casos atendidos, 90% são mulheres que sofrem violência física na relação 'amorosa'.

Quando uma mulher está correndo risco de vida, a Casa Eliane encaminha-a para a Casa Abrigo Helenira Rezende.

Casa Abrigo Helenira Rezende

Acolhe mulheres em risco de vida e seus filhos menores de 14 anos. Durante até três meses recebem apoio especializado para reestruturar suas vidas. O endereço é mantido em segredo. [...]

Violência Sexual

A violência sexual é combatida em oito Postos de Saúde, que fazem atendimento às mulheres e crianças que sofrem este problema. (Folheto interno)

Serviço de Aborto Legal

Se uma mulher fica grávida por causa de estupro ou corre risco de vida por causa da gravidez, ela é encaminhada para o Serviço de Aborto Legal, primeiro e único no Brasil, que realiza aborto nestes casos previstos pela lei.

Para receber a autorização de aborto é necessário que a mulher maior de 14 anos apresente Boletim de Ocorrência (BO) até 15 dias após o estupro. Quando a menina tem menos de 14 anos, não precisa de BO. A mulher deve também conseguir um laudo do Instituto Médico-Legal (IML) e a gravidez ter menos de três meses." (Folheto dos Programas e Serviços criados pela Prefeitura de São Paulo para garantir os Direitos da Mulher na Cidade. Administração Luiza Erundina, s/d.)

Muitas dessas realizações foram feitas sob a égide da Coordenadoria Especial da Mulher (CEM)[28] e pela assessoria do Programa de Saúde da Mulher da Secretaria Municipal de Saúde.

➤ 1991

Fundação Abrinq (Organismo de *Atenção Indireta*/Sociedade Civil)

Cumpre aqui analisar brevemente o papel desempenhado pela Fundação Abrinq na área da infância e da adolescência. Fundada em

---

28. "A Coordenadoria Especial da Mulher é um órgão do Governo Municipal, criado em novembro de 1989 [...] para ouvir a voz das mulheres e elaborar políticas públicas que ajudem as mulheres a vencer dificuldades, discriminações e que contribuem para todas serem consideradas e tratadas como cidadãs" (CEM).

1989 e organizada pelo Sindicato Patronal das Indústrias de Brinquedos, esta organização tem trabalhado nas áreas da Saúde, Educação e Cultura, Política, Comunicação e Violência, procurando através de debates, campanhas específicas, seminários etc. contribuir para a defesa dos direitos da criança e do adolescente.

"Em 1991, através de um de seus grupos de trabalho, formado por membros de seu Conselho Consultivo e por consultores, elaboraram-se propostas de criação de serviços específicos na área da violência doméstica como: a. Famílias Substitutas para acolhimento temporário das vítimas deste tipo de violência; b. Ponto de Encontro-promoção de divulgação sistemática dos desaparecimentos de crianças, visando a organização de grupos de pais, partindo-se do pressuposto de que muitas crianças desaparecidas são utilizadas por quadrilhas que as exploram para a prostituição e/ou pornografia, bem como muitas fogem do lar em consequência de um processo de violência doméstica. Entretanto, estes projetos não foram avante por falta de parcerias que dependiam em sua maioria de órgãos governamentais". (Trechos da entrevista concedida pela Fundação Abrinq a aluna da disciplina "A criança na família, na escola e na sociedade", Pós-graduação PSA/IPUSP, 2º sem. 1992)

Portanto, embora a Fundação atue na área da violência, o faz mais no tocante à questão do extermínio, sendo a área da violência doméstica ainda uma proposta em construção.

➤ 1993

Núcleo de Atendimento a nível de Saúde Mental das Vítimas e dos Autores de Violência Sexual — Universidade de São Paulo, Faculdade de Medicina, Departamento de Medicina Legal, Ética Médica e Medicina Social e do Trabalho "Instituto Oscar Freire". (**Organismo de *Atenção Direta*/Estado**)

São objetivos do mesmo:

"1. Fornecer atendimento psicoterapêutico às vítimas, aos autores e aos familiares dos indivíduos que sofreram ou praticaram algum tipo de violência sexual;

2. auxiliar na reabilitação social e familiar das vítimas e autores de violência sexual, contribuindo na compreensão dos preconceitos, estigmas e pressões sociais que surgem após o delito [...];

3. esclarecimento às vítimas e aos autores no que diz respeito ao delito sexual e aos seus direitos individuais [...]". (Folheto do Núcleo de

Atendimento, a nível de Saúde Mental das Vítimas e dos Autores de Violência Sexual — USP/Faculdade de Medicina, Departamento de Medicina Legal, Ética Médica e Medicina Social e do Trabalho "Instituto Oscar Freire", 1993)

O Núcleo dirige sua atenção a vítimas, agressores, familiares de vítimas e de agressores. Seu trabalho é de caráter interdisciplinar.

➤ 1994

LACRI (Organismo de *Atenção Direta*/Estado)

O LACRI — Laboratório de Estudos da Criança — Instituto de Psicologia — USP foi fundado em 1985. Naquele momento o LACRI tinha como objetivo desenvolver estudos e pesquisas de natureza transdisciplinar sobre a problemática da Infância em geral e, em especial, sobre a Infância em dificuldade no contexto da sociedade brasileira (infância pobre, infância vitimizada, infância infratora...). Mas o maior esforço investigativo do LACRI concentrou-se depois em construir as bases de uma Teoria Histórico-Crítica da Violência Doméstica contra a Criança e o Adolescente (VDCA) que, privilegiando o *locus* da Psicologia Sócio-Histórica na compreensão e explicação do fenômeno, seja capaz de subsidiar programas mais eficazes de prevenção do problema. À luz desse referencial teórico, o LACRI desenvolveu dois amplos programas, *relativos à infância e violência doméstica* no Brasil:

Programa de Capacitação de Profissionais através do *Telecurso de Especialização em Violência Doméstica contra Crianças e Adolescentes* (*Telelacri*), cujo modelo combinou Ensino à Distância com Ensino Presencial, bem como Estudo e Pesquisa com Intercâmbio Científico e Conscientização Comunitária. Este Programa capacitou 6.331 profissionais do Brasil (em seus diferentes estados), do Peru e Argentina. Funcionou de *1994 até 2007*. Pelo grau de eficiência atingido vale a pena detalhar seu perfil e seus números.

A — Telelacri

A_1 — Perfil

Tratou-se de um CURSO de Educação Continuada à Distância (ECaD), ministrado em nível de ESPECIALIZAÇÃO, categorizável, em termos acadêmicos, como CURSO DE EXTENSÃO UNIVERSITÁRIA.

ESQUEMA

PARTE II

ENSINO À DISTÂNCIA 320 HORAS	+	ENSINO PRESENCIAL 40 HORAS	=	360 HORAS
		CERTIFICADO DE CURSO DE ATUALIZAÇÃO		CERTIFICADO DE CURSO DE ESPECIALIZAÇÃO (TELELACRI)

A_2 — Objetivo

Formar profissionais capazes de combater eficazmente a (re)produção da Violência Doméstica contra Crianças e Adolescentes.

A_3 — Trajetória Acadêmica em números

Existiu de 1994 até 2007 com 14 edições anuais, tendo capacitado 6.331 estudantes do Brasil, Peru, Argentina.

Total de Tele-estudantes concluintes x Ano de Conclusão

Ano	Nº de Telecurso	Total de Tele-estudantes Concluintes
1994	I TELECURSO	79
1995	II TELECURSO	129
1996	III TELECURSO	165
1997	IV TELECURSO	387
1998	V TELECURSO	406
1999	VI TELECURSO	542
2000	VII TELECURSO	571
2001	VIII TELECURSO	856
2002	IX TELECURSO	606
2003	X TELECURSO	570
2004	XI TELECURSO	542
2005	XII TELECURSO	545
2006	XIII TELECURSO	560
2007	XIV TELECURSO	373
	TOTAL →	**6.331**

O TELELACRI EM NÚMEROS

PROFISSIONAIS CAPACITADOS } de 1994 a 2007
BRASIL, ARGENTINA E PERU

↓

6.331 TELE-ESTUDANTES

Observação:

1. Taxa de Aprovação em 2001 — 93,84%
2. Taxa de Aprovação em 2002 — 93,52%
3. Taxa de Aprovação em 2003 — 92,53%
4. Taxa de Aprovação em 2004 — 90,95%
5. Taxa de Aprovação em 2005 — 93,64%
6. Taxa de Aprovação em 2006 — 84,84%
7. Taxa de Aprovação em 2007 — 85,35%

B. Programa de Investigação sobre o Estado do Conhecimento na Área, envolvendo pesquisas bibliográficas e empíricas sobre temas como violência doméstica fatal, memória e violência doméstica, socialização e violência doméstica, punição corporal doméstica, prevenção da VDCA no Brasil etc. Vale destacar o amplo *Projeto Temático de Prevenção da VDCA*, desenvolvido na e para a cidade de São Paulo ao longo de 7 anos de pesquisas empíricas e documentais. Apoiado pela FAPESP, envolveu duas FASES principais:

— INVESTIGATIVA, com 5 subprojetos, cobrindo a voz de especialistas, de agressores sexuais de educadores, de gestores de fundações, de gente que faz diferença, no tocante à Prevenção da VDCA em São Paulo.

— PROPOSITIVA, voltada à produção de subsídios para prevenção da VDCA em São Paulo.

Seus resultados estão publicados no livro:

Azevedo, M. A.; Guerra, V. N. de A. *Violência Doméstica na Infância e na Adolescência* — Uma Nova Cultura de Prevenção. São Paulo, Plêiade, 2011. As responsáveis pelo LACRI publicaram 12 (doze) livros sobre

VDCA no Brasil, abordando diferentes aspectos da mesma. Além dos livros, foram organizadas coletâneas de textos, uma videoteca científica etc. que integram a produção editorial deste laboratório.

As lutas fundamentais do LACRI se centraram sempre em torno da questão da paz contra a violência, do reconhecimento de que os direitos das crianças/adolescentes são direitos humanos, da valorização das vozes e dos olhares das crianças e dos adolescentes. Em 2006, o LACRI recebeu Menção Honrosa por suas contribuições à luta contra a VDCA no Brasil e que lhe foi atribuída pela Comissão Julgadora do Prêmio Santo Dias de Direitos Humanos — Assembleia Legislativa de São Paulo.

➤ 1994

CENTRO DE REFERÊNCIA ÀS VITIMAS DE VIOLÊNCIA DO INSTITUTO SEDES SAPIENTIAE (CNRVV) (Organismo de *Atenção Direta*/Sociedade Civil)

O perfil do CNRVV está descrito no Capítulo 1 da obra: Ferrari, Dalka C. de A.; Miyahara, Rosemeire P.; Sanches, Christiane (Orgs.). *A violação de direitos de crianças e adolescentes* — perspectivas de enfrentamento, 2014.

Dele extraídas as colocações a seguir:

"Em 1994 tiveram início as atividades do Núcleo de Referência às Vítimas de Violência (NRVV) na Clínica Psicológica do Instituto Sedes Sapientiae (criado em 1975). Estruturado em seis áreas de atuação — atendimento psicossocial, prevenção, parcerias, pesquisa, formação e administração —, seu objetivo principal era auxiliar na formação e na implantação de políticas públicas e programas que combatessem a violência física, psicológica e sexual contra crianças e adolescentes. Seis anos depois, foi criado oficialmente o Centro de Referência às Vítimas de Violência (CNRVV).

— Área de Atendimento Psicossocial

O objetivo é efetivar e garantir a atenção, especializada e em rede, a crianças, adolescentes e familiares em situação de violência. É realizado, prioritariamente, em grupos; contudo, também há a modalidade de oficina socioeducativa e com atendimento individual. Esta é utilizada em entrevistas iniciais, como forma de avaliação preliminar e preparação para a entrada nos grupos ou quando, após a avaliação, ficar constatado que o trabalho em grupo não é indicado.

— Área de Prevenção

No início, as atividades do Centro eram voltadas para o atendimento de pessoas que vivenciavam situações de violência doméstica, sem esquecer, porém, que esse tipo de violência tem múltiplas causas, quase sempre decorrentes da cultura que discrimina a criança. Como exemplo, em 1996, o Centro implantou um polo piloto de prevenção no bairro do Jaguaré, em São Paulo, sobre o tema, conscientizando sobre direitos e sobre a possibilidade de trabalho em rede com a formação de parcerias para a atenção à infância e à juventude. Ao longo dos anos, vários outros polos foram implantados em diferentes bairros da periferia de São Paulo".

— Área de Formação

— Instrumentaliza profissionais para o enfrentamento ético e crítico do fenômeno da violência doméstica, na perspectiva do exercício dos direitos de cidadania de crianças e adolescentes.

— Possibilita a compreensão e reflexão do fenômeno da violência doméstica, com base em teorias antropológicas, histórias, sociais e psicológicas.

— Discute possibilidades de intervenção que tenham como eixos a transdisciplinaridade e a construção de uma rede interinstitucional.

— Fomenta posturas e práticas profissionais que incidam sobre os riscos de vitimização de crianças e adolescentes.

— Capacita equipes institucionais visando à implantação de rede interinstitucional de enfrentamento da violência."

Vários livros e publicações técnico-científicas vêm sendo divulgados pela equipe CNRVV.

➤ 1998

REDE CRIANÇA DE COMBATE À VIOLÊNCIA DOMÉSTICA (Organismo de *Atenção Direta*/Sociedade Civil)

Surgiu da iniciativa de um grupo de profissionais que fizeram o Curso sobre Violência Doméstica pelo Laboratório de Estudos da Criança, do Instituto de Psicologia da Universidade de São Paulo (LACRI) USP.

Nasceu no dia 22 de agosto de 1998 e está localizada na região leste de São Paulo. Fruto do 1º Debate Regional da Infância e Violência Doméstica realizado no Anfiteatro da Universidade Cruzeiro do Sul, quando em conjunto com demais profissionais de Instituições Governamentais e Não Governamentais da Região, decidiu encarar o desafio e demonstrar que esta problemática existe há muito tempo e em todas as classes sociais.

A Rede Criança é dirigida por uma diretoria composta por 06 membros da Executiva e 04 do Conselho Fiscal, eleitos em assembleia convocada para este fim.

Tem como presidente a senhora Alice Aparecida dos Santos, Assistente Social da Secretaria Municipal de Saúde de Guarulhos, SP.

Missão da Instituição:

— Estabelecer ações que permitam a proteção integral das crianças e adolescentes vítimas de violência doméstica e sexual;

— Estabelecer ações que permitam a proteção integral das mulheres vítimas de violência doméstica e sexual;

— Atender crianças e adolescentes em situação de risco pessoal e seus familiares;

— Promover o fortalecimento das famílias envolvidas com a violência doméstica e sexual;

— Promover o fortalecimento das famílias com alto grau de vulnerabilidade social;

— Prevenir o fenômeno da violência através de seminários, debates, cursos e palestras;

— Publicação de artigos, cartilhas, documentos sobre violência doméstica e sexual.

Serviços da Rede Criança:

— Serviço de Proteção Social às Crianças e aos Adolescentes Vítimas de Violência — Vítimas Do Silêncio.

— Serviço de Proteção Social às Crianças e aos Adolescentes Vítimas de Violência — Anjos do Sol.

— Serviço de Proteção Social às Crianças e Adolescentes Vítimas de Violência — Rede Criança Lajeado.

— Serviço de Assistência Social a Família e Proteção Básica no Domicílio — SASF — Lajeado I.

— Serviço de Assistência Social a Família e Proteção Básica no Domicílio — SASF — Iguatemi.

— Serviço de Assistência Social a Família e Proteção Básica no Domicílio — SASF — São Rafael II.

— CDCM — Centro de Defesa da Mulher Maria da Penha.

— Serviço de Proteção Social às Crianças e Adolescentes Vítimas de Violência — "Dra. Maria Amélia Azevedo".

Localizado no Distrito de São Matheus. Iniciou suas atividades em 10 de Abril de 2014 e atualmente atende 80 crianças/adolescentes vítimas de Violência Doméstica e seus familiares. Recebeu este nome em homenagem a quem inspirou o início e a continuidade do trabalho da Rede Criança, enquanto protagonista na Garantia de Direitos das Crianças e dos Adolescentes.

TODOS OS SERVIÇOS PASSARAM POR AUDIÊNCIA PÚBLICA COM A MUNICIPALIDADE. [Informes obtidos por entrevistas e documentos internos.]

➤ 2006

LEI N. 12.256, DE 9/2/2006

A partir do Projeto de Lei n. 314, de 2003, defendido pela Deputada Ana Maria Martins/PC do B, foi sancionada a Lei que cria o Programa de Prevenção à Violência Doméstica contra Crianças e Adolescentes e atendimento destes quando vítimas dessa violência.

A ferramenta legal é indispensável para elaboração seja de Planos (indicativos), seja de Programas (operativos) destinados a real enfrentamento da VDCA.

Cria o Programa de Prevenção à Violência Doméstica contra Crianças e Adolescentes, bem como seu atendimento quando vítimas desta violência, e dá outras providências.

O PRESIDENTE DA ASSEMBLEIA LEGISLATIVA:

Faço saber que a Assembleia Legislativa decreta e eu promulgo, nos termos do artigo 28, § 8º, da Constituição do Estado, a seguinte lei:

Artigo 1º — Fica criado, no âmbito do Estado de São Paulo, o Programa de Prevenção à Violência Doméstica Praticada contra Crianças e Adolescentes, e atendimento destes, quando vítimas dessa violência, conforme preconiza a Lei Federal n. 8.069, de 13 de julho de 1990 — Estatuto da Criança e do Adolescente.

§ 1º — **Considera-se programa de prevenção e atendimento o conjunto de ações coordenadas pelo Poder Executivo, com vistas a prevenir a violência doméstica e atender crianças e adolescentes vítimas desta violência.**

§ 2º — Considera-se vítima de violência doméstica, para os efeitos desta lei, a criança ou o adolescente que, por ação ou omissão dos pais ou responsáveis, no convívio familiar, sofrer violência física, sexual, psicológica ou tratamento negligente.

Artigo 2º — O programa de que trata o artigo 1º será desenvolvido na forma de rede de atendimento, composta de equipes multidisciplinares responsáveis pelo atendimento, podendo, para esta finalidade, celebrar acordos e convênios com instituições e entidades especializadas.

Parágrafo único — Compreende-se por rede de atendimento, o atendimento coordenado de dois ou mais órgãos, a que alude o "caput", com vistas a obter a proteção integral da criança e do adolescente, prevista na Lei Federal de n. 8.069, de 13 de julho de 1990.

Artigo 3º — Vetado.

Artigo 4º — As despesas decorrentes da execução desta lei correrão à conta das dotações orçamentárias próprias, suplementadas se necessário.

Artigo 5º — O Poder Executivo regulamentará esta lei no prazo de 60 (sessenta) dias, a contar de sua publicação.

Artigo 6º — Esta lei entra em vigor na data de sua publicação.

Assembléia Legislativa do Estado de São Paulo, aos 9 de fevereiro de 2006.

RODRIGO GARCIA — Presidente

Publicada na Secretaria da Assembleia Legislativa do Estado de São Paulo, aos 9 de fevereiro de 2006.

Marco Antonio Hatem Beneton — Secretário-Geral Parlamentar

Mapa São Paulo/Capital: distribuição por distrito de unidades do SPVV (2015)

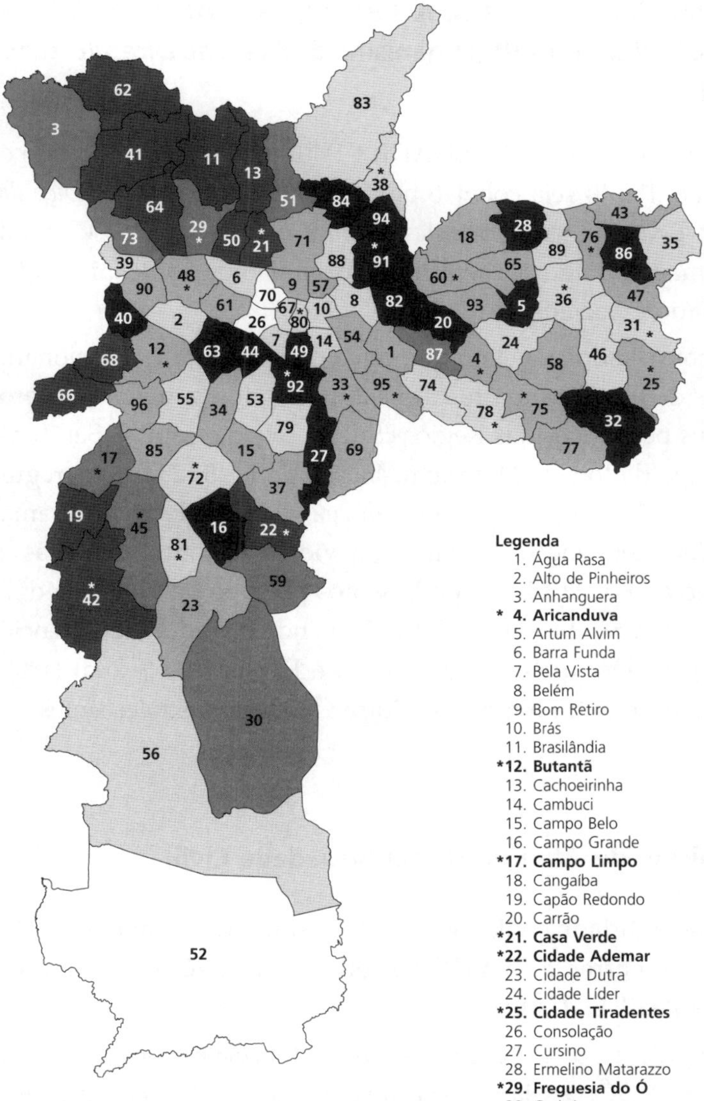

Legenda

1. Água Rasa
2. Alto de Pinheiros
3. Anhanguera
* **4. Aricanduva**
5. Artum Alvim
6. Barra Funda
7. Bela Vista
8. Belém
9. Bom Retiro
10. Brás
11. Brasilândia
***12. Butantã**
13. Cachoeirinha
14. Cambuci
15. Campo Belo
16. Campo Grande
***17. Campo Limpo**
18. Cangaíba
19. Capão Redondo
20. Carrão
***21. Casa Verde**
***22. Cidade Ademar**
23. Cidade Dutra
24. Cidade Líder
***25. Cidade Tiradentes**
26. Consolação
27. Cursino
28. Ermelino Matarazzo
***29. Freguesia do Ó**
30. Grajaú
***31. Guaianases**
32. Iguatemi
***33. Ipiranga**
34. Itaim Bibi
35. Itaim Paulista
***36. Itaquera**
37. Jabaquara
***38. Jaçanã**
39. Jaguará
40. Jaguaré
41. Jaragua
***42. Jardim Ângela**
43. Jardim Helena
44. Jardim Paulista
***45. Jardim São Luiz**
46. José Bonifácio
47. Lajeado
***48. Lapa**
49. Liberdade
50. Limão
51. Mandaqui
52. Marsilac
53. Moema
54. Moóca
55. Morumbi
56. Parelheiros
57. Pari
58. Parque do Carmo
59. Pedreira
***60. Penha**
61. Perdizes
62. Perus
63. Pinheiros
64. Pirituba
65. Ponte Rasa
66. Raposo Tavares
67. República
68. Rio Pequeno
69. Sacomã
70. Santa Cecília
71. Santana
***72. Santo Amaro**
73. São Domingos
74. São Lucas
***75. São Mateus**
***76. São Miguel Paulista**
77. São Rafael
***78. Sapopemba**
79. Saúde
***80. Sé**
***81. Socorro**
82. Tatuapé
83. Tremembé
84. Tucuruvi
85. Vila Andrade
86. Vila Curuçá
87. Vila Formosa
88. Vila Guilherme
89. Vila Jacuí
90. Vila Leopoldina
***91. Vila Maria**
***92. Vila Mariana**
93. Vila Matilde
94. Vila Medeiros
***95. Vila Prudente**
96. Vila Sônia

Fonte: Pereira, Fabiana de G. — Apresentação no IV Seminário Amar e Proteger patrocinado pela Secretaria de Assistência e Desenvolvimento Social da Prefeitura de São Paulo.

➤ 2007

SERVIÇO DE PROTEÇÃO SOCIAL A CRIANÇAS E ADOLESCENTES VÍTIMAS DE VIOLÊNCIA (SPVV) (Organismo de *Atenção Direta*/Estado Sociedade Civil)

A parceria ESTADO — SOCIEDADE CIVIL vem permitindo que o Município de São. Paulo seja coberto por várias unidades do *Serviço de Proteção Social a Crianças e Adolescentes Vítimas de Violência (SPVV)*, tal como mostra o mapa da figura a seguir. São organismos de *atenção direta*, envolvendo Estado e Sociedade.

Os dados consultados revelam que cerca de 24 unidades funcionam ou estão em vias de funcionar entre 2015 e 2016, sendo em maior número nos distritos mais periféricos das Regiões Sul e Leste da Capital. Seu funcionamento é respaldado pelo Decreto n. 48.358, de 17/5/2007, que regulamenta a Lei n. 14.247/2006, a qual, por sua vez, dispõe sobre o Programa Municipal de Conscientização e Combate à Violência contra Crianças e Adolescentes. No ano de 2014 os atendimentos por tipo de violência distribuíram-se por ABUSO SEXUAL (56%), Violência Física e Negligência (15% cada uma), Violência Psicológica (13%) e Exploração Sexual (1%), Violência Doméstica e Extradoméstica contra Crianças e Adolescentes.

➤ 2007

RECRIA (Organismo de *Atenção Direta*/Sociedade Civil)

Criado como entidade civil, o RECRIA foi fundado no ano de 2007, com a MISSÃO de enfrentar a VDCA sobretudo através de projetos/ ações voltados à PREVENÇÃO.

O nome RECRIA traduz seu impulso inovador seja no foco principal (PREVENÇÃO da VDCA) seja nas estratégias: *preferencialmente digitais*. Após 7 anos de elaboração de uma grande variedade de materiais, *permanentemente atualizados*, no **nível nacional e internacional**, além de testes e ensaios em **nível digital**, o RECRIA colocou em funcionamento um *Portal Referência* voltado ao *enfrentamento persistente* da VIOLÊNCIA DOMÉSTICA (mas também EXTRADOMÉSTICA) contra Crianças e Adolescentes (2015).

1. APRESENTAÇÃO

2. CONTEÚDO

O Portal RECRIA abrange:

a) ***Cursos de Difusão*** — a distância, com duração aproximada de 2 (dois meses), oferecendo conhecimentos *inovadores* sobre VDCA (Compreensão, Intervenção e Prevenção) e Assédio Moral e Sexual no Trabalho.

b) ***Sala do Conhecimento*** — com textos diversos (jornalísticos, literários, acadêmicos), explorando de forma criativa e original *modalidades de VDCA e os caminhos para sua prevenção.*

c) ***Mídias*** — Divulgação de livros, vídeos, peças de teatro, catalogados por modalidades de VDCA, produzidos ou analisados pelas diretorias científicas do Portal.

d) ***Rede de Ajuda*** — Contendo aproximadamente 6.000 endereços em todo o Brasil, nosso Banco de Dados se refere a organizações do tipo:

Centro de Referência de Assistência Social — ***CRAS***

Centro de Referênia de Especializado da Assistência Social — ***CREAS***

Defensoria Pública.

A elas pode-se recorrer para o atendimento a casos de VDCA em diferentes estados brasileiros. O Portal aceita de bom grado contribuições para ampliação dos endereços desta Rede.

Partindo do pressuposto de que uma das estratégias mais importantes de Prevenção da VDCA é a CAPACITAÇÃO de profissionais, o RECRIA estruturou, já para 2015, *4 Cursos Diferenciados de Difusão Totalmente ON-LINE*. São Cursos de curta duração cobrindo COMPREENSÃO, INTERVENÇÃO e PREVENÇÃO da VDCA, assim como VIOLÊNCIA NO AMBIENTE de TRABALHO (Assédio Moral e Sexual).

Sua originalidade principal reside no fato de os materiais de cada Curso serem compostos principalmente por textos considerados "clássicos" por veicularem as principais noções da área, a partir do *estado de conhecimento* na mesma. Já o Portal traz uma grande quantidade de textos de "atualização" destinados a enriquecimento das perspectivas de enfrentamento da VDCA abertas a telestudantes.

Tanto os textos "clássicos" como os de "atualização" são de autoria das Coordenadoras dos Cursos: são textos provocativos já que, para as autoras, ensinar é organizar provocações. Permanentemente avaliados e revistos, cada Curso é um convite ao *Real Enfrentamento da VDCA e violências conexas*.

3. A QUE BALANÇO PODEMOS CHEGAR?

As experiências aqui relatadas (algumas já encerradas, outras em andamento e outras iniciando), mostram-nos que a luta pela defesa dos direitos da criança e do adolescente esteve no bojo do processo de redemocratização do nosso país e que, mais especificamente de meados da década de 80 para frente, foi possível desvelar a problemática da violência doméstica não só com experiências de trabalho mas com publicações de cunho acadêmico que procuraram enfatizar a sua existência em nosso meio. Tanto a sociedade civil quanto o Estado apresentaram suas propostas de intervenção na área. Pode-se dizer que aos poucos as experiências foram se ampliando timidamente, algumas bem específicas em torno da questão, outras tocando-a tangencialmente. Na medida em que se deram tais intervenções, pode-se pensar que houve um mínimo de interesse despertado pela problemática.

Dos relatos apresentados de forma sucinta chamam-nos a atenção alguns aspectos:

1. Na entrada dos anos 90 os programas voltam-se bastante para a área da violência sexual, reduzindo-se o interesse pela problemática da violência física. Uma das hipóteses talvez seja a de que esse tipo de violência leva a uma indignação maior dos cidadãos, a uma repulsa mais acentuada. Talvez a violência física, que lida com questões específicas de autoridade no lar, traga à tona questões relativas a essa autoridade que não vale a pena debater... Ou ainda, a tolerância para com este tipo de violência talvez seja maior. Além disso, algumas experiências voltadas à violência sexual foram de certa forma influenciadas pelo movimento feminista que, tanto no Brasil como no exterior, sempre levantou a bandeira de luta em torno deste fenômeno.

2. Em termos de Governo estadual, observou-se, inicialmente, a existência de programas que abordam diretamente a violência doméstica ou a incluem entre seus objetivos. Isso a nosso ver demonstra uma duplicidade de trabalhos, uma dispersão de recursos, tendo em vista que todos pertenciam a uma mesma Secretaria. Percebe-se, entretanto, que apesar de enfocarem a mesma temática, a forma de conduzir o seu combate se diferenciava: uns se limitavam apenas a atender as vítimas do processo, ou seja, atuar no nível do "resgate", enquanto outro tinha uma dimensão mais ampliada, não só porque atuava nos níveis curativo, preventivo, de capacitação e de pesquisa, mas porque lançava a ideia pioneira de uma integração entre os diferentes serviços que tradicionalmente já atendiam a tal problemática.

3. A descontinuidade de programas (especialmente a do nível Estado) mostra que, se por um lado a violência doméstica não conseguiu assegurar um espaço significativo nas políticas de atenção à infância, por outro, este tipo de ocorrência reproduz uma situação mais ampla em que as ações governamentais, principalmente as relativas à área social, padecem constantemente desta falta de continuidade. Não há uma preocupação consistente com a avaliação dos resultados, tendo-se inclusive a impressão de que se elegem problemáticas com finalidades diversas das que se esperaria, ou seja, um real comprometimento com o que representam.

4. As experiências aqui reunidas mostram, no entanto, que apesar dos obstáculos já há conquistas interessantes, especialmente no que

tange à articulação entre Sociedade Civil e ESTADO e à produção de trabalhos científicos significativos.

Referências bibliográficas

AZEVEDO, M. A.; GUERRA, V. N. A. *Desafiando a violência doméstica contra crianças e adolescentes*. São Paulo, 1990. (Mimeo.)

______; ______. *Violência doméstica na infância e na adolescência* — Uma nova cultura de prevenção. São Paulo: Plêiade, 2011.

BRASIL. *Constituição da República Federativa do Brasil*. Brasília: D. F. 1988.

COSTA, A. C. G. da; KAYAYAN, A.; FAUSTO, A. Do avesso ao direito — de menor a cidadão. In: FAUSTO, A.; CERVINI, R. (Orgs.). *O trabalho e a rua*: crianças e adolescentes no Brasil urbano dos anos 80. São Paulo: Cortez, 1991.

Documento Interno da Pastoral do Menor.

FARIA, W. A montanha e a pedra: os limites da política social brasileira e os problemas da infância e da juventude. In: FAUSTO, A.; CERVINI, R. (Org.). *O trabalho e a rua*: crianças e adolescentes no Brasil urbano dos anos 80. São Paulo: Cortez, 1991.

FERRARI, D. *A violação de direitos de crianças e adolescentes*: perspectivas de enfrentamento. São Paulo: Summus, 2014.

JUNQUEIRA, L. *Abandonados*. São Paulo: Ícone, 1986.

PEREIRA, Fabiana de G. O atendimento dos Serviços de Proteção Social a Crianças e Adolescentes Vítimas de Violência na Cidade de S. Paulo e o compromisso de fomentar discussão sobre o trabalho em Defesa da Criança e Adolescente Vítima de Violência em parceria com a Secretaria de Comunicação apresentada no *IV Seminário Amar e Proteger? — Violência Doméstica contra Crianças e Adolescentes e o Depoimento Especial*. São Paulo, 8 maio 2015.

SANTOS, H. O. *Crianças espancadas*. Campinas: Papirus, 1987.

______. Centro Regional de Registros e Atenção aos Maus-tratos na Infância — uma experiência pioneira no Estado de São Paulo. *VII Congresso Internacional sobre Prevenção ao Maltrato e Negligência na Infância*. Rio de Janeiro, 1988.

4. O QUE AINDA RESTA FAZER?

O balanço das políticas sociais na área da violência doméstica contra crianças e adolescentes é bastante sombrio, seja no *nível internacional*, seja no *nível nacional*. As estatísticas nacionais e internacionais sobre o fenômeno mostram que, tanto no Brasil quanto no Exterior, Estado e Sociedade, mesmo quando procuram trabalhar articuladamente, têm sido impotentes para impedir a (re)produção do ciclo de violência no lar. Considerando os inúmeros problemas ligados a estatísticas realmente confiáveis, optamos por apresentar dados cobrindo:

a) longos períodos de tempo (para facilitar comparações);

b) mais de um País e Continente (no caso internacional);

c) separados por *incidência*[29] e *prevalência*.[30]

A. Dados internacionais

A1 — Incidência em vários países do mundo

País	Ano	Números	Vítimas envolvidas
EUA (todos os tipos de violência doméstica)	1990	1.700.000	2.700.000
Finlândia (só violência sexual doméstica)	1988	800	
Nova Zelândia (todos os tipos de violência)	1988	6.500	
Alemanha (idem)	1984	18.000	
Itália (idem)	1991	50.000	
França (idem)	1991	50.000	
Inglaterra (Gales/Escócia/Irlanda do Norte) (idem)	1991	50.000	
Suécia	1990	1.195	
Holanda	1990	4.148	

* *Observações*:

Os dados relativos aos EUA e Nova Zelândia dizem respeito ao total de casos notificados aos Serviços de Proteção à Infância. Nos EUA, só 40% dos casos de violência doméstica são notificados.

Os dados relativos à Finlândia dizem respeito apenas aos resultados obtidos em um *survey* realizado em uma escola de uma cidade.

Os dados relativos à Alemanha, França e Inglaterra são estimativas, enquanto os atinentes à Holanda e Suécia são aqueles já obviamente comprovados em termos de violência doméstica, dentre o número total de casos notificados às instâncias de proteção à infância.

---

29. Incidência — número de casos novos detectados num dado período de tempo (Lopez, F. Sanchez (1995, p. 38). *Prevención de los abusos sexuales de menores y educación sexual*. Salamanca; Amaru.

30. Prevalência — número de casos que a população adulta reconhece haver sofrido VDCA na infância e/ou adolescência. (López, F. Sanchez [1995] cit., p. 38.)

Para o ano de 2004, o US Department of Health and Human Services apontou a existência de 988.874 casos de VDCA notificados no país, dos quais 152.250 eram de violência física. Já a Inglaterra apontou para o ano de 2001 um total de 29.500 vítimas postas sob o sistema de proteção à infância do país, sendo 12.900 casos de negligência, 7.300 de violência física, 4.500 de violência sexual e 4.800 de violência psicológica.

A2 — Incidência nos Estados Unidos (anos 2000)

Em 2013 houve o relato de 678.932 vítimas de casos confirmados em 52 estados americanos. Os maiores índices de modalidades de VDCA se concentraram:

79,5% — Negligência

18% — Violência Física.

Observe-se que se consultarmos anos anteriores a 2013 teremos os seguintes dados:

2009 — 693.484

2010 — 688.121

2011 — 676.505

2012 — 680.200 vítimas de casos confirmados.

Portanto, se estabelecermos uma comparação entre os dados destes anos e os de 2013, veremos que houve uma pequena redução.

Para 2013, foram registradas em território americano 1520 mortes por VDCA (taxa: 2,04 por 100.000 crianças na população).

Analisando-se de 2009 a 2013, observa-se que a mortalidade decresceu 12,7%.

Fontes: U.S. Department of Health and Human Services. Children's Bureau. An office of the Administration for Children and Families. Child Maltreatment, 2013. Disponível em: <www.acf.hhs.gov/programs/cb/research-data-technology/statistics-research>. Acesso em: 17 maio 2015.

A3 — Prevalência

Exemplos da Europa

Os estudos, de modo geral nesta área, foram conduzidos por meio de entrevistas com crianças em termos de suas recentes experiências no seu relacionamento com seus pais (e/ou substitutos), com adultos fazendo-os rememorarem suas infâncias, com pais interrogando-os sobre suas práticas educativas e especialmente no que tange ao disciplinamento corporal.

Entretanto, houve poucos países que repetiram ao longo dos anos tal metodologia em seus estudos. Na Inglaterra isto ocorreu em 1998 e 2009. Por isso, a NSPCC (National Society for the Prevention of Cruelty to Children) que realizou tal trabalho pode perceber que, entre os jovens de 18-24 anos, os índices de Violência Física, Sexual e Psicológica se reduziram, permanecendo estáveis os de Negligência.

Espanha

Em 2007 foi conduzido um estudo através de entrevistas e de aplicação de questionários acerca da questão da VDCA.

Foram identificadas 94 crianças vítimas, sendo que a Violência Física ocupou o primeiro lugar no *ranking* das Violências, seguida pela Negligência, pela Violência Psicológica e pela Sexual.

Basicamente os agressores eram representados por mães e pais biológicos e as razões dos agressores para a utilização da Violência eram o fato de que a criança o merecera ou havia provocado tal comportamento.

Balcãs

O estudo epidemiológico dos Balcãs sobre VDCA (publicado em 2013) abrangeu 42.272 crianças e adolescentes — entre 11 e 16 anos — que frequentavam escola em nove países: Albânia, Bósnia Herzegovina, Bulgária, Croácia, Grécia, Romênia, Sérvia, antiga República Iugoslava da Macedônia, Turquia.

Os índices de prevalência variaram consideravelmente de país a país e de acordo com a modalidade de VDCA:

— de 64,6% (antiga República Iugoslava da Macedônia) para 83,2% (Grécia) em termos de Violência Psicológica;

— de 60,6% (antiga República Iugoslava da Macedônia) para 76,4% (Grécia) — Violência Física;

— 7,6% (antiga República Iugoslava da Macedônia) para 18,6% (Bósnia) — Violência Sexual;

— 22,6% (Romênia) para 48,1% (Bósnia Herzegovina) — Negligência.

Uma análise das respostas de cada um dos nove países mostrou o seguinte:

— 73% de Violência Psicológica;

— 65% de Violência Física;

— 11% de Violência Sexual (para meninos); 9% para meninas;

— 31% de Negligência.

Neste estudo constatou-se a existência de índices superiores aos resultados de outras pesquisas, mas isso se deveu ao fato de se haver contemplado no mesmo formas mais leves de VDCA.

Houve também conclusões no sentido de que o sistema de proteção à Infância/Adolescência não consegue detectar tudo o que é necessário por falta de conhecimento da existência de muitos casos não notificados.

Inglaterra

Em 2009, 11 milhões de crianças e adolescentes (0-17 anos) viviam na Inglaterra.

148.300 tiveram os seus casos investigados por VDCA.

O estudo nacional de prevalência elaborado neste ano pela NSPCC (National Society for the Prevention of Cruelty to Children) estimou que 3,9% (dentre aqueles pesquisados na faixa etária de 0-17 anos) havia passado por uma experiência ou mais de Violência Física, Sexual, Psicológica, Negligência perpetrada por pais/substitutos no ano anterior.

* * *

Inúmeros estudos europeus na área da Prevalência da VDCA foram realizados ao longo destes últimos anos, mas contém uma grande variação devida principalmente a diferentes metodologias, formas de seleção de amostras etc.

Exemplos da África

Ahmatov (2010) em um estudo que realizou em 28 países, tanto africanos quanto outros (principalmente aqueles que compuseram a extinta União Soviética e que chama de países em transição), mencionou que esta tarefa foi bastante árdua porque há dificuldades na padronização do que realmente se entende por VDCA e suas diferentes modalidades. Isto se deve em parte a diferenças culturais significativas. Seu estudo abrangeu quatro modalidades de VDCA: física, sexual, psicológica, negligêncial. Mas aponta, por exemplo, que na África uma média de 83%, 64% e 43% das crianças sofreu violência psicológica e violência física moderada e severa, respectivamente. Afiança que isso se deve a uma crença arraigada no disciplinamento corporal enquanto método educativo. Os meninos se encontram mais em risco de sofrer tal violência do que as meninas nos países africanos estudados. Ressalte-se que os dados para os países em transição foram menores.

* * *

O mais importante é que o fenômeno da VDCA está sendo analisado, os trabalhos científicos publicados, possibilitando assim um aumento de consciência acerca de uma questão muito grave. Além disso, ao se reconhecer a sua existência será possível preparar novos caminhos de Intervenção e de Prevenção, diminuir a mortalidade daí decorrente, bem como as consequências adversas tanto físicas quanto emocionais de seus sobreviventes.

Fontes: Akmatov, M. K. Child abuse in 28 developing and transitional countries — results from the Multiple Indicator Cluster Surveys. *International Journal of Epidemiology*, v. 40:1, p. 219-27, Oxford, 2010. Disponível em: <ije.oxford.journals/org/content/40/1/219 full>. Acesso em: 18 maio 2015.

Balkan epidemiological study on child abuse and neglect. Institute of Child Health. Atenas, 2013. Disponível em: <www.becan.eu/>. Acesso em: 17 maio 2015.

Sethi, D. et al. European Report on Preventing Child Maltreatment. World Health Organization — Regional Office for Europe, 2013. Disponível em: *<www.euro.who/int/_data/assets/pdf_file/0019/217018/European-Report-on-Preventing-Child-Maltreatment.pdf>*. Acesso em: 17 maio 2015.

B. Dados nacionais

➤ 1985

Violência sexual (estimativas)

a. população geral de 0-19	global	62 milhões
	masculino	31 milhões aprox.
	feminino	30 milhões aprox.
b. crianças vitimizadas	meninas (20% ou 1 em 5)	6 milhões
	meninos (10% ou 1 em 10)	3,1 milhões
		9,1milhões (l5% das crianças)
c. meninas vitimizadas por parentes (9% das abusadas sexualmente)		540.000
d. meninas vítimas de incesto pai-filha (5% das abusadas sexualmente)		300.000*

* Cerca de 38% das 300.000 tentarão suicídio.
Fonte: IBGE/PNAD — 1985.

➤ 1991-92

Violência: sexual

Cerca de 50% dos casos de estupro em São Paulo são praticados pelos pais biológicos das vítimas. Mais de 50% destes ocorrem em pessoas das classes média e alta.

Fonte: CPI da Violência Contra Mulher. Comissão presidida pela deputada Sandra Sterling (PT-MG).

➤ 1996-2007

A seguir fornecemos informações sobre VDCA em suas diferentes modalidades, dados estes correspondentes ao período 1996-2007. Eles foram coletados em diferentes estados brasileiros pelos alunos do Telecurso de Especialização na área da VDCA — ministrado pelo LACRI — Laboratório de Estudos da Criança — IP/USP, de 1996 até 2007. Evidentemente que estes dados correspondem à ponta do *iceberg* de um fenômeno com dimensões mais amplas em nossa sociedade.

Quadro Síntese de Violência Doméstica Notificada
Modalidade de VDCA — Incidência Pesquisada

Ano	Violência Física		Violência Sexual		Violência Psicológica		Negligencial		Violência Fatal		Total de casos notificados	
	Qtd	%	Qtd	%	Qtd	%	Qtd	%	Qtd	%	Qtd	%
1996	525	44,0	95	8,0	0	0,0	572	48,0	0	0,0	1.192	100,0
1997	1.240	60,1	315	15,3	53	2,6	456	22,1	0	0,0	2.064	100,0
1998	2.804	22,2	578	4,6	2.105	16,7	7.148	56,6	0	0,0	12.635	100,0
1999	2.620	39,3	649	9,7	893	13,4	2.512	37,6	0	0,0	6.674	100,0
2000	4.330	38,9	978	8,8	1.493	13,4	4.205	37,7	135	1,2	11.141	100,0
2001	6.675	32,9	1.723	8,5	3.893	19,2	7.713	38,1	257	1,3	20.261	100,0
2002	5.721	35,8	1.728	10,8	2.685	16,8	5.798	36,3	42	0,3	15.974	100,0
2003	6.497	31,3	2.599	12,5	2.952	14,2	8.687	41,9	22	0,1	20.757	100,0
2004	6.066	31,0	2.573	13,2	3.097	15,8	7.799	39,9	17	0,1	19.552	100,0
2005	5.109	26,5	2.731	14,2	3.633	18,9	7.740	40,2	32	0,2	19.245	100,0
2006	4.954	26,7	2.456	13,2	3.501	18,9	7.617	41,1	17	0,1	18.545	100,0
2007	2.940	25,1	1.057	9,0	2.285	19,5	5.422	46,3	10	0,1	11.714	100,0
Total	**49.481**	**31,0**	**17.482**	**10,9**	**26.590**	**16,6**	**65.669**	**41,1**	**532**	**0,3**	**159.754**	**100,0**

Fonte: <http://www.ip.usp.br/laboratorios/lacri/index2.htm>

Em 2015, dados nacionais extraídos do Disque 100, embora não específicos para VDCA, continuam importantes como se observa a seguir:

A cada dez minutos uma criança foi vítima de violência no Brasil em 2014

Dado está em levantamento das denúncias de maus-tratos contra crianças. Mais de 150 mil denúncias foram feitas pelo Disque 100 no ano passado.

Natália Ariede
São Paulo

A cada dez minutos uma criança foi vítima da violência no Brasil em 2014. O dado faz parte de um levantamento das denúncias de maus-tratos contra crianças e adolescentes, divulgado pela Secretaria Nacional de Direitos Humanos do Governo Federal.

Em alguns casos, as denúncias são tão graves que a família perde a guarda e os pequenos são encaminhados para abrigos. Em um deles, em Diadema, na Região Metropolitana de São Paulo, moram 35 crianças e adolescentes. Os moradores mais novos são seis irmãos que chegaram na segunda-feira (23). A mais nova ainda não tem dois anos e a mais velha tem 15 anos.

"Eles não estavam na escola. Segundo a conselheira, tem consumo de droga na frente dos acolhidos. Ficavam sozinhos em casa, os mais velhos cuidavam dos mais novos", explica Maria Margarete de Lira, coordenadora do abrigo.

Histórias como a desses irmãos infelizmente são comuns em abrigos deste tipo. São milhares de infâncias ignoradas: mais de 150 mil crianças e adolescentes foram vítimas de violação de direitos no ano passado, segundo registros do Disque 100.

Abandono e falta de cuidados básicos, como falta de alimentação e higiene, estão em sete de cada dez denuncias. "Minha mãe sumia, uns dois dias, aí ela voltava... Eu sei fazer comida, eu sei fazer tudo. Aí a gente parou de ir pra escola. Eu repeti quatro anos, mas eu acho que fiquei uns três anos sem ir pra escola", relata uma dessas crianças.

O relatório mostra que a grande maioria das vítimas (55,73%) tem menos de 11 anos e que as meninas (47%) são mais agredidas do que os meninos (38%). A violência mais comum é a negligência (37%), seguida de violência psicológica (45%), física (21%), sexual (13%) e outras (4%). Em 37,18% dos casos, o agressor é a mãe e em 17,64%, o pai.

Para o promotor do Conselho Estadual dos Direitos da Criança e do Adolescente, Ariel de Castro Alves, o Disque 100 é importante, mas o sistema ainda é falho porque não monitora nem acompanha os casos encaminhados para verificações e apurações. "É necessário que o Disque 100 também monitore o impacto dessas denúncias, quais os resultados dos casos. É necessário um monitoramento da tramitação das denúncias para verificar se crianças foram protegidas e se autores dos crimes foram responsabilizados", opina.

O levantamento do ano passado também mostrou que em números absolutos houve mais denúncias em São Paulo, no Rio de Janeiro, na Bahia e em Minas Gerais.

O Disque 100 é um serviço mantido pela Secretaria de Direitos Humanos do Governo Federal. Ele funciona 24 horas, todos os dias da semana e o anonimato é garantido.

Fonte: *Jornal Hoje* — globo.com — Edição do dia 24/2/2015, 14h19 — Atualizado em 24/02/2015 14h25.

Esses dados constituem o mais categórico desmentido às políticas sociais de contenção do fenômeno, *onde elas pretendem existir*. A lição que se pode extrair desse "quadro negro" é o de que as iniciativas sociopolíticas na área não têm conseguido responder adequadamente aos seguintes desafios emergentes:

1º Tirar a violência doméstica contra crianças e adolescentes (VDCA) da *clandestinidade*.

2º *Compreender melhor o processo de produção* dessa modalidade de violência.

3º Formar profissionais *competentes e socialmente comprometidos* no combate ao fenômeno.

4º Recuperar *famílias e vítimas*.

5º Prevenir a violência, impedindo que uma família se torne abusiva, *antes de sê-lo*.

Acima de tudo tornar realidade a tão sonhada TOLERÂNCIA ZERO para com a VDCA.

- Na *sociedade americana*, os principais desafios a enfrentar situam-se: na incapacidade generalizada de contenção do fenômeno por parte dos Serviços de Proteção à Infância para os quais são drenadas as notificações; no combate eficaz a uma poderosa "indústria da criança abusada"; na crônica escassez de recursos humanos e financeiros que permitam intervenção e prevenção adequadas. O resultado é que as soluções tentadas pelos Child Protective Services (*On Child Protection System*) vêm merecendo a incômoda alcunha de "soluções *band-aid*": ou seja, "todo o sistema falha como um todo". Tudo isso decorre de uma ambiguidade básica: o que deve ser protegido realmente:
  - o direito da criança de ser educada sem violência?
  - o direito da família à privacidade?
- Na *sociedade brasileira* e, dentro desta, especialmente na *realidade paulista*, políticas envolvem ainda ações:

  1º mais preocupadas com a *aparência* do fenômeno, deixando intacta a *raiz* da problemática;

2º mais voltadas para a *detecção* do fenômeno do que para sua prevenção e tratamento;

3º mais comprometidas com perspectivas *unidimensionais* do que com abordagem *multidisciplinar* da problemática;

4º mais interessadas em *reduzir* arbitrariamente a *violência doméstica* a outras formas de violência contra infância (como exploração, por exemplo) do que em captar o fenômeno em toda sua *especificidade*;

5º mais apoiadas no *senso comum* do que em *competência técnica*, oriunda esta de pesquisas e estudos consistentes;

6º mais *personalistas* do que institucionalizadas, esboroando-se quase sempre com a saída de seu organizador;

7º mais *superpostas* entre si, no nível do Estado e da Sociedade, do que coordenadas funcionalmente;

8º mais preocupadas em "resgatar" as vítimas do que em punir e/ou tratar os agressores;

9º mais comprometidas com o *impacto* sobre a opinião pública do que com a *avaliação da qualidade* da respectiva intervenção;

10º mais comprometidas com o "poder dos profissionais" e menos com a mobilização da comunidade contra a violência doméstica que se abate cotidianamente sobre crianças e adolescentes e menos ainda em valorização do protagonismo infantojuvenil.

Esse quadro sombrio decorre, a nosso ver, de um fator básico: a *violência doméstica* contra *crianças e adolescentes* ainda não é prioridade com P maiúsculo, a não ser para a mídia que frequentemente a explora e banaliza. Não é de estranhar pois que:

- não podendo negar a existência do fenômeno, políticos, profissionais, autoridades continuem a veicular equívocos como os que se seguem, numa tentativa de, ou negar a face violenta da família brasileira, ou afirmar que o grande e fundamental problema da infância brasileira é a pobreza. Os seguintes trechos são exemplos desse discurso equivocado.

"Com empregos dignos e salários justos para os adultos tem de haver também escola pública que atenda criança pobre. Com isso 90% dos problemas de nossa infância estarão resolvidos" (político).

"Só há uma força capaz de expulsar as crianças de casa com rapidez: a fome. Muitas apanham até a morte, são vítimas de violência sexual e mesmo assim não saem de casa" (autoridade).

Felizmente há exceções: poucas, mas que representam a esperança de uma luz no fundo do túnel.

E para que essa luz possa ser mais que mera esperança, talvez valha a pena lembrar um pouco do muito que ainda resta fazer e com que nos comprometemos.

A. Uma *Política*, centrada numa concepção de violência doméstica contra crianças e adolescentes enquanto *fenômeno multifacetado* sócio-psicológico-cultural, dependente da interação indivíduo-sociedade quanto à sua produção.

B. Uma *Política* que privilegie ações de *formação* de futuros profissionais.

C. Uma *Política* mais preocupada em *prevenir* a violência doméstica contra crianças e adolescentes do que em atuar como SOS-vítimas.

D. Uma *Política* integrada, mas descentralizada, capaz de intervir eficazmente na "história natural" da violência doméstica contra crianças e adolescentes, a partir de uma articulação entre os poderes do Estado e da sociedade civil.

E. Uma *Política* preocupada com a própria avaliação, em termos de eficiência e eficácia, e com a preservação por parte dos profissionais da capacidade de indignar-se com a violência contra crianças e adolescentes.

F. Uma *Política* voltada à proteção efetiva das vítimas e ao combate sistemático à impunidade dos agressores domésticos.

Em resumo:

Uma Política comprometida com a defesa intransigente do direito das crianças à *vida*, à *segurança* e *liberdade*, e, portanto, com a criação de uma nova cultura da infância: *a cultura da criança cidadã*.

E para não dizerem que perdemos de vista os aspectos positivos da luta que vem sendo travada contra a VDCA no Brasil e em São Paulo, dirigimos a duas profissionais ativas na área a seguinte questão:

O REAL ENFRENTAMENTO À VDCA TEM FUTURO? POR QUÊ?

Seus depoimentos estão a seguir, devidamente identificados quanto ao trabalho desenvolvido pelas autoras.

DEPOIMENTO Nº 1

O real enfrentamento à VDCA tem futuro? Por quê?

Dalka Chaves de Almeida Ferrari

Falar sobre o real enfrentamento à VDCA implica constatar, em nossa história recente, uma série enorme de embates, desafios e conquistas já empreendidos por vários profissionais que se dedicaram à causa da infância e adolescência, em nosso país.

A compreensão da criança e do adolescente como indivíduos em desenvolvimento, que necessitam da proteção de adultos responsáveis para atingir sua maturidade, hoje, no Brasil, está garantida em Lei. Desde a **Constituição de 1988, artigo 227**, temos:

> "É dever da família, da sociedade e do Estado assegurar à criança, ao adolescente e ao jovem, com absoluta prioridade, o direito à vida, à saúde, à alimentação, à educação, ao esporte, ao lazer, à profissionalização, à cultura, à dignidade, ao respeito, à liberdade, e à convivência familiar e comunitária, além de colocá-los a salvo de toda forma de negligência, discriminação, exploração, violência, crueldade e opressão." (Constituição Federal, 1988)

Esta concepção da criança/adolescente como cidadão e enquanto sujeito de direitos é definitivamente homologada como lei na sociedade brasileira a partir de 13 de julho de 1990 — com a promulgação do **ECA — Estatuto da Criança e do Adolescente**. O ECA foi aprovado através da Lei n. 8.069 dispondo sobre a proteção integral, definindo o que crianças/adolescentes/pais/responsáveis/comunidade/instituições e o Estado podem ou não, devem ou não fazer para que essa proteção seja efetivada. Também define quais as consequências das ações/omissões contra a criança/adolescente e daquelas cujo autor é o próprio adolescente.

Segundo Gadelha (2012), o ECA traz uma síntese de toda a sua essencialidade e riqueza, quando aponta caminhos — **as políticas de garantias de direitos** — como **deveres da sociedade, do Estado e da família**. Esses dispositivos propõem e detalham os deveres de instituições e atores em relação ao tratamento a ser dispensado às crianças e adolescentes no país. Por exemplo, recursos públicos deverão ser prioritariamente destinados à proteção da infância e juventude. E, para que crianças e adolescentes possam ter efetivo acesso aos direitos fundamentais, o ECA coloca à disposição desse segmento um sistema bem estruturado de avaliação comparativa entre o que determina a lei e o que demonstra a realidade. É essa dimensão jurídica que dá legitimidade e sustentação à Doutrina de Proteção Integral. Há sanções, normas, impedimentos que todos os cidadãos devem conhecer e observar. Portanto, o não cumprimento de um dever jurídico traz como consequência uma sanção. É assim no Estado brasileiro. Para isso é que há leis e normas. E, também cidadãos que, em nome da comunidade, podem garantir a efetividade desses direitos. Começa-se, então, a compreender a força do exercício da autoridade. E, no ECA, a palavra autoridade só é citada em relação ao Juiz, ao Promotor e ao Conselheiro Tutelar. O ECA reconhece que a criança e o adolescente são vulneráveis e merecem a proteção integral do Estado, da família e da sociedade. Ao eleger estas três figuras, o ECA impõe a cada uma delas obrigações e responsabilidades: à **família** a obrigação de criar e educar; à **sociedade** a obrigação de zelar por todas essas crianças e adolescentes; e ao **Estado** a competência de executar e promover políticas públicas capazes de garantir o atendimento dos direitos assegurados por lei. O Sistema de Garantia de Direitos (SGD) tem a finalidade específica de promover a exigibilidade do direito, na hipótese em que o Estado, a sociedade e a família deixarem de cumprir seus deveres. Ele trabalha em três frentes: **Promoção dos direitos ou Atendimento; Defesa dos direitos de crianças e adolescentes; Controle das ações públicas de promoção e defesa dos direitos da criança e do adolescente**.

Outra formulação importante de política pública para o enfrentamento das situações de violações de direitos de crianças e adolescentes foi a implantação, pelo Ministério da Justiça, do **Plano Nacional de Enfrentamento à Violência Sexual de Crianças e Adolescentes (PNEVSCA), aprovado em 2000, na cidade de Natal. Esta aprovação envolveu várias organizações da sociedade civil que trabalhavam com este tema, bem como de vários serviços e segmentos do governo**. Este Plano apresentou diretrizes no enfrentamento da violência contra crianças e adolescentes, por meio de seis eixos: Análise da Situação, Mobilização e Articulação, Atendimento, Prevenção, Defesa e Responsabilização, Protagonismo Juvenil.

O governo criou duas instâncias para garantir a efetividade do **PNEVSCA — de um lado, o Comitê Nacional** que monitora e coordena ações anuais de mobilização e articulação do referido Plano em nível nacional e, de outro lado, o **Programa de Ações Integradas e Referenciais de Enfrentamento da Violência Sexual Infantojuvenil no Território Brasileiro (PAIR)** — responsável pelo **suporte** técnico nacional na implementação de metodologias locais.

Em 2003, criou-se a **Comissão Intersetorial de Enfrentamento à Violência, ao Abuso e à Exploração Sexual de Crianças e Adolescentes**, hoje composta por 33 membros: 20 Ministérios/Secretarias Especiais e 13 representantes da sociedade civil, setor privado, organizações da cooperação internacional, Comitê Nacional de Enfrentamento da Violência Sexual (CONANDA), Congresso Nacional (Frente Parlamentar pela Defesa da Criança e do Adolescente), Superior Tribunal de Justiça; Ministério Público Federal, Ministério Público do Trabalho, na expectativa de se constituir uma verdadeira **rede nacional de enfrentamento**.

Além disso, foi criado em 2003 o **Disque 100**, no âmbito do governo federal para recebimento de denúncias de violência sexual contra crianças e adolescentes, programa que garantiu alta legitimidade na população. De 2003 a 2010 houve um crescimento superior a 625%, o que significa que o número de denúncias recebidas passou a ser sete vezes maior. A média de denúncias recebidas a cada dia passou de 12, em 2003, para 129 em 2011. No período, 31% de violência sexual. A importância da temática é retratada, especialmente, por este serviço, que representa, hoje, a política de direitos humanos com maior capilaridade, tendo atendido 90% dos municípios do Brasil.

Constata-se, assim, que a política pública, no Brasil, para o enfrentamento do fenômeno da violência, abuso e exploração sexual contra crianças e adolescentes foi implantada e tem futuro. Porque, temos os marcos legais existentes a partir de 1988, Constituição Federal, a implantação do Estatuto da Criança e do Adolescente, a elaboração e implantação do PNEVSCA em 2000, a criação de instância nacional representativa da sociedade e do governo, tal como o **Comitê Nacional de Enfrentamento à Violência Sexual contra Crianças e Adolescentes**, a elaboração/implantação do PAIR — iniciativas estas que visaram respostas efetivas para a **superação da violação dos direitos de crianças e adolescentes**.

Mas, pode-se perguntar: essa política que foi implantada vem se efetivando?

Se procurarmos entender a situação atual à luz do PNEVSCA, tomando como referência a pesquisa, os seminários e o diagnóstico rápido participativo realizados pelo PAIR no município de São Paulo de 2010 a 2012, vamos levantar os problemas e as ações propostas para enfrentá-los, como aponta o Diagnóstico Rápido Participativo (DRP) realizado, considerando este diagnóstico como uma amostra do que ocorre no Brasil todo:

> "Este DRP apontou, entre outros elementos, o aumento da violência sexual contra crianças e adolescentes e a enorme capilaridade da Rede de Proteção na cidade. As necessidades apontadas no DRP podem contribuir para a construção de políticas públicas, assim como que é necessário que os agentes envolvidos estejam voltados para a execução do Plano Operativo Local, nos próximos anos." (PAIR, 2013)

Esta tarefa exigiu a participação das três esferas de governo: federal, estadual e municipal, e, sua efetividade depende do entrosamento, da parceria, da articulação e integração destas três instâncias de poder. Assim, de forma geral, apesar do esforço de vários profissionais *representantes da sociedade civil* e dos *representantes do governo,* sabe-se que o *enfrentamento* dos problemas de Violência, Abuso e Exploração Sexual de Crianças/Adolescentes, no Brasil, *necessariamente, ainda exige a implementação de um amplo leque de ações.*

Violações de Direitos estão presentes nas situações de Violência contra Crianças e Adolescentes no âmbito das famílias. A exploração sexual de crianças e adolescentes ocorre por meio da exploração sexual comercial, da pornografia e do tráfico. A expansão de exploração sexual de crianças e adolescentes acontece em redes globalizadas e a indústria do sexo, principalmente, através do sexo-turismo. A morbidade e a mortalidade de crianças e adolescentes são as **consequências mais drásticas causadas pela exploração sexual comercial**.

Diante desse cenário que avilta o desenvolvimento saudável de nossas crianças e adolescentes, o atual governo, hoje, por meio de PNEVSCA desenvolvidos tanto pela Secretaria Nacional de Promoção dos Direitos da Criança e do Adolescente, da Secretaria de Direitos Humanos, da Presidência da República, bem como pelo Ministério de Desenvolvimento Social e Combate à Fome, vem implementando políticas públicas para garantir a proteção integral da criança e do adolescente, sendo necessário expandir, ampliar mais suas ações protetivas para dar cumprimento ao estabelecido nas legislações existentes, dando continuidade ao PNEVSCA, criado em 2000.

Assim, seja no cotidiano dos serviços, seja no atendimento protetivo às crianças e aos adolescentes nos megaeventos, alcançaremos nossos objetivos, ou seja, o enfrentamento à VDCA será efetivo, se atendermos aos objetivos das **Práticas Integradas, Intersetoriais e em Rede**, como segue abaixo.

Caracterizadas pela complementaridade, colaboração, articulação/integração, elas permitem que a intervenção nas situações de violência contra crianças e adolescentes possa ser uma tarefa transdisciplinar, interinstitucional — ou seja, é direcionada para finalidades que pertencem a todas as disciplinas e instituições exigindo um trabalho em REDE, com ações de recepção e discussão do caso, registros abertos, atendimento transdisciplinar, visitas e contatos interinstitucionais, fóruns de debate, ações de prevenção. Pois o trabalho em REDE propicia a formação de parcerias, cooperação e articulação de sujeitos institucionais, ações no âmbito público e privado, mobilização de recursos, intercâmbio de dados e experiências que levam à formulação de projetos e políticas. Esse trabalho tem por objetivo a interrupção da violência com o mínimo de exposição da família. Visa também a promoção e desenvolvimento de uma rede de serviços que atue de forma articulada entre instituições e serviços governamentais e organizações e grupos da sociedade civil, buscando a ampliação e melhoria da qualidade do **atendimento** nas situações de violência sexual de crianças/adolescentes, a identificação e encaminhamento adequado de casos já existentes na comunidade e o desenvolvimento de estratégias efetivas de **prevenção**, ou seja, de mobilização/sensibilização no enfrentamento das situações de violência contra criança/adolescente. Segundo o PAIR (2013), o **fluxo ou circuito de uma Rede de Proteção** pode ter vários caminhos, tomando cada um de seus atores como porta de entrada: Público em Geral; Público Infantojuvenil; Disque 100; Conselho Tutelar; CRAS; CREAS; Polícias; Ministério Público; Justiça. E esta rede de proteção vai depender, para sua efetividade, das Políticas Sociais Básicas — Educação, Saúde, Assistência Social, Esporte, Lazer, Cultura, Trabalho, Emprego, Renda, Habitação, Transporte, Defesa, Justiça, Segurança, Profissionalização, Família e Comunidade.

Existem outros fluxos como o da Assistência Social e da Associação de Brasileira de Magistrados e Promotores (ABMP).

Destacando-se, entre outras, ações de sensibilização e esclarecimento para esse problema voltadas para a sociedade em geral, bem como a importância de uma formação continuada e de programas que cuidem do cuidador, destinados aos profissionais que se dedicam a esse trabalho — garantindo desta forma que as intervenções realizadas sejam eficientes e eficazes, esperando também contar com a conscientização da sociedade de que a proteção de crianças e adolescentes é dever de todo cidadão.

Concluindo, a CIDADANIA de crianças e adolescentes como Sujeitos de Direito pressupõe a atuação de um conjunto articulado de políticas, programas e serviços que formam uma REDE DE PROTEÇÃO INTEGRAL AOS DIREITOS E ATENÇÃO DE SUAS NECESSIDADES BÁSICAS E/OU ESPECIAIS.

> "Assim, ao longo de todos esses anos, examina-se os esforços envidados por governos e sociedade para **construir intervenções no âmbito das Políticas Públicas, centradas no princípio da defesa dos direitos humanos**, da universalidade, das gestões participativas e descentralizadas, por meio de **práticas integradas e intersetoriais**. A aposta é entender tais aspectos como essenciais para avançar na direção da democracia participativa, como estratégia à consolidação da proteção dos direitos das crianças e adolescentes em situação de violências, explorações, negligências e discriminações. Os avanços aqui elencados caminham na perspectiva de tornar estas políticas mais integradas e verdadeiramente intersetoriais, sendo necessário observá-las com um olhar integralizador e **transdisciplinar**." (Carvalho Lopes, 2008)

Referências bibliográficas

AZEVEDO, M. A.; AZEVEDO, V. N. (Orgs.). *Violência doméstica*: fronteiras do conhecimento. 7. ed. São Paulo: Cortez, 1993/2015.

BEZERRA JR. C. A. *Relatório CPI da Pedofilia e da Violência Sexual*. São Paulo: Editora CMSP, 2009.

BRASIL. *Constituição Federal*. Artigo 227. Brasília: Imprensa Oficial, 1988.

CARVALHO LOPES, M. H. et al. Políticas intersetoriais integradas. III Congresso Mundial de Enfrentamento da Exploração Sexual de Crianças e Adolescentes. Tema 3. Rio de Janeiro, 2008.

CROCHIK, J. L.; FERNANDES, A. M. (Orgs.). *Violência sexual contra crianças e adolescentes na cidade de São Paulo*: enfrentamento e crítica. Campo Grande: Editora UFMS, 2011.

EQUIPE PAIR/SP — 4. *Registro da experiência de implantação do PAIR em São Paulo* — Cartilha PAIR. Campo Grande: Editora UFMS, 2013.

FERRARI, D. C. A.; VECINA, T. C. C. *O fim do silêncio na violência familiar*: teoria e prática. São Paulo: Ágora, 2002.

FERRARI, D. C. A.; MYIAHARA, R. P.; SANCHEZ, C. *A violação de direitos de crianças e adolescentes*: perspectivas de enfrentamento. São Paulo: Summus, 2014.

GADELHA. G. et al. Sistema de garantias de direitos de crianças e adolescentes. In: *Material de Capacitação on-line do PAIR*. Brasília, 2012.

PACTO SÃO PAULO/SEADS. Secretaria Estadual de Assistência e Desenvolvimento Social — Plano Estadual do Enfrentamento da Violência e da Exploração Sexual contra Crianças e Adolescentes. São Paulo: Editora SEADS, 2002.

PMEVAESCA (Plano Municipal de Enfrentamento da Violência, Abuso e Exploração Sexual contra Crianças e Adolescentes). São Paulo: Editado pela SMADS, 2009.

APRESENTANDO DALKA FERRARI E SEU TRABALHO

Psicóloga/PUC-SP, psicodramatista, didata e supervisora pela FEBRAP. Especialista em Violência Doméstica pelo Lacri/IPUSP. Psicoterapeuta de criança, adolescente, adulto e família. Coordenadora Geral e de Parcerias do CNRVV (Centro de Referência às Vítimas de Violência). Membro do Departamento de Psicodrama, Docente e Membro da Diretoria do Instituto Sedes Sapientiae. Organizadora e coautora do livro: *O fim do silêncio na violência familiar — teoria e prática*, São Paulo, Ágora, 2002. Organizadora e coautora do livro: *A violação de direitos de crianças e adolescentes: perspectivas de enfrentamento*, São Paulo, Summus, 2014.

DEPOIMENTO Nº 2

Rosirene Rocha

A violência contra criança e adolescente configura um processo endêmico e global que tem características e especificidades inerentes às diferentes culturas. Envolve a existência de abuso do poder disciplinador e coercitivo dos pais ou responsáveis, além da completa expropriação do poder da criança e do adolescente, violando direitos essenciais e comprometendo significativamente seu desenvolvimento socioafetivo.

Ao realizar uma retrospectiva acerca das lutas realizadas para garantia de direitos de crianças e adolescentes, identificamos que em 1996 houve o I Congresso Mundial Contra a Exploração Sexual Comercial de Crianças e Adolescentes, realizado na Suécia, sendo este considerado um marco inicial do reconhecimento dos crimes cometidos contra crianças e adolescentes.

A segunda edição do evento aconteceu no Japão em 2001, sendo que no Brasil a mobilização sobre este tema marcou o dia 18 de maio, como o dia nacional de combate ao abuso e à exploração sexual de crianças e adolescentes. Em 2001, o governo brasileiro lançou o Plano Nacional de Enfrentamento à Violência Sexual Infantojuvenil, como fruto das articulações realizadas em rede de proteção e defesa dos direitos de crianças e adolescentes, sendo estes pautados e referenciados pelo Estatuto da Criança e do Adolescente.

Para que se possa fazer uma real reflexão acerca da concepção que embasa o Estatuto da Criança e do Adolescente — ECA, de que crianças e adolescentes são sujeitos de direitos, em condição peculiar de desenvolvimento, é primordial não se perder de vista que o processo de desenvolvimento, dentro do contexto da infância e adolescência, deve ser efetivado e permeado por construções sociais, históricas, culturais e relacionais, garantindo a liberdade de expressão e voz destes, sem que haja a interferência de adultos cerceando o seu direito e o seu desejo de se expressar.

No que tange ao fenômeno da VDCA, este é complexo, por ser multideterminado, multifacetado e consubstanciado num emaranhado de forças, evidenciando uma clara violação aos direitos humanos fundamentais. A VDCA, em suas várias formas, fere a integridade de pessoas, que, por sua condição peculiar e particular, no estágio de seu processo de desenvolvimento físico, emocional, afetivo e sexual, não estão preparadas para interações desta natureza.

As violações aos direitos humanos são alicerçadas em relações estabelecidas com base na vontade e no desejo do adulto sobre a criança ou o adolescente, constituindo relações abusivas, permeadas pelo exercício do poder, seja ele econômico, geracional, de gênero etc., e demarcadas por um movimento assimétrico.

A multideterminação, por sua vez, exige que voltemos nosso olhar para as diferentes realidades — familiar, social, econômica, política, jurídica — que estão assentadas em uma cultura e organizadas em uma rede dinâmica de produção de violência. Neste contexto não podemos perder de vista que a família, em suas várias organizações e configurações, se reorganiza dentro deste sistema constituído de violências, enquanto instituição pertencente a uma dada sociedade.

Entendemos que o trabalho realizado com crianças e adolescentes, vítimas de VDCA, consiste nos eixos **principais** de: **atendimento**, **controle**, **promoção**, **articulação**, **prevenção**, **enfrentamento** e **responsabilização**. Para isso necessitamos que os integrantes da rede de atendimento, proteção e do Sistema de Defesa e Garantia de Direitos compreendam de qual violência estamos falando, conscientizando-se de seu papel neste contexto, não transferindo responsabilidades, pois todos os profissionais envolvidos neste processo devem contribuir para a real interrupção do ciclo de violência.

No que consiste à prevenção no ciclo da violência contra criança e adolescente, observa-se que de fato os profissionais desempenham um papel de fundamental importância, e, por isso, devem estar inseridos em um processo contínuo de formação permanente, qualificando seu olhar, sua escuta e suas ações, garantindo desta forma o que o Estatuto da Criança e do Adolescente preconiza em seus artigos referentes à efetivação dos direitos humanos de crianças e adolescentes.

Através destas intervenções e sensibilizações realizadas por esses profissionais, nos respectivos territórios — que em sua maioria são periféricos e engendrados numa condição de exclusão e vulnerabilidade socioeconômica extremas —, abrange-se uma população específica, visando desta forma constituir ações que permitam intervenções políticas e financeiras, para o enfrentamento a esta modalidade de violência, através da garantia do atendimento especializado às vítimas, e do fortalecimento do sistema de defesa e responsabilização.

Este trabalho, quando realizado ao longo de anos, traz a compreensão do real fortalecimento das famílias atendidas face às outras da comunidade. A elaboração da violência, a elevação da autoestima e a compreensão de que agora são sujeitos de direitos, permite a perpetuação dos conhecimentos dentro da comunidade, efetivando seu papel de proteção e responsabilidade.

O trabalho realizado em rede pelos profissionais permite que essas famílias se organizem de forma a buscar a efetivação da garantia de direitos, não apenas para seus membros, mas também para a sociedade em geral. Percebemos que este fortalecimento, propicia a promoção dos movimentos de transformação, enfatizando a evolução das políticas públicas e dos direitos de todos, principalmente daqueles que de fato necessitam, como crianças e adolescentes.

O empoderamento realizado através deste trabalho de sensibilização e fortalecimento, com crianças e adolescentes e suas famílias, contribui para o enfrentamento à VDCA, permitindo que se apropriem do seu papel enquanto sujeitos de direito, promovendo a busca de novos horizontes para efetivação de seus direitos estabelecidos por lei.

Com relação à rede intersetorial e ao Sistema de Defesa e Garantia de Direitos, compreendemos que esta parceria é de fundamental importância para dar continuidade a este processo de enfrentamento e poder, através de propostas que potencializem, a cada dia, a visibilidade deste movimento, agregando com isso um número cada vez maior de pessoas imbuídas deste mesmo sentimento, que é o de efetivar os direitos fundamentais da criança e do adolescente, contribuindo para uma infância sem violência.

Desta forma, entendemos que o enfrentamento à VDCA, na sua conjuntura atual, tem futuro, por haver resultados positivos na prática deste movimento, seja com as famílias, seja com crianças e adolescentes e, principalmente, pelas conquistas realizadas através das lutas historicamente evidenciadas neste processo, dando maior celeridade à veiculação de informações acerca deste fenômeno e, consequentemente, ao reconhecimento e à efetivação deste enfrentamento.

Diante do que foi apresentado, afirmamos que somente através do enfrentamento será possível assegurar com exatidão e eficácia os direitos da criança e do adolescente, sem perder de vista que este movimento continua num processo de construção, e que, portanto, acreditar na existência de novas possibilidades de efetivar os direitos da criança e do adolescente é, acima de tudo, apostar no futuro.

APRESENTANDO ROSIRENE ROCHA E SEU TRABALHO

Assistente Social. Militante da área da Criança e do Adolescente.

Atividades Exercidas:

— Diretora da Creche Municipal

— Assessora Parlamentar

— Assessora Técnica Supervisão de Saúde de São Miguel — Secretaria Municipal de Saúde — SP (atualmente)

— Especialista em Violência Doméstica pelo LACRI-USP

— Especialista em Atendimento à Vítimas de Abuso Sexual — PAVAS-USP

— Fundadora da Rede Criança de Combate à Violência Doméstica

— Coordenadora de Projetos da Rede Criança de Combate à Violência Doméstica

UM BREVE COMENTÁRIO

O real enfrentamento à VDCA tem futuro? Por quê?

Maria Amélia Azevedo

O *real* enfrentamento à VDCA, só será *real*idade quando seus trágicos números pararem de *crescer* e *repetir-se*, ano após ano, no Brasil e no mundo.

Em nosso País, apesar de todo o trabalho de entidades governamentais e não governamentais, dados do DISQUE 100 informam que o total de denúncias em 2014 foi de 150.000 (70 por dia) sendo que, em 37,18% dos casos, o agressor foi a mãe e em 17,64%, o pai. (Globo News, 18/05/2015). Daí a afirmação de que "a cada dez minutos uma criança foi vítima da violência no Brasil em 2014" (Secretaria Nacional de Direitos Humanos do Governo Federal, 2015).

Esses números — inaceitavelmente elevados — compõem um quadro negro não muito diferente do que ocorre em nível internacional, o que, porém, não pode ser interpretado como consolo.

Os testemunhos publicados de duas profissionais com vasta experiência de enfrentamento à VDCA, na cidade de São Paulo, são otimistas.

"O enfrentamento à VDCA será efetivo se atendermos aos objetivos das Práticas Integradas Intersetoriais e em Rede".

Dalka Ferrari

"O enfrentamento à VDCA na sua conjuntura atual tem futuro por haver resultados positivos na prática deste movimento seja com as famílias, crianças e adolescentes e principalmente pelas conquistas realizadas através de lutas historicamente evidenciadas neste processo, dando maior celeridade à veiculação de informações acerca deste fenômeno e consequentemente, o reconhecimento e efetivação deste enfrentamento".

Rosirene Rocha

Embora concorde com as autoras em grande parte do que afirmam, não sou tão otimista quanto elas e pelas razões a seguir.

1º) Não vejo, ainda, em curso, ROBUSTOS PROGRAMAS de PREVENÇÃO À VDCA sobretudo envolvendo aquela que defendo, ou seja, a PREVENÇÃO PRIMORDIAL, cujo foco é "impedir surgimento e estabelecimento de padrões de vida (sociais, econômicos e culturais) que contribuem para o risco em relação à VDCA" (Azevedo e Guerra, 2011).

Dirigida a *toda e qualquer criança e/ou adolescente, antes que a respectiva família tenha se tornado tóxica para eles*, a PREVENÇÃO PRIMORDIAL já devidamente estudada entre nós (Azevedo e Guerra, 2011), contando até com Curso de Capacitação on line (RECRIA/PROJETOS, 2015) pode ser uma ferramenta útil para a construção, entre nós, de uma sólida CULTURA de PREVENÇÃO à VDCA.

2º) Também não contamos — em nível da Sociedade Brasileira — com uma priorização inequívoca do *real enfrentamento à VDCA*. A Sociedade Brasileira está longe do ideal de TOLERÂNCIA ZERO para com esse tipo de VIOLÊNCIA.

Prova disso, a análise que escrevi sobre as chamadas "manifestações de junho/2013", no Brasil.

"Se os 'sentidos' detectados nas mensagens presentes nas manifestações de junho/2013 estiverem corretos, *o legado* para a *construção de um País sem VDCA* é praticamente nulo, por algumas razões básicas.

- *Em primeiro lugar* a participação de crianças nas manifestações foi reduzidíssimo. Quando ocorreu, seus cartazes pareciam repetir a fala dos pais ou responsáveis.

As imagens a seguir falam por si sós:

Poster de Manifestações Infantis/junho 2013

Fontes: a) *Folha de S.Paulo*/Folhinha, 22/06/2013, p. 1
b) *Metro*/Foco, 24/06/2013, p. 4
c) *Folha de S.Paulo*/Corrida, 24/06/2013, p. C8
d) *Folha de S.Paulo*/Poder, 07/09/2013, p. A10

- *Em segundo lugar*, bandeiras de luta específicas, seja de intervenção, seja de prevenção da VDCA, estiveram ausentes das manifestações de junho/2013 e das que vêm se seguindo até agora.

Bandeiras, como as que construí com Viviane Guerra, em projetos de resistência à VDCA e que vão exemplificadas a seguir.

Bandeiras de Resistência à VDCA

Fonte: Azevedo, Maria Amélia; Guerra, Viviane N. de A. [2011], Projeto Calliandra. Disponível em: <www.projetocalliandra.com.br>. Acesso em: 29 ago. 2015.

Essas duas ausências:

- dos *pequenos cidadãos*
- de *repúdio/protesto contra VDCA*, nas manifestações de rua, apontam numa direção sinistra: a de uma *convivência 'confortável'* e não de uma *indignação* com a tragédia infantojuvenil da VDCA em nosso País.

A pergunta que restaria fazer é:

Até quando?

Talvez até o dia em que crianças e adolescentes brasileiros deixem de ser

CIDADÃOS DE PAPEL,

numa SOCIEDADE que teima em 'ignorar os mais novos e sua responsabilidade para com eles' (Sayão R. A sociedade e as crianças. *Folha de S.Paulo*/Cotidiano, 1º jul. 2014, p. C2).

E ISSO DEPENDE DE NÓS,
(como canta o sempre inspirado IVAN LINS)." (Azevedo, 2014)

Mas, para isso vir a ser verdade, talvez seja preciso exorcizarmos antes a imagem mítica do brasileiro simpático, que só existe no samba como afirma Castells, sociólogo espanhol. Segundo ele, "a relação entre pessoas no Brasil sempre foi violenta e atualmente, a internet apenas expressa isso abertamente" (Castells, entrevista, 2015).

Referências bibliográficas

AZEVEDO, M. A. A violência doméstica contra crianças e adolescentes e o Brasil. Portal RECRIA. Sala do Conhecimento. Nuvem de Estudos, 2014. p. 20-3.

______; GUERRA, V. N. A. *Violência doméstica na infância e na adolescência*: uma nova cultura de prevenção. São Paulo: Plêiade, 2011. p. 122.

CASTELLS, M. A imagem mítica do brasileiro simpático existe só no samba. *Folha de S.Paulo*, 18 maio 2015. p. A12. Entrevista da 2ª.

______. *Redes de indignação e esperança*: movimentos sociais na era da internet. Rio de Janeiro: Zahar, 2011.

GLOBO NEWS. Dados do DISQUE 100, veiculados a 18/5/2015 — 20h30.

SECRETARIA NACIONAL DE DIREITOS HUMANOS DO GOVERNO FEDERAL [2015] apud *Jornal Hoje* — globo.com — edição de 24/2/2015, 14h19.

PARTE IV*

Prevenção da Violência Doméstica contra Crianças e Adolescentes (VDCA)

uma nova cultura

"Em 1991, Anne H. Cohn Donnelly — então diretora do US National Committee for Child Abuse Prevention —, ao rever os esforços internacionais da década anterior, assim resumiu os desafios para a década seguinte: 'fazer mais do mesmo' (ou seja, focar na educação pública, no compromisso social, na legislação e no desenvolvimento de serviços preventivos) e 'assumir novos desafios' (quais sejam, impacto da drogadição sobre a paternagem, atenção especial a pais vivendo na

* Baseada na obra: Azevedo, M. Amélia; Guerra, Viviane N. de A. *Violência doméstica na infância e na adolescência*: uma nova cultura de prevenção. São Paulo: Plêiade, 2011 (apoio FAPESP).

pobreza ou em situações de dificuldades social, violência na mídia e reorientação das instituições de proteção à infância, a fim de que reassumam sua função original de auxílio às famílias)

Nas entrelinhas transparece o modelo de prevenção hegemônico na década de 80: o já referido 'modelo sanitário de prevenção primária, secundária e terciária' cuja intenção fundamental era identificar a chamada 'população de risco', seja no nível dos possíveis agressores, seja no nível de vítimas potenciais".

MARIA AMÉLIA AZEVEDO
VIVIANE NOGUEIRA DE AZEVEDO GUERRA

A

Prevenção da VDCA: um objeto de conhecimento

Maria Amélia Azevedo

Pedagoga/FEUSP (Faculdade de Educação da USP). Advogada/ FDUSP (Faculdade de Direito da USP). Doutora em Educação/FEUSP (Faculdade de Educação da USP). Livre Docente e Titular/IPUSP (Instituto de Psicologia da USP) — aposentada. Ex-coordenadora do Laboratório de Estudos da Criança LACRI/IPUSP (Instituto de Psicologia da USP). Coordenadora Científica do RECRIA Projetos.

Viviane Nogueira de Azevedo Guerra

Mestre e Doutora em Serviço Social — Pontifícia Universidade Católica de São Paulo. Ex-pesquisadora do Laboratório de Estudos da Criança — Instituto de Psicologia — USP. Autora do livro: *Violência de pais contra filhos: a tragédia revisitada*. 7. ed. São Paulo, Cortez, 2011. Coautora de 11 livros na área da Violência Doméstica contra Crianças e Adolescentes. Autora de diversos artigos sobre esta temática. Coordenadora Científica do RECRIA Projetos.

Introdução

São vários os *significados* e os *sentidos* da PREVENÇÃO enquanto ato de PREVENIR.

- Significados

Prevenir. [Do let. Praevenire, 'vir antes', tomar a dianteira.] V.t.d. *1. Dispor com antecipação; preparar. 2. Chegar antes de; adiantar-se ou antecipar-se a. 3. Dispor de maneira que evite (dano, mal); 4. Impedir que se realize; proibir, vedar. 5. Dizer ou fazer antes que outro diga ou faça. 6. Realizar antecipadamente; ir ao encontro de. 7. Interromper, cortar, atalhar. 8. Avisar, informar com antecedência 9. Fazer propender; dispor. 10. Acautelar-se. Preparar-se, precaver-se. 11. Armar-se, apetrechar-se, premunir-se.* (Ferreira, 1975)

- Sentidos

A sabedoria popular de há muito vem consagrando as vantagens do prevenir sobre o remediar como se vê pelos provérbios a seguir[1]:

- Um homem prevenido vale por dois.
- O prevenido procede seguro.
- Mais vale prevenir do que ser prevenido.
- Cautela e caldo de galinha nunca fizeram mal a ninguém.
- Mais vale prevenir do que remediar.
- Uma pessoa prevenida vale por duas.
- Um grama de prevenção vale mais do que um quilo de cura.

1. *Fontes*: <http://www.jangadabrasil.com.br/proverbios/pesquisa.asp>; <http://www.citados.pt/proverbios; http://www.ensp.unl.pt/lgraca/textos77.html>

Integrantes do adagiário brasileiro e português, esses provérbios ilustram as várias significações do termo PREVENIR:

a) "chegar antes", "vir antes", "antecipar-se";

b) "tomar a dianteira", realizar antecipadamente", "ir ao encontro de", "dizer ou fazer antes que outro diga ou faça";

c) "acautelar-se", "preparar-se", "precaver-se";

d) "armar-se", apetrechar-se, premunir-se, avisar, informar com antecedência;

e) "impedir que se realize; proibir; vedar".

Ou seja: a PREVENÇÃO é uma das formas de "evitar dano". Este *dano* originalmente significava *doença.* Por isso na mitologia grega, o termo prevenção está ligado ao poder médico representado por "um homem jovem, de pé, apoiado num cajado, no qual está enroscada a serpente. Tinha pelo menos dois filhos, que também eram médicos e duas filhas HIGIA e PANACEIA.

Para os gregos estas duas figuras personificavam a SAÚDE e a TERAPÊUTICA respectivamente, ou seja, duas artes bem distintas: *a de curar a doença (Panaceia) e a de proteger e promover a saúde* (Higia)." (Graça, 2000)

Estátua de Asclépio (para os gregos) ou Esculápio (para os latinos), filho de Apolo e deus da Medicina – Museu Arqueológico de Epidauro.

Já no tempo da antiga Grécia, por volta do Século V a.C., havia santuários — como o grande templo de Epidauro — dedicados a Asclépio (o Escultório dos romanos). Para os gregos, Asclépio, herói homílico, fruto lendário dos amores de Apolo com uma pobre mortal, tornara-se então o semideus da medicina (Grimal, 1992; Hacquard, 1996). O seu culto prolongar-se-ia até ao princípio da cristianização do império romano e das primeiras invasões dos bárbaros no século IV (Charitonidou, 1978; Graal, 1996). O seu poder de atração médico-religiosa de doentes e peregrinos foi enorme como também, ao que parece, a sua eficiência simbólica e terapêutica, a avaliar pela popularidade e permanência, ao longo de séculos, do culto de Asclépio na civilização helênica e greco-romana. (Graça, 2000)

Prevenção, portanto, deriva de HIGIA (HIGIENE), enquanto arte de "proteger e promover a saúde":

- proteger de danos;
- promover a saúde, chegando antes que a doença (o mal) se instale.

A prevenção é, pois, característica da Medicina Preventiva, tradição que teve grande desenvolvimento na chamada Escola de Salerno.[2]

Segundo o tratado de Higiene dessa Escola, "mais do que curar o mal a arte [a medicina] deve prevenir". (Soumia, 1995, apud Graça, 2000)

Desde a Antiguidade Clássica e a Idade Média sabe-se então que PREVENIR é melhor que REMEDIAR. Isso, por uma série razões que remontam também à Grécia antiga e, mais especificamente, aos limites do *poder de cura* dos tratamentos e dos remédios prescritos por terapeutas[3] e médicos. O poder relativo (e às vezes contraditório) dos remédios vem subjacente à etimologia do próprio termo REMÉDIO — *pharmacon* — em grego, que tanto pode significar medicamento (droga benéfica) como veneno (droga maléfica). Portanto, o que cura também pode fazer mal como nos mostra o filósofo Derrida em sua consagrada obra *A farmácia de Platão*.

---

2. Salerno, ao sul da Itália era conhecida por sua escola mítica, cuja origem remonta à Alta Idade Média (Século IX — X) antecedendo por isso o aparecimento da Universidade no Ocidente cristão (Século XIII). Segundo a lenda era uma escola ecumênica, tendo nascido do encontro de quatro homens que representavam quatro culturas distintas (um romano, um grego, um judeu, um árabe, três dos quais seriam médicos).

3. Terapeuta (em grego *Therapeuta*) significava originalmente "o que cuida, servidor ou adorador de um deus", ou seja, "aquele que cuida de alguma coisa, do corpo" etc. De onde, ainda, o sentido de "aquele que cuida dos doentes", o médico. No século I, vivia ao sul de Alexandria uma confraria que tinha o nome de "Therapeutas" e que Filon descreveu em detalhes em um livro intitulado *De vita contemplativa*. Citemos o parágrafo 2º desse Tratado, pois ele nos oferece uma observação terminológica de grande importância: "O nome revela o projeto desses filósofos, chamados de Terapeutas primeiramente porque a medicina [*iatriké*] de que fazem profissão é superior àquela que ocorre em nossas cidades, esta só cuida do corpo, mas a outra também cuida do psiquismo [*psikas*], vítima dessas doenças terríveis e difíceis de curar que são o apego ao prazer, a desorientação do desejo, a tristeza, as fobias, as invejas, a ignorância, o desajuste em relação ao que existe e a multidão infinita das outras patologias [*pathon*] e sofrimentos. Cf Filon de Alexandria, *De vita comtemplativa*, apresentação, introdução e notas de F. Daumas, Pierre Miguel (eds.).

Todos nós sabemos que a eficácia de qualquer "pharmacon" pode esconder um mal, seja agravando a doença que se supunha curar, seja acarretando efeitos colaterais adversos.

Algo parecido ocorre com os tratamentos médicos. Portanto, a medicina curativa não apenas tem muitos limites, como pode ser contraproducente.

Sempre será preferível chegar antes que uma criança ou adolescente se torne:

> *um prontuário médico,*
> *um boletim policial,*
> *um processo judicial,*
> *um dossiê psicossocial,*
> *uma notícia de jornal ou...*
> *Um Corpo no Necrotério.*
>
> (Azevedo e Guerra, 2010)

Por isso mesmo, no enfrentamento da VDCA, *sempre será preferível PREVENIR do que REMEDIAR.*

Sempre será preferível antecipar-se à VDCA enquanto processo perverso cujos danos podem ser irreversíveis.

Sempre será preferível evitar a VDCA, até porque algumas ações "curativas" podem esconder formas camufladas de revitimização.

Obviamente porém toda e qualquer PREVENÇÃO da VDCA tem que ser ESTRATEGICAMENTE planejada, como forma de "preparar-se e apetrechar-se" contra sua ocorrência. Daí a indispensabilidade de se compreender muito bem o significado e o alcance da PREVENÇÃO da VDCA, até porque PREVENIR está longe de ser um desafio fácil de enfrentar.

Referências bibliográficas

AZEVEDO, M. A.; GUERRA, V. N. A. *Infância e violência fatal em família*: primeiras aproximações ao nível de Brasil. 2. ed. São Paulo: Iglu, 2010. p. 14.

DERRIDA, J. *A farmácia de Platão*. São Paulo: Iluminuras, 1991.

FERREIRA, A. B. de H. *Novo dicionário de língua portuguesa*. Rio de Janeiro: Nova Fronteira, 1975. p. 1137.

GRAÇA, L. Dos Asclepiades aos médicos da família. In: ______. *Representações sociais da saúde, da doença e dos praticantes da arte médica nos provérbios em língua portuguesa*, 2000. Disponível em: <http://www.ensp.unl.pt/Igraca/textos77,html>. Acesso em: 1º dez. 2008.

ACREDITE SE QUISER

A história da Prevenção de doenças esteve e está longe de ser fácil. O texto a seguir ilustra isso.

A REVOLUÇÃO DA LIMPEZA

A descoberta da micropatologia acabou com séculos de escuridão.

Por Fábio Marton

Houve tempo em que médicos saíam do necrotério para a maternidade, onde pulavam de paciente em paciente sem lavar as mãos ou os instrumentos. A sugestão de que esses cavalheiros deviam se limpar era encarada como um ultraje, um literal "vá tomar banho".

Não foi há tanto tempo assim. Em 12 de outubro de 1878. *A Província de S. Paulo*, o primeiro nome de *O Estado de S. Paulo*, trazia o artigo "Os habitantes invisíveis de atmosphera", anunciando a ideia de que as bactérias estão em todos os lugares e podem causar doenças. O texto, do jornalista científico francês Henri de Parville, lembrava que a maioria dos micro-organismos é inofensiva, mas terminava com "é bom desconfiar dos infinitamente pequenos [micro-organismos] e aprendermos a conhecer o mundo invisível, que nos rodeia e nos cerca tão estreitamente para viver à nossa custa, e que termina por nos matar".

Estavam a caminho a revolução de micropatologia, a fundação da medicina e as noções de higiene modernas. Uma revolução que enfrentou inúmeras resistências. Ainda em 1887, uma notícia de *A Província de S. Paulo*, sobre o serviço municipal de remoção de cadáveres, afirmava que os corpos deixavam escapar "muito miasma". Miasma era a teoria tradicional para a causa das doenças, então ainda aceita por muitos médicos.

O caso de Ignaz Semmelweiz

A fundação da micropatologia, na segunda metade do século 19, foi uma batalha árdua contra noções estabelecidas por milênios. "Grandes epidemias sempre foram consideradas uma forma de julgamento divino", afirma o cientista e médico americano Socrates Litsios, autor de diversos livros sobre a história da medicina. "Isso provia as autoridades religiosas e médicas com meios convenientes de identificar seus inimigos.

A peste de Londres, em 1665, foi atribuída à volta do ateu Thomas Hobbes do exílio na França".

Mesmo após o Iluminismo, a ciência médica ainda rastejava, acorrentada por tradições seculares. Isso é ilustrado pela trágica história do doutor Ignaz Semmelweiz, um dos grandes pioneiros da higiene. Em 1846, ele assumiu a direção da Primeira Clínica Obstétrica do Hospital Geral de Viena, na Áustria, que funcionava como escola médica e oferecia partos gratuitos a mulheres pobres. Na época, 10% das que entravam não saíam mais, chegando a mais de 30% em meses particularmente ruins. Era a febre puerperal, uma infecção letal do útero, então considerada só outro fato desagradável da vida. Semmelweiz fez uma descoberta constrangedora. A Segunda Clínica do hospital tinha menos da metade das mortes. Lá o trabalho era feito por parteiras, não por orgulhosos professores doutores e seus alunos. Sua conclusão foi que a infecção era causada pelos médicos, que faziam autópsias e iam direto para a clínica obstétrica, sem lavar as mãos apropriadamente nem trocar de roupa. Mandou então todo mundo se limpar com hipoclorito de cálcio, um alvejante. Com isso, diminuiu as mortes em 90%.

Mesmo com esses dados, a notícia foi recebida com escárnio. Os médicos não aceitavam que a causa de uma doença podia estar nas mãos treinadas de cavalheiros estudados. A descoberta foi considerada anticientífica e a cadeira de Semmelweiz não foi renovada. Voltando para sua Hungria natal, passou o resto de sua vida em conflito com o *establishment* médico, chamando os outros obstetras de assassinos. Em 1865, acabou internado num manicômio, onde morreu, numa ironia amarga, de infecção generalizada.

A importância dos germes

Semmelweiz não foi o único mártir da causa. Nos Estados Unidos, pouco antes dele, Oliver Wendell Holmes havia dito exatamente a mesma coisa, e teve de ouvir o mesmo tipo de comentário. Em 1854, em Londres, John Snow estudou em mapas a localização das vítimas de um surto de cólera, provando que a causa era a água contaminada de uma bomba. A alavanca foi removida e salvou centenas de vidas, apenas para Snow ver sua teoria ser refutada logo depois. Os vitorianos achavam intolerável a ideia de que algo saído das fezes pudesse contaminar alguém pela boca.

A rejeição não era totalmente injusta. Semmelweiz, Holmes e Snow entenderam o básico da higiene, mas não tinham a menor ideia do que realmente causava as doenças. Ainda estava em vigor a teoria do miasma, pela qual maus ares eram a causa maior das doenças. "Hipócrates usou a palavra miasma para expressar a ideia de uma atmosfera contaminada que podia dar origem a epidemias", afirma Socrates Litsios. "Na época, os miasmas se juntavam a demônios causadores de doenças e matéria mórbida trazida pelos ventos".

A chave para o mistério só passou a ser vislumbrada alguns anos depois, com o trabalho de Louis Pasteur... Seguindo os passos de Pasteur, na década de 1870, o alemão Robert Koch faria as primeiras identificações objetivas de micro-organismos patológicos, e publicaria depois seu método, permitindo a outros pesquisadores levarem adiante a nascente ciência da micropatologia.

Mania de limpeza

Rapidamente, a higiene deixou de ser apenas um luxo ou uma noção superficial de limpeza, restrita ao que é visível. Hospitais e sistemas de abastecimento de água se tornaram bem mais estritos. A revolução se traduziu na quase duplicação da expectativa de vida. No Reino Unido, saltou de 40 anos em 1880 para 64 em 1920 e 81 hoje em dia. No Brasil, ainda era de 46 anos na década de 1940 — quando o País convivia com outras mazelas, como miséria, analfabetismo e subnutrição. Hoje chega a civilizados quase 75.

A partir de Pasteur e Koch, higiene tornou-se a palavra do dia. O termo "hygiene", mencionado 291 vezes em *A Província de S. Paulo* na década de 1870, passa a 1378 ocorrências na seguinte, e a 1811 na posterior. Em 1884, surgiu a Inspetoria Pública de Higiene em São Paulo. Higienópolis, um empreendimento imobiliário da década de 1890, ganhou esse nome para propagar que era uma das regiões mais "salubres" de São Paulo. Durante essa década, entraram em evidência os grandes epidemiologistas brasileiros: Emílio Ribas, Carlos Chagas, Adolfo Lutz, Oswaldo Cruz e Vital Brasil, que combateram com sucesso epidemias de febre amarela, peste e varíola.

Em 2007, os 11.300 assinantes do *British Medical Journal*, uma das mais respeitadas publicações de medicina científica, elegeram a revolução sanitária como a mais impactante mudança desde 1840 — superando os antibióticos, a anestesia e a genética. Em toda a história da humanidade, nada salvou mais vidas que o proverbial ato de lavar as mãos.

Fonte: Marton, F. A revolução da limpeza — *O Estado de S. Paulo*, Especial Saúde, 30/4/2015, p. 4.

B

Um exemplo de prevenção primordial da VDCA

MARIA AMÉLIA AZEVEDO

Pedagoga/FEUSP (Faculdade de Educação da USP). Advogada/FDUSP (Faculdade de Direito da USP). Doutora em Educação/FEUSP (Faculdade de Educação da USP). Livre-Docente e Titular/IPUSP (Instituto de Psicologia da USP) — aposentada. Ex-coordenadora do Laboratório de Estudos da Criança LACRI/IPUSP (Instituto de Psicologia da USP). Coordenadora Científica do RECRIA Projetos.

VIVIANE NOGUEIRA DE AZEVEDO GUERRA

Mestre e Doutora em Serviço Social — Pontifícia Universidade Católica de São Paulo. Ex-pesquisadora do Laboratório de Estudos da Criança — Instituto de Psicologia — USP. Autora do livro: Violência de pais contra filhos: a tragédia revisitada. 7. ed. São Paulo, Cortez, 2011. Coautora de 11 livros na área da Violência Doméstica contra Crianças e Adolescentes. Autora de diversos artigos sobre esta temática. Coordenadora Científica do RECRIA Projetos.

Introdução

Canção amiga
Eu preparo uma canção
Que faça acordar os homens
E adormecer as crianças

Carlos Drummond de Andrade
(*Antologia poética*, 64. ed. Rio de Janeiro: Record, 2009)

Com base num amplo espectro de investigações sobre Prevenção da VDCA foi possível a elaboração de *Subsídios Multimídia para Programas Eficazes de Prevenção da VDCA*, nas modalidades *Física* e *Sexual* em São Paulo. Para não ser mais um exercício inútil de "escrever na água", estruturamos *Diretrizes Mínimas* e um *Projeto Piloto*, testado em São Paulo (2010) [Azevedo e Guerra, 2011].

1. DIRETRIZES MÍNIMAS

Para ser EFICAZ, será preciso construir não uma ação isolada, mas toda uma CULTURA DE PREVENÇÃO DA VDCA comprometida com as seguintes DIRETRIZES:

- PRIMORDIAL e PRIMÁRIA quanto ao NÍVEL, isto é, dirigida a todas as crianças e a todos os adolescentes e não apenas a vítimas de VDCA, procurando desenvolver padrões de relacionamento (especialmente de gênero e geração) baseados na *ausência de intolerância* para com O DIFERENTE.

- POR EIXOS TEMÁTICOS, quanto ao CONTEÚDO, isto é estruturada em vertentes conceituais ligadas a Fatores Protetivos Básicos que se contrapõem a Fatores de risco. Exemplos:
  - EIXO CONHECIMENTO sobre Necessidades Infantojuvenis e Prevenção da VDCA.
  - EIXO ATITUDES NÃO PRECONCEITUOSAS em relação a Criança/Adolescente.

  [...]

  - EIXO FAMÍLIA, enquanto espaço DEMOCRÁTICO de participação compartilhada de direitos e deveres.
  - EIXO CIDADE, enquanto um ambiente amigo de Crianças e Adolescentes.
- EM REDE SOCIOCULTURAL COMUNITÁRIA, quanto à forma de atuação, isto é, a partir de lideranças locais e com a missão de promover os ideais da CULTURA DE PREVENÇÃO.
- COM PROTAGONISMO INFANTOJUVENIL enquanto estilo de atuação, especialmente no que diz respeito às várias configurações familiares de nossa sociedade contemporânea.

2. CONSTRUINDO UMA CULTURA DE PREVENÇÃO PRIMORDIAL DA VIOLÊNCIA DOMÉSTICA NA INFÂNCIA E ADOLESCÊNCIA EM SÃO PAULO: OS PORQUÊS

2.1 Por que prevenção primordial?

Esta foi uma decisão cientificamente embasada. Pesquisando o "estado da arte" sobre *Prevenção da Violência Doméstica contra Crianças e Adolescentes*, no período 2000 — 2007, constatamos tratar-se de um tema *maltratado* no Ocidente e *silenciado* no Oriente, revelando, portanto, um cenário de *menorização acadêmica* do mesmo.

Em termos *quantitativos*, tanto num caso como em outro, o número de textos identificados foi muito reduzido. Na Literatura Ocidental, de um total de 374 trabalhos levantados, apenas 35 textos (9,6%) realmente tratavam do tema. Na literatura Oriental, apenas cinco textos se enquadraram.

Em termos *qualitativos*, analisando-se a faceta *Nível de Prevenção*, constatou-se que embora a Prevenção seja tratada como questão de saúde pública, a priorização foi nos níveis secundário/terciário. Os níveis PRIMORDIAL e PRIMÁRIO não são o foco principal desse estudo, ou seja, não se procura impedir o surgimento e fortalecimento de padrões de vida (sociais, econômicos e culturais) que contribuam para o risco em relação à VDCA. Os estudos estão direcionados à identificação da população de risco, vítimas e agressores, e a realização de ações corretivas.

Do ponto de vista da *Literatura Oriental*, os poucos textos recuperados permitiram traçar apenas um quadro impressionista da pesquisa realizada em países como China e Rússia, nos quais o tema da violência contra crianças e adolescentes ainda é considerado tabu para muitos [Azevedo e Guerra, 2011].

2.2 Por que São Paulo?

A opção por *São Paulo*, longe de ser arbitrária, derivou de algumas ordens de consideração, todas elas relacionadas ao que poderíamos chamar de GRANDEZAS e MISÉRIAS desta metrópole, no tocante à PREVENÇÃO da VDCA.

GRANDEZAS

Em primeiro lugar, é preciso enfatizar uma vez mais, seu pioneirismo na abordagem de um tema tabu, capitaneado pelo Laboratório de Estudos da Criança (LACRI/IPUSP), sob a forma de amplos e diversificados programas de pesquisa, capacitação profissional e publicação conduzidos por nós.

Graças a esse competente esforço no âmbito acadêmico (Universidade de São Paulo) o tema da *Violência Doméstica na Infância e Adolescência* foi sendo revelado (*disclosure*), enquanto um *problema social* e um *problema científico* a demandar mais e mais *atenção* (intervenção/prevenção) e mais e mais *pesquisas*.

Em segundo lugar, São Paulo já tem a indispensável ferramenta legal para promover não um Plano (sempre meramente *indicativo*), mas sim um Programa (*operativo*) de PREVENÇÃO DA VIOLÊNCIA DOMÉSTICA contra CRIANÇAS e ADOLESCENTES: a Lei n. 12.256 de 9/2/2006 — Assembleia Legislativa do Estado que se originou do projeto de Lei n. 314/2003 de autoria da Deputada Ana Maria Martins/PCdoB.

A ênfase na PREVENÇÃO está claramente definida no parágrafo 1º de seu artigo 1º.

> *Cria o Programa de Prevenção à Violência Doméstica contra Crianças e Adolescentes, bem como seu atendimento quando vítimas desta violência, e dá outras providências.*

Em terceiro lugar, é preciso destacar a potencialidade para o desenvolvimento socioeconômico, político e cultural desta que já foi considerada a 5ª maior metrópole do mundo em 2005.

"*A metrópole vertiginosa e trepidante de hoje nasceu distante fora do alcance dos navios portugueses, escondida pela Serra do Mar, uma barreira que foi obstáculo, mas também desafio a vencer, definindo a personalidade desta São Paulo obstinada e perturbadora... Primeira vila do interior do Brasil... tornada metrópole em 1900, (São Paulo) intriga e seduz desde suas origens*" (Toledo, 2003). *A São Paulo em números* presente em algumas de suas muitas bibliografias mostra o perfil de uma verdadeira megalópole. Duas marcas bastante características da "Paulistania"interessaram de perto à questão de PREVENÇÃO da VDCA:

— a São Paulo *demográfica;*

— a São Paulo *cultural.*

- A SÃO PAULO DEMOGRÁFICA

No primeiro caso importa assinalar que a pesquisa *DNA Paulistano* (2009), detalhando a relação dos paulistanos com 96 distritos da cidade, evidenciou:

de modo geral, pode-se dizer que São Paulo é uma cidade de mulheres e jovens. As *mulheres são a maioria na cidade*. Sua vantagem média em relação ao número de homens é de 5,75 pontos percentuais, sendo que nas regiões centro e norte, ela passa dos 12%. São Paulo é também uma *cidade jovem*. Para todas as regiões, a maioria dos entrevistados declarou ter entre 16 e 34 anos, com média de 47%. Destaque para as regiões extremo sul e extremo leste, nas quais este percentual atinge 58%. Assim mulheres e jovens predominam no panorama social da metrópole (os grifos são nossos).

Esses dados só fazem ampliar uma tendência já desenhada no primeiro censo da cidade chamado censo de Morgado Mateus (D. Luís Sousa Botelho Mourão) realizado nos anos de 1765-1767. Segundo Marcilio (1973, p. 159):

"a população era de 20.873 habitantes (livres e escravos). Dentre os primeiros havia menos homens que mulheres: 95,54 homens para cada 100 mulheres. Quanto às crianças, o mesmo censo evidenciou serem numerosas, especialmente as ilegítimas (nascidas fora do casamento) e as expostas (indesejadas pelos pais ou sobretudo pela mãe solitária)".

"Cidade de mulheres e crianças" tem tudo a ver com a prevenção da VDCA:

— *porque*, ao contrário do que diz o imaginário popular, as *mães más* existem e podem ser altamente tóxicas para os filhos. *"Sim, a mãe má existe: qualquer clínico, magistrado ou psicólogo a encontrou"*, escreveu Jean Pierre Chartier, psicanalista, no prefácio ao livro de Catherine Serrurier, significativamente intitulado *Elogio às mães más* (Serrurier, 1993);

— *porque*, como adverte Álvaro de Souza, hoje à frente do World Wildlife Fund Brasil, braço autônomo da WWF (rede de conservação ambiental), é fundamental empenhar-se mais em *"educar as mães do que os pais. Porque as mães é que educam os filhos"* (ENCONTROS com o Estadão, 2009).

Finalmente, ainda em termos populacionais, é importante registrar que São Paulo é também a *cidade dos pets*. Estes, nem sempre são tão estudados em família, podendo ser vítimas de violências praticadas por adultos e até mesmo crianças (geralmente vitimizadas).

A pesquisa DNA PAULISTANO (2009) mostrou que cerca de 54% dos entrevistados indicaram *"ter animal de estimação"*.

- A SÃO PAULO CULTURAL

São Paulo é e foi desde muito tempo uma cidade de muitos *saberes* inscritos na *Cultura Popular* de gente comum, na *Cultura de Massa* das notícias midiáticas, na *Cultura Erudita* da "Academia", na *Cultura das Letras e das Artes* domínio por excelência da criatividade. Cada um desses "territórios" tem seus próprios caminhos, todos eles fundamentais quando se pensa em prevenção da VDCA.

MISÉRIAS

Mas nem só de **GRANDEZAS** vive São Paulo. Infelizmente nela coexistem muitas MISÉRIAS que um Projeto de Prevenção não pode se dar ao luxo de ignorar.

No caso de São Paulo, quatro são as principais MISÉRIAS a considerar:

➔ as que derivam da própria topografia de megalópoles;
➔ as que resultam da própria formação histórica de metrópole;
➔ as que se relacionam à própria epidemiologia local da VDCA;
➔ as que se relacionam à pobreza da rede pública de proteção à infância.

- **Da topografia de megalópoles**

[São Paulo é] *"uma cidade de contrastes: ricos e pobres proprietários e despossuídos, empregados e desempregados, escolarizados e semiescolarizados, consumidores e sobreviventes. No meio, a franja dos remediados, dos pequenos proprietários, dos autônomos quase sem trabalho, dos que fazem 'bicos' e sobrevivem como podem.* São Paulo é tanto a cidade dos que vivem em favelas quanto daqueles que se escondem nos condomínios fechados... Mas se é forte o processo de ***favelização*** *da cidade na* ***orla dos pobres,*** há também o contrário: as classes burguesas e as camadas médias altas isolam-se cada vez mais na ***zona dos ricos,*** *construindo uma miríade de condomínios fechados que se espalham para as áreas mais seguras, verdes, longe das chamadas 'classes perigosas', do risco acentuado do crime, da insegurança, da poluição sonora e ambiental etc.* [...] *A topografia* *da cidade, em sua dimensão socioeconômica espacial é, então, a cidade dos contrastes"* (DNA Paulistano, 2009).

Cada um desses enclaves coloca desafios específicos à Prevenção da Violência Doméstica na Infância e Adolescência:

- ➔ diálogo com lideranças difíceis na **orla dos pobres;**
- ➔ camuflagens de detecção complicada na **zona dos ricos.**

Desafios que exigem estratégias diferenciadas evidentemente. Em ambos, porém, é inegável a necessidade de Prevenção visto tratar-se de um fenômeno "virulentamente democrático e endêmico".

- **Da formação histórica de metrópole**

Em São Paulo — como aliás no resto do Brasil (segundo IBGE) — ainda temos *"um índice bastante alto de não participação social e política... mais de 90% da população paulistana não participa de grêmios escolares, sociedades de amigos do bairro, partidos políticos e organizações não governamentais* [...] *Esse traço histórico da formação da sociabilidade no Brasil, permanece importante* [...]" (DNA Paulistano, 2009). Ora, a *participação cidadã* é um dos pré-requisitos importantes para a Prevenção da VDCA já que — segundo máxima chinesa — "muitas pequenas coisas feitas por muitas pequenas pessoas podem mudar o mundo". Como vem reconhecendo a literatura científica internacional, essa participação — para ser eficaz — deve exerce-se sobretudo enquanto *participação comunitária* [...] A pesquisa DNA PAULISTANO (2009) mostrou que, apesar das taxas de não participação — *"49% da população da cidade de São Paulo tem algum tipo de participação comunitária* [...] *entendida como os seguintes tipos de atividades: movimentos ligados à igreja, trabalhos voluntários e comunitários, encontros de jovens e casais, sociedades de amigos de bairro, ONG e grêmios escolares"* (DNA Paulistano, 2009, grifo nosso). Esse é um dado importante pois mostra que em São Paulo nada é estático. Por isso, a ***miséria*** de hoje pode vir a ser a ***grandeza*** de amanhã, ou seja, a não participação social poderá vir a ser a participação comunitária e específica tal como já ocorreu em experiências clássicas de trabalho comunitário como a da Unilabor inspiradas nas ideias do padre Lebret (figura importante do Movimento Economia e Humanismo).

- **Da epidemiologia local da VDCA**

Dois aspectos são importantes e fundamentais na Prevenção do fenômeno:

— os quantitativos

— os qualitativos

Dentre os *primeiros* importa notar que os números dessa VIOLÊNCIA sempre CAMUFLADA estão longe de ser desprezíveis. O total de casos levantados pelo LACRI/IPUSP no período 1996 — 2005 (8.788) correspondem a 0,24% da população de 0-19 anos do Município de São Paulo, segundo Censo de 2000 (3.585.474, ambos os sexos) [Azevedo e Guerra, 2011].

Esse percentual é bem menor do que o encontrado por Helfer (1987) nos EUA (incidência anual variando de 1,25% a 1,5%) e na Espanha, oscilando entre 0,5% e 1,5% (Cabanillas, Gonzales e Ortega, 1997). Isso não pode ser interpretado como se São Paulo tivesse uma incidência verdadeiramente menor de casos registrados e sim como uma taxa menor de notificações. Tanto aqui quanto nesses países os dados de incidência devem ser interpretados como a ponta de um enorme *iceberg* de violências silenciadas e por isso mesmo toleradas.

Dentre os aspectos *qualitativos* é preciso salientar que 2008 passou à história de São Paulo como o "ano das mortes em família de crianças e adolescentes". Amplamente noticiados, alguns casos evidenciaram extrema crueldade sugerindo um agravamento da VIOLÊNCIA, num fenômeno que de *per si* já é grave pelas consequências inclusive fatais.

Ainda nos aspectos qualitativos é preciso assinalar a reiteração — *ano após ano* — das mesmas práticas violentas de pais contra filhos demonstrando não apenas que aqueles não dispõem de um repertório adequado de Educação Familiar como acima de tudo que esse repertório não vem sendo construido por Estado e Sociedade.

"Abandonar filhos", "surrar filhos" são exemplos *dessas práticas tóxicas*, mas que se reproduzem ao longo do tempo revelando falência familiar, como apontam diversas notícias de jornal.

Um outro indicador de agravamento é sugerido pelos "números perversos" de casos de vítimas de violência sexual, atendidos no Hospital Pérola Byington de São Paulo advindos apenas de delegacias.

> *Dados desde 2000 indicam que as vítimas são cada vez mais jovens... Até setembro de 2009, 1.075 crianças com idades entre 0 e 11 anos foram violadas sexualmente, ante 1.103 em todo o ano de 2008* [...]
>
> [...] Neste milênio, nessa faixa etária, os números saltaram de *130* (2000) para *1.075* (2009). Foi o maior crescimento comparativamente ao ocorrido na faixa de 12 a 17 anos (que passou de *365* (2000) a *602* (2009). (HOSPITAL faz 70..., 2009).

- **Da "pobreza" da rede pública de proteção à infância**

A *"pobreza"* não é apenas de *recursos materiais*, mas sobretudo de *capacitação profissional* e *suporte técnico.*

Em ampla reportagem, o jornal *O Estado de S. Paulo* comenta o *ranking* de denúncias sobre *violência sexual* (dez. 2009) contra crianças e adolescentes processadas pelo DISQUE 100. Embora a rubrica Violência Sexual seja altamente inadequada por não discriminar entre a que ocorre no lar e fora dele, os dados mostram o Estado de São Paulo no penúltimo lugar com 36,77 denúncias por 100 mil habitantes.

Longe de indicar baixa ocorrência do fenômeno, tal dado sinaliza uma possível desconfiança da população para com as várias instâncias do que deveria ser uma rede pública de proteção à infância. As limitações são muitas, de várias naturezas e em várias instâncias, sendo uma das mais importantes a inexistência de uma verdadeira *rede de serviços*, ágil e competente para dar seguimento às denúncias em termos de detecção do mesmo e intervenção subsequente. (LISTA sugere que SP..., 2009).

Estudo do *Movimento Nossa São Paulo*/IBOPE/2010 (IRBEM, 2009) analisou o nível de satisfação da população que vive em São Paulo com aspectos mencionados como importantes para a qualidade de vida e o bem-estar da cidade. Neste estudo os (as) entrevistados(as) mostraram o grau de satisfação 4.3 (*totalmente insatisfatório*) na área da Infância e Adolescência, especialmente no que diz respeito ao funcionamento do sistema de garantias de direitos, ao atendimento às crianças vítimas da violência, à proteção oferecida à infância e adolescência.

Face a esse quadro sombrio de *intervenção ex post facto* já é mais do que tempo de indagar se não terá chegado a hora de uma *revolução copernicana*: em vez de continuar insistindo *apenas* em atender a uma demanda sempre crescente, de modo insuficiente e insatisfatório, porque não começar a investir séria e consistentemente também na própria *limitação* da demanda, procurando chegar *ANTES* que uma família se torne tóxica para seus filhos e portanto, *ANTES* que crianças e adolescentes se tornem vítimas da VDCA. Ou seja: *por que não privilegiar estratégias de PREVENÇÃO AMPLA, GERAL e IRRESTRITA, isto é, de PREVENÇÃO PRIMÁRIA, como recomenda o chamado modelo sanitário?*

Mais ainda: porque não enfocar as próprias *raízes* do processo de (re)fabricação de vítimas em vez de focalizar apenas suas trágicas consequências? Ou seja: Porque não privilegiar também e, sobretudo, estratégias de PREVENÇÃO PRIMORDIAL?

Referências bibliográficas

AZEVEDO, M. A.; GUERRA, V. N. A. *Infância e violência fatal em família*. 2. ed. São Paulo: Iglu, 2010.

CABANILLAS, M. C.; GONZALES, J. M. M; ORTEGA, M. G. J. Child Abuse Prevention. *Psychology in Spain*, v. 1, n. 1, p. 104-18, 1997. Disponível em: <www.psychologyinspain.com/content/full/1997/10bis.htm>. Acesso em: 24 abr. 2010.

DNA PAULISTANO [2009], São Paulo: Publifolha.

ENCONTROS com o Estadão. *O Estado de S. Paulo*, São Paulo, 30 nov. 2009, p. D2.

IRBEM (Indicadores de Referências do Bem-estar no Município). Pesquisa Nossa São Paulo IBOPE: janeiro 2010. São Paulo: IBOPE Inteligência, 2009. Disponível em: <http://www.nossasaopaulo.org.br/portal/arquivos/Pesquisa_IRBEM_Ibope_2010_completa.pdf>. Acesso em: 19 jun. 2010.

JORNAL DA TARDE. Hospital faz 70 abortos legais. São Paulo, 6 dez. 2009, p. 9.

LISTA SUGERE QUE SP FALHA AO APURAR ABUSOS. *O Estado de S, Paulo*, 6 dez. 2009, p. C1.

MARCÍLIO, M. L. *A cidade de São Paulo*: povoamento e população, 1750-1850. São Paulo: Pioneira/EDUSP, 1973.

SERRURIER, C. *Elogio às mães más*. São Paulo: Summus, 1993.

TOLEDO, C. P. de. *A capital da solidão*: uma história de São Paulo, das origens a 1900. Rio de Janeiro: Objetiva, 2003.

3. UM PROJETO PILOTO: O PROJETO CALLIANDRA

CARACTERIZAÇÃO

— O que é

Um *Projeto sociocultural* para prevenir a VDCA (Violência Doméstica contra Crianças e Adolescentes) na cidade de São Paulo, ancorado em pesquisas e avaliado permanentemente em termos científicos e sociais.

— Diretrizes

É um Projeto:

a) de *Prevenção Primordial* e Primária da *VDCA (Física e Sexual);*

b) Estruturado em dois Eixos Temáticos:

- — trabalho com *atitudes não preconceituosas* em relação à criança e ao adolescente;
- — trabalho com a *cidade* enquanto *ambiente amigo* de crianças e adolescentes;

c) em Rede Sociocultural *Comunitária;*

d) com *Protagonismo Infantojuvenil.*

— Missão

Promover o desenvolvimento de uma NOVA CULTURA DE PREVENÇÃO PRIMORDIAL à VDCA, construindo uma SÃO PAULO AMIGA DE CRIANÇAS E ADOLESCENTES e SEM VDCA.

— Carta de Princípios

1. Todo e qualquer fenômeno social (e a VDCA é um deles) é produzido, reproduzido e transformado pela ação dos homens. É, portanto, sempre e necessariamente HISTÓRICO, ao contrário dos fenômenos naturais. A principal diferença entre a natureza e a história é que fizemos a segunda e não a primeira.
2. Na área da infância e violência doméstica é fundamental não apenas intervir — quando e se a Violência já ocorreu — mas, sobretudo, prevenir, ou seja: procurar impedir sua ocorrência. É preciso chegar antes que uma Criança ou Adolescente se torne um DOSSIÊ MÉDICO, UM CASO PSIQUIÁTRICO, UM PROCESSO JUDICIAL, UMA OCORRÊNCIA POLICIAL, UMA NOTÍCIA DE JORNAL, OU PIOR QUE TUDO, UMA CRUZ NO CEMITÉRIO.
3. A prevenção da VDCA é também um processo HISTÓRICO que: a) exige para sua compreensão uma teoria crítica da VDCA (cientificamente válida e politicamente correta); b) não pode por isso mesmo prescindir da liberdade de crítica, debate e confrontação permanente de pontos de vista divergentes.
4. Para realizar sua missão, as estratégias do Projeto Calliandra funcionam como laboratórios destinados a possibilitar MUITOS DIÁLOGOS, através de MUITAS LINGUAGENS. Diálogo com o diferente, o indiferente, o oposto, o inominado, consigo mesmo enfim!
5. Todas as iniciativas pretendem sempre pré-constituírem-se em testemunhos vivos de FIDELIDADE: FIDELIDADE DE PENSAMENTO, FIDELIDADE DE SENTIMENTO, FIDELIDADE A PRINCÍPIOS ÉTICOS INALIENÁVEIS E A VALORES HUMANOS UNIVERSAIS, COMO POR EXEMPLO A NÃO VIOLÊNCIA.

— Justificativa

A ideia da construção de uma nova cultura de prevenção primordial da VDCA justifica-se, sobretudo, por 3 ordens de consideração:

I. A Criança como objeto de "amor desvalorizado"

A representação e a condição social da criança ao longo dos séculos e ainda hoje tem sido a de um ser menor de idade, inferior, partícipe de um padrão assimétrico de relações sociais adultocêntricas. Resgatá-la dessa condição histórica de subalternidade e passar a concebê-la como cidadã — sujeito de direitos e deveres — é o desafio de hoje.

II. A Criança brasileira enquanto "ser de alto risco"

A criança brasileira integra o que poderíamos chamar de população de alto risco na medida em que vê violados cotidianamente seu direito à vida, à saúde e ao bem-estar físico e psicológico.

III. Apesar de muitas iniciativas de intervenção, os números da VDCA em São Paulo ainda assustam. No período 1996-2005 foram registrados 8.788 casos de VDCA sendo 6.389 de Violência Física, 2.092 de Violência Sexual e 307 de Violência Fatal.

Este total corresponde a 0,24%da população de 0 a 19 no município de São Paulo/Censo 2000.

— Fundamentação Teórica

Teoria Crítica da VDCA. Uma teoria explicativa da re(produção) da VDCA cientificamente válida (operativa, permitindo atenção eficaz ao fenômeno) e politicamente correta (desmistificadora das pseudorrepresentações) e emancipatória dos "fracos" de poder na família, sobretudo crianças/adolescentes e mulheres.

— Fundamentação Legal

Lei n. 12.256, de 9/2/2006, promulgada pela Assembleia Legislativa do Estado de São Paulo.

A ênfase na PREVENÇÃO está claramente definida no parágrafo 1º de seu artigo 1º:

"§ 1º) *Considera-se Programa de prevenção e atendimento o conjunto de ações coordenadas pelo Poder Executivo, com vistas a prevenir a Violência Doméstica e atender crianças e adolescentes vítimas desta violência.*"

NOSSAS BANDEIRAS DE LUTA

Por uma cidade amiga da criança e do adolescente, na qual:

1. Reconheça-se que os direitos de crianças e adolescentes são direitos humanos;
2. Não se faça da diferença de idade pretexto de dominação e violência e, sim, de educação e proteção: pela tolerância com os diferentes;
3. Não se tolere qualquer forma de Violência contra Crianças e Adolescentes (especialmente a Doméstica): pela Paz contra a Violência;
4. Pela valorização das vozes e dos olhares de Crianças e Adolescentes.

AÇÕES PREVISTAS PELO PROJETO CALLIANDRA

A. APRESENTAÇÃO DA EXPOSIÇÃO

Foi concebida como uma ESCOLA ABERTA DA CIDADE.

A Escola Aberta da Cidade é uma iniciativa do PROJETO CALLIANDRA para São Paulo, um Projeto que pretende prevenir a Violência Doméstica contra Crianças e Adolescentes (VDCA), chegando ANTES que uma Criança ou Adolescente se torne VÍTIMA, ANTES que seus pais ou responsáveis se tornem TÓXICOS e ANTES QUE SUA CASA SE

TORNE UM perigo PARA ELES. Esta é uma MISSÃO DIFÍCIL e, por isso, tem como símbolo a CALLIANDRA, uma flor do cerrado brasileiro que sobrevive em condições extremamente adversas, consumindo pouquíssima água. Por isso não é sinônimo de *impossível*, sempre e quando houver disposição de tocar fundo o coração das pessoas.

Daí a iniciativa desta EXPOSIÇÃO ITINERANTE concebida como verdadeira ESCOLA ABERTA da CIDADE: uma escola diferente pensada para provocar *reflexões* e *emoções* sobre como sermos capazes *realmente* de proteger nossas Crianças e nossos Adolescentes da VIOLÊNCIA em CASA. Uma escola sem muros, ensinando que todos aprendem.

Concepção e Curadoria: Dra. Maria Amélia Azevedo e Dra. Viviane Nogueira de Azevedo Guerra.

FUNDAMENTAÇÃO TEÓRICA

Inspirados na agenda pós-vygotskiana de educação, seus pilares são:

A. *O sujeito de qualquer aprendizagem é um sujeito da cultura, determinado e determinante da história de suas próprias aprendizagens;*

B. *Para serem significativos, os processos de ensino-aprendizagem devem construir "compreensões compartilhadas" a fim de garantir a melhor interiorização possível da cultura;*

   É a chamada aprendizagem andaimada, com dispositivos de suporte (andaimes), enquanto ajudas para aprender;

C. *A aprendizagem andaimada, por sua vez, supõe um formato de atividade com chaves antecipatórias e mediada por outros significativos (PROLEPSE).*

Isso conduz a uma mudança radical no rumo das atividades docentes. O professor deixa de ser um explicador para ser um organizador de provocações. Aprender passa a ser formulação de problemas, para além de ser sua resolução e para muitíssimo além de ser memorização de informações ou de elaborações prontas.

OBJETIVOS

1. Mostrar que a VDCA se nutre do preconceito contra a criança, da falta de tolerância para com as suas necessidades, da incompreensão em termos do seu processo de desenvolvimento e de crescimento;
2. mostrar que a VDCA é um fenômeno a ser caracterizado em termos de conceito, modalidades, extensão no Brasil;
3. mostrar que a VDCA pode ser alvo de prevenção primordial e o significado deste tipo de prevenção que é mais adequado do que o modelo exclusivamente interventivo;
4. mostrar que a prevenção primordial é o caminho desejado por muitas vozes na sociedade brasileira e especificamente na paulistana;
5. mostrar que todos juntos podem dizer um basta a este tipo de violência e que as crianças e jovens devem ser empoderados para a defesa de seus direitos e serem conscientizados de que esta prevenção é fundamental para eles e para as gerações futuras;
6. contribuir para uma Política eficaz de Prevenção à VDCA.

PÚBLICO-ALVO

Jovens, adolescentes, pais, cidadãos de modo geral

FORMATO DA EXPOSIÇÃO

Itinerante e com *20 painéis* (de 1,85 × 0,90 — ocupando 20 metros quadrados).

Cada painel foi concebido como uma AULA, envolvendo sempre uma QUESTÃO-CHAVE.

A seguir exemplos de três painéis da Exposição e alguns recortes dos demais.

PAINÉIS DA EXPOSIÇÃO

1º PAINEL

Escola
Aberta da Cidade:
Exposição ITINERANTE
Construindo uma nova Cultura de Prevenção Primordial da VDCA (Violência Doméstica contra Crianças e Adolescentes) na Cidade que eu Quero
Os direitos das crianças e dos adolescentes são DIREITOS HUMANOS
Caminhante não há caminho
faz-se caminho ao andar...
Antonio Machado
Para aprender siga o Sabiá
[Passaro muito zeloso como pai, é capaz de se sacrificar para defender seus filhotes]

2º PAINEL

APRESENTAÇÃO

A Escola Aberta da Cidade é uma iniciativa do Projeto Calliandra para São Paulo, um PROJETO que pretende prevenir a VDCA (Violência Doméstica contra Crianças e Adolescentes), chegando ANTES que uma Criança ou Adolescente se torne VÍTIMA, ANTES que seus pais ou responsáveis se tornem AGRESSORES e ANTES que sua casa se torne um PERIGO para eles. Esta é uma MISSÃO DIFÍCIL e por isso mesmo tem como símbolo a Calliandra, uma flor do cerrado brasileiro que sobrevive em condições extremamente adversas, consumindo pouquíssima água. Por isso mesmo é um símbolo de RESISTÊNCIA.

A ESCOLA ABERTA da CIDADE é também uma ESCOLA ITINERANTE que promove reflexões e emoções sobre a proteção de nossas crianças e de nossos adolescentes contra a VIOLÊNCIA em CASA. Uma forma de fazê-lo é construindo Cidades Amigas da Criança e do Adolescente:

- onde diferença de idade não seja pretexto de dominação e violência;

- onde os direitos de qualquer Criança/Adolescente sejam reconhecidos como direitos humanos;

-onde qualquer forma de violência contra Crianças e Adolescentes, especialmente a VIOLÊNCIA DOMÉSTICA não seja tolerada!

O CONVITE para contribuir está aberto a quem quiser e puder colaborar !!!!
A PRIMEIRA AULA de nossa Escola começa agora. Não perca!!!

Para aprender siga o Sabiá

(Pássaro muito zeloso como pai, é capaz de se sacrificar para defender seus filhotes)

3º PAINEL

PAINÉIS DA EXPOSIÇÃO

VIABILIZAÇÃO DOS PAINÉIS

- **EVENTOS PARALELOS (filmes, palestras, danças, música, passeios turísticos etc.)**

A Exposição prevê a realização de palestras para os frequentadores e exibição de dois filmes de cinema acompanhados de debate.

Os filmes buscam sedimentar os conhecimentos veiculados pela Exposição, propiciando a possibilidade de debate sobre VDCA, suas modalidades, como este tipo de fenômeno se alimenta do preconceito contra as Crianças e os Adolescentes, a necessidade de Prevenção Primordial e que esta prevenção é uma responsabilidade de todos os cidadãos e não apenas de jovens.

Além disso, podem ser convidadas pessoas que tenham contribuições a dar sobre o tema da Prevenção Primordial da VDCA em São Paulo.

Durante a Exposição pode ser programado um passeio turístico pela região onde a mesma está sendo exibida, passeio este que deve discutir com Crianças e Adolescentes como o futuro da Humanidade depende da preservação do meio ambiente e das novas gerações, utilizando-se o mote de que "árvores são como crianças/adolescentes e que todos merecem cuidados para crescerem saudáveis e felizes".

- **A MONITORIA**

A Exposição tal qual foi concebida utiliza Monitores (que podem ser adolescentes a partir de 16 anos ou adultos).

Os Monitores são preparados previamente através de um Manual específico que procura resgatar qual sua função, o que devem fazer para que o público perceba com clareza as questões fundamentais analisadas pela Exposição, como registrar a presença do público na mesma.

- **ENSAIO PILOTO DA EXPOSIÇÃO/SÃO PAULO — 2010**

A Exposição caminhou por *duas* Estações em São Paulo, no ano de 2010: Heliópolis e Parelheiros.

■ *Estação primeira*: Heliópolis — Bairro Educador e uma Cidade de Luz

— Uma breve história de Heliópolis (Bairro Educador, 2008/ Branco, 2008)

Conhecida como Cidade do Sol, nascida nos anos 70 (século XX), congrega atualmente 125.000 pessoas, predominantemente nordestinas e 53% com idades de 0 a 25 anos. A renda familiar é de até três salários mínimos.

A Exposição ocorreu dentro do Centro de Convivência Educativa e Cultural de Heliópolis que faz parte do Polo de Educação Integrado que por sua vez possui creches, escolas (uma inclusive com curso técnico), curso para educação de adultos, biblioteca, teatro, área de lazer e de exposições e que nasceu de um processo de reivindicação comunitária. Desta forma, foi se viabilizando através deste Polo a ideia de um bairro educador, ou seja, ter a educação como um catalisador de boas possibilidades de aprendizagem, exercício e garantia de direito pleno da cidadania. Para que isto ocorresse o processo educacional não poderia ser pensado apenas em atividades restritas à sala de aula, mas que fosse amplo em termos do oferecimento de possibilidade para que as pessoas tivessem acesso à cultura, às atividades artísticas, ao lazer, ao esporte. Isto seria viabilizado através do cinema, do teatro, da ida à biblioteca etc. A comunidade passa a comparecer ao Polo de Educação Integrado para estas atividades, acompanha melhor aquilo que é desenvolvido por crianças e adolescentes, compartilha conhecimento, lazer etc. Por outro lado, recebe alternativas de formação de mão de obra também. Todas estas perspectivas que são abertas pelo Polo de Educação Integrado contribuem para que a população de Heliópolis encontre lá um local adequado as suas necessidades e ao seu desenvolvimento tanto individual quanto coletivo. Criam-se redes de relacionamento e melhores oportunidades de convivência saudável.

O Polo de Educação Integrado permite que haja, portanto, um interrelacionamento entre a área escolar e a comunidade de Heliópolis, fazendo com que as pessoas sintam que estes equipamentos pertencem à comunidade e que devem ser preservados. Por sua vez se articula com as lideranças do bairro para lutar pelos direitos das pessoas. Os pais são instados a participarem mais do processo educacional de seus filhos, a debaterem suas dúvidas e a darem sugestões aos professores das diferentes escolas que compõem este Polo. Saliente-se, inclusive, que as escolas do Polo (especialmente a EMEF Presidente Campos Salles) têm uma proposta educativa diferente na medida em que organizam seus alunos em grupos de estudo, em que colocam o professor não como autoridade absoluta, mas como uma pessoa que contribui com seus conhecimentos e que aprende com os conhecimentos dos leigos, em que discutem os conflitos sob a forma de assembleia de alunos, em que concedem representatividade aos mesmos, ensinando, portanto, todos os princípios fundamentais para o bom exercício da cidadania.

Desta forma, para Heliópolis deve haver uma mistura entre educação, cultura e meio ambiente. A educação é integrada com valores morais, envolvendo questões da cultura e do meio ambiente, ou seja, educação para a cidadania. Uma situação absolutamente inovadora e não apenas uma possibilidade teórica.

Portanto, o Polo à medida que proporciona infinitas possibilidades de aprendizagem e de cidadania, que se integra a todos os outros equipamentos existentes na comunidade e que permita o diálogo frequente entre as lideranças comunitárias e aqueles responsáveis pelas escolas, creches etc. faz com que os caminhos de Heliópolis enquanto um bairro educador sejam trilhados com eficiência, servindo como exemplo a outros locais de São Paulo e do Brasil.

A comunidade se preocupa bastante com a violência. Um dos marcos do início da luta contra a mesma se deu a partir da história de Leonarda, uma jovem de 17 anos brutalmente assassinada em Heliópolis com tiros no rosto. Era aluna do EMEF Presidente Campos Salles. O diretor desta escola Sr. Braz Rodrigues Nogueira teve a partir deste fato a ideia da criação de uma Caminhada pela Paz para a qual contribuíram todas as lideranças comunitárias. Desta forma, todo ano esta jovem é recordada como símbolo bem como outras pessoas que sofreram igual destino nesta Caminhada do Movimento "Sol da Paz" que já figura há mais de 10 anos no calendário anual de Heliópolis.

Foi, portanto, intencionalmente no caldo desta Cultura pela paz de um bairro educador, deste universo em que se integra educação, cultura e meio ambiente que escolhemos iniciar a nossa caminhada com a Exposição Itinerante e a Escola Aberta.

Iniciamos nossos contatos com a Sra. Arlete Persoli — responsável pelo Centro de Convivência Educativa e Cultural e com o Sr. Braz Rodrigues Nogueira — diretor da EMEF Presidente Campos Salles (ambos pertencentes ao Polo de Educação Integrado). Estruturamos com eles todos os passos para a consecução da Exposição e da sua Escola Aberta, utilizando os recursos da comunidade (como computador, projetor de filmes etc). Eles se responsabilizaram pela cessão do espaço físico, pela mobilização de alunos, familiares, professores, membros da comunidade, pela introdução do tema do ponto de vista curricular na escola etc. Receberam, inclusive, no Polo os professores Christoph Baker e Ippolito Lamedica que vieram da Itália para o Seminário oferecido pelo Projeto Calliandra e mantiveram com eles um diálogo no qual intercambiaram informes. Ressalte-se também que membros do Polo participaram oficialmente do Seminário do Projeto Calliandra.

— Cronograma da Exposição em Heliópolis

Título: Exposição Itinerante: CONSTRUINDO UMA NOVA CULTURA DE PREVENÇÃO PRIMORDIAL DA VDCA (Violência Doméstica contra Crianças e Adolescentes) NA CIDADE QUE EU QUERO.

Local: Centro de Convivência Educativa e Cultural de Heliópolis

Endereço: Estrada das Lágrimas na altura do número 2317 (quase chegando ao Largo de São João Clímaco)

Quadro 1

Programação da Exposição em Heliópolis

Data	Horário	Programação
23/10/2010	9:00 horas	Abertura oficial com a palavra de Braz Nogueira e Arlete Persoli — Centro de Convivência Educativa e Cultural; Dra. Maria Amélia Azevedo — LACRI/IP-USP
	9:15 horas	Dança circular com Raquel Goldberg Prada (Psicóloga, Psicodramatista, Terapeuta Organizacional, atuando na área de Desenvolvimento de Pessoas e Equipes, em Empresas e espaços diversos, Focalizadora de Danças Circulares Sagradas) e todos os presentes.
	9:45 horas	Apresentação do grupo Lata na Favela — Heliópolis
	10:30 horas	Apresentação do filme Preciosa
	12:00 horas	Discussão do filme Preciosa com Dra. Maria Amélia Azevedo
24/10/2010	9 às 21 horas	Exposição Itinerante
25/10/2010	9:00 — 10 horas 9-21 horas	Passeio pela região e debates com Vera Lúcia Dias, turismóloga com pós-graduação em Globalização e Cultura, e Guia Cultural com cadastro Embratur. É especializada em *Turismo Cultural* na cidade de São Paulo e foi conselheira do Conselho Municipal de Turismo de 1998 a 2003. Em 2008, publicou seu primeiro livro, *O Tupi em São Paulo* Exposição Itinerante
26/10/2010	19:30 horas 21 horas	Apresentação do filme Preciosa Discussão do filme Preciosa com Dra. Maria Amélia Azevedo Fala da ex-deputada estadual Ana Maria Martins sobre a Lei n. 12.256 (8/2/2006) de Prevenção da VDCA em SP Livros com o escritor Dias Borges Exposição Itinerante
27/10/2010	9 às 21 horas	Exposição Itinerante
28/10/2010	9 às 21 horas	Exposição Itinerante
29/10/2010	9 às 21 horas	Exposição Itinerante
30/10/2010	9 às 21 horas	Exposição Itinerante

■ *Estação segunda*: **Parelheiros**

— Descrição sucinta de Parelheiros

Seguro e sem poluição. Em resumo, é assim que podem se definir as principais qualidades do distrito de Parelheiros, no extremo sul de São Paulo. Para 24% dos moradores do local, segurança é a maior virtude do distrito. Outros 19% apontam a ausência de poluição como a melhor.

Parelheiros tem a maior parte da sua área incluída em duas APAs (Áreas de Proteção Ambiental), onde há forte restrição a obras e a atividades econômicas poluentes.

Vizinho à Serra do Mar, Parelheiros abriga mata nativa, parte das duas represas que abastecem de água a maior parte dos paulistanos e até duas aldeias de índios guaranis.

Essas características, que se tornaram os principais atrativos do distrito, também são responsáveis pelo problema fundamental: falta de pavimentação nas ruas, item apontado por 47% dos moradores como o pior do bairro em que moram.

Exatamente por se encontrar em uma área de preservação ambiental, boa parte das ruas do distrito não pode ser asfaltada. Até porque há muitas áreas ocupadas irregularmente, especialmente às margens das represas Billings e Guarapiranga.

A média de idade de Parelheiros é de 33,2 anos, abaixo dos 37,8 anos da média da cidade — 31% dos moradores têm de 16 a 24 anos e apenas 5% já passaram dos 60 anos de idade.

Os indicadores socioeconômicos no distrito são sofríveis. A Subprefeitura de Parelheiros tem o pior IGH (Índice de Desenvolvimento Humano) da Capital. A pesquisa DNA Paulistano apontou que 49% das famílias vivem com renda de até 2 salários mínimos, o nível de desemprego atinge 19% e apenas 7% dos moradores têm curso superior contra 48% de nível fundamental de escolaridade.

O percentual de famílias de classe A no distrito não chega a 1% e a maioria (61%) se enquadra na classe C". (*DNA Paulistano*, 2009).

A escolha deste local para *Estação Segunda* se deu em virtude de ter o pior IDH da Capital. O contato para esta Exposição foi feito com a

Subprefeitura que viabilizou a infraestrutura para a mesma seguindo-se as programações anteriormente realizadas em Heliópolis.

— **Avaliação Iluminativa do Ensaio Piloto da Exposição**

Paralelamente à ITINERÂNCIA da Exposição em São Paulo, procedeu-se a uma avaliação da mesma.

• NOTAS METODOLÓGICAS

Os especialistas em desenvolvimento de programas socioculturais e educativos recomendam que Projetos Inovadores (Goldberg e Franco, 1980) sigam etapas mínimas e que todas elas incorporem MÉTODOS de PESQUISA AVALIATIVA. Como se indica a seguir:

Quadro 2

Projeto inovador: Planejamento e Pesquisa

PLANEJAMENTO	MÉTODOS DE PESQUISA AVALIATIVA
I CRIAÇÃO DA PROPOSTA	GRUPO de PRESTÍGIO (STAKE, 1980).
II ENSAIO PILOTO da PROPOSTA	AVALIAÇÃO ILUMINATIVA (PARLETT, 1982).
III IMPLEMENTAÇÃO da PROPOSTA	AVALIAÇÃO de RESULTADOS *versus* OBJETIVOS (TYLER, 1982).
IV IMPLANTAÇÃO da PROPOSTA	AVALIAÇÃO de IMPACTO. (DERZON; WILSON; CUNNINGHAM, 1990. DUMKA et al., 1995; ROSSI; LIPSEY; FREEMAN, 2004.

No caso da Exposição Itinerante, por limitações de tempo (ano de 2010), foram desenvolvidas *apenas as ETAPAS I e II com respectivos MÉTODOS DE PESQUISA AVALIATIVA.*

Sendo uma iniciativa original e inédita, sabia-se desde o início que certamente haveria riscos capazes de ocasionar situações imprevistas.

Para quem trabalha na Prevenção da VDCA, o encontro com o desconhecido, no entanto, poderá representar uma oportunidade a mais de testar novas ideias e valores.

Como afirmou Sennet (1998),

> "coisas e pessoas que são estranhas podem perturbar ideias familiares e verdades estabelecidas; o terreno não familiar tem [porém] uma função positiva na vida de um ser humano. Essa função é a de acostumar o ser humano a correr riscos. O amor pelo gueto, especialmente o gueto de classe média, tira da pessoa a chance de enriquecer as suas percepções, a sua experiência, e de aprender a mais valiosa de todas as lições humanas: a habilidade para colocar em questão as condições já estabelecidas de uma vida".

Por isso, sempre vale a pena arriscar! E arriscar foi o que fizemos em São Paulo com o *Ensaio Piloto da Exposição Itinerante* ao longo das Estações Primeira (Heliópolis) e Segunda (Parelheiros).

• DA AVALIAÇÃO ILUMINATIVA

A expressão originou-se do trabalho de Trow (1970). Sua breve caracterização vem a seguir.

O que não é:

> A Avaliação Iluminativa: o que não é: "*a Avaliação Iluminativa não é um 'pacote' metodológico padronizado, mas uma estratégia geral de pesquisa. Ela visa ser ágil e eclética. A escolha das táticas da pesquisa não deriva da teoria científica, mas de decisões tomadas, em cada caso, para escolher as melhores técnicas disponíveis: o problema dita a utilização de certos métodos, e não o contrário. Da mesma forma, nenhum método (com as limitações que lhe são inerentes) é utilizado de maneira exclusiva ou isolada; diferentes técnicas são combinadas para esclarecer um problema comum. Além de enfocar o problema sob diferentes pontos de vista, esta abordagem "triangular" facilita a contraprova de conclusões provisórias*". (Parlett e Hamilton, 1982)

O que é:

> Embora todas as críticas tenham sido dirigidas às formas tradicionais de avaliação, pouco esforço vem sendo feito para desenvolver modelos

alternativos. O modelo aqui descrito, a "avaliação iluminativa", considera os contextos mais amplos em que funcionam os programas educacionais. Sua principal preocupação prende-se à descrição e interpretação em lugar da mensuração e predição. (Parlett e Hamilton, 1982)

A Avaliação Iluminativa e o paradigma socioantropológico:

"A Avaliação Iluminativa visa a descobrir e documentar em que consiste a participação na experiência inovadora tanto do ponto de vista do professor, quanto do aluno; propõe-se também a tarefa de discriminar e discutir as características mais importantes da inovação, os fenômenos concomitantes e os processos críticos. Em suma, esta avaliação procura colocar todo um complexo conjunto de questões.

A pesquisa sobre inovação pode ser esclarecedora tanto para o inovador quanto para a comunidade acadêmica, desvendando os processos educacionais, ajudando o inovador e outros interessados a identificarem os procedimentos e demais elementos do trabalho pedagógico que parecem ter tido os resultados desejáveis.

A mudança para o paradigma subjacente ao emprego da Avaliação Iluminativa exige muito mais que uma simples troca de métodos: implica novos pressupostos, novos conceitos e uma nova terminologia." (Parlett e Hamilton, 1982)

A Avaliação Iluminativa e o foco no processo, antes que nos resultados:

"Reconhecendo este fato, torna-se indispensável estudar uma inovação através de sua aplicação e usar um estilo e uma metodologia de investigação apropriados. Esta perspectiva implica que o pesquisador deixe seu escritório e seu computador para passar bastante tempo no campo. Os personagens cruciais para o funcionamento de uma inovação — aluno e professor — tornam-se os objetos de sua maior preocupação. O avaliador concentra-se no "processo" em curso no meio de aprendizagem, antes que nos "resultados" derivados duma especificação do sistema do ensino.

A observação — unida à discussão e investigação de base — permiti-lhe traçar um relato fiel da inovação em funcionamento." (Parlett e Hamilton, 1982)

A Avaliação Iluminativa e as fontes de dados:

"Neste processo... é traçado um perfil de informações, utilizando os dados coletados a partir de quatro fontes: observação, entrevistas, questionários e testes, documentos em geral." (Parlett e Hamilton, 1982)

Dos resultados da Avaliação Iluminativa

Foram quali-quantitativos (registros, depoimentos, testemunho, observações...) obtidos com intuito de responder à *Pergunta-chave*:

A Exposição Itinerante Fez Diferença Nas Estações Por Onde Andou? Por Quê?

SIM na avaliação de profissionais: Heliópolis

A exposição criada pelo Projeto Callandra é muito importante como princípio para um começo de conversas sobre a violência doméstica nas comunidades por onde ela passar, como foi em Heliópolis, agora é não deixar perder a oportunidade das discussões. A exibição do filme "Preciosa" também foi instigante, é um filme que toca a todos estimulando o debate sobre o assunto. Enfim é o começo de um debate sobre um assunto que até hoje é mantido "sob o tapete da sociedade". Parabéns a todos que trabalham para que estas oportunidades de discussões sobre a VDCA aconteçam.

Mara Lucia de Napoles — Poie — EMEF Pres. Campos Salles

A exposição — Construindo uma nova cultura de prevenção primordial da VDCA na cidade que eu quero — propicia um sentimento de corresponsabilidade pela violência cometida contra as crianças e adolescentes e também pela sua superação. Compromete-nos com uma transformação social, onde as crianças e adolescentes sejam felizes, ou pelo menos, respeitados e vistos como seres integrais e competentes pelos adultos.

Braz Nogueira — EMEF Pres. Campos Salles

Exposição Itinerante em Heliópolis: "CONSTRUINDO UMA NOVA CULTURA DE PREVENÇÃO PRIMORDIAL DA VDCA NA CIDADE QUE EU QUERO"

A exposição tem uma leveza inversamente proporcional ao peso do tema: ela é colorida, bem diagramada e bastante didática.

Trata do assunto sem disfarces, colaborando para o esclarecimento desse problema que está muito presente na sociedade.

Enio de Freitas
Visitem meu blog: http://educadinho.blogspot.com/

Gostaria de destacar a importância do tema na Comunidade de Heliópolis, onde 53% dos seus 130 mil moradores são crianças, adolescentes e jovens, dos quais uma parcela bastante significativa vive em situação de alta vulnerabilidade social.

A Exposição, cuidadosa e precisa com as informações e conteúdos apresentados, fez uso de diversas linguagens para envolver, sensibilizar e mobilizar os participantes; viva e colorida, mas também questionadora e impactante... Podemos afirmar com certeza que houve um processo de construção, pautado pelo diálogo respeitoso, inicialmente entre as idealizadoras da Exposição e os adolescentes, que se estendeu, ganhou as salas de aula da EMEF Pres. Campos Salles, através dos Roteiros de Estudos, bem como o Conselho de Escola, outras escolas do Centro de Convivência e a Comunidade organizada.

A Exposição passou ... caminha agora pela cidade de São Paulo, mas fortaleceu em muitos de nós, educadores, pais, alunos, lideranças propositivas da comunidade, os Princípios Norteadores das nossas ações: Escola com Centro de Liderança, Tudo passa pela Educação (não pela escola), Autonomia, Responsabilidade e Solidariedade, na defesa dos direitos das crianças e adolescentes.

Arlete Persoli
Centro de Convivência Educativa e Cultural de Heliópolis

SIM na avaliação de jovens: Parelheiros

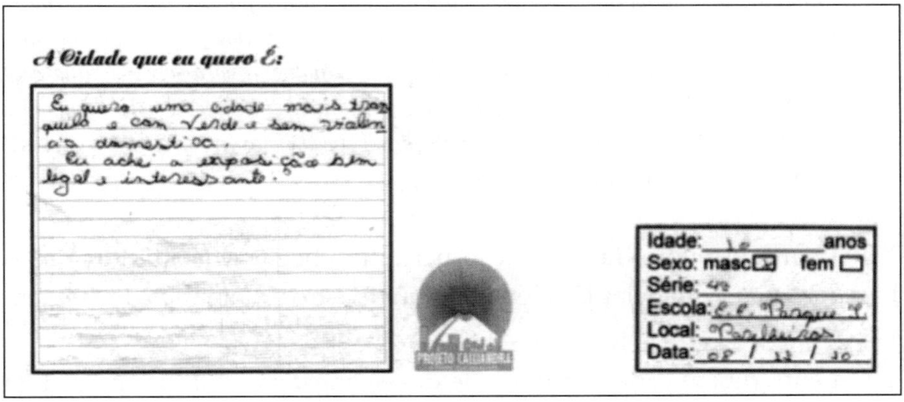

A Cidade que eu quero É:

Eu quero uma cidade mais tranquila e com verde e sem violência doméstica.
Eu achei a exposição bem legal e interessante.

Idade: 10 anos
Sexo: masc [X] fem [ ]
Série: 4ª
Escola: E.E. Parque T.
Local: Parelheiros
Data: 08 / 11 / 10

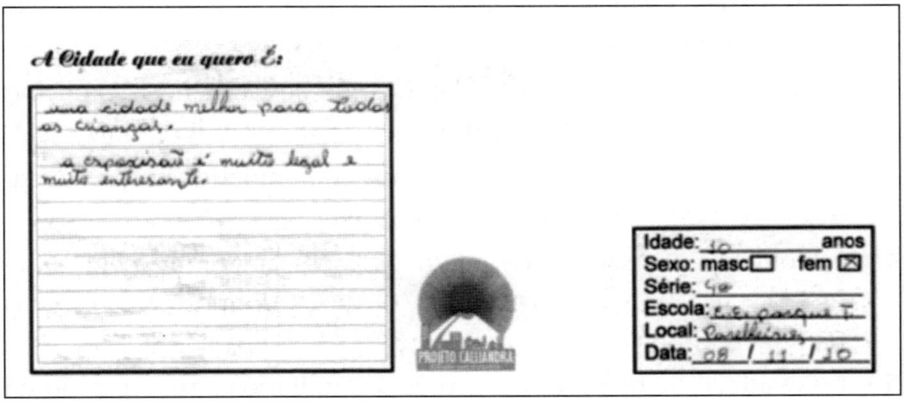

A Cidade que eu quero É:

uma cidade melhor para todas as crianças.
a exposisão é muito legal e muito intheresante.

Idade: 10 anos
Sexo: masc [ ] fem [X]
Série: 4ª
Escola: E.E. Parque T.
Local: Parelheiros
Data: 08 / 11 / 10

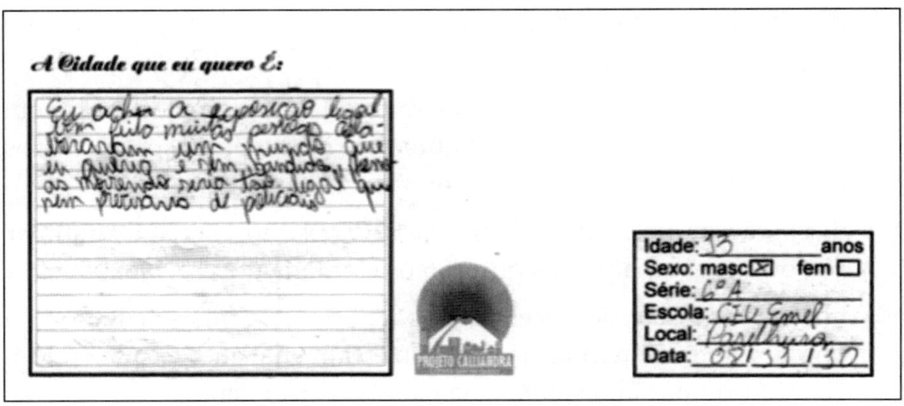

A Cidade que eu quero É:

Eu achei a exposição legal tem feito muitas pessoas colaborarem um mundo que eu queria é sem bandidos, tem as merendas seria tão legal que nem precisaria de policiais

Idade: 13 anos
Sexo: masc [X] fem [ ]
Série: 6ª A
Escola: CEU Emef
Local: Parelheiros
Data: 08/ 11 / 10

• Lições para o futuro

> *"Quando uma inovação cessa de ser um conceito ou um plano abstrato e torna-se parte do ensino e da aprendizagem numa escola ou universidade, ela assume também uma forma diferente. O teatro fornece uma analogia: para saber se uma peça "fará sucesso"; não se deve ler somente seu manuscrito, mas assistir também à sua representação, ou seja, à interpretação da peça pelo diretor e pelos atores."* (Parlett; Hamilton, 1982).

O ensaio piloto da Exposição permitiu chegar às seguintes **lições** baseadas nas evidências já coletadas e no registro sistemático de incidentes críticos:

1º) a entrada em cada comunidade deve *obrigatoriamente* ser precedida de um estudo acurado da mesma (do ponto de vista socioeconômico, das suas lideranças, de um interesse pela questão da Prevenção da VDCA, de infraestrutura mínima de suporte);

2º) deve-se buscar claramente a identificação de resistências explícitas ou sub-reptícias à hospedagem local da Exposição Itinerante;

3º) as parcerias público/privadas em cada comunidade são fundamentais para o êxito ou fracasso da iniciativa;

4º) a Monitoria deve ser representada por pessoas minimamente interessadas na causa, sem reticências psicológicas e profissionalizadas para tanto;

5º) necessidade de preparo de agentes comunitários para recepção da Exposição e sua consequente viabilização;

6º) divulgação maciça da Exposição em cada comunidade para garantia de público interessado;

7º) montagem e adequação do cronograma da Exposição de acordo com cronogramas de eventos da comunidade ou eventos específicos dos locais que acolherão a Exposição;

8º) discussão da possibilidade de que a Exposição venha a caminhar por outros equipamentos que não os estritamente escolares.

9º) novas pesquisas são necessárias para confirmar os resultados do Ensaio Piloto em termos de subsídios realmente eficazes para a Prevenção Primordial da VDCA na cidade de São Paulo.

— *"Sensibilizar é importante, mas é querer abrir a porta por fora, como diz um provérbio francês: a mudança é uma porta que só se abre por dentro;*

— *As pessoas têm de começar a perceber que tem um problema... tem também de perceber que há uma solução para este problema;*

— *O princípio de uma ação de sensibilização não é apenas levar as pessoas a saberem mais coisas. É levá-las a mudar aquilo que fazem. Este é... o desafio dos Projetos mobilizadores;*

— *Os Projetos inovadores têm que difundir perspectivas otimistas e desenvolver mecanismos de estímulos externos;*

— *Os Projetos mobilizadores e bem-sucedidos são aqueles em que todos tem possibilidade de se envolver ativamente, aprendendo e ensinando."*

(PEIXOTO, 2010)

• À GUISA DE CONCLUSÃO: META (IM)POSSÍVEL?

Depende de *todos* nós e de *cada um* de nós "conspirar" para fazer de São Paulo uma cidade efetivamente comprometida com a PREVENÇÃO PRIMORDIAL da VDCA e portanto:

UMA CIDADE CIDADÃ

UMA CIDADE EDUCADORA

UMA CIDADE AMIGA DA CRIANÇA

UMA "OUTRA CIDADE", enfim protetora dos *direitos das crianças e dos adolescentes*, enquanto DIREITOS HUMANOS.[1]

Para que essa MISSÃO seja CUMPRIDA será preciso *desmistificar* a cultura que faz da PREVENÇÃO à VDCA um tema ainda MAL-DITO,

1. A criação de CIDADES CONSCIENTIZADORAS da Prevenção (especialmente PRIMORDIAL) à VDCA ainda é uma utopia ou como diria Pirandello, um "personagem à procura de um autor". De qualquer forma é uma utopia que guarda analogia com a vertente dos Movimentos denominados: a) *Cidade Amiga da Criança* (cf. *Building Child Friendly Cities* / A Framework for Action, Florence, 2004, UNICEF/Innocenti Research Center/International Secretariat for Child Friendly Cities); b) *Cidade Educadora* (cf. Gadotti, M.; Padilha, P. R.; Cabezudo, A. [orgs.]. *Cidade Educadora:* princípios e experiências. São Paulo: Cortez, 2004); c) *Cidade Criativa.* Disponível em: <http://jovensporalbufeira.blogs.sapo.pt/974.html>.

no duplo sentido da palavra: MAL FALADO, porque silenciado e MAL FALADO porque desvalorizado na prática.

Um tema de 2ª classe para um problema social de "2ª categoria", envolvendo seres historicamente menorizados numa Sociedade adultocêntrica e falocrática: as crianças e os adolescentes.

O Projeto Calliandra pretende ser um caminho exatamente por focar uma CULTURA de PREVENÇÃO específica: a PRIMORDIAL, como antídoto, inclusive ao trabalho sempre infindável de resgatar agressores e vítimas, *depois que a VDCA já ocorreu.*

Um trabalho comparável ao de Sísifo,[2] sendo que é praticamente impossível imaginar Sísifo feliz...

A construção dessa Cultura em São Paulo vai depender:

a) de quantas e quais pessoas considerarão a CRIANÇA como um genuíno VALOR em si, sendo capazes pois, de concordar com a mensagem de Korczak (1981) ao leitor adulto:

   "Vocês dizem:

   — Cansa-nos ter de privar com crianças.

   Têm razão.

   Vocês dizem ainda:

   — Cansa-nos, porque precisamos descer ao seu nível de compreensão.

   Descer, rebaixar-se, inclinar-se, ficar curvado.

   Estão equivocados.

   — Não é isso o que nos cansa, e sim, o fato de termos de elevar-nos até alcançar o nível dos sentimentos das crianças.

   Elevar-nos, subir, ficar na ponta dos pés, estender a mão.

   Para não machucá-las". (Korczak, 1981)

b) de quantas e quais pessoas terão efetivamente TOLERÂNCIA ZERO para com a VDCA, sendo capazes pois de assumir um

---

2. O mito de Sísifo: Na mitologia grega era considerado o mais astuto de todos os mortais. Foi fundador e primeiro rei de Corinto. Condenado a rolar uma grande pedra de mármore com suas mãos até o cume de uma montanha, sendo que toda vez que quase alcançava este topo, a pedra rolava novamente montanha abaixo até o ponto de partida. Por isso a tarefa que envolve esforços inúteis se chama "Trabalho de Sísifo". Disponível em: <http://pt.wikipedia.org>.

> NÃO radical a esse tipo de problema social em CASA, na RUA, no BAIRRO, na COMUNIDADE, na CIDADE.
>
> [...]

O desafio está posto.

As crianças e os adolescentes do presente e do futuro agradecem a quem quiser e puder aceitá-lo com honestidade e garra.

Referências bibliográficas

BRANCO, R. C. *Heliópolis*. São Paulo: Prefeitura da Cidade de São Paulo, Secretaria da Educação, 2008.

HELIÓPOLIS: bairro educador, a construção de um polo de educação e cultura. São Paulo: Fundação Padre Anchieta, 2008

DERZON, J. H.; WILSON, S. J.; CUNNINGHAM, C. A. *School-based interventions for preventing and reducing violence*: final report. Nashville: Center for Evaluation Research and Methology/Vanderbitt Institute for Public Policy Studies.

DNA PAULISTANO. São Paulo: Publifolha, 2009.

DUMKA, L. E. et. al. *Using research and theory* to develop prevention programs for high-risk families. *Family Relations*, v. 44, p. 78-86, 1995.

GOLDBERG, M. A. A.; FRANCO, M. L. P. B. [1980]. *Inovação Educacional*: um projeto controlado por avaliação e pesquisa. São Paulo: Cortez e Moraes/Fundação Carlos Chagas.

KORCZAK, J. [1981]. *Quando eu voltar a ser criança*. São Paulo: Summus.

PARLETT, M.; HAMILTON, D. Avaliação Iluminativa: uma nova abordagem de programas inovadores. In: GOLDBERG, M. A. A.; SOUZA, C. P. de (Org.). *Avaliação de programas educacionais*: vicissitudes, controvérsias, desafios. São Paulo: EPU, 1982.

PEIXOTO, P. *Redes de cidades e inovação social*, 2010. Oficina do CES n. 351 — Centro de Estudos Sociais — Laboratório Associado — Faculdade de Economia — Universidade de Coimbra. Disponível em: <http://www.ces.uc.pt/publicações/oficina/ficheiros/2825_351.pdf>. Acesso em: 14 maio 2010.

SENNET, R. *O declínio do homem público*: as tiranias da intimidade. São Paulo: Companhia das Letras, 1998.

STAKE, R. Novos métodos para avaliação de programas educacionais: "Grupo de prestígio". In: GOLDBERG, M. A. A.; SOUZA, C. P. de (Org.). *Avaliação de programas educacionais*: vicissitudes, controvérsias, desafios. São Paulo: EPU, 1982.

TROW, M. A. Methodological problems in the evaluation of innovation. In: WITTROCK, M. C.; WILEY, D. E. (Ed.). *The evaluation of instruction*. Nova York: Holt Rinehart and Winston, 1970.

TYLER, R. Avaliando experiências de aprendizagem. In: GOLDBERG, M. A. A.; SOUZA, C. P. de (Org.). *Avaliação de programas educacionais*: vicissitudes, controvérsias, desafios. São Paulo: EPU, 1982.

C

Como organizar redes de combate à violência doméstica contra crianças e adolescentes?

VIVIANE NOGUEIRA DE AZEVEDO GUERRA

Mestre e Doutora em Serviço Social (Pontifícia Universidade Católica de São Paulo). Ex-pesquisadora do Laboratório de Estudos da Criança — LACRI (Instituto de Psicologia da USP). Autora do livro *Violência de pais contra filhos: a tragédia revisitada* (7. ed., São Paulo, Cortez, 2011). Coautora de 11 livros na área da Violência Doméstica contra Crianças e Adolescentes. Autora de diversos artigos sobre esta temática. Coordenadora Científica do RECRIA Projetos.

No podemos dejar de comprometernos. Queramos o no.

ZAPATA

I. Introdução

O presente trabalho terá como objetivo fundamental discutir a organização de redes de combate à violência doméstica contra crianças e adolescentes no Brasil e o que deverá ser levado em consideração para que se chegue a bom termo quanto a esta tarefa.

Para tanto é necessário em primeiro lugar estabelecermos o que estamos entendendo por Violência Doméstica contra crianças e adolescentes, bem como quais são as suas principais modalidades e os diversos tipos de prevenção deste fenômeno.

"Esta violência se caracteriza como uma violência intraclasses sociais, que permeia todas as classes sociais, enquanto uma violência de natureza interpessoal. Enquanto uma violência intersubjetiva consiste também:

a) numa transgressão do poder disciplinador de um adulto, convertendo a diferença de idade adulto-criança/adolescente numa desigualdade de poder intergeracional;

b) numa negação do valor liberdade: ela exige que a criança ou adolescente sejam cúmplices do adulto num pacto de silêncio;

c) num processo que aprisiona a vontade e o desejo da criança ou do adolescente, submetendo-os ao poder do adulto, coagindo-os a satisfazer os interesses, as expectativas e as paixões deste.

Portanto, este tipo de violência é:

1. uma violência interpessoal;
2. um abuso do poder disciplinador e coercitivo dos pais ou responsáveis;
3. um processo que pode se prolongar por vários meses e até anos;
4. um processo de completa objetalização da vítima, reduzindo-a à condição de objeto de violência;
5. uma forma de violação dos direitos essenciais da criança e do adolescente enquanto pessoas e, portanto, uma negação de valores humanos fundamentais como a vida, a liberdade, a segurança;
6. tem na família sua ecologia privilegiada. Como esta pertence à esfera do privado, a violência doméstica acaba se revestindo da tradicional característica de sigilo.

Dentre as suas modalidades, destacaríamos:

a) *Violência Física: emprego de força física no processo disciplinador de uma criança. Todo ato que atinja o corpo de uma criança ou adolescente é considerado Violência Física. Portanto, as palmadas no bumbum*[1] *também são consideradas como Violência Física.*

b) *Violência Sexual: todo ato ou jogo sexual, relação hetero ou homossexual, entre um ou mais adultos (com relação de parentesco e/ou responsabilidade legal) e uma criança ou adolescente tendo por finalidade estimular sexualmente esta criança ou adolescente ou utilizá-los para obter uma estimulação sexual sobre sua pessoa ou de outra pessoa.*

---

1. Em cerca de 46 países do mundo (muitos da Europa, África e Américas) já existem legislações que proíbem terminantemente os pais de adotarem quaisquer práticas de punição corporal de crianças e adolescentes de natureza leve. No Brasil já vigora a Lei n. 13.010 de 26/6/2014. A criança ainda é o último ser para quem se defende a punição corporal, mesmo leve. Até para os animais ela está sendo abolida. No Brasil os castigos imoderados e cruéis já eram proibidos em nosso Código Penal e através do Estatuto da Criança e do Adolescente (ECA).

c) *Negligencial: representa uma omissão em termos de prover as necessidades físicas e emocionais de uma criança ou adolescente. Configura-se quando os pais (ou responsáveis) falham em termos de prover as necessidades físicas, de saúde, educacionais, higiênicas de seus filhos e/ou de supervisionar suas atividades de modo a prevenir riscos e quando tal falha não é o resultado das condições de vida além do seu controle. A negligência pode ser moderada e severa.*

d) *Violência Psicológica: também designada como tortura psicológica, ocorre quando um adulto constantemente deprecia a criança, bloqueia seus esforços de autoaceitação, causando-lhe grande sofrimento mental. Ameaças de abandono também podem tornar uma criança medrosa e ansiosa, representando formas de sofrimento psicológico.*

e) *Violência Fatal: quando a violência doméstica praticada contra crianças e adolescentes tem como consequência a morte dos mesmos"* (Azevedo e Guerra, 1998; Guerra, 2005).

f) *Violência Testemunhal — quando envolve violência doméstica praticada contra familiar da criança e/ou adolescente enquanto testemunhas da violência.*

Quando se trabalha nesta área, é necessário lutar sempre pela prevenção do fenômeno. Esta prevenção se divide didaticamente em:

"1) *Prevenção primária: todas as estratégias dirigidas ao conjunto da população num esforço para reduzir a incidência ou o índice de ocorrência de novos casos.*

2) *Prevenção secundária: envolve a identificação precoce da assim chamada 'população de risco'.*

3) *Prevenção terciária: dirigida aos indivíduos que já são agressores ou vítimas no sentido de reduzir as consequências adversas do fenômeno ou de evitar que o indivíduo sofra o processo de incapacidade permanente"* (Azevedo e Guerra, 1998).

Recentemente foi identificada a *Prevenção Primordial* destinada — como a Primária — a todas as crianças e/ou adolescentes de uma dada população — e cujo objetivo é "impedir surgimento e estabelecimento de padrões de vida (sociais, econômicos e culturais) que contribuem para o risco em relação à VDCA" (Azevedo e Guerra, 2011).

Isto posto poderemos agora fazer as considerações necessárias sobre a organização de redes de combate a esta problemática.

II. Alguns pressupostos básicos

"A morfologia da rede é uma fonte de drástica reorganização das relações de poder" (Castells, 1999).

Importa esclarecer que a meta dessas redes não é a de fortalecer as organizações que as compõem, embora o fato de integrar uma rede potencializará os recursos das organizações-membro. O fortalecimento deverá ser visto como um dos meios pelos quais se contribuirá para que ocorram mudanças relacionadas à causa.

Estas redes são, na verdade, uma forma de organização pautada pela ética,[2] com estrutura horizontal,[3] autônoma, na qual a participação é incentivada, a diversidade valorizada e o protagonismo desenvolvido. Seus objetivos são definidos a partir de um diagnóstico elaborado coletivamente e nela devem estar representantes do poder público, das organizações da sociedade civil, empresas socialmente responsáveis, organizações sociais de origem empresarial (institutos e fundações), profissionais independentes e clientes atendidos.[4] Em momentos iniciais as redes de combate à violência doméstica devem necessariamente reunir representantes do poder público e das organizações da sociedade civil. Isto porque todos os casos de violência doméstica contra crianças e adolescentes, por força do Estatuto da Criança e do Adolescente (ECA), devem ser obrigatoriamente notificados ao Conselho Tutelar de cada

2. "Ética é a arte de escolher o que convém melhor à vida digna de todos, isto é, fazer possíveis todos os *direitos humanos*" (Toro e Rodriguez, 2001).

3. Uma das características mais marcantes das redes desta natureza é a sua forma não piramidal, que não combina com a elaboração de estatutos, regimentos porque estes dispositivos conduzem ao engessamento, ao controle, ao poder hierárquico.

4. Defendemos aqui que uma rede de combate a este tipo de violência busque integrar a ela crianças e adolescentes vítimas, crianças e adolescentes não vítimas e que possam contribuir para a prevenção do fenômeno, bem como pais não agressores (tanto dos que nunca sofreram violência doméstica quanto dos que sofreram). Isto seria bem importante na medida em que essas pessoas têm uma visão clara do atendimento recebido, de como ajudar aqueles que estão enfrentando o problema e de como prevenir para que um número maior de crianças e adolescentes não o enfrentem. Não encontramos na literatura nenhum exemplo concreto do que estamos propondo aqui. Se é nosso desejo o empoderamento de nossos clientes, precisamos fazer com que participem ativamente da rede, lembrando-nos sempre de que, em grego, cliente é aquele que quer ser ouvido.

município e à Justiça da Infância e da Juventude (que estabelece as medidas protetivas para a vítima, o tratamento compulsório do agressor e da família, a criminalização do agressor etc). Os tratamentos geralmente são feitos em organizações da sociedade civil. Além disso, tais casos podem ser notificados a partir de creches infantis, escolas, hospitais etc., portanto, advém tanto do poder público quanto das organizações da sociedade civil.

Nestas bases a rede não é um novo serviço, mas sim uma concepção de trabalho que dará ênfase à atuação integrada e intersetorial, envolvendo todas as organizações que desenvolvem suas atividades com crianças, adolescentes e suas famílias e os próprios interessados.

A concepção de rede permite que novos parceiros se agreguem, ampliando o espectro inicial de organizações. Como parte de uma rede, cada um tem o seu papel. Isto implica na mudança de posturas e práticas disseminadas em serviços e na comunidade — a de não envolvimento com a violência doméstica dirigida a crianças e adolescentes e a de passar o problema para as mãos de outrem.

Além disso, a constituição de uma rede desta natureza tem que levar em consideração que o trabalho a que se propõe é o de uma permanente construção, implicando mudanças culturais e de hábitos arraigados de trabalho setorizado e verticalizado.

Tais redes não devem operar apenas virtualmente (embora seja necessário fazê-lo em inúmeros momentos), mas principalmente em termos presenciais, pois, implicam a construção de um projeto coletivo para o qual o requisito essencial é o "estar junto fisicamente". *"Para estar em rede continua sendo preciso comungar ideais, espírito de grupo (e, portanto, tolerância e respeito) e responsabilidade"* (Vieira, s/d.).

"As redes rompem o isolamento das pessoas e das organizações, evitam a duplicação de ações e viabilizam a realização de atividades integradas porque atuam de maneira sistêmica e sinérgica" (Schlithler, 2004).

As redes devem decidir internamente a sua política de funcionamento, de forma democrático-participativa, o que acaba sendo sintetizado através de uma Carta de Princípios enquanto um exemplo possível. A construção desta Carta de Princípios é de fundamental importância considerando que todas as organizações representadas na rede devem acreditar na mesma, lutar pelos seus valores etc. Desta forma, uma organização totalmente desalinhada com o exarado na Carta de Princípios acabará ou saindo da rede ou nela nem se integrando. Na área da Violência Doméstica contra Crianças e Adolescentes este aspecto se torna de vital importância. Sabemos que há ainda profissionais que não acreditam na palavra da criança e/ou adolescente vítimas quanto a terem sofrido tais violências,[5] às vezes defendem a utilização de medidas corporais enquanto método disciplinador doméstico, valorizam a conduta do agressor etc. Portanto, na rede, a organização da Carta de Princípios que contenha a defesa intransigente dos direitos da infância e da adolescência em termos do problema da violência doméstica será um fator preponderante para que nela se congreguem aqueles que estão de acordo com tais valores.

Um outro aspecto em pauta é o do processo decisório. Seria interessante o trabalho, via comissões, considerando-se que se delega para parte do grupo o poder de decisão que é de todos. Tem-se a possibilidade de adoção de decisões por consenso que não anula as diferenças porque são levadas em consideração e contribuem para a decisão coletiva. Há que se ponderar que numa rede do tipo que estamos analisando aqui, a alternativa de comissões pode ser a mais interessante, tendo em vista que dela vão participar membros do Poder Judiciário, p. ex., que tradicionalmente tem muitas dificuldades em termos de trabalho em uma estrutura não hierárquica, horizontal. Aos poucos, dentro da rede, vai se fazendo o exercício de instauração da democracia participativa.

III. Como trabalhar em rede

Nesta etapa analisaremos alguns aspectos que consideramos importantes para o trabalho em rede embora na vida real não estejam

5. Sabe-se hoje que no campo das chamadas "falsas alegações de casos de violência doméstica contra crianças ou adolescentes", ou seja, denúncias infundadas, apenas uma minoria absoluta de casos se enquadra neste aspecto. Poder-se-ia dizer, com base em dados internacionais que **cerca de 95% a 98%** das denúncias são **absolutamente verídicas**. No Brasil carecemos de trabalhos científicos a respeito, embora nos apoiemos nos achados internacionais que já são inúmeros para provar a tese de que tais falsas alegações são mínimas.

necessariamente divididos em fases tais quais se apresentam aqui didaticamente. Uma rede é algo dinâmico, não estático, constituída por pessoas com sentimentos, opiniões, pensamentos etc. Por isso todos os momentos aqui elencados não necessariamente ocorrem na ordem em que os apresentamos para esta reflexão.

a) O "produtor social" e os facilitadores

Uma rede desta natureza pode ser formada por iniciativa espontânea de um grupo de pessoas, mas geralmente acaba sendo a iniciativa de uma organização da sociedade civil ou do poder público e que tem uma intencionalidade explicitada no momento da formação da própria rede. A esta organização que toma a frente em termos da proposta de organização de uma rede damos o nome de "produtor social", que, segundo Toro (2001), é: *"a pessoa ou instituição que tem capacidade de criar condições econômicas, organizacionais, técnicas e profissionais para que um processo comunicativo aconteça"*. Inojosa (1999) também utiliza esta nomenclatura em seu trabalho científico.

O "produtor social" geralmente tem recursos humanos, financeiros, materiais que facilitam o processo de formação da rede. A rede deve ser preparada, a médio prazo, para não contar com o "produtor social" de forma eternizada, sendo que muitas vezes dependendo dos rumos que a rede adotar, a organização proponente poderá continuar na rede mas sem exercer o mesmo papel. O que não se pode permitir é que a rede acabe sendo tutelada por uma organização, impedindo-se a sua caminhada para a autonomia. Portanto, desde o início é significativo que em uma rede as pessoas/organizações, que a integram, tenham possibilidade de questionarem o seu "produtor social" quando for necessário. Isto vai criando o cenário para a tão desejada autonomia.

Toda rede deve ter os seus facilitadores que, na verdade, são os integrantes da rede assim como o próprio "produtor social". Quando todos estes integrantes estiverem preparados para a função de facilitador, estar-se-á evitando um relacionamento tutelado. Os facilitadores têm que aprender *"a promover a grupalização; planejar e analisar as reuniões da rede; moderar o planejamento da rede; facilitar a gestão das ações; promover a sustentabilidade da rede; facilitar a comunicação* (Schlithler, 2004). Esta autora recomenda um ano como um tempo mínimo adequado à função de facilitador, bem como informa que à medida que a rede avança caberá a todos os seus integrantes a discussão da necessidade de se manter ou não pessoas com esta função. Os facilitadores ajudarão os integrantes da rede a aprenderem a conviver uns com os outros, a aprenderem a ouvir, a discutir e analisar suas posturas autoritárias, a formularem perguntas, a opinarem, a levarem o seu processo de aprendizagem quanto a isto para dentro de suas próprias organizações. Na verdade estará sendo criada uma cultura de autonomia, de democracia participativa, de respeito para com as diferenças, de protagonismo, de transformação.

b) O planejamento estratégico

Em primeiro lugar, uma rede deve adotar os passos do planejamento estratégico da seguinte forma:

1. *Estabelecimento de valores/princípios — concepção sobre a causa.* Se se trata de uma rede de combate à violência doméstica contra crianças e adolescentes, deve ser bem explicitado o que se entende por este fenômeno, quais os valores a isto associados etc. Desta forma, a rede estará tomando consciência das demandas relacionadas à causa, embora num passo seguinte, precise qualificá-las mais adequadamente.
2. *Análise de cenário/diagnóstico situacional baseado em talentos e recursos* — quanto a este aspecto vale a pena frisar que será necessário elaborar questionários, entrevistas e grupos focais com pessoas que tenham alguma relação com a causa para que se refinem as demandas. Este tipo de ação pode envolver todos os membros da rede. Ao lado disso, haverá necessidade de se mapear os talentos das pessoas e os recursos para atendimento da violência doméstica contra crianças e adolescentes. Evidentemente que também devem ser levantadas as estatísticas do problema para a região (geralmente constantes do Conselho Tutelar, da Justiça da Infância e da Juventude etc). O levantamento destes dados e sua consequente compatibilização permitirão que se

analise concretamente com o que estamos lidando e eventuais dificuldades. A construção do diagnóstico é passo fundamental tendo em vista que ele fornecerá as necessidades da comunidade, os recursos disponíveis para atendê-las, podendo se identificar se os recursos estão ou não sendo bem aproveitados, o que está faltando etc. Tomar consciência dos potenciais dos recursos da rede é de suma importância, pois o produto da união em rede é muito mais amplo do que a simples soma das partes. Este diagnóstico reforça tal aspecto.

3. *Visão de futuro*: quando se tem a perspectiva de mergulhar no problema de cada comunidade, há também a possibilidade de se obter subsídios para se verificar o que se desejaria ver transformado em um futuro bem próximo.
4. *Missão ou ideia-força:* com a clareza do futuro desejado e do cenário atual, a rede poderá definir o seu papel central.
5. *Objetivos:* tem que ser definidos para que se coloque em prática a missão.
6. *Estratégias e atividades*: as estratégias de como se atingir cada objetivo têm que ser definidas bem como a cada estratégia corresponderão às várias atividades que serão implementadas através de planos de ação.
7. *População beneficiada:* na fase de discussão das estratégias e das atividades, a rede toma a decisão de quem será a população beneficiada por seus projetos.

O planejamento estratégico não necessariamente faz parte do domínio de conhecimento de todos os membros da rede. Por isso, torna-se importante logo o início do estabelecimento de um plano de capacitação profissional quanto a este aspecto. O grupo inicial da rede vai se preparando para o planejamento em rede, através de conceitos teóricos, vivências práticas, acabando por construir a chamada "árvore dos problemas"[6] que norteará os caminhos que a rede deve trilhar. Geralmente

6. A chamada "Árvore dos problemas" conduziria, em termos de sua montagem, os integrantes da Rede a definirem qual o seu problema central, as causas do mesmo, bem como as respectivas consequências (Ehlers, 2005).

se aconselha que o processo de capacitação para a construção do planejamento estratégico da rede seja conduzido por um elemento externo que poderá contribuir bastante para a riqueza do levantamento de informações. Além disso, este processo inicial de capacitação deve ser bem intensivo para não se prolongar indefinidamente e desmotivar os integrantes da rede. Aconselha-se, também, que haja um registro documentado dos resultados do planejamento estratégico (seja um caderno com todas as anotações, seja uma apresentação multimídia).

Além de um processo de capacitação quanto à organização de um planejamento estratégico específico para a rede, deve existir um momento de capacitação para as organizações e/ou profissionais que integram a rede em termos do que se entende por Violência doméstica contra crianças e adolescentes, suas diferentes modalidades, suas consequências, as principais técnicas de abordagem, principais formas de prevenção, a notificação dos casos suspeitos e/ou confirmados, o Estatuto da Criança e do Adolescente e os seus dispositivos face a esta violência. Isto contribuiria para a unificação conceitual e de linguagem[7] sobre a temática. Na verdade, haveria necessidade de que se criasse um protocolo de atendimento destes casos e um manual para preenchimento da ficha de notificação dos mesmos. Estas seriam medidas importantes para que as vítimas não fossem revitimizadas ao contarem a mesma história no âmbito de diversas organizações. Estaríamos protegendo-as e impedindo novos sofrimentos.

Uma rede de combate à violência doméstica dirigida a crianças e adolescentes deverá contribuir para a redução do problema, intervir precocemente nas situações geradoras de violência, interromper o ciclo de repetição do fenômeno e seu consequente agravamento, oferecer

7. É muito comum, por exemplo, que se considere a Violência Física doméstica como "maus-tratos", tendo em vista que esta terminologia é aceita tanto no Código Penal Brasileiro (art. 136) quanto no ECA (arts. 56, 87, 130 entre outros, p. ex). Entretanto, tal nomenclatura é problemática na medida em que implica em juízo de valor em termos do que seria considerado um trato bom ou ruim. Há outras pessoas, por exemplo, que não incluem sob a rubrica Violência Sexual Doméstica os casos que são perpetrados por padrastos/madrastas. Portanto, desconsideram os laços decorrentes de uma situação de responsabilidade legal para tomar em consideração apenas os laços de consanguinidade. Desta forma, uma discussão e um ajuste conceitual sobre aquilo de que uma rede está tratando, torna-se de fundamental importância nesta área do conhecimento.

atendimento necessário a vítimas, agressores, familiares, produzir informações e indicadores que permitam conhecer o problema, construir propostas e projetos voltados à prevenção deste tipo de violência em cada município onde se instaure. O trabalho integrado que articula diferentes organizações e diferentes equipes trará como consequência a produção de melhores resultados que em última instância protegerão ainda mais os direitos das crianças e dos adolescentes.

c) a intercomunicação na rede

Em uma rede é importante que *"todos saibam de tudo, todos recebam as mesmas informações que circulam na rede. E todos tenham igual responsabilidade de fazer o que acham que devem fazer frente a determinadas informações que lhes chegam. A desconcentração do poder é condição de verdadeira democracia. O livre fluxo de informações é condição para se assegurar a transparência"* (Whitaker, 2001). Portanto, em uma rede onde as informações circulam horizontalmente, há o estabelecimento da intercomunicação, pois, os fios que ligam entre si os nós de uma rede são canais pelos quais transitam as informações. Não há informações que só algumas pessoas detêm ou que insatisfeitos possam esconder para prejudicar os demais.

A criação de um site da rede se torna de vital importância tanto para consulta de seus integrantes quanto para consultas externas. Ressalte-se a importância de se criar um boletim virtual[8] com informes or-

---

8. Martinho (2003) em seu trabalho sobre redes afirma que a lista de discussão (grupo de pessoas cadastrado no programa de e-mail que emite e/ou recebe mensagens que são lidas pela rede de forma instantânea) ainda é a melhor forma de comunicação. Ele pondera que a criação de site é mais complicada porque depende de profissionais especializados para sua consecução e manutenção, embora reconheça as inúmeras vantagens do mesmo. Informa que quando se adota a perspectiva de site, pode-se pensar na possibilidade de criação de um "diário de bordo" onde os membros da rede podem inserir as mais diversas informações, construindo-se, desta forma, um sistema que permitirá a livre circulação de ideias, sem obediência a padrões fechados. Apesar disto, ainda consideramos importante uma rede, da natureza como a que estamos discutindo aqui, ter um site específico que não será apenas para comunicação com seus membros, mas também de conscientização externa sobre a temática em pauta. As ideias inovadoras que Martinho aponta podem fazer parte do projeto de intercomunicação desta rede.

ganizados sobre a questão da violência doméstica dirigida a crianças e adolescentes e com respostas às questões mais frequentemente realizadas sobre a temática, bem como um chat para intercâmbio de informações com pessoas interessadas. No site haverá divulgação de obras de autores brasileiros quanto a este problema e um link para pesquisadores (sejam estudantes ou profissionais).

Também se deverá considerar a utilização de fitas de áudio, de vídeo, de relatos de pesquisa, de depoimentos escritos de vítimas, de livros, de revistas etc., ou seja, ligados a uma mídia mais convencional, mas que representará um papel importante em termos da circulação de ideias acerca da temática.

Além disso, a construção de um banco de dados unificado, em termos da questão da violência doméstica contra crianças e adolescentes no município onde se estabelece a rede, é prioritária, pois, conterá os dados estatísticos, os atendimentos prestados. A informatização de todas as organizações ligadas à rede é também muito importante tendo em vista que esta ação permitirá o abastecimento rápido de informações dentro do próprio banco de dados da rede bem como a comunicação através da Internet, por sua agilidade e alcance, torna-se uma ferramenta apropriada para que os integrantes da rede troquem informações. A estrutura do banco de dados deverá ser construída pelos seus usuários em diversas reuniões a respeito sendo que este é um processo democrático, que permite sua apropriação por todos e desmistifica a tecnologia de informação.

d) a sustentabilidade da rede

Os recursos de uma rede estão nela depositados, ou seja, nas pessoas e nas organizações que a compõem. De modo geral, as organizações integrantes da rede costumam disponibilizar recursos materiais para suas atividades (telefone, papel, computador etc). Evidentemente que isto vai depender do compromisso do representante da organização na rede em termos de conseguir tal apoio dentro de sua respectiva área de trabalho.

Entretanto, com o passar do tempo, algumas questões quanto ao trabalho em rede começam a aflorar: como executar todos os projetos da rede sem sobrecarregar os seus membros, como operacionalizar as ações sem a presença de uma secretaria executiva ou de um gerente, como assegurar que a rede não perca sua missão sem a presença de uma diretoria, de um conselho etc.

Mas uma resposta a tais dúvidas deve estar ancorada nas seguintes ideias: que é preciso se superar uma cultura de subordinação; que as atividades devem ser distribuídas equitativamente, incentivando-se a autonomia e a corresponsabilidade; que mesmo que num momento alguns membros da rede assumam funções incentivadoras do protagonismo, outros deverão, a médio prazo, serem preparados para isto também. Portanto, lutar contra uma liderança centralizada, uma possível verticalização da rede são tarefas intrínsecas a ela.

As redes de modo geral adotam a perspectiva de assembleias para decisão de suas questões fundamentais.

Quanto à criação de secretarias executivas, cada rede deverá discutir os prós e os contras da adoção de tal medida.

> *"Iniciativas como a criação de secretarias executivas, ainda que rotativas, podem dar certo para algumas redes e ser uma catástrofe para outras, na medida em que podem estimular a centralização do poder e individualizar, a ponto de 'fulanizar' a rede em uma pessoa ou chancelá-la como rede de uma instituição."* (Guarnieri, 2004)

Outro aspecto polêmico é o da formalização das redes. Muitas vezes cogita-se desta medida principalmente para a recepção de recursos necessários ao funcionamento da rede. Nestes casos, pode-se tentar a criação de uma OSCIP (p. ex)[9] que funcione como um apoio para a recepção de recursos. Em outros casos podem ser encontradas alternativas como uma das organizações da rede receber os recursos e os repassar a todos ou ainda se proceder à elaboração de um contrato entre organizações-membro destinado à recepção e repasse dos recursos à rede como um todo. De qualquer forma, todas as soluções encontradas neste sentido

9. Inojosa (1999) pondera em seu texto que vê com preocupação a institucionalização de redes em ONGs na medida em que, segundo ela, um trabalho de participação transformadora fica difícil de ser mantido quando a rede se estrutura em uma personalidade jurídica, com estatutos, hierarquia, limitação de parcerias. Portanto, estamos tratando aqui de um aspecto polêmico e não consensual.

devem se nortear pela absoluta transparência em termos de manejo de recursos e elaboração dos respectivos balanços financeiros destinados à prestação de contas a todos os integrantes da rede.

O que se pode concluir a respeito do que foi abordado neste item é que não existem receitas prontas de como resolver tudo isso. Na verdade, as redes são também um cenário de práticas, de experimentações e de aprendizagens em termos de participação, de tomada de decisão, de gestão compartilhada etc. e serão aqueles que dela fazem parte que escolherão os caminhos mais adequados a serem percorridos.

e) a avaliação da rede

"O processo da rede apresenta condições de ser avaliado através da análise de seus princípios norteadores: horizontalidade, diversidade, autonomia, processo decisório democrático-participativo, participação ativa de todos os integrantes, intercomunicação ampla e transparente" (Schlithler, 2004).

Teríamos que tomar em consideração para isso alguns aspectos relativos à participação (se há interação e colaboração entre seus membros, se há reconhecimento e legitimidade da rede); à geração e troca de conteúdos; à adesão de novos atores; à interatividade e conectividade.

Já os resultados precisariam ser avaliados em função da implementação de política pública na temática aqui analisada. Além disso, teríamos que verificar através das vozes das crianças e adolescentes atendidos o que eles propõem do ponto de vista de melhoria da atenção ao fenômeno da violência doméstica contra eles. Recuperar também as vozes das crianças/adolescentes e dos pais não agressores é um exercício importante de avaliação dos resultados do trabalho a que se propõe a rede. O maior desafio, porém, a ser enfrentado será o de incorporar as vozes da infância e da adolescência nas mudanças que deverão ser implementadas[10]

10. Sabe-se que as crianças/adolescentes são revitimizados nas organizações de defesa de seus direitos considerando-se que, enquanto vítimas, têm que contar suas histórias muitas vezes de forma repetida para um número elevado de profissionais. Isto faz com que vivenciem de novo todo o problema sofrido. Esta questão no Brasil vem sendo discutida nos anos 2000

nas diferentes organizações do poder público e das organizações da sociedade civil. Vivemos em uma sociedade autoritária (especialmente dentro da família) na qual teremos que vencer o preconceito que nutrimos em termos de desvalorização das vozes das crianças/adolescentes. Por isso, esta é uma questão crucial a ser enfrentada por uma rede da qual crianças/adolescentes farão parte obrigatória. E se falamos que uma rede deve necessariamente empoderar aqueles que dela participam, parece-nos que realmente este é um dos enfrentamentos a ser realizado.

Referências bibliográficas

AZEVEDO, M. A.; GUERRA, V. N. A. *Infância e violência fatal em família*. São Paulo: Iglu, 1998.

______. *Com licença, vamos à luta* — Guia de Bolso. Telelacri, 1998.

______. *Violência doméstica na infância e na adolescência*: uma nova cultura de prevenção. São Paulo: Plêiade, 2011. p. 125.

CASTELLS, M. *A sociedade em rede*. A era da informação: economia, sociedade e cultura. São Paulo: Paz e Terra, 1999.

EHLERS, E. *Apostilas do curso Administração para Organizações do Terceiro Setor* — Módulo II. FGV-EAESP, 2005.

GUARNIERI, M. C. L. *Governança de (em) redes sociais:* uma contradição? São Paulo, 2004. Disponível em: <www.rits.org.br>. Acesso em: jun. 2006.

GUERRA, V. N. A. *Violência de pais contra filhos:* a tragédia revisitada. 7. ed. São Paulo: Cortez, 2011.

(século XXI), sendo que em 2003 no Rio Grande do Sul se iniciou o projeto do Depoimento sem Dano, hoje chamado pelo Conselho Nacional de Justiça, como Depoimento Especial. Em 2012 nosso país contava com 70 salas especiais de audição destas vítimas, mas que não abrangiam todos os seus Estados. O Brasil é considerado atrasado em relação a outros países que já implantaram tal projeto há mais de 30 anos como os EUA, por exemplo. Há ainda muita discussão polêmica a respeito do mesmo no que tange às categorias profissionais que deve envolver, o seu respectivo treinamento etc. (Fonte: D'Agostino, R. País tem poucas salas especiais para ouvir crianças vítimas de estupro. Disponível em: <www.globo.com/brasil/notícia/2012>).

INOJOSA, R. M. Redes de Compromisso Social, Rio de Janeiro, Fundação Getúlio Vargas, *Revista de Administração Pública*, 1999.

JUNQUEIRA, R. P.; SCHOENMAKER, J. *Corrente viva:* a construção de uma rede autônoma intersetorial de compromisso social. RITS-Redes, 2003.

MARTINHO, C. *Redes*: uma introdução às dinâmicas da conectividade e da auto-organização, Brasília: WWF-Brasil, 2003.

PROJETO ENVOLVER. Rede Social São Paulo. Disponível em: <www.desenvolvimentosocial.sp.gov.br/desenvolvimento social/sites.asp>. Acesso em: 8 jun. 2006.

REDE DE PROTEÇÃO À CRIANÇA E AO ADOLESCENTE EM SITUAÇÃO DE RISCO PARA A VIOLÊNCIA. Manual de Atendimento. Curitiba, 2002.

SCHLITHLER, C. R. B. *Redes de Desenvolvimento Comunitário*: iniciativas para a transformação social. São Paulo: Global/IDIS, 2004.

TORO, B.; RODRIGUEZ, M. *La comunicación y la movilización social en la construcción de bienes públicos.* Bogotá: BID, 2001.

VIEIRA, G. *A internet não constrói redes*. Texto publicado na internet, s/d.

WHITAKER, F. *Redes*: conversando com Chico Whitaker. São Paulo: Paulinas Multimídia, 2001. Disponível em: <www.rits.org.br/redes_teste/rd_monitora.cfm>. Acesso em: 13 mar. 2006.

D

Aspectos epidemiológicos del maltrato en el Estado español. Medidas de prevención

Antoní Martínez i Roig

Pediatra. Hospital del Mar, Barcelona

Presidente Associació Catalana per la Infància Maltractada.

Es evidente que en el fenómeno del maltrato no se pueden establecer unos parámetros de incidencia, prevalencia, características de riesgo, tipologías, características personales de los agresores o características de los sujetos que sufren maltrato, ya que es difícil poder discernir la realidad numérica del maltrato. Las propias características del fenómeno, su presentación en el ámbito de la familia, sus múltiples variedades, las necesidades de atención al niño, sus muy diferentes repercusiones en relación a la edad, intensidad, duración o recursos del niño, son entre otras causas, las que dificultan el establecimiento de la cifra real de los malos tratos en cualquier comunidad.

Son numerosas las investigaciones, que en diversos y diferentes momentos en los últimos 25 años han intentado conocer la incidencia del fenómeno, pero lo único cierto que se posee es el número de casos sobre el que se interviene.

Lo que el profesional que actua con el niño debe conocer, es la existencia del fenómeno en todos los niveles sociales sin que en todos ellos se presenten los mismos tipos de abusos de forma dominante. Se debe pensar que, al menos en España, los profesionales, que en su actividad diaria trabajan con la infancia, han visto como, en los 15 últimos años han mejorado su conocimiento teórico del fenómeno, así como en tener una mejor sensibilización. Además, aunque consideradas aún insuficientes han incrementado el número y la calidad de los servicios de atención a la infancia en situación de riesgo y/o desamparo.

Se ofrecerán a continuación una serie de datos recogidos en cuatro ciudades españolas representativas por sus características de aglutinación de muy diferentes grupos sociales así como por sus propios niveles económicos, culturales o de servicios. Se ofrecen datos de maltrato recogidos a través de niños atendidos en algunos de sus principales hospitales. Ello conlleva que se limitan a un determinado tipo de maltrato, el que por un u otro motivo requiere atención sanitaria, es decir que presenta un grado de afectación medio o grave, sin excluir que algunos de estos casos pueden haber sido detectados de forma indirecta. Es decir que al ser atendidos por otro motivo sanitario se hayan evaluado las características físicas o emocionales sugerentes de maltrato.

Datos recogidos en Madrid

La capital del Estado Español cuenta con una ciudadanía aproximada de unos 3,5 millones. Nuestra fuente de referencia hacia la recogida de casos ha sido el Hospital del Niño Jesús. Este hospital asiste aproximadamente el 22 por ciento de las emergencias diarias de la capital en su servicio de urgencias.

En el período entre 1975-1979 se detectaron 193 casos que se repartieron en 179 de tipo físico, 10 de tipo negligencias, 2 de abuso sexual y 2 de maltrato emocional. El número de casos en relación al total de casos atendidos en el servicio de urgencias suponía un índice que oscila entre 0,00192 y 0,00057. (Sánchez Puellas et al. 1981).

En el período 82-84 fueron diagnosticados 32 niños y en el 85 fueron 52. Referidos de forma predominante a maltrato físico grave o intoxicaciones. (Martín Alvarez, et al. 1987; Casado Flores, et al. 1987)

Entre los años 1987-88 en 5 de los hospitales públicos del área de Madrid (más de 4,5 millones de habitantes), en los que se asiste las cuatro quintas partes de las urgencias pediátricas del área, se atendieron 60 casos de maltrato con 31 casos menores de un año y 16 entre uno y 5 años. El 32 por ciento con lesiones de tipo físico y en 7 casos malnutrición. Todas las familias, excepto 2 tenían bajo nivel social. (Bergara et al., 1990; Armisen et al., 1990)

Datos recogidos en Barcelona

La capital de Catalunya cuenta con una población aproximada de un millón y medio de habitantes. Los datos referidos al maltrato fueron obtenidos a través de los casos atendidos en el Hospital del Mar, ubicado en el área de la ciudad donde existen en su proximidad los barrios con mayor conflictividad social y mayor penuria económica. En el servicio de pediatría de aquel hospital se ingresan al año un número de niños entre 600-700, excluyendo los pacientes de las áreas quirúrgicas.

En el período comprendido entre 1975-79 se ingresaron 8 casos, 7 de los cuales por maltrato físico, con predominio total de clases sociales desfavorecidas y con 75 por ciento de los casos con edades inferiores a 3 años.

En el período de 1990 a 1992 en el mismo centro se atendieron 24 casos, que se distribuyeron entre 6 de maltrato físico, 14 casos de negligencias, 3 de abuso sexual y 1 caso de S. de Munchhausen por poderes. El 75 por ciento de los casos con edades entre 1 día y 2 años. El nivel socioeconómico-cultural fue bajo en 21 casos. (Dargallo et al., 1981; Martínez Roig, 1993)

Datos recogidos en Sevilla

Se obtienen del Hospital Infantil Universitario "Virgen del Rocío" a través de su servicio de lactantes y la unidad de trabajo social. La cifra de habitantes de Sevilla oscila en los 700.000 con gran variedad de niveles sociales.

En el período 1987-88 y a través de los servicios de Infancia de los servicios sociales del Ayuntamiento, Diputación, Junta de Andalucía y Hospital recogieron 139 casos de maltrato, de los que el 36 por ciento era de tipo emocional, 18 por ciento de tipo físico, 2 por ciento sexual, 32 por ciento negligencias, el resto comprendía variedades distintas. Las características sociales de procedencia eran de predominio bajo en el 80 por ciento de los casos, medio el 15 por ciento y alto el 5 por ciento. La edad de los niños era del 57 por ciento entre 1 día y 3 años, 17 por ciento entre 3 y 6 años. En el período 89-91 el número de casos diagnosticados a través de los servicios de salud en Sevilla y provincia fue el siguiente: H.V. de la Macarena 10 casos, H. Virgen del Rocío 213 casos, H.V. de Valme 47 casos, en los distritos de asistencia primaria extrahospitalaria 9 casos y en la unidad de salud mental infantil Virgen del Rocío 7 casos. En total 286 casos. (Sánchez Espinosa, 1989; Gómez de Terreros, 1993)

Datos recogidos en Bilbao

Se obtienen del Santo Hospital Civil de Bilbao. Esta ciudad con algo más de medio millón de habitantes posee un núcleo social de tipo medio bajo en las proximidades del hospital que nos sirve de referencia.

Entre los años 1980-1990 el 0,45 por ciento de los niños hospitalizados (131 niños ingresados) fueron dados de alta con el diagnóstico de síndrome del niño maltratado. El 69 por ciento de los mismos tenía una edad inferior a 3 años. Los tipos de maltrato se distribuyeron entre 50,4 por ciento negligencias, 44,3 por ciento maltrato físico, 10,7 por ciento maltrato emocional, 6,1 por ciento abusos sexuales, 4,6 por ciento abandono, 3,1 por ciento intoxicaciones, 0,8 por ciento muerte.

La condición económico-social de las familias era 69 por ciento baja, 14,5 por ciento media baja, 13 por ciento media. (de Gárate, 1991)

* * *

Es difícil poder establecer unas conclusiones epidemiológicas a través de los datos que hemos ofrecido. Su disposición en cuanto a las procedencias, en cuanto al sistema de valoración, el hecho de pertenecer a datos procedentes de un sólo tipo de asistencia pública sanitaria hacen difícil poder extraer consecuencias. Sin embargo, a través de la experiencia personal por el propio trabajo cotidiano y al elaborar trabajos en común con profesionales de otras disciplinas, podemos decir que:

a. el aumento reflejado en las cifras de referencia en los diferentes centros viene motivado en gran parte por el mejor conocimiento teórico del fenómeno y una mayor sensibilización de los profesionales;
b. el aumento de diagnósticos de malos tratos por negligencia se debe a que realmente es el tipo más frecuente junto a los motivos del punto anterior;
c. los datos ofrecidos de predominio en clases sociales bajas son consecuencia del tipo de población atendida en los centros de referencia, sin que ello quiera decir que es ésta la única clase social en que se produce el maltrato;
d. la escasez de maltrato sexual recogido puede deberse a que la valoración en centros de urgencia hospitalario o salas de internamiento no suelen ser idóneas para detectar el abuso sexual no violento, que probablemente es el más frecuente;
e. aunque no se ha reflejado entre las cifras ofrecidas anteriormente, la frecuencia incrementada de hijos de drogadictos es un elemento que predispone la presentación de casos de maltrato en toda su tipología.

Comentarios acerca de la prevención del maltrato intrafamiliar

De la misma manera que es muy difícil hablar de la incidencia real del maltrato también lo es hablar de prevención. A través de los casos conocidos se suele hacer una valoración de las situaciones de riesgo, de los condicionantes de la actuación, de las características de los abusadores y a través de estos datos se suelen organizar modelos de prevención. De forma académica puede decirse que esta manera de actuar es errónea, ya que sin conocer la incidencia del fenómeno, su prevalencia, los factores de riesgo, los grupos de población más susceptible o las características de un simple perfil abusivo, no puede elaborarse un correcto plan de prevención, sólo se realizaran aspectos parciales. (Garbarino, 1986; Simmons, 1986)

Otro aspecto que debe ser tenido en cuenta es que, al hablar de prevención del maltrato no puede entenderse como un conjunto de programas aplicables indistintamente en cualquier tipo de sociedad. Nada más erroneo. Al existir variaciones culturales y sociales en relación al maltrato, la aplicación de determinadas actuaciones deberá adaptarse a cada realidad social. Esta adaptación promueve fracasos que no deben sobrevalorarse.

Se podría hacer referencia a los distintos modelos existentes con el fin de entender algunas medidas utilizadas. Los llamados factores potenciales deberían ser reducidos a la vez que promover e incrementar los factores protectores. Sin embargo nosotros somos partidarios de que existan múltiples factores interactuantes dentro de la unidad familiar, al considerar que el niño es el elemento culminante de una familia desestructurada. (Ciccheti y Rizley, 1981)

Nuestra idea del maltrato y su prevención nos hace apoyar los modelos sanitarios de prevención. Así se dice que existen 3 modelos de prevención: el primario que pretende reducir los casos o su desaparición; la prevención secundaria que tiene la pretensión de reducir la prevalencia y reducir al mínimo las manifestaciones después del contacto con los agentes desencadenantes, por tanto se refiere a todos aquellos esfuerzos dirigidos hacia los grupos que se sabe se hallan o pudieran hallarse en alto riesgo de sufrir un maltrato; la prevención terciaria pretende disminuir la prevalencia de las secuelas e incapacidades una vez "la enfermedad" ha hecho su curso.

Antes de ofrecer aspectos concretos de actuación preventiva hay que hacer algunas consideraciones sobre aspectos que van a influir a la hora de determinar las posibles actuaciones preventivas:

a. la asignación presupuestaria o de recursos en general. Ello va a derivar en comparaciones entre medidas que pueden ser primarias o secundarias y se llega a conclusiones como, si existe limitación en los recursos que se aplican, la ganancia mayor se suele conseguir con la actuación preventiva dirigida a la población de alto riesgo (Olds et al., 1986; Duwobitz, 1990);
b. la relación costo-eficacia. En momentos como los actuales en los que suele existir limitación de gastos a los problemas sociales,

existe un gran interés en descubrir las estrategias más eficaces con el mínimo costo (Daro, 1989);

c. el facilitar un determinado servicio a una familia, a través de la identificación previa de un problema, puede evitarse con programas preventivos primarios dirigidos en general al público;
d. al intentar aplicar los planes hay que comprobar bien los aspectos de utilidad o prejuicio, ya que determinadas medidas pueden suponer ansiedad. Ello es muy fácil de ver en los abusos sexuales, así el aprendizaje en el niño, aparte de generarle ansiedad puede hacer dudar a los padres acerca del afecto físico (Wurtele, 1987).

1. Prevención primaria

Dirigida a rebajar o eliminar las situaciones de riesgo que puedan afectar la interrelación familiar. Los objetivos podrían ser:

a. supresión o reducción de las situaciones sociales que puedan suponer desestabilización personal o de interrelación familiar;
b. potenciar al individuo con formación de calidad para conseguir una mayor tolerancia a la frustración, un correcto conocimiento de la evaluación psicomotora normal, o mejorar sus habilidades de trato;
c. sensibilizar a la población general.

En función de los posibles receptores y de los modelos interactivos se repasan algunos aspectos parciales de la prevención.

1.1 Dirigido a la sociedad en general

Su fundamento son los valores culturales, la ética, la utilización del poder, la utilización y la distribución de los recursos, la disponibilidad de los bienes. La auténtica prevención primaria en una sociedad como la nuestra con grandes diferencias, norte-sur, este-oeste, bienes-indústria, cultura-poder, poder adquisitivo-pobreza, consistiría en el establecimiento de cambios sociopolítico-económicos. En la actualidad "unos pocos" deciden el destino de la "mayoría" en beneficio de una cultura o sociedad. Para conseguir la nivelación de recursos, así como de servicios y posibilidades sería necesario una auténtica "revolución" que no se vislumbra. (Gough et al., 1987)

Las acciones que permitan disminuir las frustraciones y desigualdades que las generan e incrementar el respeto a los derechos de todos los ciudadanos (Domingo, 1985), van a ser elementos de base para propiciar una política de prevención. No debe olvidarse que valores que nuestra sociedad proclama positivos en este momento, suelen enfrentarse en muchos casos a una realidad cotidiana muy distinta y dura. La frustración que este choque provoca puede centrar las tensiones intra y extrafamiliares, con el consiguiente deterioro relacional.

A continuación se detallan acciones que serían merecedoras de aplicación, pero que la misma se halla lejos del trabajo del profesional que está en contacto con la infancia:

a. Redistribución de bienes y recursos;
b. Organización de políticas de empleo que aseguren lugares de trabajo digno;
c. Presupuestos suficientes para las políticas de educación, sanidad, protección social;
d. Viviendas para que la unidad familiar mantenga cubierta sus necesidades e intimidad;
e. Rehabilitar el valor del espíritu;
f. Limitar la violencia diaria;
g. Modificar la aceptación social del castigo corporal.

1.2 Dirigido hacia las familias

Las medidas irían dirigidas a conseguir estabilidad de la vida en pareja, mediante la satisfacción de las necesidades físicas y emocionales, conocimiento y comprensión de lo que es un niño y sus necesidades, así como refuerzo hacia la estructura familiar.

Suelen realizarse mediante programas de formación, que se aplicarán en momentos en los que hay una mayor receptividad por parte de la pareja, como pueden ser períodos pre-postnacimiento de un hijo. Se pretenderá:

a. fomentar las relaciones emocionales positivas y los mecanismos favorecedores de tolerancia a la frustración;
b. establecer las bases para una paternidad responsable;
c. establecer los conocimientos para mantener unas relaciones sexuales satisfactorias;
d. fomentar las relaciones personales para no caer en el aislamiento social;
e. enseñar a distribuir el tiempo libre y el trabajo, para evitar estados de tensión y agotamiento;
f. fomentar el conocimiento de las distintas necesidades y características del niño en relación a los distintos períodos evolutivos;
g. adecuar el conocimiento de los diferentes sistemas de corrección para evitar la violencia física y/o verbal. (Garbarino y Kostelny, 1992; Brazelton, 1981)

De entre ellos queremos remarcar algún comentario referido a la disciplina y las alternativas al empleo del castigo corporal como método de corrección. Según Harlow la disciplina no requiere ira, no implica agotamiento físico, no se administra repetidamente y debe ir precedida y acompañada de amor y ternura en el marco de un ambiente familiar estable. Cuando un niño sólo recibe atención cuando su comportamiento es incorrecto, la familia estimula las conductas que pretendan castigar y cuando el castigo se deba aplicar de forma frecuente no podrá más que intensificarse (Harlow, 1958). El castigo físico limita la utilización de otras formas de corrección. El método educativo debe ir hacia las maneras correctas del comportamiento y no sólo a enseñar lo que debe hacer. Es por ello que las alabanzas son más efectivas que el castigo (Christophessen, 1986). No se puede olvidar las recomendaciones de R. Illingworth que dice que la corrección debe ser proporcional a la falta, inmediata a la incorreción para que el niño pueda apreciar la relación causa-efecto (Illingworth, 1981).

1.3 Dirigidas al individuo

Deben encaminarse a conseguir un nivel de salud cada vez mayor, pero bajo el concepto de una forma de vivir cada vez más libre, gozosa, solidaria y autónoma.

Otro de los niveles a aumentar es el de la formación en aspectos selectivos hacia la solidaridad, trabajo en equipo, compañerismo, exaltación de los valores espirituales ofrecidos en contrapartida al individualismo, competitividad o materialismo.

Se deberá fomentar el establecimiento de relaciones interpersonales con la participación en grupos culturales de animación, deportivos o musicales para evitar aislamiento.

Durante la adolescencia se deben ofrecer visiones realistas y positivas de las opciones laborales, familiares y de paternidad.

1.4 Dirigidas a los profesionales

Se debe incluir el tema del maltrato en el programa de formación de las distintas disciplinas que contactan con el mundo infantil. Se debe concienciar en el abordaje interdisciplinario y en la búsqueda de la mejor solución para el niño y su familia.

2. Prevención secundaria

Dirigida a la detección precoz de familias y niños en situación de riesgo, comporta la aplicación de medidas terapéuticas precoces ya que de otro modo no puede considerarse ético la detección precoz.

Es evidente que establecer programas de detección de factores de riesgo, se suele hacer en base a los conocidos a través de los casos diagnosticados, dado que no hay experiencia en la valorización longitudinal de familias para precisar el valor de los factores de riesgo. Todo ello ha contribuido a la potenciación de la asociación de los medios social-económico-sanitario-educativo deficitario con el niño o familia de riesgo. En nuestro medio geográfico y social esto es una desviación falaz de la realidad.

A través de nuestra experiencia profesional pediátrica pensamos que se deben aprovechar momentos de la vida del niño por los que pasa casi ineludiblemente y sobre los que la sociedad, a través de sus instituciones o servicios puede ejercer un cierto control o facilitar ayuda. Estos momentos son la asistencia al parto y la entrada en los centros escolares. Sus momentos de convergencia padres-hijos, con unos padres generalmente receptivos a los consejos, por la propia inexperiencia, motivación o simplemente preocupación ante las situaciones nuevas.

El personal de enfermería y matronas, en el caso de la atención a la embarazada y/o parto y los profesionales de las escuelas maternales deben ser los protagonistas de excepción. Su experiencia y su bien aceptada relación-intervención con el usuario, permite valorar los conflictos existentes entre las parejas, círculo laboral y de relación social. Se establecerán estimaciones de posibles indicadores inespecíficos de riesgo para un cuidado idóneo del niño, entre ellos se pueden mencionar: a. juventud e inexperiencia; b. inmadurez; c. hábitos de adicción a las drogas; d. promiscuidad; e. exceso de vida laboral; f. excesiva preocupación por la vida laboral, profesional o social; g. aislamiento; h. desconexión con el mundo real de los niños en su cotidianeidad; i. desestructuración de la vida marital; j. antecedentes maternos o paternos de malos tratos; k. temperamento violento o castigos desmesurados hacia otros hijos.

En el embarazo o fase del parto pueden ser valorados aspectos concretos como: a. rechazo del embarazo manifestado por no hacer planes de futuro ni del niño; b. depresión; c. escasa ganancia de peso; d. solicitud de interrupción de embarazo para finalmente cambiar de idea; e. denegación de aborto; f. primera visita del período de embarazo no anterior a las 20 semanas; g. control médico del embarazo realizado con menos de 5 visitas; h. escasa preparación para el parto; i. planteamiento de ceder el niño en adopción; j. escasa ayuda por parte del padre; k. aislamiento social. (Lynch y Roberts, 1977; Dietrich et al., 1980; Helfer et al., 1987; Dubios et al., 1991)

Todos estos elementos que se han citado, son ejemplos de como pueden realizarse las valoraciones precoces de las situaciones de riesgo. Como muy bien puede deducirse y como ya se ha mencionado estas valoraciones no pueden ser utilizadas de modo general en cualquier tipo de sociedad, ya que la relatividad de los valores hace que aspectos tan negativos como el realizar menos de 5 visitas durante un embarazo en el seno de una sociedad industrializada, puede ser muy positivo en ámbitos donde el nivel sanitario general de la población es deficitario o bien existe una falta de educación sanitaria y social. Es por ello que la gran mayoría de programas de prevención no son transportables ni exportables de unas sociedades a otras. Hay que comprender *in situ* las necesidades y las posibilidades de los distintos grupos étnicos y sociales para poder realizar planes de prevención del maltrato. Se debe comprender que mientras existen grupos sociales que luchan para una mayor calidad de vida de los indivíduos que los componen, tanto a nivel individual como colectivo, hay otros grupos que luchan para conservar la vida. En estos últimos las situaciones de riesgo serán las dependientes de los altos órganos institucionales del país como de las sociedades industrializadas y con grandes recursos, que permitan y propician las grandes diferencias, pero también las dependientes de la relación individual adulto-niño.

Otro momento donde puede realizarse la detección precoz de las situaciones de riesgo personal o psicosocial es a través de las visitas sistemáticas de salud. En ellas se puede abordar la existencia de indicadores inespecíficos que puedan reflejar un funcionamiento anómalo de la pareja, de la relación niño-pareja o de las situaciones sociales que en exceso o en déficit puedan influir en la dinámica relacional. Pero también a través de la propia actividad médica se pueden valorar las influencias negativas que pueden tener hacia el niño conductas como el incumplimiento terapéutico, la no administración de vacunas, la inadecuación de dietas, la repetición de accidentes infantiles, que podrían equipararse a los que el maestro en su práctica diaria detecta, como la no presentación de trabajos, la despreocupación mantenida por la forma de las tareas escolares, el abandono en la escuela de los trabajos allí realizados. (Rosenberg et al., 1982; Gray et al., 1977)

Si retomamos el tema escolar, el contacto que se establece con las famílias en la entrevista realizada en los días de ingreso, debe permitir establecer una valoración real. Es un momento propicio para solicitar muchos datos y es factible repasar situaciones personales y de relación. Luego se continuará en cualquier nivel escolar con la valoración de la relación de la pareja, la actitud del niño, su comportamiento relacional, el mantenimiento o no de un nivel de trabajo, la ilusión o desencanto por el trabajo realizado, el estado anímico del alumno ante las vacaciones o los días del fin de semana. (Heinicke et al., 1988; Rosenfeld et al., 1986)

3. Prevención terciaria

Es la dirigida hacia aquellos niños que ya se hallan en una situación degradada por los propios malos tratos y en donde la prevención, por tanto, tiene unos objetivos limitados. Se puede decir que la única acción sea quizás la de aliviar las lesiones y conseguir los planes dirigidos al niño o a los padres. Pueden ser medidas de este tipo, la instauración de un registro de casos dudosos, la existencia de un teléfono permanente de urgencia, la creación de guarderías públicas abiertas durante las 24 horas del día o bien que tengan horarios flexibles.

Entre los programas dirigidos al niño hay que potenciar los dedicados a las horas de ocio a través de voluntarios. Dirigidos a los padres se pueden señalar enfermeras domiciliarias de salud comunitaria, los servicios de ayuda domiciliaria a las tareas domésticas.

Otra manera de establecer ayuda con la formación de centros de soporte familiar donde los niños puedan asistir temporalmente, donde se les ayuda a realizar los trabajos escolares, se les eduque y se les dé comida, a la vez que son centros que sirven para rebajar la tensión y el estress familiar. (Martínez Roig y Domingo Salvay, 1990; Jones et al., 1987)

Bibliografía

ARMISEN, A.; CASADO FLORES, J.; BERGARA, M.; BAÑO, A. "Social and familiar characteristics of parents of maltreated children in Madrid". Comunicación presentada al 8 Internationaler Kongress Über Kindesmisshandlung und Vernachlässingung. Hamburg, 1990.

BERGARA, M.; CASADO FLORES, J.; ARMISEN, E.; BAÑO, A. "Maltreated children hospitalized in Madrid: A study of two years". Comunicación presentada al 8 Internationaler Kongress Über Kindesmisshandlung und Vernachlässingung. Hamburg, 1990.

BRAZELTON, B. Assessment as a method for enhancing infant development in zero to three. *Bulletin of the National Center for Clinical Infant programes*, n. 2, 1981.

CASADO FLORES, J.; GARCÍA SANTIAGO, M.; PAYNO, A.; MARTÍN ALVAREZ, L. "Child abuse experience in a tertiary public children's hospital". Comunicación presentada al 1º Congreso Europeo sobre infancia maltratada. Rhodas, 1987.

CHRISTOPHESSEN, E. R. Orientación previsora acerca de la disciplina. *Clinicas Pediatr. Norteam*, n. 4, p. 831-842, [ed. esp.], 1986.

CICCHETI, D.; RIZLEY. Developmental perspectives on the etiology, intergenerational transmission and sequelae of child maltreatment. *New Directions for Child Development*, n. 11, p. 31-35, 1981.

DARGALLO J.; MARTÍNEZ ROIG, A.; DOMINGO, F. La síndrome del nen apallissat. *Monografies Mediques*, Acadèmia Ciències Mèdiques de Catalunya i Balears. Barcelona, n. 23, 1981.

DARO, D. *Confronting child abuse*: theory, police and practice. New York: Free Press, 1989.

DIETRICH, K. N.; STARR, R. H.; KAPLAN, M. G. Maternal situation and care of abused infants. In: FIELD T. (Ed.). *High risk infants and children.* New York: Academic Press, 1980.

DOMINGO, F. (1985). Predicció i prevenció de 1'abandonament i el maltractament a 1'infant. *Bulletí de la Societat Catalana de Pediatria*, n. 45, p. 209-216.

DUBIOS, S.; JOB-SPIRA, N.; LAMOUR, M.; FERRON, C.; LEBOUBE, F.; LEBOVICI, S. Mise en oeuvre et evaluation d'un programme de prévention de la maltraitance chez le nourrisson à risque. *Arch. Fr. Pediatr.*, n. 48, p. 189-200, 1991.

DUWOBITZ, H. Participación del pediatra para prevenir el maltrato infantil. *Clínicas Pediatr.*, n. 4, p. 1043-1056, [ed. esp.], 1990.

DE GÁRATE, J. *Contribución al estudio del maltrato infantil a nivel hospitalario en Euskadi.* Tesis (Doctoral) — Universidad del País Vasco, Bilbao, 1991.

GARBARINO, J. Can we measure success in preventing child abuse? Issue and policies, program and research. *Child Abuse Neglect*, n. 10, p. 143-156, 1986.

GARBARINO, J., KOSTELNY, K. Child maltreatment as a community problem. *Child Abuse Neglect*, n. 16, p. 455-464, 1992.

GÓMEZ DE TERREROS, I. Comunicación personal. S/l., 1993.

GOUGH, D. A.; TAYLOR, J. R.; BODDY, F. A. Child abuse interventions: a review of the research literature, part B, Preventing Abuse. *Report to DHSS*, London, 1987.

GRAY, J. D.; CUTLER, C. A.; DEAN, J. G.; KEMPE, C. H. Prediction and prevention of child abuse and neglect. *Child Abuse Neglect*, n. 1, p. 45-48, 1977.

HARLOW, H. F. The nature of love. *American Psychologist*, n. 13, p. 637-685, 1958.

HEINICKE, C. M.; BECKWITH, L.; THOMPSON, A. Early intervention in the family system. A framework and review. *Infant Mental Health*, n. 9, p. 111-141, 1988.

HELFER R. E.; BRISTON M.; CULLEN B.; WILSON A. The perinatal period, a window of oportunity for enhancing parent-infant comunication. An approach to prevention. *Child Abuse Neglect*, n. 11, p. 565-579, 1987.

ILLINGWORTH, R. S. *L'enfant normal.* Paris: Massons, 1981.

JONES, D. N.; PICKETT, J.; DATES, M. R.; BARBER, P. R. H. *El maltractament dels infants. Prevenció i atenció dei problema.* Barcelona: Pórtic Ed. Intress, 1987.

LYNCH, M. A.; ROBERTS, J. Predicting Child abuse: signs of bonding failure in the maternity hospital. *Br. Med J.*, n. 1, p. 624-626, 1977.

MARTÍN ALVAREZ, L.; CASADO FLORES, J.; ROMERO, E. "Child abuse in Madrid region: a challenge for the development of a new health tare model". Comunicación presentada al 1º Congreso Europeo sobre infancia maltratada. Rhodas, 1987.

MARTÍNEZ ROIG, A. Comunicación personal. S/l., 1993.

MARTÍNEZ ROIG, A., DOMINGO SALVAY, F. La prevención de los malos tratos desde el campo sanitario. *Infancia y Sociedad*, n. 2, p. 31-45, 1990.

OLDS, D.; HENDERSON, C. R. JR.; CHAMBERLAIN, R. et al. Preventing child abuse and neglect: a randomized trial of nurse home visitation. *Pediatrics*, n. 76, p. 65-78, 1986.

ROSENBERG, N. M.; MEYERS, S. H.; SACKLETON, N. Predicción de malos tratos a los niños en el contexto ambulatorio. *Pediatrics*, n. 14, p. 431-434, [ed. esp.], 1982.

ROSENFELD, J.; CASTING, D.; BUR, V. Le processus de recherche dans l'action préventive prècoce: la rencontre avec le père dans un centre de protección maternelle et infantile. *Synapse*, n. 5, p. 30-37, 1986.

SÁNCHEZ ESPINOSA, E. "Análisis del Maltrato Infantil: casuística detectada en Sevilla y su provincia". Comunicación presentada en las Jornadas del Maltrato en la Infancia. Madrid, 1989.

SÁNCHEZ PUELLAS Y DEI SOTO, D. M.; SEGUEIROS GONZÁLEZ, D. A. "El niño maltratado". Comunicación presentada al V Simposio español de Pediatría Social, 1981.

SIMMONS, J. T. *Programs that work*: evidente of primary prevention of child abuse. Houston: Greater Houston Committee for Prevention Child Abuse, 1986.

WURTELE, S. K. School-based sexual abuse prevention programes. *A Review Child Abuse and Neglect*, n. 11, p. 483-496, 1987.

ANEXOS

1. *Rede Cidadania* — Centro de Atendimento Multidisciplinar a Adolescentes Infratores em São Paulo

2. A questão da notificação: perspectivas internacionais

3. O direito e a Violência Doméstica contra Crianças e Adolescentes: perspectivas nacionais

Anexo 1

Rede Cidadania

Centro de atendimento multidisciplinar a adolescentes infratores em São Paulo

"Não tenho um caminho novo.
O que trago de novo é o
jeito de caminhar..."

Thiago de Mello

1990

Observação: Por razões alheias à vontade dos autores, o Programa que se segue não chegou a ser implantado.

Introdução e diretrizes básicas

O que propomos

Um Centro de atendimento *multidisciplinar* a adolescentes *infratores*, que lhes garanta *promoção e defesa de direitos* bem como *reconhecimento de deveres* enquanto pessoa e cidadãos.

Por que propomos

No *nível social e político*, esse segmento da população tem representado uma ameaça com a qual se lida pela *segregação* e *reclusão como fins em si mesmos*, e pela *violência*, que ao buscar o extermínio acaba por produzir e reproduzir delinquências.

No *nível jurídico*, o Estatuto da Criança e do Adolescente prevê limites aos abusos das estratégias sociais no trato com a infração e assegura as esferas da dignidade e humanidade dos adolescentes em qualquer condição.

A que nos contrapomos

Ao atendimento macroinstitucional, em todas as suas características, até hoje dominante no Brasil, recluindo e segregando massivamente; um atendimento que, contraditoriamente ao que de forma expressa se propõe fazer, prolifera, sobretudo, o vínculo com a infração, por parte de todos envolvidos em suas práticas (atendentes e atendidos).

O que colocamos no lugar

Uma experiência de atendimento que possa reverter os efeitos adversos da socialização desses adolescentes.

Características do Centro, intrinsecamente relacionadas a isto:

a. o número de internos: pequeno — 25 adolescentes;
b. a qualificação especial do grupo de funcionários (incluindo treinamento, reciclagem e supervisão externa) e seu correspondente, numa política também especial de salários;
c. uma determinada organização e distribuição do espaço físico: estrutura arquitetônica horizontal;
d. relação com serviços oferecidos à população em geral (especialmente no que diz respeito à saúde);
e. condições concretas de formação, iniciação e colocação no mercado de trabalho;

f. uma prática integradora das ações terapêuticas, educativas e aquelas relativas a trabalho e lazer;
g. atendimento jurídico que garanta, na sua articulação com outros aspectos, o cumprimento das exigências de direitos humanos e legais à população do Centro (adolescentes);
h. avaliação sistemática da experiência;
i. um trabalho inovador com as famílias no Centro e na comunidade.

O Centro que propomos deve ser um elo a mais na rede de instituições (já montada pela Secretaria de Estado do Menor) que vão do abrigo temporário à colocação no mercado de trabalho, passando pela permanência em Casas-Moradia, quando o jovem não tiver possibilidade de regresso à família.

O que visamos

a. Considerando que esta é uma instituição para adolescentes *infratores*, a questão da *relação com as normas* é, inevitavelmente, seu objeto.
b. Serão, portanto, criados dispositivos e/ou *instâncias de decisão e normatização* a que *todos os grupos* institucionais *terão acesso* e a que todos, em última instância, *também se submeterão* (a exemplo: assembleias e reuniões).
c. Nessas instâncias estarão sendo, sempre, evidenciadas as diferenças e especificidades de lugares institucionais, mas serão privilegiadas as condições dos grupos na tomada de decisão e na defesa de seus interesses. *É da articulação do conjunto que se desenha a supremacia do projeto coletivo.*
d. As *atividades educativas* que, ao lado das de *trabalho* e das *terapêuticas,* constituem o *tripé da ação institucional,* para além de suas finalidades específicas, deverão proceder de forma a garantir esse espaço da construção de uma relação de poder que não exclui qualquer um dos polos em jogo. Deverão proceder de

forma a garantir, ao mesmo tempo, *autonomia e compromisso*, os direitos e o reconhecimento dos deveres de pessoa e cidadão.

e. É nesse sentido que a *reclusão não será um fim em si mesma* mas uma *ocasião de recuperação*. E recuperação dessas possibilidades *de inserção enquanto sujeito no social* e coletivo.

Tendo em vista a consecução desta experiência foram organizados os seguintes subprojetos:

1. *Nucleares*
   A. Implantação
   B. Avaliação
2. *Setoriais*
   A. Psicologia e psiquiatria, saúde
   B. Educação, trabalho, lazer
3. *Apoio*
   A. Serviço social
   B. Jurídico

Obs.: O projeto *Rede Cidadania* foi analisado do ponto de vista teórico, por profissionais do Núcleo de Estudos de Violência da Universidade de São Paulo.

COMPOSIÇÃO DO GRUPO DE TRABALHO RESPONSÁVEL PELA ELABORAÇÃO DO PROJETO *REDE CIDADANIA* — CENTROS DE ATENDIMENTO MULTIDISCIPLINAR A ADOLESCENTES INFRATORES EM SÃO PAULO

Função no Projeto	Nome
• Coordenadora	Dra. Marlene Guirado
• Assistente de pesquisa	Nancy Vaiciunas
• Assistente administrativa	Sandra da Silva
• Subprojeto de Atendimento Psicológico e Psiquiátrico	Dr. Adalberto Boletta Sra. Maria Cristina Gonçalves Vicente
• Subprojeto de Atendimento Social	Dra. Viviane N. A. Guerra Dra. Maria José Paro Forte
• Subprojeto de Atendimento à Saúde	Dr. Mário Santoro Júnior
• Subprojeto de Atendimento Educacional	Dra. Maria Amélia Azevedo Dra. Maria Helena Palma de Oliveira
• Subprojeto de Atendimento na Área do Trabalho	Dra. Josefa Cupertina Almeida de Mello Sr. Mário Mendes Raucci
• Subprojeto de Atendimento na Área do Lazer	Dra. Edda Bomtempo
• Subprojeto de Atendimento Jurídico	Serviço de Advocacia da Criança
• Projeto de Implantação da Unidade, incluindo o subprojeto de Recrutamento e Capacitação Pessoal	Dra. Maria Cecília Ziliotto Sr. Juarez Alves
• Projeto de Acompanhamento e Avaliação do Funcionamento da Unidade e do Destino dos primeiros egressos	Dra. Clarilza Prado de Souza Sra. Zita Porto Pimentel
• Responsáveis pela análise técnica do Projeto	Dr. Sergio França Adorno de Abreu Dra. Myriam Mesquita Pugliese de Castro

Anexo 2

A questão da notificação: perspectivas internacionais

A questão da notificação de casos de Violência Doméstica contra crianças e adolescentes (VDCA) ainda continua a ser um tema polêmico para os profissionais e para os cidadãos de modo geral, apesar da grande consciência que se tem sobre este fenômeno no mundo contemporâneo. Existem em funcionamento *dois sistemas de notificação*:

> um de caráter *obrigatório* pelo qual os profissionais (quer seja do serviço público quanto do setor privado) e, em alguns países, os próprios cidadãos que tomarem ciência de um caso de VDCA, suspeito ou confirmado, devem imediatamente fazer a sua comunicação a instâncias de proteção à infância e adolescência. De forma geral, este tipo de notificação se apoia sempre em legislações específicas (advindas da área da Infância/Adolescência, da área do Bem-Estar Social, dos Códigos Civis e Criminais).

"Sob esse sistema, há uma ênfase maior em termos da investigação dessas notificações, determinando-se se realmente a violência ocorreu e se avaliando a possibilidade de a vítima vir a sofrer sérios danos se permanecer com os agressores" (Daro et al., 1992). O caso é sempre analisado de acordo com orientação judicial, sendo os pais enviados obrigatoriamente para tratamento, enquanto uma das condições para permanecerem com a guarda do filho.

Este sistema demanda que:

— seja definida a instituição pública que receberá a notificação;
— o sistema de coleta de dados seja bem simples e facilmente compreensível;
— existam protocolos e procedimentos bem definidos entre todos os que devem notificar (seja do Estado, seja do setor privado) visando à garantia de proteção da vítima;
— haja padronização de formas de registro das informações;
— exista um monitoramento frequente que vise à avaliação do desenvolvimento do sistema.

Evidentemente que para o adequado funcionamento disto há que se providenciar o treinamento dos profissionais no sentido de se aguçar as suas capacidades em termos da detecção de casos de VDCA, bem como devem existir campanhas frequentes na sociedade que esclareçam sobre o sistema e o fenômeno a ser analisado. Quanto aos treinamentos, eles podem ser dados presencialmente, através de vídeo ou em cursos a distância. Saliente-se que os responsáveis por tais treinamentos são obrigatoriamente profissionais da área da VDCA, com formação especializada.

"Em anos recentes, o impacto das viagens internacionais para conferências, a publicação de livros e de artigos científicos em revistas visando o preparo de profissionais conduziu à globalização da percepção de necessidades, de falhas em serviços, de políticas disponíveis e práticas alternativas. Esta percepção globalizada deve ser sempre tratada com cautela pelos que implantam as práticas e pelos profissionais para que se evite a implementação de políticas culturalmente inapropriadas" (Harries, M.; Clare, M., 2002). O estudo da notificação obrigatória na área da VDCA se converte num exemplo muito interessante desta percepção globalizada.

Em 1961, o Dr. C. Henry Kempe fez uma apresentação, calcada em seu estudo científico, na Academia Americana de Pediatria de um fenômeno que ele batizou com a nomenclatura de Síndrome da Criança Espancada. Em 1962, ele publicou um artigo sobre isso. Em 1963, o governo americano elaborou um estatuto federal que obrigava a área médica a notificar casos de VDCA. Kempe chamou a atenção para os casos de crianças espancadas — com ferimentos não acidentais — e que eram consultadas por médicos. Portanto, foi criado aí um padrão de interesse inicial pela proteção de crianças pequenas contra a Violência Física. Após isso, vieram, em anos posteriores, a discussão e o interesse sobre a Violência Sexual contra crianças e mais recentemente se focou o interesse na Negligência e na Violência Psicológica ao lado da também chamada Violência Testemunhal (quando as crianças assistem quadros de violência entre os pais).

Em 1974, o governo americano criou o Child Abuse Prevention and Treatment Act o qual instava diversas categorias profissionais a relatarem suas suspeitas sobre casos de VDCA. Em 1976 isso ocorreu no Canadá. Na Austrália a primeira legislação é datada de 1974 e foi acompanhada por outra em 1979. Em 1993 e 1994 a notificação obrigatória neste país determinou isso como um dever de médicos, enfermeiras, policiais, professores e diretores de escolas.

É importante salientar, também, que em alguns países como a Austrália, por exemplo, a discussão pela mídia de um caso fatal de VDCA — o de Daniel Valerio — conduziu a muitas mudanças nos anos 90 (século XX) em termos da legislação de bem-estar infantil.

Pelo que se pode perceber em alguns países com influência da língua inglesa, a legislação contemplou a questão da notificação obrigatória.

O Conselho da Europa tem lutado até hoje para que todos os países europeus utilizem o sistema de notificação obrigatória, mas não tem logrado totalmente o seu intento (Madge, M.; Attridge, K., 1996).

> outro de caráter *voluntário*, no qual as famílias têm a possibilidade de escolher quanto a se engajar nos serviços. Os profissionais encaminham as famílias que eles percebem como carentes de orientação para um médico definido na comunidade ou para uma equipe multidisciplinar que avalia o caso e define a melhor estratégia de tratamento. Todas as informações são confidenciais, havendo uma ênfase reduzida em termos de ações determinadas judicialmente.

Quando se toma como base as implicações para a prática de atendimento a casos de VDCA em termos dos dois sistemas, observamos que no *obrigatório* esta violência assume um caráter preponderante, ou seja, há grande foco na investigação dos fatos, mais até do que no provimento de serviços adequados. Muitas vezes os profissionais se preocupam mais com o andamento do processo legal de investigação que é estabelecido do que com uma assistência aprofundada ao seu cliente (família/criança-adolescente). Os pais, por seu lado, começam a considerar a intrusão do Estado em suas vidas, podendo se opor a medidas de intervenção preconizadas. Além disso, muitos pais que sabem da existência da notificação obrigatória, não querem se expor e não procuram os serviços de forma voluntária com medo das implicações de seus atos.

Sabe-se que no contexto da notificação obrigatória há um grande número de casos relatados (muitos deles não confirmados) sendo que nem sempre os serviços dão conta de atendê-los de forma adequada. Muitas vezes casos graves acabam passando despercebidos, tendo um desfecho trágico. A imprensa costuma informar o público, quando isso ocorre, que o caso já havia sido notificado inúmeras vezes às agências de proteção infantil e que nada fora feito. Tal atitude pode gerar descrédito na população quanto à eficácia deste tipo de notificação.

Ressaltam-se, no entanto, as vantagens do sistema obrigatório em termos de que a incriminação dos agressores se torna uma tarefa menos complicada, que a coleta de dados e a consequente análise dos mesmos serão aspectos facilitadores da identificação da extensão do fenômeno.

No sistema *voluntário* a intervenção legal é considerada como último recurso, partindo-se do pressuposto de que seria melhor a criança/adolescente permanecer no seio da família, desde que possível e sem oferecer riscos de vida e de revitimização. Não há foco na coleta de evidências.

As famílias acessam de forma espontânea as organizações voltadas ao bem-estar infantil e dão seu consentimento a estratégias de intervenção. Propugna-se um maior envolvimento das famílias, dos cidadãos, da comunidade em termos do fenômeno da VDCA através de um trabalho no qual se resgatem valores como solidariedade, cooperação etc.

Enfatiza-se que neste sistema há a preservação da confidencialidade entre os profissionais e seus clientes numa relação terapêutica.

Quadro 1
Sistemas Internacionais de Notificações

País	Sistema de notificação	Pessoas que devem notificar	Instituição que deve ser notificada
África do Sul	Obrigatório	Clínicas gerais; dentistas; assistentes sociais	Diversas instituições de bem-estar social e de atendimento à infância. Hospitais.
Austrália	Quatro estados e dois territórios têm notificação obrigatória	Varia de Estado para Estado; inclui profissionais e qualquer cidadão (especificamente no Território Norte)	Serviços comunitários provinciais
Bélgica	Voluntário	O foco do trabalho não é a notificação, mas a preocupação gira em torno de equipes que buscam manter as famílias unidas, assim como no treinamento constante dos profissionais que tem contato com a VDCA. Há preocupação também com a educação comunitária.	Consultórios médicos confidenciais
Canadá	Obrigatório para todas as províncias, com exceção de Yukon.	Vários profissionais e cidadãos (com exceção do território de Yukon) no qual a notificação é restrita aos que tem contato com as crianças devido a sua profissão.	Registros provinciais; Serviços Sociais e da Infância
Chipre	Obrigatório	Todos os profissionais das áreas da Educação, de Segurança, do Serviço Social, da Saúde e cidadãos de modo geral.	Promotoria Pública
Dinamarca	Obrigatório	Profissionais e cidadãos	Registros locais de atenção à infância
Estados Unidos	Obrigatório (para os 50 Estados)	Profissionais e cidadãos (esta alternativa é válida apenas para 18 Estados). Em alguns Estados, os psicólogos não estão obrigados a fazer tal notificação. O mesmo se diga do relacionamento advogado/cliente; religiosos/fiéis.	Agências de saúde pública, autoridades judiciárias.
França	Obrigatório	Todos os profissionais exceto médicos. Eles podem notificar.	Serviços de Proteção à Infância

País	Sistema de notificação	Pessoas que devem notificar	Instituição que deve ser notificada
Inglaterra	Voluntário	Assistentes sociais e policiais podem ser solicitados a notificar sob certas circunstâncias. Professores e médicos não tem obrigatoriedade de fazê-lo embora se espere tal conduta deles.	Departamento de Saúde através de Serviços Sociais provedores de atendimento individualizado a nível local
Irlanda do Norte	Voluntário	Há diretrizes que requerem que todos os que trabalham na área da infância/adolescência têm o dever de proteção das mesmas.	—
Israel	Obrigatório	Profissionais; médicos; policiais; educadores; assistentes sociais e outros profissionais da área da saúde.	Notificação do assistente social ou da polícia para os Serviços de Liberdade Assistida para a Juventude. O Ministério do Bem-Estar Social mantém estatísticas
Malásia	Obrigatório	Clínicos gerais registrados	Serviços de Bem-Estar Social
Nova Zelândia	Voluntário	Há grande preocupação em termos de não permitir uma intrusão que possa danificar o vínculo familiar. Especialmente para a população indígena são pensadas alternativas de trabalho específicas.	—
Países-Baixos	Voluntário	—	Fundação Nacional de Consultórios Médicos Confidenciais
Suécia	Obrigatório	Médicos	Instituições jurídicas locais

Fontes:

Harries, M.; Clare, M. Mandatory Reporting of Child Abuse: evidence and options. Report for the Western Australian Child Protection Council. Discipline of Social Work & Social Policy. University of Western Australia. Julho, 2002. Disponível em: <www.uwa.edu.au>. Acesso em: 10 maio 2015.

Munro, E.; Parton, N. How far is England in the process of introducing a mandatory reporting system? *Child Abuse Review*. 2007, 16(1), p.5-16.

Child on Europe/Italian Childhood and Adolescence Documentation and Analysis Centre — Instituto degli Innocenti. Guidelines on Data Collection and Monitoring systems on child abuse. Firenze, Junho, 2009. Disponível em: <www.childoneurope.org>. Acesso em: 10 maio 2015.

Obs.: Em 2000 já se indicava que países como Argentina, Sri Lanka, República da Coreia, Quirguistão, Ruanda possuíam uma legislação da qual fazia parte a notificação obrigatória (Bross, D.C. 2000). Aliás, tal autor apontava em seu estudo naquela ocasião que entre os 58 países de sua pesquisa, 33 (56,89%) tinham a notificação obrigatória e 20 (34,48%) a voluntária. Não há informes sobre os 5 restantes.

Observando-se o Quadro 1 em termos de Notificação Obrigatória podemos perceber que:

a. há ampla variação quanto às categorias profissionais que são obrigadas a proceder a tal notificação; isto em alguns países não se aplica à relação advogado/cliente e religiosos/fiéis. Aqueles que estão obrigados a notificar não são obrigados a informar os parentes da criança/adolescente sobre isso. Mas em muitas circunstâncias isso seria necessário e muito benéfico;
b. em alguns países coloca-se o procedimento de notificação como obrigação para os cidadãos (por exemplo, Austrália, Canadá e dezoito (18) Estados americanos).[1] Também se pode garantir a este cidadão o benefício do anonimato;
c. há ampla variação quanto às instituições que devem receber as notificações;
d. estão previstas punições para a ausência de notificações: *The Abused and Neglected Child Reporting Act* do Estado de Illinois, EUA, prevê por exemplo a pena de multa de 100 dólares ou reclusão por um ano[2] para aqueles que, no seu *exercício profissional,*

---

1. Só a título de informação: Brasil — Estatuto da Criança e do Adolescente (Lei n. 8.069, de 13/7/1990) — Art. 13. "Os casos de suspeita ou confirmação de castigo físico, de tratamento cruel ou degradante e de maus-tratos contra criança ou adolescente serão obrigatoriamente comunicados ao Conselho Tutelar da respectiva localidade, sem prejuízo de outras providências legais". *(Redação dada atualmente pela Lei n. 13.010, de 2014).*

"Art. 245. Deixar o médico, professor ou responsável por estabelecimento de atenção à saúde e de ensino fundamental, pré-escola ou creche, de comunicar à autoridade competente os casos de que tenha conhecimento, envolvendo suspeita ou confirmação de maus-tratos contra criança ou adolescente:

Pena — multa de três a vinte salários de referência, aplicando-se o dobro em caso de reincidência".

Este artigo ampliado fez parte também do texto da Lei n. 13.010, de 2014, mas foi vetado pela Presidenta.

Ao justificar o veto, a presidente afirmou que ampliar o rol de profissionais sujeitos à obrigação de comunicar abusos "acabaria por obrigar profissionais sem habilitações específicas e cujas atribuições não guardariam qualquer relação com a temática". (Revista *Consultor Jurídico*, 27 jun. 2014).

2. Esta legislação prevê uma ampla gama de profissionais obrigados à notificação (médicos, administradores hospitalares, dentistas, pessoal ligado à educação, enfermeiras, assistentes sociais, quiropráticos, psicólogos; aqueles que trabalham nos chamados Centros de Crise ou Telefones de Crise etc.).

constatarem este tipo de violência e não a notificarem (incluindo desde a advertência até cassação do direito de exercício profissional).

De modo geral essas notificações, quando realizadas por profissionais, fazem-se acompanhar por um relatório bastante minucioso de cada caso, já existindo instruções a serem seguidas para o preenchimento do mesmo.

À guisa de finalização poderíamos dizer que no balanço científico sobre os dois tipos de notificação ficam claras algumas assertivas tais como:

a) que as mortes de crianças não decresceram sob o regime de notificação obrigatória;
b) que o regime de notificação obrigatória protege menos as crianças de violências mais graves do que o de notificação voluntária;
c) que os índices de VDCA não decrescem com a notificação obrigatória.

Mas, por outro lado, enfatiza-se o fato de que milhares de mortes de crianças foram evitadas com a notificação obrigatória.

Todos estes argumentos servem para nos conduzir à reflexão de que não existe um consenso acerca do que chamaríamos um "sistema de notificação ideal". Cada país fez a sua opção, mas talvez fosse importante uma análise mais específica de cada realidade no sentido de se avaliar se este ou aquele tipo de notificação trouxe benefícios para as vítimas e seus familiares. E mais ainda do que isso: será que tais sistemas permitem uma brecha para que saiamos da perspectiva exclusiva da Intervenção para a da Prevenção, perspectiva esta extremamente tímida ainda quando se trata do fenômeno da VDCA? Esta é uma pergunta ainda a ser respondida...

Bibliografia consultada

Abused and Neglected Child Reporting Act. Estado de Illinois.

BROSS, D. C. et al. *World Perspectives on child abuse*: the Fourth International Resource Book. Kempe Children's Centre. University of Colorado. School of Medicine. Denver, 2000.

CHILD ON EUROPE/Italian Childhood and Adolescence Documentation and Analysis Centre — Instituto degli Innocenti. *Guidelines on Data Collection and Monitoring systems on child abuse*. Firenze, jun. 2009. Disponível em: <www.childoneurope.org>. Acesso em: 10 maio 2015.

DARO et al. *World Perspectives on child abuse — An International Resource Book*. National Center on Child Abuse Prevention Research. Chicago: National Committee for Prevention of Child Abuse, 1992.

Estatuto da Criança e do Adolescente — Lei n. 8.069 de 13/7/1990.

HARRIES, M.; CLARE, M. *Mandatory Reporting of Child Abuse*: evidence and options. Report for the Western Australian Child Protection Council. Discipline of Social Work & Social Policy. University of Western Australia. Julho, 2002. Disponível em: <www.uwa.edu.au>. Acesso em: 10 maio 2015.

MADGE, M.; ATTRIDGE, K. Children and families. Social Care in Europe. B. Munday and P. Ely, Prentice Hall, 1996.

MUNRO, E.; PARTON, N. How far is England in the process of introducing a mandatory reporting system? *Child Abuse Review*, v. 16 n. 1, p. 5-16, 2007.

REVISTA CONSULTOR JURÍDICO, 27 jun. 2014. Disponível em: <www.conjur.com.br>. Acesso em: 12 maio 2015.

Anexo 3

O direito e a violência doméstica contra crianças e adolescentes: perspectivas nacionais

A questão da violência doméstica de natureza física e sexual contra crianças e adolescentes só passou a ser contemplada mais adequadamente na legislação brasileira a partir da Constituição Federal de 1988 e, em particular, do Estatuto da Criança e do Adolescente de 1990. Isso deveu-se a uma mudança doutrinária no impropriamente denominado Direito do Menor: *a doutrina da situação irregular*, fundamento do Código de Menores de 1979, foi substituída por uma doutrina muito mais avançada: *a doutrina da proteção integral*. Segundo o antigo Código de Menores estaria em *situação irregular* o menor:

"I. privado de condições essenciais à sua subsistência, saúde e instrução obrigatória, ainda que eventualmente, em razão de:

a. falta, ação ou omissão dos pais ou responsável;

b. manifesta impossibilidade dos pais ou responsáveis para provê-las;

II. vítima de maus-tratos ou castigos imoderados impostos pelos pais ou responsável;

III. em perigo moral devido:

a. encontrar-se de modo habitual em ambiente contrário aos bons costumes;

IV. privado de representação ou assistência legal pela falta eventual dos pais ou responsável;

V. com desvio de conduta em virtude de grave inadaptação familiar ou comunitária;

VI. autor de infração penal". (Código de Menores, 1979)

Embora a vitimização de crianças e adolescentes tivesse de certa forma sido contemplada pelo legislador, a maneira como o foi pode ser considerada criticável.

Em primeiro lugar, porque as situações definidas como *irregulares* teriam que sê-lo por lei. Em segundo lugar, porque o Código só contemplou casos *extremos* de vitimização física ("castigos imoderados") deixando a definição de seu significado ao arbítrio de quem aplicasse a lei. Em terceiro lugar, porque a questão da vitimização sexual deixou de ser contemplada de forma mais direta, podendo ser subentendida na expressão *perigo moral.* Finalmente, a doutrina da situação irregular repousava sobre pressupostos inaceitáveis, quais sejam, os de fazer coincidir *situação irregular* com *pobreza* e esta com "doença", uma espécie de "patologia social" a ser enfrentada "terapeuticamente" como mera "disfunção do sistema" e não como uma decorrência lógica da estrutura e funcionamento "regular" de um sistema socioeconômico e político *desigual.*

Ao contrário, a simples leitura do artigo 227 da *Constituição Federal,* reproduzido no Quadro a seguir, permite perceber a mudança de perspectiva. Ao invés de proteção a *um segmento* da infância e juventude, proteção ampla a *todos,* crianças e adolescentes *sem discriminação,* estejam ou não em condição de risco. Ao invés de proteção *apenas* quando há direitos violados, *proteção integral completa,* reconhecendo que a infância tem direitos que devem ser *promovidos* (vida, saúde, educação) e *defendidos* quando violados. Ao invés de proteção restrita a determinadas situações ditas "irregulares" pelo legislador, proteção completa (inclusive processual) *contra qualquer* tipo de exploração, negligência, crueldade ou opressão. Essa mudança de paradigma fica patente no fato de o legislador pátrio ter substituído nesse dispositivo da Constituição Federal o termo técnico-jurídico *menor* pelas expressões *crianças e adolescentes.* Mais do que mera substituição retórica, essa alteração significou ruptura com a "marca, o estigma que durante tanto tempo rotulou nossas crianças e adolescentes (especialmente pobres)." (Amaral, 1990, p. 11). Ela sinaliza a compreensão da criança e do adolescente num sentido positivo e não depreciativo enquanto *sujeitos de direitos* (cidadãos), *pessoas em condição peculiar de desenvolvimento* a requerer proteção e, consequentemente, credores do reconhecimento de que devem ser *prioridade absoluta* no nível de políticas sociais.

Por representar uma ruptura doutrinária, esse dispositivo constitucional pode ser visto como um texto seminal, inspirador, por exemplo, do art. 277 da *Constituição Paulista* de 1989 e do art. 5 do *Estatuto da Criança e do Adolescente*. Além disso, ele se inspira na melhor tradição internacional: repousa, ainda que indiretamente, nos artigos 3 e 5 da *Declaração Universal dos Direitos Humanos* (1948) e reproduz, em parte, o 9º Princípio da II Declaração Universal dos Direitos da Criança (1959). Infelizmente ficou aquém da formulação *mais ampla e direta* adotada pela Convenção sobre os Direitos da Criança (1989) a qual contempla explicitamente "todas as formas de violência física ou mental, abuso ou tratamento negligente, maus-tratos ou exploração, *inclusive abuso sexual* [...]" (art. 19.1) [o grifo é nosso], como práticas que podem ocorrer no próprio lar e contra as quais a criança deve ser protegida.

Dada a matriz doutrinária e a filiação legislativa, o *Estatuto da Criança e do Adolescente* constitui hoje — não obstante algumas limitações — uma das legislações mais avançadas no nível mundial em termos de proteção dos direitos da criança. No que respeita à questão da vitimização doméstica de crianças e adolescentes, a leitura do *Estatuto* fornece princípios capazes de orientar uma política social de prevenção e contenção do fenômeno em nosso país. Alguns deles vão indicados a seguir:

1º princípio: A vitimização doméstica (física, sexual, psicológica) é uma forma de "negligência [...] exploração, violência, crueldade e opressão" contra a criança e o adolescente porque viola seu direito à *liberdade* e ao *respeito*. Enquanto tal, um crime praticado por "ação ou omissão" de seus pais ou responsáveis "devendo ser punido na forma da lei" (arts. 5, 16, 17).

2º princípio: A vitimização doméstica de crianças e adolescentes é tão grave que a mera suspeita deve ser imediatamente notificada às autoridades competentes da respectiva localidade (art. 13).

3º princípio: A proteção de crianças e adolescentes contra vitimização doméstica é *dever* de todos cidadãos e não apenas de profissionais (arts. 18, 70).

4º princípio: A vitimização doméstica de crianças e adolescentes é *endêmica* na sociedade brasileira graças, entre outros fatores, à *lei do silêncio* que vigora entre profissionais a esse respeito. Daí a necessidade de punir o silêncio conivente (arts. 56, 245).

5º princípio: A vitimização doméstica de crianças e adolescentes é um fenômeno "contagioso" que não se extingue com a mera perda ou suspensão de guarda, tutela ou pátrio poder. O agressor poderá continuar agredindo, a menos que receba "auxílio, orientação e tratamento" (art. 129).

6º princípio: A criança ou adolescente vítima de violência doméstica necessita não apenas de proteção contra o agressor mas também de "orientação e atendimento médico e psicossocial" para sobreviver ao abuso e não vir a (re)produzi-lo em sua vida futura (arts. 87, 98, 101, 130).

7º princípio: Na família abusiva todos são vítimas, só que em diferentes graus. *Toda a família* necessitará de "orientação e tratamento" (arts. 98, 101, 129).

8º princípio: A criminalização da violência doméstica deve envolver penas severas, como forma de conter a prática do fenômeno (art. 263 modificado pela Lei dos Crimes Hediondos de 1990 que impõe a mesma pena aos crimes de *estupro* e *atentado violento ao pudor*: reclusão de 6 a 10 anos, limites esses alterados para 8-12 e 12-25 anos se resultar, respectivamente, em lesão corporal grave e morte, sempre é claro, que a vítima esteja em condições de violência presumida, isto é, menor de 14 anos, alienada ou débil mental).

9º princípio: Enquanto cidadão, a criança ou adolescente terá direito a assistência judiciária integral, gratuita sempre que houver necessidade (arts. 141, 206).

10º princípio: A proteção à criança ou adolescente contra violência doméstica deverá dar-se no nível *local* e ser acompanhada pelo Conselho Tutelar, enquanto órgão permanente e autônomo encarregado de zelar pela salvaguarda dos direitos da infância e juventude (art. 13).

Todos esses princípios apontam na direção de uma *política social responsável* de *atenção* ao fenômeno da vitimização doméstica de crianças e adolescentes. Como bem assinalou Melton (1991), as políticas na área de violência doméstica contra crianças e adolescentes constituem um bom teste empírico à utilidade ou não de textos legais, enquanto instrumentos práticos na luta em defesa dos direitos das crianças. Isso graças à enorme complexidade do fenômeno de abuso/vitimização doméstica.

Caberia então indagar em que medida as políticas desenvolvidas, especialmente no Estado de São Paulo, têm se pautado pelos princípios que extraímos do *Estatuto* ou, como costuma acontecer com a questão dos Direitos Humanos, em que medida ignora-os e até mesmo os contraria?

Valerá, para a infância vitimizada de nosso Estado, a afirmação de Mosca e Aguirre (1990, p. 17) acerca dos Direitos Humanos reproduzida a seguir: "a consciência universal sobre a importância dos direitos humanos e dos povos chegou a uma nitidez nunca antes atingida. Nunca se proclamaram tão alto esses direitos e nunca — é obrigação reconhecê-lo — foram tão sistematicamente violados como nos nossos tempos"...?

E se assim for: a. como será possível explicar "esta tensão entre o crescente interesse pelos direitos humanos e sua constante violação" (idem)? b. e mais importante ainda, como combater esse trágico divórcio entre o *nível do discurso* e o *nível da prática*?

Bibliografia consultada

AMARAL, A. F. Comunicação em mesa de debates sobre O Estatuto da Criança e do Adolescente e o Código de Menores. In: ARANTES, E. M. de M. et al. (Org.). *A criança e seus direitos*. Rio de Janeiro: PUC-RJ — Funabem, 1990.

CÓDIGO DE MENORES. Lei n. 6.697, de 1979, artigo 2º.

MELTON, G. B. Preserving the dignity of children around the world: The U. N. Convention on the Rights of the Child. *Child Abuse and Neglect*, n. 15, p. 343-350, 1991.

MOSCA, J. J.; AGUIRRE, L. P. *Direitos Humanos/Pautas para uma educação libertadora*. Petrópolis: Vozes, 1990.

O direito e a violência física e sexual contra crianças e adolescentes

	Documento Jurídico	Caracterização	Dispositivos
I	Declaração sobre os Direitos da Criança	Votada pela União Internacional de Ajuda à Criança a 23/2/1923 e ratificada em 26/9/1923 por ocasião da 5ª Sessão da Liga das Nações, em Genebra.	
	Declaração Universal dos Direitos Humanos	Promulgada pela ONU em 1948	**Art. 3.** Todo indivíduo tem direito à vida, à liberdade e à segurança de sua pessoa. **Art. 5.** Ninguém será submetido a tortura, penalidades ou tratamentos cruéis, desumanos ou degradantes.
II	Declaração Universal dos Direitos da Criança	Aprovada pela Assembleia Geral da ONU a 20/11/1959	**Princípio 9.** A criança gozará de proteção contra quaisquer formas de negligência, crueldade e exploração. Não será jamais objeto de tráfico, sob qualquer forma.
	Convenção sobre os Direitos da Criança	Iniciativa de sua elaboração partiu da República Popular da Polônia (1978). Adotada pela Assembleia Geral da ONU a 20/11/89 e assinada pelo Brasil a 26/1/1990.	**Art. 9.** Os Estados-Partes deverão zelar para que a criança não seja separada dos pais contra a vontade dos mesmos, exceto quando, sujeito à revisão judicial, as autoridades competentes determinarem, em conformidade com as leis e os procedimentos legais cabíveis, que tal separação é necessária ao interesse maior da criança. Tal determinação pode ser necessária em casos específicos, por exemplo, nos casos em que a criança sofre maus-tratos ou descuido por parte de seus pais ou quando estes vivem separados e uma decisão deve ser tomada a respeito do local da residência da criança. **Art. 19.1.** Os Estados-Partes adotarão todas as medidas legislativas, administrativas, sociais e educacionais apropriadas para proteger a criança contra todas as formas de violência física ou mental, abuso ou tratamento negligente, maus-tratos ou exploração, inclusive abuso sexual, enquanto a criança estiver sob a custódia dos pais, do representante legal ou de qualquer outra pessoa responsável por ela. 2. Essas medidas de proteção deveriam incluir, conforme apropriado, procedimentos eficazes para a elaboração de programas sociais capazes de proporcionar uma assistência adequada à criança e às pessoas encarregadas de seu cuidado, bem como para outras formas de prevenção, para a identificação, notificação, transferência a uma instituição, investigação, tratamento e acompanhamento *posterior* dos casos acima mencionados de maus-tratos à criança e, conforme o caso, para a intervenção judiciária. **Art. 34.** Os Estados-Partes se comprometem a proteger a criança contra todas as formas de

			exploração e abuso sexual. Nesse sentido, os Estados-Partes tomarão, em especial, todas as medidas de caráter nacional, bilateral e multilateral que sejam necessárias para impedir: a. o incentivo ou a coação para que uma criança se dedique a qualquer atividade sexual ilegal; b. a exploração da criança na prostituição ou outras práticas sexuais ilegais; c. a exploração da criança em espetáculos ou materiais pornográficos. **Art. 35.** Os Estados-Partes tomarão todas as medidas de caráter nacional, bilateral e multilateral que sejam necessárias para impedir o sequestro, a venda ou tráfico de crianças para qualquer fim ou sob qualquer forma. **Art. 36.** Os Estados-Partes protegerão a criança contra as demais formas de exploração que sejam prejudiciais para qualquer aspecto de seu bem-estar. **Art. 39.** Os Estados-Partes adotarão todas as medidas apropriadas para estimular a recuperação física e psicológica e a reintegração social de toda criança vítima de qualquer forma de abandono, exploração ou abuso, tortura ou outros tratamentos ou penas cruéis, desumanos ou degradantes; ou conflitos armados. Essa recuperação e reintegração serão efetuadas em ambientes que estimulem a saúde, o respeito próprio e a dignidade da criança.
III	Constituição Federal	Sancionada em 5 de outubro de 1988	**Art. 226.** A família, base da sociedade, tem especial proteção do Estado. **Parágrafo 8.** O Estado assegurará a assistência à família, na pessoa de cada um dos que a integram, criando mecanismos para coibir a violência no âmbito de suas relações. **Art. 227.** É dever da família, da sociedade e do Estado assegurar à criança e ao adolescente, com absoluta prioridade, o direito à vida, à saúde, à alimentação, à educação, ao lazer, à profissionalização, à cultura, à dignidade ao respeito, à liberdade e à convivência familiar e comunitária, além de colocá-los a salvo de toda forma de negligência, discriminação, exploração, violência, crueldade e opressão. **Parágrafo 4.** A lei punirá severamente o abuso, a violência e a exploração sexual da criança e do adolescente.
IV	Constituição Paulista	Sancionada em 5 de outubro de 1989	**Art. 277.** Cabe ao poder público, bem como à família, assegurar à criança, ao adolescente, ao idoso e aos portadores de deficiências, com absoluta prioridade, o direito à vida, à saúde, à alimentação, à educação, ao lazer, à profissionalização, à cultura, à dignidade, ao respeito, à liberdade e à convivência familiar e comunitária, além de colocá-los a salvo de toda forma de negligência, discriminação, exploração, violência, crueldade e agressão.

			Art. 278. O poder público promoverá programas especiais, admitindo a participação de entidades não governamentais e tendo como propósito: V. criação e manutenção de serviços de prevenção, orientação, recebimento e encaminhamento de denúncias referentes à violência.
V	Estatuto da Criança e do Adolescente	Lei n. 8.069 de 13 de julho de 1990	**Art. 5.** Nenhuma criança ou adolescente será objeto de qualquer forma de negligência, discriminação, exploração, violência, crueldade e opressão, punido na forma da lei qualquer atentado por ação ou omissão, aos seus direitos fundamentais. **Art. 13.** Os casos de suspeita ou confirmação de maus-tratos contra crianças e adolescentes serão obrigatoriamente comunicados ao Conselho Tutelar da respectiva localidade, sem prejuízo de outras providências legais. **Art. 16.** O direito à liberdade compreende os seguintes aspectos: I. ir, vir e estar nos logradouros públicos e espaços comunitários, ressalvadas as restrições legais; II. opinião e expressão; III. crença e culto religioso; IV. brincar, praticar esporte e divertir-se; V. participar da vida familiar e comunitária sem discriminação; VI. participar da vida política, na forma da lei; VII. buscar refúgio, auxílio e orientação. **Art. 17.** O direito ao respeito consiste na inviolabilidade da integridade física, psíquica e moral da criança e do adolescente, abrangendo a preservação da imagem, da identidade, da autonomia dos valores, ideias e crenças, dos espaços e objetos pessoais. **Art. 18.** É dever de todos velar pela dignidade da criança e do adolescente, pondo-os a salvo de qualquer tratamento desumano, violento, aterrorizante, vexatório ou constrangedor. **Art. 56.** Os dirigentes de estabelecimentos de ensino fundamental comunicarão ao Conselho Tutelar os casos de: I. maus-tratos, envolvendo seus alunos; **Art. 70.** É dever de todos prevenir a ocorrência de ameaça ou violação dos direitos da criança e do adolescente. **Art. 87.** São linhas de ação da política de atendimento: III. serviços especiais de prevenção e atendimento médico e psicossocial às vítimas de negligência, maus-tratos, exploração, abuso, crueldade e opressão. **Art. 98.** As medidas de proteção à criança e ao adolescente são aplicáveis sempre que os direitos reconhecidos nesta Lei forem ameaçados ou violados: II. Por falta, omissão ou abuso dos pais ou responsável.

Art. 101. Verificada qualquer das hipóteses previstas no art. 98, a autoridade competente poderá determinar entre outras, as seguintes medidas:
II. orientação, apoio e acompanhamento temporário;
IV. inclusão em programa comunitário ou oficial de auxílio à família, à criança e ao adolescente;
V. requisição de tratamento médico, psicológico ou psiquiátrico em regime hospitalar ou ambulatorial;
VI. inclusão em programa oficial ou comunitário de auxílio, orientação e tratamento a alcoólatras e toxicômanos;
VII. abrigo em entidade;
VIII. colocação em família substituta.
Art. 129. São medidas aplicáveis aos pais ou responsável:
I. encaminhamento a programa oficial ou comunitário de proteção à família;
II. inclusão em programa oficial ou comunitário de auxílio, orientação e tratamento a alcoólatras e toxicômanos;
III. encaminhamento e tratamento psicológico ou psiquiátrico;
IV. encaminhamento a cursos ou programas de orientação;
VI. obrigação de encaminhar a criança e adolescente a tratamento especializado;
VII. advertência;
VIII. perda da guarda;
IX. destituição da tutela;
X. suspensão ou destituição do pátrio poder.
Art. 130. Verificada a hipótese de maus-tratos, opressão ou abuso sexual impostos pelos pais ou responsável, a autoridade judiciária poderá determinar, como medida cautelar, o afastamento do agressor da moradia comum.
Art. 141. É garantido o acesso de toda criança ou adolescente à Defensoria Pública, ao Ministério Público e ao Poder Judiciário, por qualquer de seus órgãos.
1º A assistência judiciária gratuita será prestada aos que dela necessitarem através de defensor público ou advogado nomeado.
2º As ações judiciais da competência da Justiça da Infância e da Juventude são isentas de custas e emolumentos, ressalvada a hipótese de litigância de má-fé.
Art. 206. A criança ou o adolescente, seus pais ou responsável e qualquer pessoa que tenha legítimo interesse na solução da lide poderão intervir nos procedimentos de que trata esta Lei, através de advogado, o qual será intimado para todos os atos, pessoalmente ou por publicação oficial, respeitado o segredo da justiça.
Parágrafo único. Será prestada assistência judiciária integral e gratuita àqueles que dela necessitarem.

		Art. 232. Submeter criança ou adolescente sob sua autoridade, guarda ou vigilância a vexame ou a constrangimento: **Pena:** detenção de seis meses a dois anos. **Art. 240.** Produzir ou dirigir representação teatral, televisiva ou película cinematográfica, utilizando-se de criança ou adolescente em cena de sexo explícito ou pornográfica: **Pena:** reclusão de um a quatro anos, e multa. **Parágrafo único.** Incorre na mesma pena quem, nas condições referidas neste artigo, contracena com criança ou adolescente. **Art. 241.** Fotografar ou publicar cena de sexo explícito ou pornográfica, envolvendo criança ou adolescente: **Pena:** reclusão de um a quatro anos. **Art. 245.** Deixar o médico, professor ou responsável por estabelecimento de atenção à saúde e de ensino fundamental, pré-escola ou creche, de comunicar à autoridade competente os casos de que tenha conhecimento, envolvendo suspeita ou confirmação de maus-tratos contra criança ou adolescente: **Pena:** multa de três a vinte salários de referência, aplicando-se o dobro em caso de reincidência. **Art. 263.** Agrava a penalidade para maus-tratos (art. 136 do Código Penal).*
VI Lei dos Crimes Hediondos	Lei n. 8.072 de 25 de julho de 1990	**a.** Altera o art. 263 do Estatuto da Criança e do Adolescente no caso das penas impostas aos crimes de *estupro, atentado violento ao pudor.*
VII Lei da Tortura	Lei n. 9.455 de 7 de abril de 1997	**Art. 1º** Constitui crime de tortura: I — Constranger alguém com emprego de violência ou grave ameaça, causando-lhe sofrimento físico ou mental; a) com o fim de obter informação, declaração ou confissão da vítima ou de terceira pessoa; b) para provocar ação ou omissão de natureza criminosa; c) em razão de discriminação racial ou religiosa.

---

* ***Maus-tratos.***

Art. 136. Expor a perigo a vida ou a saúde de pessoa sob sua autoridade, guarda ou vigilância, para fim de educação, ensino, tratamento ou custódia, quer privando-a de alimentação ou cuidados indispensáveis, quer sujeitando-a a trabalho excessivo ou inadequado, quer abusando de meios de correção ou disciplina:

***Pena:** detenção de 2 (dois) meses a 1 (um) ano, ou multa.*

***Parágrafo 1º** Se do fato resulta lesão corporal de natureza grave:*

***Pena:** reclusão de 1 (um) a 4 (quatro) anos.*

***Parágrafo 2º** Se resulta morte:*

***Pena:** reclusão de 4 (quatro) a 12 (doze) anos.*

***Parágrafo 3º** Aumenta-se a pena de um terço se o crime é praticado contra pessoa menor de catorze anos.*

Fonte: Código Penal — Decreto-lei n. 2.848, de 7/12/1940.

		II — Submeter alguém, sob sua guarda, poder ou autoridade, com emprego de violência ou grave ameaça, a intenso sofrimento físico ou mental, como forma de aplicar castigo pessoal ou medida de caráter preventivo. **Pena:** reclusão de dois a oito anos. **§ 1°** Na mesma pena incorre quem submete pessoa presa ou sujeita a medida de segurança a sofrimento físico ou mental, por intermédio da prática de ato previsto em lei ou não resultante de medida legal. **§ 2°** Aquele que se omite em face dessas condutas, quando tinha o dever de evitá-las ou apurá-las, incorre na pena de detenção de um a quatro anos. **§ 3°** Se resulta lesão corporal de natureza grave ou gravíssima, a pena é de reclusão de quatro a dez anos; se resulta morte, a reclusão é de oito a dezesseis anos. **§ 4°** Aumenta-se a pena de um sexto até um terço: I — se o crime é cometido por agente público; II — se o crime é cometido contra criança, gestante, deficiente e adolescente; III — se o crime é cometido mediante sequestro. **§ 5°.** A condenação acarretará a perda do cargo, função ou emprego público e a interdição para seu exercício pelo dobro do prazo da pena aplicada.
VIII Código Civil	Lei n. 10.406 de 10 de janeiro de 2002	**Art. 1.634.** Compete aos pais, quanto à pessoa dos filhos menores: **VII.** Exigir que lhes prestem obediência, respeito e os serviços próprios de sua idade e condição.
IX Lei sobre VIOLÊNCIA DOMÉSTICA	Lei n. 10.886 de 17 de junho de 2004	Acrescenta parágrafos ao art. 129 do Decreto-lei n. 2.848, de 7 de dezembro de 1940 — Código Penal, criando o tipo especial denominado "*Violência Doméstica*". **Art. 1º O art. 129 do Decreto-lei n. 2.848, de 7 de dezembro de 1940 — Código Penal, passa a vigorar acrescido dos seguintes §§ 9º e 10:** "**Art. 129.** .... Violência Doméstica **§ 9º** Se a lesão for praticada contra ascendente, descendente, irmão, cônjuge ou companheiro, ou com quem conviva ou tenha convivido, ou, ainda, prevalecendo-se o agente das relações domésticas, de coabitação ou de hospitalidade: **Pena:** detenção, de 6 (seis) meses a 1 (um) ano. **§ 10º** Nos casos previstos nos §§ 1º a 3º deste artigo, se as circunstâncias são as indicadas no § 9º deste artigo, aumenta-se a pena em 1/3 (um terço)."

X	Lei MARIA DA PENHA Lei sobre VIOLÊNCIA DOMÉSTICA	Lei n. 11.340, de 7 de agosto de 2006	**Art. 1º** Esta Lei cria mecanismos para coibir e prevenir a violência doméstica e familiar contra a mulher, nos termos do § 8º do art. 226 da Constituição Federal, da Convenção sobre a Eliminação de Todas as Formas de Violência contra a Mulher, da Convenção Interamericana para Prevenir, Punir e Erradicar a Violência contra a Mulher e de outros tratados internacionais ratificados pela República Federativa do Brasil; dispõe sobre a criação dos Juizados de Violência Doméstica e Familiar contra a Mulher; e estabelece medidas de assistência e proteção às mulheres em situação de violência doméstica e familiar. **Art. 2º** Toda mulher, independentemente de classe, raça, etnia, orientação sexual, renda, cultura, nível educacional, idade e religião, goza dos direitos fundamentais inerentes à pessoa humana, sendo-lhe asseguradas as oportunidades e facilidades para viver sem violência, preservar sua saúde física e mental e seu aperfeiçoamento moral, intelectual e social. **Art. 3º** Serão asseguradas às mulheres as condições para o exercício efetivo dos direitos à vida, à segurança, à saúde, à alimentação, à educação, à cultura, à moradia, ao acesso à justiça, ao esporte, ao lazer, ao trabalho, à cidadania, à liberdade, à dignidade, ao respeito e à convivência familiar e comunitária. **§ 1º** O poder público desenvolverá políticas que visem garantir os direitos humanos das mulheres no âmbito das relações domésticas e familiares no sentido de resguardá-las de toda forma de negligência, discriminação, exploração, violência, crueldade e opressão. **§ 2º** Cabe à família, à sociedade e ao poder público criar as condições necessárias para o efetivo exercício dos direitos enunciados no *caput*. **Art. 4º** Na interpretação desta Lei, serão considerados os fins sociais a que ela se destina e, especialmente, as condições peculiares das mulheres em situação de violência doméstica e familiar. **Art. 5º** Para os efeitos desta Lei, configura violência doméstica e familiar contra a mulher qualquer ação ou omissão baseada no gênero que lhe cause morte, lesão, sofrimento físico, sexual ou psicológico e dano moral ou patrimonial: I — no âmbito da unidade doméstica, compreendida como o espaço de convívio permanente de pessoas, com ou sem vínculo familiar, inclusive as esporadicamente agregadas; II — no âmbito da família, compreendida como a comunidade formada por indivíduos que são ou se consideram aparentados, unidos por laços naturais, por afinidade ou por vontade expressa;

			III — em qualquer relação íntima de afeto, na qual o agressor conviva ou tenha convivido com a ofendida, independentemente de coabitação. Parágrafo único. As relações pessoais enunciadas neste artigo independem de orientação sexual. **Art. 6º** A violência doméstica e familiar contra a mulher constitui uma das formas de violação dos direitos humanos. **Art. 7º** São formas de violência doméstica e familiar contra a mulher, entre outras: I — a violência física, entendida como qualquer conduta que ofenda sua integridade ou saúde corporal; II — a violência psicológica, entendida como qualquer conduta que lhe cause dano emocional e diminuição da autoestima ou que lhe prejudique e perturbe o pleno desenvolvimento ou que vise degradar ou controlar suas ações, comportamentos, crenças e decisões, mediante ameaça, constrangimento, humilhação, manipulação, isolamento, vigilância constante, perseguição contumaz, insulto, chantagem, ridicularização, exploração e limitação do direito de ir e vir ou qualquer outro meio que lhe cause prejuízo à saúde psicológica e à autodeterminação; III — a violência sexual, entendida como qualquer conduta que a constranja a presenciar, a manter ou a participar de relação sexual não desejada, mediante intimidação, ameaça, coação ou uso da força; que a induza a comercializar ou a utilizar, de qualquer modo, a sua sexualidade, que a impeça de usar qualquer método contraceptivo ou que a force ao matrimônio, à gravidez, ao aborto ou à prostituição, mediante coação, chantagem, suborno ou manipulação; ou que limite ou anule o exercício de seus direitos sexuais e reprodutivos; IV — a violência patrimonial, entendida como qualquer conduta que configure retenção, subtração, destruição parcial ou total de seus objetos, instrumentos de trabalho, documentos pessoais, bens, valores e direitos ou recursos econômicos, incluindo os destinados a satisfazer suas necessidades; V — a violência moral, entendida como qualquer conduta que configure calúnia, difamação ou injúria.
XI	Lei sobre ESTUPRO	Lei n. 12.015, de 7 de agosto de 2009	**Art. 1º** Esta Lei altera o Título VI da Parte Especial do Decreto-Lei no 2.848, de 7 de dezembro de 1940 — Código Penal, e o art. 1º da Lei no 8.072, de 25 de julho de 1990, que dispõe sobre os crimes hediondos, nos termos do inciso XLIII do art. 5º da Constituição Federal. **Art. 2º** O Título VI da Parte Especial do Decreto-Lei no 2.848, de 7 de dezembro de 1940 — Código Penal, passa a vigorar com as seguintes alterações:

| | | "TÍTULO VI DOS CRIMES CONTRA A DIGNIDADE SEXUAL
CAPÍTULO I
DOS CRIMES CONTRA A LIBERDADE SEXUAL
Estupro
Art. 213. Constranger alguém, mediante violência ou grave ameaça, a ter conjunção carnal ou a praticar ou permitir que com ele se pratique outro ato libidinoso:
Pena — reclusão, de 6 (seis) a 10 (dez) anos.
§ 1º Se da conduta resulta lesão corporal de natureza grave ou se a vítima é menor de 18 (dezoito) ou maior de 14 (catorze) anos:
Pena — reclusão, de 8 (oito) a 12 (doze) anos.
§ 2º Se da conduta resulta morte:
Pena — reclusão, de 12 (doze) a 30 (trinta) anos." (NR)
"**Violação sexual mediante fraude**
Art. 214. Atentado violento ao pudor — REVOGADO
Art. 215. Ter conjunção carnal ou praticar outro ato libidinoso com alguém, mediante fraude ou outro meio que impeça ou dificulte a livre manifestação de vontade da vítima:
Pena — reclusão, de 2 (dois) a 6 (seis) anos.
Parágrafo único. Se o crime é cometido com o fim de obter vantagem econômica, aplica-se também multa." (NR)
"**Assédio sexual**
Art. 216-A. ....
....
§ 2º A pena é aumentada em até um terço se a vítima é menor de 18 (dezoito) anos." (NR)
"CAPÍTULO II — DOS CRIMES SEXUAIS CONTRA VULNERÁVEL
Art. 218. Induzir alguém menor de 14 (catorze) anos a satisfazer a lascívia de outrem:
Pena — reclusão, de 2 (dois) a 5 (cinco) anos.
Parágrafo único. (VETADO)." (NR)
"**Ação penal**
Art. 225. Nos crimes definidos nos Capítulos I e II deste Título, procede-se mediante ação penal pública condicionada à representação.
Parágrafo único. Procede-se, entretanto, mediante ação penal pública incondicionada se a vítima é menor de 18 (dezoito) anos ou pessoa vulnerável." (NR)
Art. 3º O Decreto-Lei n. 2.848, de 1940, Código Penal, passa a vigorar acrescido dos seguintes arts. 217-A, 218-A, 218-B, 234-A, 234-B e 234-C:
"**Estupro de vulnerável**
Art. 217-A. Ter conjunção carnal ou praticar outro ato libidinoso com menor de 14 (catorze) anos:
Pena — reclusão, de 8 (oito) a 15 (quinze) anos. |

			§ 1º Incorre na mesma pena quem pratica as ações descritas no **caput** com alguém que, por enfermidade ou deficiência mental, não tem o necessário discernimento para a prática do ato, ou que, por qualquer outra causa, não pode oferecer resistência. § 2º (VETADO) § 3º Se da conduta resulta lesão corporal de natureza grave: Pena — reclusão, de 10 (dez) a 20 (vinte) anos. § 4º Se da conduta resulta morte: Pena — reclusão, de 12 (doze) a 30 (trinta) anos." **"Satisfação de lascívia mediante presença de criança ou adolescente** Art. 218-A. Praticar, na presença de alguém menor de 14 (catorze) anos, ou induzi-lo a presenciar, conjunção carnal ou outro ato libidinoso, a fim de satisfazer lascívia própria ou de outrem: Pena — reclusão, de 2 (dois) a 4 (quatro) anos."
XII	Lei sobre Atendimento Obrigatório e Integral a Pessoas em Situação de Violência Sexual	Lei n. 12.845, de 1º de agosto de 2013	**Art. 1º** Os hospitais devem oferecer às vítimas de violência sexual atendimento emergencial, integral e multidisciplinar, visando ao controle e ao tratamento dos agravos físicos e psíquicos decorrentes de violência sexual, e encaminhamento, se for o caso, aos serviços de assistência social. **Art. 2º** Considera-se violência sexual, para os efeitos desta Lei, qualquer forma de atividade sexual não consentida. **Art. 3º** O atendimento imediato, obrigatório em todos os hospitais integrantes da rede do SUS, compreende os seguintes serviços: I — diagnóstico e tratamento das lesões físicas no aparelho genital e nas demais áreas afetadas; II — amparo médico, psicológico e social imediatos; III — facilitação do registro da ocorrência e encaminhamento ao órgão de medicina legal e às delegacias especializadas com informações que possam ser úteis à identificação do agressor e à comprovação da violência sexual; IV — profilaxia da gravidez; V — profilaxia das Doenças Sexualmente Transmissíveis — DST; VI — coleta de material para realização do exame de HIV para posterior acompanhamento e terapia; VII — fornecimento de informações às vítimas sobre os direitos legais e sobre todos os serviços sanitários disponíveis. **§ 1º** Os serviços de que trata esta Lei são prestados de forma gratuita aos que deles necessitarem. **§ 2º** No tratamento das lesões, caberá ao médico preservar materiais que possam ser coletados no exame médico legal. **§ 3º** Cabe ao órgão de medicina legal o exame de DNA para identificação do agressor.

XIII Lei da "PALMADA" ou Lei do "Menino Bernardo"	Lei n. 13.010, de 26 de junho de 2014	Art. 1º A Lei n. 8.069, de 13 de julho de 1990 (Estatuto da Criança e do Adolescente), passa a vigorar acrescida dos seguintes arts. 18-A, 18-B e 70-A: "Art. 18-A. A criança e o adolescente têm o direito de ser educados e cuidados sem o uso de castigo físico ou de tratamento cruel ou degradante, como formas de correção, disciplina, educação ou qualquer outro pretexto, pelos pais, pelos integrantes da família ampliada, pelos responsáveis, pelos agentes públicos executores de medidas socioeducativas ou por qualquer pessoa encarregada de cuidar deles, tratá-los, educá-los ou protegê-los. Parágrafo único. Para os fins desta Lei, considera-se: I — castigo físico: ação de natureza disciplinar ou punitiva aplicada com o uso da força física sobre a criança ou o adolescente que resulte em: a) sofrimento físico; ou b) lesão; II — tratamento cruel ou degradante: conduta ou forma cruel de tratamento em relação à criança ou ao adolescente que: a) humilhe; ou b) ameace gravemente; ou c) ridicularize." "Art. 18-B. Os pais, os integrantes da família ampliada, os responsáveis, os agentes públicos executores de medidas socioeducativas ou qualquer pessoa encarregada de cuidar de crianças e de adolescentes, tratá-los, educá-los ou protegê-los que utilizarem castigo físico ou tratamento cruel ou degradante como formas de correção, disciplina, educação ou qualquer outro pretexto estarão sujeitos, sem prejuízo de outras sanções cabíveis, às seguintes medidas, que serão aplicadas de acordo com a gravidade do caso: I — encaminhamento a programa oficial ou comunitário de proteção à família; II — encaminhamento a tratamento psicológico ou psiquiátrico; III — encaminhamento a cursos ou programas de orientação; IV — obrigação de encaminhar a criança a tratamento especializado; V — advertência. Parágrafo único. As medidas previstas neste artigo serão aplicadas pelo Conselho Tutelar, sem prejuízo de outras providências legais." "Art. 70-A. A União, os Estados, o Distrito Federal e os Municípios deverão atuar de forma articulada na elaboração de políticas públicas e na execução de ações destinadas a coibir o uso de castigo físico ou de tratamento cruel ou degradante e difundir formas não violentas de

educação de crianças e de adolescentes, tendo como principais ações:
I — a promoção de campanhas educativas permanentes para a divulgação do direito da criança e do adolescente de serem educados e cuidados sem o uso de castigo físico ou de tratamento cruel ou degradante e dos instrumentos de proteção aos direitos humanos;
II — a integração com os órgãos do Poder Judiciário, do Ministério Público e da Defensoria Pública, com o Conselho Tutelar, com os Conselhos de Direitos da Criança e do Adolescente e com as entidades não governamentais que atuam na promoção, proteção e defesa dos direitos da criança e do adolescente;
III — a formação continuada e a capacitação dos profissionais de saúde, educação e assistência social e dos demais agentes que atuam na promoção, proteção e defesa dos direitos da criança e do adolescente para o desenvolvimento das competências necessárias à prevenção, à identificação de evidências, ao diagnóstico e ao enfrentamento de todas as formas de violência contra a criança e o adolescente;
IV — o apoio e o incentivo às práticas de resolução pacífica de conflitos que envolvam violência contra a criança e o adolescente;
V — a inclusão, nas políticas públicas, de ações que visem a garantir os direitos da criança e do adolescente, desde a atenção pré-natal, e de atividades junto aos pais e responsáveis com o objetivo de promover a informação, a reflexão, o debate e a orientação sobre alternativas ao uso de castigo físico ou de tratamento cruel ou degradante no processo educativo;
VI — a promoção de espaços intersetoriais locais para a articulação de ações e a elaboração de planos de atuação conjunta focados nas famílias em situação de violência, com participação de profissionais de saúde, de assistência social e de educação e de órgãos de promoção, proteção e defesa dos direitos da criança e do adolescente.
Parágrafo único. As famílias com crianças e adolescentes com deficiência terão prioridade de atendimento nas ações e políticas públicas de prevenção e proteção."
Art. 2º Os arts. 13 e 245 da Lei n. 8.069, de 13 de julho de 1990, passam a vigorar com as seguintes alterações:
"Art. 13. Os casos de suspeita ou confirmação de castigo físico, de tratamento cruel ou degradante e de maus-tratos contra criança ou adolescente serão obrigatoriamente comunicados ao Conselho Tutelar da respectiva localidade, sem prejuízo de outras providências legais.
...." (NR)
"Art. 245. (VETADO)".

		Art. 3º O art. 26 da Lei n. 9.394, de 20 de dezembro de 1996 (Lei de Diretrizes e Bases da Educação Nacional), passa a vigorar acrescido do seguinte § 9º: "Art. 26. .... § 9º Conteúdos relativos aos direitos humanos e à prevenção de todas as formas de violência contra a criança e o adolescente serão incluídos, como temas transversais, nos currículos escolares de que trata o **caput** deste artigo, tendo como diretriz a Lei n. 8.069, de 13 de julho de 1990 (Estatuto da Criança e do Adolescente), observada a produção e distribuição de material didático adequado." (NR) **Art. 4º** Esta Lei entra em vigor na data de sua publicação.
XIV Lei da CAPACITAÇÃO	Lei n. 13.046, de 1º de dezembro de 2014	Art. 1º A Lei n. 8.069, de 13 de julho de 1990, passa a vigorar acrescida dos seguintes dispositivos: "Art. 70-B. As entidades, públicas e privadas, que atuem nas áreas a que se refere o art. 71, dentre outras, devem contar, em seus quadros, com pessoas capacitadas a reconhecer e comunicar ao Conselho Tutelar suspeitas ou casos de maus-tratos praticados contra crianças e adolescentes. Parágrafo único. São igualmente responsáveis pela comunicação de que trata este artigo, as pessoas encarregadas, por razão de cargo, função, ofício, ministério, profissão ou ocupação, do cuidado, assistência ou guarda de crianças e adolescentes, punível, na forma deste Estatuto, o injustificado retardamento ou omissão, culposos ou dolosos." "Art. 94-A. As entidades, públicas ou privadas, que abriguem ou recepcionem crianças e adolescentes, ainda que em caráter temporário, devem ter, em seus quadros, profissionais capacitados a reconhecer e reportar ao Conselho Tutelar suspeitas ou ocorrências de maus-tratos." "Art. 136. .... XII — promover e incentivar, na comunidade e nos grupos profissionais, ações de divulgação e treinamento para o reconhecimento de sintomas de maus-tratos em crianças e adolescentes." (NR) **Art. 2º** Esta Lei entra em vigor na data de sua publicação.
XV Lei do FEMINICÍDIO	Lei n. 13.104, de 9 de março de 2015	**Art. 1º** O art. 121 do Decreto-Lei no 2.848, de 7 de dezembro de 1940 — Código Penal, passa a vigorar com a seguinte redação: **"Homicídio simples** Art. 121. ....

			Homicídio qualificado § 2º .... **Feminicídio** VI — contra a mulher por razões da condição de sexo feminino: .... § 2º-A Considera-se que há razões de condição de sexo feminino quando o crime envolve: I — violência doméstica e familiar; II — menosprezo ou discriminação à condição de mulher. .... **Aumento de pena** .... § 7º A pena do feminicídio é aumentada de 1/3 (um terço) até a metade se o crime for praticado: I — durante a gestação ou nos 3 (três) meses posteriores ao parto; II — contra pessoa menor de 14 (catorze) anos, maior de 60 (sessenta) anos ou com deficiência; III — na presença de descendente ou de ascendente da vítima." (NR) **Art. 2º** O art. 1º da Lei n. 8.072, de 25 de julho de 1990, passa a vigorar com a seguinte alteração: "Art. 1º .... I — homicídio (art. 121), quando praticado em atividade típica de grupo de extermínio, ainda que cometido por um só agente, e homicídio qualificado (art. 121, § 2º, I, II, III, IV, V e VI); ...." (NR) **Art. 3º** Esta Lei entra em vigor na data da sua publicação.